Thenmayer (Hrsg)

Arbeitsrecht im digitalen Zeitalter

Arbeitsrecht im digitalen Zeitalter

Arbeitsrechtliche Gestaltungsmöglichkeiten durch digitale Technologien

herausgegeben von

Mag. Florina Thenmayer
Rechtsanwältin

Linde

Zitiervorschlag: *Autor:in* in *Thenmayer* (Hrsg), Arbeitsrecht im digitalen Zeitalter (2025) Seite

Bibliografische Information der Deutschen Nationalbibliothek

Die Deutsche Nationalbibliothek verzeichnet diese Publikation in der Deutschen Nationalbibliografie; detaillierte bibliografische Daten sind im Internet über http://dnb.d-nb.de abrufbar.

Hinweis: Wenn aus Gründen der leichteren Lesbarkeit auf eine geschlechtsspezifische Differenzierung verzichtet wird, gelten entsprechende Begriffe im Sinne der Gleichbehandlung für alle Geschlechter.

Es wird darauf verwiesen, dass alle Angaben in diesem Fachbuch trotz sorgfältiger Bearbeitung ohne Gewähr erfolgen und eine Haftung der Herausgeberin, der Autor:innen oder des Verlages ausgeschlossen ist.

ISBN 978-3-7073-5309-9

1210 Wien, Scheydgasse 24, Tel.: 01/24 630
office@lindeverlag.at | www.lindeverlag.at

Druck und Bindung: Prime Rate Zrt.,
H-1044 Budapest, Megyeri út 53

1

Vorwort

In einer zunehmend komplexen Arbeitswelt, in der digitale Technologien Arbeitsabläufe, Kommunikation und Organisation tiefgreifend verändern, gewinnen arbeitsrechtliche Gestaltungsmöglichkeiten zunehmend an Bedeutung: Wie lassen sich betriebliche Erfordernisse mit individuellen Bedürfnissen vereinbaren? Welche arbeitsrechtlichen Spielräume bestehen für Dienstgeber bei gleichbleibender unternehmerischer Planbarkeit? Und wie kann ein modernes Arbeitsumfeld gestaltet werden, das sowohl auf Effizienz als auch auf Fairness beruht? Dieses Handbuch versteht sich als pragmatischer Beitrag zu genau diesen Fragen.

Die Erfahrungswerte der letzten Jahre haben gezeigt, dass eine flexible Gestaltung der Arbeitsbedingungen keineswegs einem funktionierenden Betriebsklima widerspricht. Vielmehr kann sie zur Stärkung der Eigenverantwortung, Motivation und Ergebnisorientierung beitragen. Der Wunsch vieler Mitarbeiter nach mehr Selbstbestimmung trifft dabei auf unternehmerisches Interesse an Leistung und Effizienz. Der Arbeitsmarkt honoriert zunehmend Ergebnisse statt bloßer Anwesenheit.

Gleichzeitig bleibt unbestritten: Feste Strukturen, klar definierte Arbeitszeiten und physische Zusammenarbeit haben in vielen Branchen und Unternehmensmodellen nach wie vor einen hohen Stellenwert. Sie schaffen Verbindlichkeit, erleichtern Koordination und können wesentlich zum Teamzusammenhalt beitragen. Ziel dieses Handbuchs ist es daher nicht, ein bestimmtes Modell zu idealisieren, sondern praxisnah die arbeitsrechtlichen Optionen für unterschiedliche Erfordernisse aufzuzeigen.

Das klassische Konzept der Work-Life-Balance weicht zunehmend einem flexiblen Verständnis von Work-Life-Integration. Die berufliche Laufbahn verläuft nicht linear, sondern in Etappen, mit Phasen höherer Beanspruchung ebenso wie mit Zeiten der Entlastung. *Sabbaticals*, die Umwandlung von Entgelt in Freizeit oder Workations können diese unterschiedlichen Jahreszeiten des Lebens auf sinnvolle Weise unterstützen.

In einer diversen Belegschaft treffen außerdem unterschiedliche Lebensrealitäten aufeinander: Sorgepflichten, internationale Familienstrukturen, gesundheitliche Erfordernisse oder schlicht unterschiedliche Arbeitsgewohnheiten. Moderne Personalpolitik muss diese Vielfalt berücksichtigen. Gleichzeitig sind die betrieblichen Anforderungen und die wirtschaftliche Planbarkeit stets mitzudenken. Einschlägige EU-rechtliche Bestimmungen und das österreichische Arbeitszeitrecht – trotz seiner hohen Regelungsdichte – bieten hier mehr Spielraum als oft angenommen wird.

Auch neue Technologien, insb der Einsatz künstlicher Intelligenz im Personalbereich, schaffen neue Möglichkeiten – etwa für standardisierte, diskriminierungsfreie Auswahlprozesse. Sie werfen zugleich Fragen des Datenschutzes, der Mitbestimmung und der Fairness auf. Die arbeitsrechtlichen Grundlagen hierzu stammen zum Teil aus einer anderen Zeit. Bestimmungen wie jene zur Mitbestimmung des Betriebsrats bei Kontrollmaßnahmen (§ 96 Abs 1 Z 3 ArbVG) oder zur automationsunterstützten Verarbeitung von Mitarbeiterdaten (§ 96a Abs 1 Z 1 ArbVG) sind seit den 1970er- bzw 1980er-Jahren unverändert in Kraft – und wurden damit lange vor unserer heutigen digitalen Realität geschaffen.

Nicht zuletzt bedürfen grundlegende Begriffe wie jener des „Betriebs" einer Neubewertung in Zeiten konzernweiter, länderübergreifender Matrixstrukturen. Die Praxis ist daher gefordert, rechtlich tragfähige Lösungen zu entwickeln.

Dieses Werk will dafür ein Instrumentarium bieten: praxisorientiert, systematisch aufgebaut, mit zahlreichen Beispielen, Tipps und Checklisten unterlegt.

Mein Dank gilt in erster Linie den Autorinnen und Autoren, die ihre langjährige Erfahrung und ihre Fachexpertise in ein kompaktes, benutzerfreundliches Werk eingebracht haben. Ein herzlicher Dank geht an *Sebastian Axnix* für das Lektorat, die Koordination und sein großartiges Engagement für dieses Projekt. Nicht zuletzt danke ich *Thomas Angermair*, dessen Vertrauen und Unterstützung für meinen beruflichen Werdegang von unschätzbarem Wert waren.

Klarheit ist das oberste Gebot meiner Beratungstätigkeit. Gleichzeitig ist mir die Gleichstellung aller Geschlechter ein zentrales Anliegen. Um den Lesefluss dieses juristisch-technischen Fachtextes zu erleichtern, habe ich mich nach gründlicher Überlegung zur einheitlichen Verwendung des generischen Maskulinums entschieden. Diese Form schließt selbstverständlich alle Geschlechter mit ein.

Ich hoffe, dass dieses Praxishandbuch den beruflichen Alltag von HR- und Arbeitsrechtsexperten gleichermaßen unterstützen und erleichtern wird. Wenn Sie Fragen oder Anregungen haben, freue ich mich über eine Nachricht an florina.thenmayer @dorda.at.

Wien, im Mai 2025 *Florina Thenmayer*

Verzeichnis der Autorinnen und Autoren

© Studio Koekart

Mag. Alexandra Ciarnau, Rechtsanwältin bei DORDA Rechtsanwälte GmbH in den Bereichen IT/IP und Datenschutz, Co-Leiterin der Digital Industries Group und Head of Metaverse bei DORDA. Mehrfach ausgezeichnete Juristin, Präsidentin von Women in AI Austria, Vortragende an diversen Universitäten und Fachhochschulen und Autorin zahlreicher Werke im Bereich der neuen Technologien.

© Studio Koekart

Mag. Silvia Hanschur ist Rechtsanwaltsanwärterin bei DORDA Rechtsanwälte GmbH mit Schwerpunkt im Bereich IP/IT- und Datenschutzrecht.

© Studio Koekart

Mag. Benjamin Kraudinger, BSc, ist wissenschaftlicher Mitarbeiter am Zentrum für Geistiges Eigentum, Medien- und Innovationsrecht an der Universität für Weiterbildung Krems. Schwerpunkt seiner Forschungstätigkeit ist dabei der Regelungsrahmen des Urheberrechts für Anwendungen künstlicher Intelligenz. Er ist weiters Generalsekretär des INFOLAW Forschungsvereins für Informationsrecht und Immaterialgüterrecht sowie juristischer Mitarbeiter bei DORDA Rechtsanwälte im IP/IT Team.

© Studio Koekart

Mag. Lisa Kulmer ist Counsel in der Praxisgruppe Arbeitsrecht bei DORDA Rechtsanwälte GmbH und auf betriebliche Mitbestimmung, Whistleblowing und Vertragsgestaltung für Führungskräfte spezialisiert. Neben Publikationen und Vorträgen widmet sie sich auch der Lehre aktiv und trägt ua an der FH des BFI Wien vor.

© Studio Koekart

MMag. Manuel Mayr ist Rechtsanwalt bei Edthaler Leitner-Bommer Schmieder & Partner Rechtsanwälte GmbH mit Schwerpunkt im Arbeits- und Zivilverfahrensrecht.

© Studio Koekart

Dr. Stanislav Nekrasov ist Rechtsanwalt bei DORDA Rechtsanwälte GmbH mit Schwerpunkt im Steuerrecht. Er ist zugelassener Steuerberater.

© Studio Koekart

Mag. Valentina Possegger ist Rechtsanwaltsanwärterin bei DORDA Rechtsanwälte GmbH mit Schwerpunkt im Arbeitsrecht.

© Studio Koekart

Mag. Julia Strass ist Rechtsanwaltsanwärterin bei DORDA Rechtsanwälte GmbH mit Schwerpunkt im Arbeitsrecht.

© Studio Koekart

Mag. Florina Thenmayer ist Rechtsanwältin bei DORDA Rechtsanwälte GmbH und Expertin für Arbeitsrecht. Ihre fachlichen Schwerpunkte liegen in der Digitalisierung der Arbeitswelt und dem grenzüberschreitenden Einsatz von Arbeitskräften. Sie ist Autorin einschlägiger Fachliteratur und Vortragende bei Seminaren und Konferenzen.

© Studio Koekart

Mag. Nino Tlapak, LL.M. (IT-Law) ist Partner bei DORDA Rechtsanwälte GmbH, Co-Head der Datenschutzgruppe und auf Datenschutz, Cybersecurity sowie Out- und Cloudsourcing spezialisiert. Neben Publikationen und Vorträgen auf einschlägigen internationalen Konferenzen widmet er sich vor allem der Lehre und trägt ua an der Donau-Universität Krems, der FH Technikum Wien und der FH Campus Wien sowie dem IT-Recht Masterlehrgang der Universität Wien vor.

Inhaltsverzeichnis

Abkürzungsverzeichnis

aA	andere Ansicht
Abs	Absatz
aF	alte Fassung
AI Act	VO (EU) 2024/1689 des Europäischen Parlaments und des Rates vom 13. Juni 2024 zur Festlegung harmonisierter Vorschriften für künstliche Intelligenz und zur Änderung der Verordnungen (EG) Nr 300/2008, (EU) Nr 167/2013, (EU) Nr 168/2013, (EU) 2018/858, (EU) 2018/1139 und (EU) 2019/2144 sowie der Richtlinien 2014/90/EU, (EU) 2016/797 und (EU) 2020/1828 (Verordnung über künstliche Intelligenz), ABl L 2024/1689, 1
AKGestVo	Verordnung zur Abzugsteuerentlastung bei Arbeitskräftegestellung BGBl II 2022/318
AMPFG	Arbeitsmarktpolitik-Finanzierungsgesetz BGBl 1994/315 idgF
AngG	Angestelltengesetz BGBl 1921/292 idgF
Arbeitszeitrichtlinie	Richtlinie 2003/88/EG des Europäischen Parlaments und des Rates vom 4. November 2003 über bestimmte Aspekte der Arbeitszeitgestaltung, ABl L 2003/299, 9
ArbVG	Arbeitsverfassungsgesetz BGBl 1974/22 idgF
ARD	Aktuelles Recht zum Dienstverhältnis
ARG	Arbeitsruhegesetz BGBl 1983/144 idgF
Art	Artikel
AsoK	Arbeits- und Sozialrechtskartei
ASVG	Allgemeines Sozialversicherungsgesetz BGBl 1955/189 idgF
AÜG	Arbeitskräfteüberlassungsgesetz BGBl 1988/196 idgF
AZG	Arbeitszeitgesetz BGBl 1969/461 idgF
BAO	Bundesabgabenordnung BGBl 1961/194 idgF
BB	Betriebs-Berater
BGBl	Bundesgesetzblatt
B-KJHG 2013	Bundes-Kinder- und Jugendhilfegesetz 2013 BGBl I 2013/69 idgF
BlgNR	Beilage/-n zu den stenographischen Protokollen des Nationalrates
BRGO	Betriebsrats-Geschäftsordnung 1974 BGBl 1974/355 idgF

Bsp	Beispiel
bspw	beispielsweise
BV	Betriebsvereinbarung
BVwG	Bundesverwaltungsgericht
bzw	beziehungsweise
CuRE	Covid-19 und Recht
Dako	Datenschutz konkret
DatKomm	Praxiskommentar zum Datenschutzrecht
DBA	Doppelbesteuerungsabkommen
dh	das heißt
DHG	Dienstnehmerhaftpflichtgesetz BGBl 1965/80
DivRuW	Diversity in Recht und Wirtschaft
DSB	Datenschutzbehörde
DSG 2000	Datenschutzgesetz 2000 BGBl I 165/1999 idgF
DSGVO	VO (EU) 2016/679 des Europäischen Parlaments und des Rates vom 27. April 2016 zum Schutz natürlicher Personen bei der Verarbeitung personenbezogener Daten, zum freien Datenverkehr und zur Aufhebung der Richtlinie 95/46/EG (Datenschutz-Grundverordnung), ABl L 2016/119, 1
DVO 574/72	DVO (EWG) Nr 574/72 des Rates vom 21. März 1972 über die Durchführung der Verordnung (EWG) Nr 1408/71 über die Anwendung der Systeme der sozialen Sicherheit auf Arbeitnehmer und Selbständige sowie deren Familienangehörige, die innerhalb der Gemeinschaft zu- und abwandern, ABl L 1972/74, 1
DVO 987/2009	DVO (EG) Nr 987/2009 des Europäischen Parlaments und des Rates vom 16. September 2009 zur Festlegung der Modalitäten für die Durchführung der Verordnung (EG) Nr 883/2004 über die Koordinierung der Systeme der sozialen Sicherheit, ABl L 2009/284, 1
EAS	Express Antwort Service
eIDAS-VO	VO (EU) 910/2014 des Europäischen Parlaments und des Rates vom 23. Juli 2014 über elektronische Identifizierung und Vertrauensdienste für elektronische Transaktionen im Binnenmarkt und zur Aufhebung der Richtlinie 1999/93/EG (eIDAS-VO), ABl L 2014/257, 73
EG	Europäische Gemeinschaft
EGMR	Europäischer Gerichtshof für Menschenrechte
EMRK	Europäische Menschenrechtskonvention BGBl 1958/210 idgF

ErlRV	Erläuternde Bemerkungen zur Regierungsvorlage
ErwGr	Erwägungsgrund
EStG	Einkommensteuergesetz 1988 BGBl 1988/400 idgF
EStR	Einkommensteuerrichtlinien
etc	et cetera
EU	Europäische Union
EuGVVO	VO (EU) 1215/2012 des Europäischen Parlaments und des Rates vom 12. Dezember 2012 über die gerichtliche Zuständigkeit und die Anerkennung und Vollstreckung von Entscheidungen in Zivil- und Handelssachen (EuGVVO), ABl L 2012/351, 1
EVÜ	Übereinkommen von Rom über das auf vertragliche Schuldverhältnisse anzuwendende Recht (EVÜ), ABl C 1980/27, 34
EWR	Europäischer Wirtschaftsraum
f	folgend
ff	fortfolgend
FinStrG	Finanzstrafgesetz 1958/129 idgF
FM-GwG	Finanzmarkt-Geldwäschegesetz BGBl I 2016/118 idgF
FN	Fußnote
G	Gesetz
ggf	gegebenenfalls
GlBG	Gleichbehandlungsgesetz BGBl I 2004/66 idgF
GmbH	Gesellschaft mit beschränkter Haftung
GP	Gesetzgebungsperiode
GRC	Charta der Grundrechte der Europäischen Union (Grundrechtecharta) ABl 2012/C 326/02
GRAU	GRAUZONEN
GRUR-Prax	Gewerblicher Rechtsschutz und Urheberrecht in der Praxis
GSVG	Gewerbliches Sozialversicherungsgesetz BGBl 1978/560 idgF
hA	herrschende Ansicht
HR	Human Resources
Hrsg	Herausgeber:in
idgF	in der geltenden Fassung
idR	in der Regel
idZ	in dem Zusammenhang
iHv	in Höhe von
IKT	Informations- und Kommunikationstechnik/Technologie
insb	insbesondere
IPR	Internationales Privatrecht

IPRG	IPR-Gesetz BGBl 1978/304 idgF
iSd	im Sinne der, im Sinne des
iSe	im Sinne eines, im Sinne einer
iSv	im Sinne von
iZm	im Zusammenhang mit
JAS	Journal für Arbeits- und Sozialrecht
Jud	Judikatur
jusIT	Zeitschrift für IT-Recht und Datenschutz
KSS	Kapitel zur sozialen Sicherheit
KStG	Körperschaftsteuergesetz 1988 BGBl 1988/401 idgF
KuR	Kunst und Recht
KV	Kollektivvertrag
kv	kollektivvertraglich
LAG	Landesarbeitsgericht
leg cit	legis citatae/die zitierte Gesetzesstelle
Lfg	Lieferung
Lit	Literatur
lit	litera
LSD-BG	Lohn- und Sozialdumping-Bekämpfungsgesetz BGBl I 2016/44 idgF
LStrR	Lohnsteuer-Richtlinien
ME	Ministerialentwurf
MSchG	Mutterschutzgesetz 1979 BGBl 1979/221 idgF
mV	mit Verweisen
mwN	mit weiteren Nachweisen
nF	neue Fassung
OGH	Oberster Gerichtshof
OLG	Oberlandesgericht
Pkt	Punkt
PVP	Personalverrechnung für die Praxis
RdW	Recht der Wirtschaft
RGBl	Reichsgesetzblatt
Rom-I-VO	VO (EG) 593/2008 des Europäischen Parlaments und des Rates vom 17. Juni 2008 über das auf vertragliche Schuldverhältnisse anzuwendende Recht (Rom I), ABL L 2008/177, 6

Rsp	Rechtsprechung
StGB	Strafgesetzbuch BGBl 1974/60 idgF
SVG	Signatur- und Vertrauensdienstegesetz BGBl I 2013/69 idgF
TKG 2021	Telekommunikationsgesetz 2021 BGBl I 2021/190 idgF
st Rsp	ständige Rechtsprechung
ua	unter anderem
uE	unseres Erachtens
UrhG	Urheberrechtsgesetz BGBl 1936/111 idgF
UrlG	Urlaubsgesetz BGBl 1976/390 idgF
UWG	Bundesgesetz gegen den unlauteren Wettbewerb 1984, BGBl 1984/448 idgF
uU	unter Umständen
va	vor allem
VBG 1948	Vertragsbedienstetengesetz 1948 BGBl 1948/86 idgF
Vgl	vergleiche
VO	Verordnung
VO 883/2004	VO (EG) 883/2004 des europäischen Parlaments und des Rates vom 29. April 2004 zur Koordinierung der Systeme der sozialen Sicherheit, ABl L 2004/166, 1
VO 1408/71	VO (EWG) 1408/71 des Rates vom 14. Juni 1971 zur Anwendung der Systeme der sozialen Sicherheit auf Arbeitnehmer und Selbständige sowie deren Familienangehörige, die innerhalb der Gemeinschaft zu- und abwandern, ABl L 1971/149, 2
VwGH	Verwaltungsgerichtshof
WRP	Wettbewerb in Recht und Praxis
WuG	Wirtschaft und Gesellschaft
Z	Ziffer
ZAS	Zeitschrift für Arbeits- und Sozialrecht
ZellHB AV	Zeller Handbuch Arbeitsvertrags-Klauseln
ZellKomm	Zeller Kommentar zum Arbeitsrecht
ZPO	Zivilprozessordnung RGBl 1895/113 idgF

1. Der Recruiting-Prozess

Florina Thenmayer/Valentina Possegger

1.1. Einleitung

Die rasante Transformation der Arbeitswelt aufgrund des technologischen Fortschritts, der demografischen Verschiebungen sowie der zunehmenden Globalisierung hat die österreichische Wirtschaft und den Arbeitsmarkt nachhaltig beeinflusst, wobei sich die Anforderungen an Dienstnehmer und die Erwartungen an Dienstgeber erheblich gewandelt haben.[1]

Ein wesentlicher Aspekt dieser Transformation ist der Fachkräftemangel. Die Anzahl der offenen Stellen hat sich in den vergangenen Jahren signifikant erhöht und bleibt trotz eines leichten Rückgangs auf einem hohen Niveau. Diese Entwicklung ist eng mit dem demografischen Wandel verknüpft, der zu einem Rückgang der Bevölkerung im erwerbsfähigen Alter führt. IdZ hat der Rechnungshof darauf hingewiesen, dass in Österreich zwar bereits zahlreiche Initiativen zur Bekämpfung des Fachkräftemangels existieren, jedoch noch eine übergreifende Strategie fehlt, welche diese Bemühungen koordiniert und effektiviert.[2]

Ein weiterer entscheidender Faktor ist die Attraktivität Österreichs im globalen Wettbewerb um qualifizierte Arbeitskräfte. Die OECD konstatiert, dass Österreich im Vergleich zu anderen Industrieländern Schwierigkeiten hat, hochqualifizierte Arbeitskräfte aus dem Ausland anzuziehen. Die Ursachen hierfür liegen jedoch nicht allein in bürokratischen Hürden, sondern auch in einer im internationalen Vergleich schwächer ausgeprägten Willkommenskultur sowie einer hohen Steuerbelastung. Diese Faktoren tragen dazu bei, dass Österreich sich im OECD-Ranking der Standortattraktivität 2023 lediglich auf Platz 26 von 38 platzieren konnte.[3]

Die jüngeren Generationen, insb die Generation Z und die Millennials, bringen zudem neue Erwartungen und Anforderungen an den Arbeitsmarkt mit, die Dienstgeber künftig berücksichtigen müssen. Eine Umfrage von Deloitte belegt, dass diese Gruppen großen Wert auf Work-Life-Balance, soziale Gerechtigkeit und Umweltschutz legen.[4]

Die Veränderungen der letzten Jahrzehnte haben den Rekrutierungsprozess in Österreich nachhaltig beeinflusst. Unternehmen müssen sich nicht nur auf die

1 *Pleschinger*, Neue Wege im Recruiting, ARD 6708/5/2020.
2 *Bruckner*, Planlos gegen den Fachkräftemangel, Der Standard 2024/2435847.
3 *Szigetvari*, Unattraktives Österreich, Der Standard 2023/2258670.
4 Vgl *Deloitte*, Deloitte Gen Z & Millennial Survey 2024, abrufbar unter: https://www.deloitte.com/at/de/services/consulting/perspectives/Deloitte-Gen-Z-Millenial-Survey-2024.html (abgefragt am 30.6.2025).

veränderten Erwartungen der Arbeitskräfte einstellen, sondern auch strategische Maßnahmen ergreifen, um dem Fachkräftemangel zu begegnen und ihre Attraktivität als Dienstgeber zu steigern.[5] Mit diesen Veränderungen steigen auch die Anforderungen an einzelne Dienstnehmer. So gewinnen soziale Kompetenzen an Bedeutung, während technische Entwicklungen neue Berufsbilder entstehen und andere verschwinden lassen.[6] Eine vorausschauende Personalplanung ist daher essenziell, um frühzeitig den qualitativen und quantitativen Bedarf an Arbeitskräften zu ermitteln. Besonders in Branchen mit hoher Fluktuation, wie dem Tourismus oder der Arbeitskräfteüberlassung, kann eine unzureichende Planung zu erheblichen wirtschaftlichen Nachteilen führen.[7] Häufige Personalwechsel wirken sich nicht nur auf die Stabilität des Unternehmens aus, sondern erhöhen auch die Kosten erheblich. So liegen die durchschnittlichen Kosten für die Nachbesetzung einer Stelle in Österreich bei derzeit rund EUR 14.900.[8]

Unternehmen sollten daher vorausschauende Strategien entwickeln, um auf unterschiedliche Herausforderungen flexibel reagieren zu können und ihre Widerstandsfähigkeit in unsicheren Zeiten zu stärken. Eine strategische Personalplanung ist dabei unerlässlich, um frühzeitig die Fähigkeiten, Kenntnisse und Persönlichkeiten zu identifizieren, die den zukünftigen Unternehmenserfolg sichern. Sie trägt wesentlich dazu bei, Risiken in einer unsicheren Zukunft zu reduzieren und das Unternehmen langfristig auf Erfolgskurs zu halten.[9]

Dieses Kapitel erhebt nicht den Anspruch, eine vollständige rechtliche Analyse des Recruiting-Prozesses zu liefern, zumal dies den Rahmen sprengen würde. Vielmehr soll es neben den rechtlichen Grundlagen auch Anregungen liefern, wie Dienstgeber den Recruiting-Prozess zukünftig effektiver und effizienter gestalten können – sei es durch den Einsatz innovativer Methoden oder die Nutzung digitaler Tools. Ziel ist es, Unternehmen zu inspirieren, gezielt interessante Bewerber anzusprechen, den Prozess optimal zu strukturieren und sich gleichzeitig der potenziellen Risiken neuer Anwendungen bewusst zu sein. So wird dieses Kapitel zur praxisnahen Hilfestellung, um den Herausforderungen des modernen Arbeitsmarktes erfolgreich zu begegnen und das Unternehmen im Wettbewerb um die besten Talente zu stärken.

---

5 *Bruckner*, Was kann den Fachkräftemangel beheben? Der Standard 2024/2420077.

6 *Medved/Cavar*, Strategisches Recruiting: Was ist das? in *Medved/Cavar* (Hrsg), Recruiting-Kompass (2021) 79.

7 *Arbeitsmarktservice, Spezialthema zum Arbeitsmarkt:* Hohe Dynamik am österreichischen Arbeitsmarkt Februar 2020, abrufbar unter: https://www.ams.at/arbeitsmarktdaten-und-medien/arbeitsmarkt-daten-und-arbeitsmarkt-forschung/berichte-und-auswertungen (abgefragt am 30.6.2025).

8 *Karriere.at*, Kostenfaktor Fluktuation: Warum sich Mitarbeiterzufriedenheit lohnt, abrufbar unter: https://www.karriere.at/c/a/fluktuationskosten-studie (abgefragt am 30.6.2025).

9 *Medved/Cavar*, Strategisches Recruiting, in *Medved/Cavar* 79.

1.2. Recruiting Tools: Effizienzsteigerung und Digitalisierung im Rekrutierungsprozess

Recruiting Tools sind spezialisierte Softwarelösungen, die Unternehmen dabei unterstützen, den gesamten Rekrutierungsprozess zu digitalisieren und zu optimieren. Sie erleichtern nicht nur die Suche und Auswahl neuer Dienstnehmer, sondern steigern auch die Effizienz interner HR-Prozesse und tragen zu einer positiven *Candidate Experience*[10] bei. Durch den Einsatz solcher Tools können Personalabteilungen Zeit und Ressourcen sparen, indem sie wiederkehrende administrative Aufgaben automatisieren und gleichzeitig die Kommunikation zwischen Bewerbern und HR-Abteilungen verbessern.[11]

1.2.1. Funktionsweise und Vorteile

Ein zentrales Merkmal von Recruiting-Tools ist die Automatisierung des Bewerbermanagements. Diese Softwarelösungen ermöglichen es, Stellenanzeigen über verschiedene Kanäle zu veröffentlichen, Bewerbungen zu sammeln und zu verwalten sowie den gesamten Auswahlprozess nachvollziehbar zu dokumentieren. Moderne Tools bieten Funktionen wie das *Multiposting*, mit welchem Stellenanzeigen gleichzeitig auf mehreren Jobbörsen veröffentlicht werden können, oder das Bewerbertracking, das den Status von Bewerbern in Echtzeit anzeigt.

Darüber hinaus ermöglichen Recruiting-Tools den Aufbau von Talentpools. Damit können Unternehmen potenzielle Kandidaten langfristig im Blick behalten und bei zukünftigen Stellenausschreibungen gezielt ansprechen. Dies ist va bei Positionen, welche besonders vom Fachkräftemangel betroffen sind, von Vorteil, da es die passive Kandidatensuche erheblich erleichtert.

1.2.2. Gängige Recruiting-Tools

Auf dem Markt gibt es eine Vielzahl von Recruiting-Tools für jeweils unterschiedliche Funktionen und Zielgruppen. Dabei kann zwischen reinen Bewerbermanagementsystemen und umfassenderen HR-Lösungen, die den gesamten Lebenszyklus von Dienstnehmern abdecken, unterschieden werden. Die Wahl des richtigen Tools hängt maßgeblich von der Unternehmensgröße, der Anzahl der zu besetzenden Positionen und den erforderlichen Zusatzfunktionen, wie Integrationsmöglichkeiten in bestehende HR-Systeme, ab. Da es keine einheitliche

10 Die *Candidate Experience* beschreibt alle Wahrnehmungen und Erfahrungen, die ein Bewerber während der Bewerbungsphase mit einem Unternehmen sammelt. Dazu zählen sämtliche Berührungspunkte wie die Stellensuche, die Karriereseite, der Bewerbungs- und Interviewprozess sowie das Onboarding; vgl *Stepstone*, Candidate Experience, abrufbar unter: https://www.stepstone.at/e-recruiting/blog/candidate-experience/ (abgefragt am 30.6.2025).

11 Vgl *Workwise*, Eine Übersicht über die wichtigsten Recruiting-Tools 2025, abrufbar unter: https://hire.workwise.io/hr-praxis/personalsuche/recruiting-tools (abgefragt am 30.6.2025).

Empfehlung für die ideale IT-Architektur gibt, ist die Einbindung externer Berater oft sinnvoll, um eine bedarfsgerechte und nachhaltige Implementierung sicherzustellen.[12]

- *Applicant-Tracking*-Systeme: Diese Systeme konzentrieren sich auf die Verwaltung und Nachverfolgung von Bewerbern.
- HR-Software mit Recruiting-Modulen: Solche Lösungen bieten neben den Recruiting-Funktionen auch umfassende Möglichkeiten im Bereich des Personalmanagements und lassen sich häufig durch modulare Pakete an die jeweiligen Bedürfnisse anpassen.
- Talent-Management-Systeme: Diese Tools konzentrieren sich auf das aktive Sourcing von Talenten und bieten Schnittstellen zu sozialen Netzwerken.

1.2.3. KI-Tools

Unbestritten ist, dass softwarebasierte Recruiting-Tools eine erhebliche Erleichterung und Effizienzsteigerung im HR-Alltag mit sich bringen. Wenn diese Tools zusätzlich künstliche Intelligenz (KI) integrieren, kann diese Technologie die Unternehmensprozesse durch die Automatisierung komplexer Verwaltungsabläufe und die Einhaltung von regulatorischen Vorgaben in noch stärkerem Maß unterstützen. Im Personalmanagement lässt sich KI über den gesamten *Employee Lifecycle* hinweg einsetzen. Besonders in der vorvertraglichen Phase kann KI zB dazu beitragen, präzise Stellenausschreibungen innerhalb kürzester Zeit zu erstellen oder den Auswahl- und Einstellungsprozess effizienter zu gestalten. Neben den spezifischen Regulierungen der EU zur KI müssen dabei insb arbeits- und datenschutzrechtliche Vorschriften berücksichtigt werden.[13]

Eine Studie von Stepstone von August 2023 zeigt, dass sich der Einsatz von KI im österreichischen Recruiting noch am Anfang befindet. Lediglich 13 % der Unternehmen nutzen derzeit KI. Dabei fällt auf, dass der Einsatz von KI insb in HR-Abteilungen von Unternehmen mit 1.000 bis 5.000 Angestellten sowie in sehr kleinen Unternehmen mit bis zu neun Dienstnehmern häufiger vorkommt.[14]

Seit Dezember 2023 haben sich im Bereich der KI-Regulierung wesentliche Änderungen ergeben. Am 1.8.2024 trat die EU-Verordnung über Künstliche Intelligenz, der „AI Act", in Kraft. Diese Verordnung stellt den ersten umfassenden Rechtsrahmen zur Regulierung von KI in Europa dar und verfolgt das Ziel, die EU als

12 *Deuring*, Personal-Management-Software: wie finden Unternehmen die passende Lösung? Wirtschaft Magazin 24.7.2022.

13 *Bundeskanzleramt*, „AI Act" der EU: Weltweit erstes staatenübergreifendes Regelwerk in Kraft, abrufbar unter: https://www.bundeskanzleramt.gv.at/themen/europa-aktuell/2024/08/ai-act-der-eu-in-kraft.html (abgefragt am 30.6.2025).

14 *Stepstone*, Recruiting in Österreich – Aktuelle Herausforderungen und Strategien in der Personalsuche. Abrufbar unter: https://www.stepstone.at/wp-content/uploads/2023/08/Whitepaper_Recruiting_Web.pdf (abgefragt am 30.6.2025).

globalen Vorreiter bei der Festlegung von Standards in der KI-Regulierung zu etablieren.[15]

Der AI-Act verfolgt einen risikobasierten Ansatz und teilt KI-Systeme in vier Risikogruppen ein, die jeweils unterschiedliche Verpflichtungen und Fristen für Nutzer und Anbieter mit sich bringen:[16]

- Minimales oder kein Risiko: Die meisten KI-Systeme, wie etwa in Videospielen oder Spamfiltern, bergen kein Risiko und können uneingeschränkt genutzt werden.
- Begrenztes Risiko: KI-Systeme mit geringem Risiko unterliegen minimalen Transparenzanforderungen, wie der Pflicht zur Offenlegung, dass es sich um KI-generierte Inhalte handelt, um den Nutzern informierte Entscheidungen zu ermöglichen.
- Hohes Risiko: Hochrisiko-KI-Systeme sind zwar zugelassen, müssen jedoch strenge Anforderungen erfüllen, um in der EU eingesetzt werden zu dürfen.
- Unannehmbares Risiko: KI-Systeme, die erhebliche Risiken bergen, wie etwa Verhaltensmanipulation, *Predictive Policing*[17], Emotionserkennung am Arbeitsplatz oder Sozialkreditsysteme, sind verboten. Auch Gesichtserkennung ist – mit wenigen Ausnahmen – untersagt.[18]

Im Bereich des Personalmanagements und insb im Recruiting werden KI-Systeme, die Personalentscheidungen beeinflussen, wie etwa das Schalten von Stellenanzeigen, das Filtern von Bewerbungen oder die Bewertung von Bewerbern, als Hochrisiko-Systeme eingestuft.[19] Diese Einstufung zieht beträchtliche Compliance-Anforderungen nach sich, die ua umfangreiche Dokumentations- und Transparenzpflichten beinhalten. Ziel dieser Maßnahmen ist es insb, den Schutz vor Diskriminierung sowie die Grundrechte auf Datenschutz und Privatsphäre im Arbeitskontext zu gewährleisten.[20]

In bestimmten Fällen können jedoch Ausnahmen von dieser Klassifizierung bestehen, insb wenn KI-Systeme nur für vorbereitende Handlungen genutzt werden und kein erhebliches Risiko für Gesundheit, Sicherheit oder Grundrechte natürlicher Personen darstellen. Ein Bsp hierfür ist der Einsatz von *CV-Parsing*-Tech-

15 *Institut Zukunft des Lebens,* Das EU-Gesetz zur künstlichen Intelligenz – Aktuelle Entwicklungen und Analysen des EU AI-Gesetzes, abrufbar unter: https://artificialintelligenceact.eu/de/ (abgefragt am 30.6.2025).

16 *Europäische Kommission*, AI Act, abrufbar unter: https://digital-strategy.ec.europa.eu/de/policies/regulatory-framework-ai (abgefragt am 30.6.2025)

17 *Predictive Policing* bezeichnet die Analyse von Falldaten zur Berechnung der Wahrscheinlichkeit zukünftiger Straftaten zur Steuerung des Einsatzes von Polizeikräften. Vgl *Adensamer/Klausner*, Ich weiß, was du nächsten Sommer getan haben wirst, juridikum 2019, 419.

18 *Bundeskanzleramt*, „AI Act“ der EU: Weltweit erstes staatenübergreifendes Regelwerk in Kraft, abrufbar unter: https://www.bundeskanzleramt.gv.at/themen/europa-aktuell/2024/08/ai-act-der-eu-in-kraft.html (abgefragt am 30.6.2025).

19 ErwGr 57 der Verordnung über künstliche Intelligenz (EU) 2024/1689.

20 Art 6 Abs 2 iVm Anh III Abs 4 AI Act.

nologien, die auf Grundlage von Lebensläufen eine Vorauswahl von Bewerbern treffen, indem sie automatisch jene aussortieren, die die geforderten Qualifikationen oder formalen Kriterien nicht erfüllen. In solchen Fällen dient die KI lediglich der Unterstützung menschlicher Entscheidungen, ohne diese zu ersetzen.[21]

Auch die Erstellung und Optimierung von Stellenanzeigen kann durch KI-Anwendungen erheblich vereinfacht werden. Tools wie ChatGPT[22] oder Google Gemini (ehemals Google Bard)[23] ermöglichen es, innerhalb kürzester Zeit Stellenanzeigen zu formulieren und Texte so zu optimieren, dass sie die gewünschte Zielgruppe präzise ansprechen. Der Erfolg solcher KI-Anwendungen hängt jedoch maßgeblich von der Qualität der Eingabedaten ab – je präziser die Anweisung, desto besser das Resultat. Diese KI-gestützten Anwendungen fallen derzeit nicht in den Hochrisikobereich des AI-Act, unterliegen jedoch Transparenzvorschriften, wonach synthetisch erstellte Texte entsprechend gekennzeichnet werden müssen (zB als „*AI generated*").[24] Wird KI jedoch für die gezielte Steuerung von Stellenanzeigen eingesetzt – etwa um bestimmte Bewerbergruppen selektiv anzusprechen –, handelt es sich gemäß Art 6 Abs 2 des AI-Act um ein Hochrisiko-System.[25]

Durch den gezielten Einsatz von KI können Unternehmen den Recruiting-Prozess nicht nur beschleunigen, sondern auch optimieren, solange sie sich der rechtlichen Anforderungen und potenziellen Risiken bewusst sind.[26]

1.3. Stellenausschreibung

1.3.1. Einführung: Stellenausschreibungen, die wirken

Eine präzise und gut durchdachte Stellenausschreibung ist ein entscheidender Faktor, um die passende Zielgruppe gezielt anzusprechen und qualifizierte Bewerber für eine offene Position zu gewinnen. Neben einer klaren und ansprechenden Formulierung spielen auch visuelle Elemente eine wichtige Rolle: Ein aussagekräftiger Jobtitel und ein gut platziertes Firmenlogo helfen, eine optimale Wahrnehmung zu erreichen. Um die Aufmerksamkeit potenzieller Bewerber zu wecken und sie zur Bewerbung zu motivieren, kann zB das bewährte AIDA-Prinzip (*Attention, Interest, Desire, Action*)[27] eingesetzt werden. Zudem helfen Bilder, Infografiken

21 *Grossmann/ Grunicke/Henke*, KI-Tools im Recruiting und ihre arbeitsrechtliche Implikation, BB 2024, 2229.
22 Vgl https://chatgpt.com/ (abgefragt am 30.6.2025).
23 Vgl https://gemini.google.com/?hl=de (abgefragt am 30.6.2025).
24 *Dürager*, Highlights und Pain Points aus dem „KI-Gesetz" (Teil II), ecolex 2024/561.
25 Art 6 Abs 2 iVm Anh III Abs 4 AI Act; *Schürmann/Holz*, AI Act und Fairnessmetriken: Rechtskonforme KI im Personalmanagement, DivRuW 2024, 116.
26 *Bundeskanzleramt*, „AI Act" der EU: Weltweit erstes staatenübergreifendes Regelwerk in Kraft, abrufbar unter: https://www.bundeskanzleramt.gv.at/themen/europa-aktuell/2024/08/ai-act-der-eu-in-kraft.html (abgefragt am 30.6.2025).
27 Vgl *Workwise*, Die perfekte Stellenanzeige schreiben – Muster und Beispiele [2025] abrufbar unter: https://hire.workwise.io/hr-praxis/personalsuche/stellenanzeige-schreiben#6-die-gestaltung-der-stellenanzeige (abgefragt am 30.6.2025).

oder kurze Videos dabei, die Unternehmenskultur für potenzielle Bewerber greifbar zu machen und das *Employer Branding* zu stärken. Eine übersichtliche Gliederung mit klar definierten Abschnitten – etwa zu Anforderungen, Aufgaben und Benefits – hilft, die wichtigsten Informationen auf einen Blick zugänglich zu machen und erleichtert die Lesbarkeit des Texts.[28]

1.3.2. Rechtlicher Rahmen: Fallstricke bei Stellenausschreibungen

1.3.2.1. Diskriminierende Stellenausschreibungen

Steht die Gestaltung der Stellenanzeige fest und werden potenzielle Bewerber gezielt angesprochen, gilt es, den Inhalt auf seine Rechtskonformität zu überprüfen. Denn neben einer ansprechenden und gut strukturierten Gestaltung müssen auch die rechtlichen Anforderungen erfüllt werden, um Risiken für das ausschreibende Unternehmen zu vermeiden. Mögliche Hürden bei der Erstellung einer Stellenanzeige gibt es va im Bereich der Gleichbehandlung. Das GlBG stellt hier klare Anforderungen, deren Nichteinhaltung nicht nur das Image des Unternehmens gefährden, sondern auch rechtliche Konsequenzen und Strafen nach sich ziehen kann.

§ 9 Abs 1 GlBG verpflichtet Dienstgeber und Arbeitsvermittler, Stellen geschlechtsneutral, also ohne ausschließlichen Bezug auf Frauen oder Männer auszuschreiben. Eine Ausnahme besteht nur, wenn das Geschlecht eine unverzichtbare Voraussetzung für die auszuübende Tätigkeit darstellt. Fremdsprachige Jobtitel, wie „General Manager" oder „Key Account Manager", erfordern einen klarstellenden Zusatz, dass die Ausschreibung für alle Geschlechter offen ist.[29] Diese Verpflichtung zur geschlechtsneutralen Ausschreibung umfasst nicht nur den Titel, sondern auch den gesamten Anzeigentext: Der Gesetzgeber schreibt vor, dass eine Stellenausschreibung keine Hinweise enthalten darf, die implizit oder explizit ein bestimmtes Geschlecht ansprechen, etwa durch Formulierungen wie „*Was kann sich* **der Bewerber** *von uns erwarten: …*".[30] Für die Berücksichtigung des dritten Geschlechts in Stellenanzeigen gibt es aktuell noch keine eindeutigen Vorgaben. Das Analogieverbot im Verwaltungsstrafrecht schützt jedoch vor strafrechtlichen Konsequenzen, wenn das nicht-binäre Geschlecht nicht explizit genannt wird. In der Praxis wird eine geschlechtsneutrale Ausschreibung, wie „m/w/d", daher als ausreichend betrachtet.[31]

Über die Geschlechtsneutralität hinaus dürfen Stellenanzeigen auch in Hinblick auf andere Diskriminierungsmerkmale des GlBG – wie Alter, ethnische Zugehörigkeit, Religion, Weltanschauung, sexuelle Orientierung oder Behinderung – keine ausschließenden Formulierungen enthalten (§ 23 Abs 1 GlBG). So könnte die

28 Ibid.
29 VwGH 30.6.1998, 96/08/375, VwSlg 14.931.
30 *Korninger*, Diskriminierungsfreies Recruiting, ARD 6545/5/2017.
31 *Rebhahn/Windisch-Graetz* in *Windisch-Graetz* (Hrsg), GlBG – Gleichbehandlungsgesetz^2 (2021) § 9 GlBG Rz 12.

Anforderung überzogener Deutschkenntnisse als Diskriminierung aufgrund ethnischer Herkunft ausgelegt werden, während die Anforderung notwendiger Sprachkenntnisse für die Tätigkeit zulässig ist. Bei der Ausschreibung für eine Assistenzstelle mit deutschsprachiger Korrespondenz dürfen exzellente Deutschkenntnisse als notwendige berufliche Voraussetzung gefordert werden. Altersgrenzen sind in Ausnahmefällen zulässig, etwa bei der Berufsfeuerwehr zur Sicherstellung der Einsatzfähigkeit. Formulierungen wie „*Wir suchen eine junge, dynamische Assistentin*" gelten jedoch als doppelt diskriminierend, da sie sowohl Geschlecht als auch Alter betreffen.[32]

Beispiele

Folgende Anforderungen in Stellenanzeigen wurden von Gerichten als diskriminierend bzw nicht-diskriminierend gewertet:

Eine Anzeige enthielt die Anforderung, dass die Muttersprache Deutsch zu sein hat, andernfalls würde die Bewerbung unberücksichtigt bleiben. Das zuständige Gericht erkannte hierin eine Diskriminierung aufgrund der ethnischen Zugehörigkeit.[33]

Der EuGH entschied 2023 über einen Fall von vermeintlicher Altersdiskriminierung. Ein deutsches Unternehmen suchte zur Betreuung einer 28-jährigen Studentin mit einer Behinderung eine Assistentin, welche laut der Anzeige idealerweise zwischen 18 und 30 Jahren alt sein sollte. Zwar lasse diese Forderung eine Altersdiskriminierung vermuten. Allerdings sei die Stellenanzeige laut EuGH aufgrund des Selbstbestimmungsrechts von Menschen mit Behinderung gerechtfertigt.[34]

Eine andere Stellenanzeige wurde mit der Forderung nach einem absolvierten Zivil- bzw Präsenzdienst ausgeschrieben. Zwar kann sich die Anforderung des absolvierten Dienstes nur an Männer richten, wodurch die Anzeige als diskriminierend aufgrund des Geschlechts zu qualifizieren gewesen wäre, allerdings wurde der Zusatz „(m/w)" nach der Bezeichnung der zu besetzenden Position verwendet. Dem zuständigen Gericht genügte der Zusatz, weshalb es die Stellenanzeige als nicht-diskriminierend beurteilte.[35]

Die deutschen Gerichte erachteten die Stellenanzeige für einen „Manager Corporate Communications (m/w/d) Unternehmensstrategie", mit welcher ein „Digital Native" gefragt war, als diskriminierend aufgrund des Alters. Aufgrund dieser Wortwahl sei naheliegend, dass der Dienstgeber ein jüngeres Publikum ansprechen wolle, das mit digitalen Technologien aufgewachsen ist. Diese Annahme werde durch Anforderungen wie „absoluter Teambuddy" und die Bezeichnung als „dynamisches Team" verstärkt, da sich diese ebenfalls an ein jüngeres Publikum richten.[36]

IZm den zuvor beschriebenen KI-Tools müssen Unternehmen jedenfalls darauf achten, dass sie bei KI-unterstützter Erstellung der Stellenanzeige keine (unbewussten) Vorurteile der KI in die Anzeige übernehmen. Es ist durchaus vorstellbar, dass eine KI eine Stellenanzeige für eine Führungsposition ansprechender für Männer als Frauen erstellt, da in absoluten Zahlen mehr Männer als Frauen in

32 *Korninger*, ARD 6545/5/2017.
33 LVwG Tirol 14.1.2014, LVwG-2013/23/3455-2.
34 EuGH 7.12.2023, C-518/22.
35 Vgl LVwG Oberösterreich 30.10.2016, LVwG-301262/6/KI/SH.
36 LAG Baden-Württemberg 7.11.2024, 17 Sa 2/24.

Führungspositionen tätig sind. Dieser „KI-Bias“ ist ein bekanntes Problem bei der Anwendung von KI.[37]

Aber auch die Verwendung visueller Elemente in Stellenanzeigen wie Bilder oder Videos können dazu führen, dass die Anzeige diskriminierend ist. Zwar ist noch nicht höchstgerichtlich geklärt, ob bildbasierte Ausschreibungen den Vorgaben zur Geschlechtsneutralität unterliegen; jedoch sprechen gute Gründe dafür, dass auch subtile oder implizite Hinweise als „zusätzliche Anmerkungen“ iSd § 9 Abs 1 GlBG gelten und daher ebenfalls geschlechtsneutral sein müssen.[38] Um dies sicherzustellen, empfiehlt es sich, Gruppenfotos beider Geschlechter Einzelbildern vorzuziehen und auf die Bildgestaltung zu achten (zB welche Personen im Vor- oder Hintergrund sind oder der Hinweis auf ein Über- und Unterordnungsverhältnis zwischen ihnen).[39] Neben der Geschlechtsneutralität muss die Bildsprache auch allgemein diskriminierungsfrei sein. Fotos, die besonders junge Leute darstellen und die Jugendlichkeit der Beschäftigten unterstreichen, können etwa als altersdiskriminierend eingestuft werden.[40]

Dies gilt umso mehr bei KI-generierten Bildern, da mehrere Studien gezeigt haben, dass generative KI-Modelle stereotype Darstellungen reproduzieren – insb bei Führungspositionen wie „CEO“, die in Bildgenerierungen regelmäßig ausschließlich mit männlichen Personen aus dem westlich geprägten Kulturkreis besetzt werden. In einzelnen Studien lag der Anteil weißer männlicher Darstellungen sogar bei 100 %.[41]

Unternehmen sollten daher besondere Sorgfalt walten lassen, wenn sie KI zur visuellen Gestaltung von Stellenanzeigen einsetzen. Um Verzerrungen bei der Bildgenerierung zu vermeiden, sollte der Prompt gezielt diversitätsbewusst formuliert werden.

Beispiel: Symbol- und Stimmungsbilder

„Erstelle ein authentisches Gruppenbild von Menschen unterschiedlichen Geschlechts, Alters und ethnischer Herkunft in moderner Geschäftskleidung, die gemeinsam an einem Projekt in einem hellen, freundlichen Büro arbeiten. Zeige eine gleichwertige Beteiligung aller Personen, ohne Hierarchie oder Rollenklischees.“

37 *Dauser*, Einsatz von künstlicher Intelligenz in der Arbeitswelt – Was ist zu beachten? ARD 6838/5/2023.

38 *Rebhahn/Windisch-Graetz* in *Windisch-Graetz*² § 9 GlBG Rz 13.

39 *Geiblinger*, Gesetzeskonformität personenbildbezogener Stellenausschreibungen, ASoK 2015, 140; *Rebhahn/Windisch-Graetz* in *Windisch-Graetz*² § 9 GlBG Rz 13.

40 *Geiblinger*, ASoK 2015, 140.

41 Vgl etwa *García-Ull/Melero-Lázaro*, Gender and Racial Bias in AI Image Generation, Soc. Sci. 2024, 250, abrufbar unter: https://www.mdpi.com/2076-0760/13/5/250 (abgefragt am 30.6.2025); *Currie* et al, Biases in Generative AI Systems, J. Med. Internet Res. 2024, PubMed ID: 39438057, abrufbar unter: https://pubmed.ncbi.nlm.nih.gov/39438057/ (abgefragt am 30.6.2025); *Buzzmatic*, KI und die Darstellung der Realität – Eine Studie von Gender- und Race-Bias in KI-generierten Bildern, 2024, abrufbar unter: https://buzzmatic.net/blog/ki-und-die-darstellung-der-realitaet-eine-studie-von-gender-und-race-bias-in-ki-generierten-bildern/ (abgefragt am 30.6.2025).

Beispiel: Tätigkeitsbezogenes Bild (IT-Team)

„Erstelle ein realistisches Gruppenbild von IT-Fachkräften unterschiedlichen Geschlechts, Alters und ethnischer Herkunft, die gemeinsam in einem modernen Büro arbeiten – zB am Laptop oder im Gespräch. Vermeide stereotype Darstellungen und achte auf gleichberechtigte Beteiligung."

1.3.2.2. Angabe des Entgelts in der Stellenausschreibung

Seit 2011 verpflichtet das GlBG Dienstgeber oder Arbeitsvermittler, für die ausgeschriebene Position das kv Mindestentgelt bzw das gesetzliche oder durch andere Normen festgelegte Mindestentgelt in der Stellenausschreibung anzugeben und auf eine mögliche Bereitschaft zur Überzahlung hinzuweisen (§ 9 Abs 2 und § 23 Abs 2 GlBG). Bei der Angabe des Mindestlohns können Unternehmen klarstellen, dass Betriebszugehörigkeit und Berufserfahrung nicht in die Berechnung eingeflossen sind, sofern diese in der Anzeige nicht gefordert werden. Wird jedoch spezifische Berufserfahrung verlangt, muss diese bei der Mindestlohnangabe berücksichtigt werden. Ein Hinweis auf „marktkonforme" Bezahlung ohne konkrete Zahlen ist generell nicht ausreichend. Die Bereitschaft zur Überzahlung muss hingegen lediglich allgemein angegeben werden; die genaue Höhe der möglichen Überzahlung bleibt unverbindlich und kann im späteren Bewerbungsgespräch frei verhandelt werden.[42]

Bei einem vermuteten Verstoß gegen das Gleichbehandlungsgebot können Bewerber oder Gleichbehandlungsbeauftragte eine Anzeige bei der zuständigen Bezirksverwaltungsbehörde einbringen, die eine Geldstrafe verhängen kann. Wenn lediglich das Mindestentgelt in der Anzeige fehlt, muss die Behörde zunächst eine Ermahnung aussprechen und kann erst bei wiederholtem Verstoß eine Strafe je Ausschreibung verhängen.[43]

Exkurs: KV-Einstufung

Noch vor der individuellen kv Einstufung neuer Dienstnehmer müssen Unternehmen für die Angabe des Mindestentgelts die Tätigkeitsgruppe der ausgeschriebenen Position festlegen. Die Einstufung orientiert sich zunächst an der genauen Tätigkeitsbeschreibung und dem Anforderungsprofil der zu besetzenden Stelle. Diese Einstufung ist jedoch nicht statisch: Wenn sich die Position bei Vertragsabschluss oder im Laufe des Arbeitsverhältnisses ändert, kann dies zu einer abweichenden Tätigkeitsgruppe führen.

Die KV enthalten meist abstrakte Definitionen und Bsp für Tätigkeitsgruppen (Berufsbilder). IdR ist das Anforderungsprofil entscheidend; bei manchen KV fließen auch formale Qualifikationen, wie zB facheinschlägige Ausbildungen, in die Einstufung ein. Anforderungen in Stellenausschreibungen, wie zB Englisch-

42 *Hopf/Mayr/Eichinger/Erler*, GlBG^2 (2021) § 23 Rz 11 ff.

43 §§ 10 Abs 2 GlBG, 24 Abs 2 GlBG.

kenntnisse, können in bestimmten KV automatisch zu einer Einstufung in die nächsthöhere Beschäftigungsgruppe führen.[44]

Die fehlerfreie Eingruppierung der Dienstnehmer in das kv Gehaltssystem schützt Dienstgeber nicht nur vor Nachzahlungen aufgrund der Übertretung von Normen aus dem Arbeitsrecht, sondern stellt auch eine der zentralen und risikoreichen Herausforderungen iZm verwaltungsstrafrechtlichem Lohn- und Sozialdumping dar.[45]

Diese Risiken treten häufig im Rahmen der regelmäßigen gemeinsamen Prüfung von Lohnabgaben und Beiträgen (GPLB) auf, bei der Finanz-, Sozialversicherungs- und Kommunalsteuerprüfungen gebündelt durchgeführt werden. Im Zuge dieser Prüfungen kontrollieren die Behörden ua, ob Unternehmen die gesetzlichen und kv Standards einhalten. Wird dabei eine Unterentlohnung festgestellt, drohen hohe Strafen, wobei der Gesetzgeber in bestimmten Fällen eine Straffreiheit ermöglicht. Straffreiheit kann insb dann eintreten, wenn der Dienstgeber das geschuldete Mindestentgelt – einschließlich bereits verfallener oder verjährter Mindestentgeltansprüche – vor Beginn einer behördlichen GPLB-Prüfung vollständig nachzahlt (§ 29 Abs 2 LSD-BG).[46]

1.3.3. Effektive Rekrutierungskanäle: Von der digitalen Präsenz bis zur persönlichen Absprache

Das Schalten von Stellenanzeigen kann über vielfältige Kanäle und Medien erfolgen. Unabhängig von der Unternehmensgröße, der Anzahl der offenen Positionen oder dem verfügbaren Budget gehören Kommunikationsmittel wie ein Karriereportal auf der Unternehmenswebsite und die Pflege von Kontakten zu ehemaligen Praktikanten oder Studierenden zum Standard. Ein durchgängig professioneller Bewerberservice, der eine benutzerfreundliche Umgebung und eine positive Interaktion gewährleistet, ist ebenfalls entscheidend, um das Interesse der Bewerber aufrechtzuerhalten und das Unternehmen als attraktiven Dienstgeber zu positionieren.

Darüber hinaus können Unternehmen zusätzliche Kommunikationsmittel nutzen, um über diese Standards hinauszugehen. So lässt sich der Karrierebereich auf der Website zB mit Videos und ausführlichen Beschreibungen der Unternehmenskultur ergänzen. Für eine bessere *Candidate Experience* können Unternehmen niedrigschwellige Kommunikationsmöglichkeiten wie Chatbots, Online-Bewerbungs-

44 ZB Abschnitt 3, Pkt A.3 des KV für Angestellte und Lehrlinge in Handelsbetrieben. Abrufbar unter: https://www.wko.at/kollektivvertrag/kollektivvertrag-handel-angestellte-2025#heading_abschnitt_3 (abgefragt am 30.6.2025).

45 *Kraft/Kronberger*, Organisatorische Aspekte zur Einstufung in *Kraft/Kronberger* (Hrsg), Lohn- und Sozialdumping aus Sicht der Personalverrechnung[2] (2017) 116.

46 *Schrank*, Unterentlohnung einschließlich Lohndumping: Folgen und Risiken, in *Schrank* (Hrsg), Arbeitsrecht und Sozialversicherungsrecht[94.Lfg] (2024) Rz 33a f.

optionen für das Hochladen der benötigten Unterlagen oder die Möglichkeit für ein Bewerbungsgespräch per Videokonferenz anbieten.[47]

Mit der zunehmenden Digitalisierung verlagern sich Stellenanzeigen von klassischen Printanzeigen aus Zeitschriften mehr und mehr Richtung digitaler Stellenportale.[48] Um die Reichweite und Wirksamkeit von Online-Anzeigen zu maximieren, ist ein gezieltes *Active Sourcing*[49] unerlässlich. Personalverantwortliche müssen analysieren, auf welchen Kanälen sich die jeweilige Zielgruppe bewegt und mit welchen Mitteln sie effektiv angesprochen werden kann, um die besten Talente für das Unternehmen zu gewinnen.[50]

Früher primär zur Unterhaltung und Informationsbeschaffung genutzte Online-Medien gewinnen auch in der Rekrutierung zunehmend an Bedeutung – und zwar nicht nur bei der Generation Y oder Z.[51] Wurde der passende Kanal für die konkrete Stellenanzeige identifiziert, kommt es darauf an, den Mehrwert für potenzielle Kandidaten zu unterstreichen und sich Mitbewerbern gegenüber durch ein klares, attraktives Unternehmensprofil abzuheben. *Active Sourcing* erfolgt häufig über Karrierenetzwerke wie *LinkedIn*[52] und *Xing*[53]. Für eine gezielte Ansprache ist eine personalisierte Nachricht entscheidend – standardisierte Floskeln überzeugen qualifizierte Dienstnehmer selten zu einem Wechsel.

Trotz der zunehmenden Digitalisierung im Recruiting kann es sinnvoll sein, den Online-Auftritt durch persönliche Kontakte zu ergänzen. Netzwerkveranstaltungen, Karrieremessen oder die Pflege von Kontakten zu Bildungseinrichtungen, Schulen und Hochschulen bieten wertvolle Möglichkeiten zur Talentrekrutierung. Zusätzlich können auch Events, Blogs und Newsletter genutzt werden, um Kandidaten auf das Unternehmen aufmerksam zu machen. Hier sind oft die Fachabteilungen gefragt, die inhaltliche Beiträge im Namen des Unternehmens teilen, während die Organisation und Gestaltung dieser Beiträge dann von HR- oder Marketing-Teams unterstützt werden können. Für eine erfolgreiche Ansprache ist es wichtig, dass diese Kanäle regelmäßig bespielt werden. Obwohl Social Media eine lockerere Tonalität zulässt, sollten Beiträge dennoch professionell und optisch ansprechend gestaltet sein, um Vertrauen und Glaubwürdigkeit zu vermitteln und

47 *Räss*, Veränderte Anforderungen – der Bewerber im Mittelpunkt, in *Kruse/Mecke/Räss* (Hrsg), Risikomanagement, wertschätzende Führung und digitales Recruiting (2024) 298 f.

48 *Greif/Kullmann*, Algorithmenbasiertes Personalrecruiting, ZAS 2021/13.

49 *Active Sourcing* ist als eine Recruiting-Methode definiert, bei der Unternehmen gezielt geeignete Kandidaten für eine offene Stelle suchen, ansprechen und rekrutieren. Diese direkte Ansprache erfolgt über verschiedene Kanäle, beispielsweise über den eigenen Kandidatenpool, über Business-Netzwerke im Internet, auf Messen usw. Vgl https://www.avantgarde-experts.de/de/magazin/active-sourcing/#:~:text=Active%20Sourcing%20ist%20ein%20Sammelbegriff,fremdes%20oder%20das%20eigene%20Unternehmen (abgefragt am 30.6.2025).

50 *Pleschinger*, ARD 6708/5/2020.

51 *Räss*, Recruiting Kanäle, in *Kruse/Mecke/Räss* (Hrsg), Risikomanagement, wertschätzende Führung und digitales Recruiting (2024) 321.

52 Vgl https://at.linkedin.com/ (abgefragt am 30.6.2025).

53 Vgl https://www.xing.com/ (abgefragt am 30.6.2025).

das Interesse potenzieller Dienstnehmer zu wecken. Der Zeitaufwand für diese Kanäle ist nicht zu unterschätzen und erfordert entsprechende Ressourcen – eine nachhaltige Bespielung ist mit wenigen Stunden pro Monat kaum zu bewältigen.[54]

1.4. Auswahlprozess

1.4.1. Algorithmengestützte Bewerberauswahl

Um den zeitintensiven Prozess der Durchsicht aller Bewerbungsunterlagen effizienter zu gestalten, können Unternehmen algorithmenbasierte Personalmanagementsysteme zur Vorsortierung einsetzen. Allerdings birgt der Einsatz solcher Tools Diskriminierungsrisiken, zumal die Diskriminierungsverbote auch im Bewerbungs- und Auswahlverfahren gelten (§ 3 Z 1 und 5 und § 17 Abs 1 Z 1 und 5 GlBG).

Nach dem GlBG sind sowohl die unmittelbare wie auch die mittelbare Diskriminierung verboten. Eine unmittelbare Diskriminierung liegt vor, wenn das System Bewerbende aufgrund der vom GlBG geschützten Merkmale als weniger geeignet einstuft. In der Praxis entstehen Diskriminierungen jedoch häufiger mittelbar, wenn der Algorithmus auf scheinbar neutrale Kriterien abstellt, die mit geschützten Merkmalen korrelieren – etwa Ausbildungslücken, Wohnort oder Beschäftigungsdauer – und dadurch bestimmte Gruppen ohne sachliche Rechtfertigung benachteiligt werden. Solche Effekte ergeben sich typischerweise aus den verwendeten Trainingsdaten, die gesellschaftliche Verzerrungen aus der Vergangenheit fortschreiben.[55]

Studien zeigen, dass Trainingsdaten oft frühere Diskriminierungen widerspiegeln, die durch KI-Systeme verstärkt werden. Wurden in der Vergangenheit zB vorwiegend Männer für eine Position eingestellt, kann die KI – ohne Korrekturmaßnahmen – einen *Bias*[56] zulasten von Frauen entwickeln. Diese Systeme sind darauf ausgelegt, Muster und Zusammenhänge in Daten zu erkennen. Sie analysieren Korrelationen, dh statistische Beziehungen zwischen verschiedenen Variablen, sind jedoch nicht in der Lage, die Ursachen hinter diesen Korrelationen zu verstehen oder eine wirkliche Ursache-Wirkung-Beziehung zu erkennen. So können sie zwar feststellen, dass zwei Ereignisse häufig gemeinsam auftreten, verstehen jedoch nicht die dahinterliegenden Ursachen – und können daher nicht unterscheiden, ob ein Zusammenhang kausal oder rein zufällig ist.[57]

Gerade deshalb kommt der Qualität und Auswahl der Trainingsdaten zentrale Bedeutung zu, wenn unbeabsichtigte Diskriminierung vermieden werden soll. Hinzu kommt, dass algorithmische Bewertungen häufig im Hintergrund erfolgen und für

54 *Pleschinger*, ARD 6708/5/2020.

55 *Greif/Kullmann*, ZAS 2021/13.

56 *Bias* bezeichnet in der Psychologie eine durch Voreingenommenheit verzerrte Wahrnehmung oder Beurteilung. Vgl https://www.duden.de/rechtschreibung/Bias (abgefragt am 30.6.2025).

57 *Tinhofer*, KI diskriminiert bei Bewerbungen – neue Gesetze sollen das ändern, Der Standard 2023_2336708.

Betroffene nicht nachvollziehbar sind. Ein Bsp dafür ist Amazon, das in einem Bewerbungsverfahren auf eine KI zur Analyse zurückgriff: Die KI entwickelte eine Tendenz, männliche Bewerber vorzuziehen, da diese in der Technikbranche dominieren – ein Ergebnis, das die Voreingenommenheit früherer menschlicher Entscheidungen widerspiegelte.[58] Diskriminierung kann bei algorithmenbasierten Entscheidungssystemen auch durch Assoziationen entstehen. Dies geschieht, wenn Personen aufgrund bestimmter Merkmale oder Daten automatisch einer Gruppe zugeordnet werden, zu der sie eigentlich nicht gehören. ZB könnte ein Algorithmus fälschlicherweise annehmen, dass eine Person aufgrund ihres Wohnorts oder indirekter Merkmale wie Bildungsweg oder Beschäftigungshistorie einer bestimmten sozialen oder ethnischen Gruppe angehört. Solche fehlerhaften Zuordnungen können dazu führen, dass Menschen selbst dann benachteiligt werden, wenn sie selbst kein geschütztes Merkmal aufweisen. Derartige Fälle werden als Diskriminierung durch Assoziierung bezeichnet und sind nach § 5 Abs 4 GlBG ebenso verboten wie unmittelbare oder mittelbare Diskriminierungen. Auch die bloße Ähnlichkeit mit oder Nähe zu einer geschützten Gruppe kann zu einer unbewussten Benachteiligung führen, da der Algorithmus möglicherweise keine genaue Unterscheidung trifft und daher potenziell diskriminierende Entscheidungen trifft.[59]

Die Verlässlichkeit und Überprüfung der KI-Ergebnisse stellen weitere Herausforderungen dar. KI-Systeme basieren typischerweise auf Trainingsdaten und müssen regelmäßig aktualisiert werden. Viele HR-Mitarbeitende haben jedoch weder die zeitlichen noch die technischen Kapazitäten, die KI-Ergebnisse kritisch zu hinterfragen und auf mögliche Programmierfehler zu überprüfen. Um KI nicht zu einer „Blackbox" zu machen, ist Transparenz essenziell. Diese erfordert Schulungen der HR-Mitarbeitenden sowie Informationen der KI-Entwickler, insb zur Funktionsweise des Algorithmus und den relevanten Entscheidungsparametern. Solange die KI ausschließlich unterstützend zur Vorsortierung dient und die endgültige Auswahlentscheidung durch Menschen erfolgt, ist das System auch nicht als Hochrisikosystem iSd AI Acts einzustufen.[60]

1.4.2. Bewerbungsgespräch: Effizienz, Transparenz und rechtliche Anforderungen

Ein zentrales Element im Recruiting-Prozess ist das Bewerbungsgespräch – ein Kontaktpunkt, der entscheidend zum Eindruck vom Unternehmen beiträgt. Die Kommunikation mit Bewerbenden sollte dabei stets auf Augenhöhe, professionell und freundlich erfolgen. Transparenz spielt eine wesentliche Rolle: Bewerber erwarten zu Recht, dass sie jederzeit über den Stand ihrer Bewerbung und die nächsten Schritte informiert werden.[61]

58 *Dauser*, ARD 6838/5/2023.
59 *Greif/Kullmann*, ZAS 2021/13.
60 *Grossmann/Grunicke/Henke*, BB 2024, 2229.
61 *Pleschinger*, Bewerber und Mitarbeiter mit auf eine Reise nehmen, ARD 6886/5/2024.

Unternehmen, die digitale Lösungen im Bewerbungsprozess einsetzen, schaffen sich hiermit einen klaren Wettbewerbsvorteil. Sie gestalten den Prozess nicht nur für das Unternehmen selbst, sondern auch für die Bewerbenden effizienter und ansprechender. Die Digitalisierung eröffnet hier Optimierungspotenziale, die von vielen Unternehmen noch nicht vollständig ausgeschöpft werden. Mit einem strukturierten Bewerbermanagement-System lässt sich der administrative Aufwand deutlich reduzieren, wodurch die Effizienz erhöht wird und die HR-Teams mehr Zeit für qualitative Aufgaben wie persönliche Auswahlgespräche, *Active Sourcing* oder strategisches *Employer Branding* gewinnen. Solche Systeme ermöglichen zudem eine zeitnahe und wertschätzende Kommunikation mit den Bewerbenden – ein Faktor, der entscheidend dazu beiträgt, das Arbeitgeberimage positiv zu prägen und qualifizierte Talente nicht durch lange Wartezeiten zu verlieren.

Digitale Tools bieten im Auswahlprozess deutliche Effizienzgewinne, insb in den frühen Phasen der Bewerberauswahl. Erste Gespräche lassen sich online führen, wodurch Ressourcen gespart und flexible Terminvereinbarungen ermöglicht werden. Viele Unternehmen setzen daher auf eine Kombination aus Online- und Präsenzgesprächen, um den Auswahlprozess strukturiert und gleichzeitig persönlich zu gestalten. Diese Kombination ermöglicht eine gezielte Vorauswahl und hilft, die besten Kandidaten frühzeitig zu identifizieren und sie an das Unternehmen zu binden.[62]

Zusätzlich zeigt sich, dass Funktionen wie „One-Click-Bewerbungen" die Attraktivität für Bewerbende steigern können. Die One-Click-Bewerbung ermöglicht es Bewerbern, sich mit nur einem Klick über Karrierenetzwerke zu bewerben, indem ihr berufliches Profil direkt in die Datenbank des Unternehmens importiert wird. Dies vereinfacht den Prozess erheblich, da weder ein Anschreiben noch manuelle Eingaben erforderlich sind und die Bewerbung spontan und mobil abgeschlossen werden kann. Im Vergleich zur herkömmlichen Bewerbung bietet die One-Click-Bewerbung den Vorteil einer deutlich höheren Benutzerfreundlichkeit und Schnelligkeit, was insb für passive Kandidaten attraktiv ist. Darüber hinaus kann dadurch die Abbruchquote im Bewerbungsprozess auf Seiten der Bewerber gesenkt werden, da bei dieser Art der Bewerbung das manuelle Ausfüllen von Eingabemasken und das aufwändige Verfassen eines Motivationsschreibens entfallen. Solche vereinfachten Bewerbungsoptionen sind besonders für Kandidaten interessant, die nicht aktiv auf Jobsuche sind oder aus anderen Gründen nur wenig Zeit in den Bewerbungsprozess investieren können.[63] Auch wenn viele Bewerber – insb Angehörige älterer Generationen – an klassischen Bewerbungsverfahren festhalten,

62 Vgl *Rapp*, Bewerbungsprozess: 5 Phasen & Ablauf optimieren, abrufbar unter: https://www.stepstone.at/e-recruiting/blog/bewerbungsprozess/ (abgefragt am 30.6.2025).

63 Vgl *Workwise*, One-Click-Bewerbung – Definition, Vor- und Nachteile und Alternativen, abrufbar unter: https://hire.workwise.io/hr-praxis/personalsuche/one-click-bewerbung#:~:text=Was%20ist%20eine%20One-Click-Bewerbung%3F%20Bei%20der%20One-Click-Bewerbung%20wird,-%20direkt%20in%20die%20Datenbank%20deines%20Unternehmens%20importiert (abgefragt am 30.6.2025).

sind sie zunehmend offen für schnelle und unkomplizierte Alternativen. Durch One-Click-Optionen können Unternehmen die Zahl der Bewerbungen erhöhen, ohne den Aufwand für umfangreiche Sourcing-Prozesse aufwenden zu müssen.

Im Zuge der Digitalisierung gewinnen zudem Chatbots im Bewerbungsprozess an Bedeutung. Sie bieten Bewerbenden die Möglichkeit, schnelle Antworten auf häufige Fragen zu erhalten, was die Servicequalität im Recruiting deutlich steigert. Die meisten Bewerber wünschen sich jedoch weiterhin einen persönlichen Ansprechpartner für komplexere Anliegen. Unternehmen sollten daher sicherstellen, dass die Kommunikation über Chatbots lediglich ergänzt wird und die Möglichkeit zur persönlichen Kontaktaufnahme erhalten bleibt.[64]

Innovative Ansätze wie Sprachbewerbungen sind ebenfalls im Kommen. Hier können Bewerber in einer App oder über einen Link Fragen mündlich beantworten; die Antworten werden dann automatisch in Text umgewandelt und den HR-Teams bereitgestellt. Diese Methode bietet sich besonders für Branchen an, in denen eine schnelle Bewerbungsabwicklung erwünscht ist, wie etwa im Einzelhandel. QR-Codes zu Sprachbewerbungen können einfach in Stellenanzeigen integriert oder in Filialen ausgehängt werden. Solche Ansätze erleichtern es potenziellen Bewerbern, ihre Bewerbung auch mobil und ohne viel Zeitaufwand abzuschicken, wodurch das Interesse an der ausgeschriebenen Position weiter gesteigert werden kann.[65]

Das GlBG verbietet im gesamten Bewerbungsprozess, einschließlich des Bewerbungsgesprächs, aufgrund geschützter Merkmale wie zB Geschlecht, Alter, ethnischer Zugehörigkeit, Religion oder Weltanschauung zu diskriminieren. Interviewer müssen daher besonders achtsam sein, um das Risiko diskriminierender Fragen zu vermeiden. Auch Belästigung ist im Bewerbungsgespräch untersagt. Darunter wird unerwünschtes Verhalten verstanden, welches die Würde der betroffenen Person verletzt oder ein feindliches Umfeld schafft. Hierzu zählen verbale Äußerungen, die etwa Geschlecht, ethnische Zugehörigkeit oder Religion beleidigen, zB eine abfällige Bemerkung über ein religiöses Symbol.[66]

Beim Bewerbungsgespräch selbst bewegt sich das Unternehmen in einem Spannungsfeld zwischen Informationspflicht und Diskriminierungsschutz. Dienstgeber sind verpflichtet, sich darüber zu informieren, ob der Bewerber über die nötigen Qualifikationen verfügt und ob etwaige rechtliche oder faktische Hindernisse für die Erbringung der Arbeitsleistung bestehen. Bsp solcher Hindernisse sind etwa die Notwendigkeit einer Beschäftigungsbewilligung für Dienstnehmer aus Drittstaaten oder die körperliche Fähigkeit, die Arbeitsleistung zu erbringen.[67]

---

64 *Wickel-Kirsch/Schroer/Neu/Müller/Grüning/Kochhan*, Generation Z: Die „neuen" Arbeitnehmer im Finanzsektor, CFOaktuell 2024, 66.

65 *Pleschinger*, ARD 6708/5/2020.

66 *Korninger*, ARD 6545/5/2017.

67 *Löscher*, Stellenbewerber: Informationsrechte und Informationspflichten (Teil 1), PVP 2023/74.

Checkliste: Unzulässige Fragen im Bewerbungsgespräch

Ob und in welchem Ausmaß Fragen gestellt werden dürfen, ist stark merkmalabhängig:

- Fragen zu **persönlichen Grunddaten** sind grundsätzlich zulässig, sofern sie einen sachlichen Bezug zum Dienstverhältnis aufweisen. So ist etwa die **Wohnadresse** relevant, damit dem Dienstnehmer Unterlagen zugestellt werden können. Auch das **Geburtsdatum** darf erfragt werden, etwa zur Überprüfung der Geschäftsfähigkeit. Die Frage nach der **Staatsbürgerschaft** ist ebenfalls erlaubt, insb um zu überprüfen, ob arbeitsmarktrechtliche Bewilligungen notwendig sind. Auch **Präsenz- oder Zivildienst** dürfen thematisiert werden, da sie zu einer Unterbrechung des Dienstverhältnisses führen können.
- Informationen über den **Familienstand oder Kinder** sind nur insoweit zulässig, als sie Auswirkungen auf konkrete arbeitsrechtliche Ansprüche – etwa Pflegefreistellung oder Kinderzulagen – haben. Diskriminierende Rückschlüsse oder Entscheidungen auf Basis dieser Informationen sind jedoch unzulässig.
- Unproblematisch sind Fragen nach der **fachlichen Qualifikation,** der **Ausbildung, Berufserfahrung** oder **erforderlichen Zusatzqualifikationen** (zB Führerschein), die für die konkrete Tätigkeit relevant sind.
- Demgegenüber sind Fragen nach der **Religionszugehörigkeit**, der **politischen Einstellung**, der **Mitgliedschaft in einer Gewerkschaft**, der **sexuellen Orientierung**, einer **Schwangerschaft**, dem **Gesundheitszustand** oder einer **Behinderung** grundsätzlich unzulässig. Derartige Informationen betreffen die private Lebensführung der Bewerber und dürfen nur in Ausnahmefällen erhoben werden.[68, 69]

1.4.3. Background Checks

Im Rahmen der Anbahnung von Arbeitsverhältnissen haben Dienstgeber häufig ein berechtigtes Interesse daran, die Angaben der Bewerber auf deren Vollständigkeit und Richtigkeit zu überprüfen. Neben der Vorlage von Zeugnissen und Anfragen an frühere Dienstgeber sind auch Recherchen in sozialen Medien zunehmend verbreitet und können aufschlussreiche Informationen liefern. Sowohl bei der direkten als auch bei der indirekten Datenerhebung – also der Erhebung von Informationen außerhalb der Angaben der Bewerber – müssen jedoch die Persönlichkeitsrechte des Bewerbers und datenschutzrechtliche Bestimmungen beachtet werden.

Unter dem Begriff *Background Check* werden eine Vielzahl von Methoden zur Ermittlung und Verifizierung von Bewerberdaten zusammengefasst. Diese Informationen stammen dabei nicht direkt von den Bewerbern, sondern werden aus

68 *Laimer/Wieser*, Personaleinstellung, in *Laimer/Wieser*, Arbeitsrecht für HR und Personalwesen^2 (2024) Rz 2.09 ff.

69 *Lindmayr/David*, Bewerbungsgespräch – Fragenkatalog (Stand 1.1.2025, Lexis Briefings in lexis360.at).

externen Quellen bezogen. Zu den gängigen Methoden zählen Internetrecherchen, insb in sozialen Medien, Anfragen bei früheren Dienstgebern, das Verlangen einer Strafregisterbescheinigung[70] und graphologische oder psychologische Gutachten (allerdings nur mit Zustimmung des Bewerbers).[71]

Da Bewerberdaten stets personenbezogene Daten darstellen, unterliegen sie den Vorgaben der DSGVO (siehe hierzu ausführlich Pkt 6.). Dabei spielt es keine Rolle, ob die Bewerbung initiativ oder als Reaktion auf eine Stellenausschreibung erfolgt. Der Einsatz von *Background Checks* stellt eine Verarbeitung personenbezogener Daten dar, die durch das berechtigte Interesse des Dienstgebers gerechtfertigt sein kann. Allerdings dürfen die Interessen der Bewerber, wie etwa das Recht auf Privatsphäre, nicht übergangen werden. Auch hier gelten die datenschutzrechtlichen Grundsätze wie Rechtmäßigkeit, Transparenz, Datenminimierung und Zweckbindung. Das Verwerten von Daten, welche keinen Bezug zur (angestrebten) beruflichen Tätigkeiten haben, ist idR unzulässig und allein die Auffindbarkeit von Daten im Internet rechtfertigt deren Verarbeitung noch nicht.[72]

Die von § 16 ABGB gewährleisteten Persönlichkeitsrechte der Bewerber schränken sowohl das Fragerecht der Dienstgeber bei der direkten Datenerhebung als auch die Zulässigkeit indirekter Datenerhebung ein. *Background Checks* sind grundsätzlich erlaubt, wenn sie sich auf Informationen beziehen, die unter das Fragerecht fallen. Allerdings enthalten Nachweisdokumente häufig mehr Informationen als für das berechtigte Interesse erforderlich sind. Fragen nach Vorstrafen sind zulässig, wenn diese die Eignung der Bewerber für die vorgesehene Tätigkeit in Frage stellen und weder getilgt sind noch auf Auskunftsbeschränkungen fallen. Eine Strafregisterbescheinigung gibt jedoch sämtliche Verurteilungen wieder, sodass Dienstgeber diese nur verlangen sollten, wenn jede Verurteilung eine klare Unvereinbarkeit mit der Tätigkeit darstellt.[73]

Beispiel

Manche Berufe erlauben dem Dienstnehmer, über größere Vermögenssummen des Dienstgebers zu verfügen. Bei solchen wäre die Frage nach ungetilgten Vorstrafen gerechtfertigt, da sie den Bewerber für die Stelle als ungeeignet qualifizieren könnten.[74]

Bewirbt sich also eine Person für eine Stelle bei einem Treuhänder, kann ein in der Vergangenheit begangenes Vermögensdelikt (wie zB Veruntreuung gem § 133 StGB) ein Hindernis für ihre Anstellung darstellen. Eine Nachfrage nach einer solchen Vorstrafe wäre dementsprechend gerechtfertigt.

---

70 *Busch*, Umgang mit Bewerberdaten, in *Körber-Risak/Brodil* (Hrsg), Datenschutz und Arbeitsrecht (2018) 27 ff.

71 *Rebhahn* in *Neumayr/Reissner*, ZellKomm[3] § 864a ABGB Rz 11.

72 *Busch* in *Körber-Risak/Brodil* 28 f.

73 *Egermann*, Die Anbahnung des Arbeitsvertrages, in *Mazal/Gruber-Risak* (Hrsg), Das Arbeitsrecht – System und Praxiskommentar[42.Lfg] (2023) 9 ff.

74 *Laimer/Wieser* in *Laimer/Wieser* Rz 2.14.

Bei der Überprüfung in sozialen Medien – insb auf den berufsorientierten Plattformen wie LinkedIn oder Xing – ist ebenfalls eine Abwägung der Interessen von potenziellem Dienstgeber und den Persönlichkeitsrechten des Bewerbers gem § 16 ABGB vorzunehmen. Grundsätzlich kann das Informationsinteresse der Dienstgeber überwiegen, da die Profile öffentlich zugänglich sind und einen Bezug zur Berufstätigkeit haben. Anders ist die Lage bei freizeitorientierten Plattformen wie Facebook oder Instagram, deren Inhalte häufig keinen Bezug zum potenziellen Dienstverhältnis aufweisen. In diesen Fällen überwiegen die Interessen der Bewerber und eine Verarbeitung dieser Daten wäre idR unzulässig.[75]

Recherchen in öffentlich zugänglichen Quellen im Internet sind idR grundsätzlich zulässig, wobei die Verarbeitung nur erfolgen darf, wenn die Daten für das Dienstverhältnis erforderlich sind. Der Einsatz von Suchmaschinen kann zur Wahrung berechtigter Interessen des Verantwortlichen zulässig sein, etwa wenn Unstimmigkeiten in den Angaben der Bewerber bestehen. Trotzdem sollten Dienstgeber bedacht mit den erhobenen Daten umgehen: Auch wenn im Rahmen der Recherche sensible Daten wie etwa eine Gewerkschaftszugehörigkeit oder die sexuelle Orientierung ersichtlich werden, dürfen diese nicht als Entscheidungsgrundlage herangezogen werden, um nicht die Sanktionen des GlBG als Reaktion auf eine diskriminierende Bewerberauswahl auszulösen.[76]

1.5. Entscheidungsfindung im Personalwesen

1.5.1. Dienstvertragsabschluss: Grundsätze von Angebot und Annahme, Dienstzettelpflicht und Einstufung im KV

Am Ende des Recruiting-Prozesses steht idR die Entscheidung, mit einem der Bewerber einen Dienstvertrag abzuschließen.

Ein Dienstvertrag liegt nach den Regeln des § 1151 Abs 1 ABGB immer dann vor, wenn sich jemand auf eine gewisse Zeit zur Dienstleistung für einen anderen verpflichtet. Die wichtigsten Merkmale des Dienstvertrages sind daher:

- die verbindliche Verpflichtung zur Erbringung von Dienstleistungen;
- die Erbringung der Dienstleistungen für eine bestimmte Zeit; und
- die Erbringung der Dienstleistungen für einen anderen.[77]

Dass eine „vertragliche“ Grundlage erforderlich ist, bedeutet jedoch nicht, dass der Dienstvertrag schriftlich abgeschlossen werden muss. Tatsächlich genügt die

75 *Medved/Cavar*, Dritte Entscheidung: Wie finden wir zukünftige Mitarbeiter/innen, in *Medved/Cavar* (Hrsg), Recruiting-Kompass (2021) 36 f; *Egermann* in *Mazal/Gruber-Risak* (Hrsg), Das Arbeitsrecht – System und Praxiskommentar[42.Lfg] (2023) 7 ff; *Rabanser*, Interessenabwägung beim Fragerecht des Arbeitgebers, ecolex 1993, 179.

76 *Hitz*, Internet-Recherchen über BewerberInnen – warum und in welcher Form Background-Checks doch möglich sind, Dako 2018/8.

77 *Gruber-Risak* in *Schwimann/Neumayr* (Hrsg), ABGB Taschenkommentar[6] (2023) § 1151 ABGB Rz 8 ff.

Einigung der Vertragsparteien über die *essentialia negotii*, also die wesentlichen Vertragsinhalte. Bei einem Dienstvertrag sind dies insb die persönlich unselbstständige Arbeitsleistung sowie die Bestimmbarkeit des Dienstnehmers und des Dienstgebers.[78]

Ein gesetzliches Erfordernis eines **schriftlichen** Vertrages, wie er in der Praxis häufig abgeschlossen wird, besteht grundsätzlich nur in Ausnahmefällen, wie zB gem § 12 BAG bei einem Lehrvertrag. Daher kann sich ein Dienstnehmer auch durch eine mündliche Vereinbarung, welche alle (wenigen) wesentlichen Vertragsinhalte regelt, zur Erbringung von Dienstleistungen verpflichten.[79]

Bereits 1993 wurde allerdings ein wesentlicher Schritt in Richtung erhöhter Transparenz und Schriftlichkeit gesetzt.[80] Denn mit § 2 AVRAG wurde die RL 91/533/EWG in Österreich umgesetzt, welche Dienstnehmer besser über ihre Rechte informieren und den Arbeitsmarkt transparenter gestalten soll. Ziel der RL ist, eine schriftliche Dokumentation wesentlicher Vertragsbedingungen sicherzustellen. In Österreich wurde dies durch den in § 2 AVRAG normierten Anspruch aller (von § 1 AVRAG umfassten) Dienstnehmer auf die Ausstellung eines Dienstzettels bewirkt, der die wichtigsten Rechte und Pflichten aus dem Dienstvertrag zusammenfasst. Diese generelle Dienstzettelpflicht erweiterte den vorher bestehenden arbeitsrechtlichen Rahmen erheblich, da ein Anspruch des Dienstnehmers auf einen solchen zuvor nur in einzelnen Sondergesetzen bestand.[81]

Gem § 2 Abs 1 AVRAG ist ein Dienstzettel „unverzüglich" nach Beginn des Dienstverhältnisses auszuhändigen. Das Gesetz nennt zwar keinen konkreten Zeitpunkt, es ist jedoch auf den tatsächlichen Dienstantritt abzustellen. In der Praxis gilt eine Aushändigung innerhalb weniger Wochen noch als zulässig.[82]

Ein wesentlicher Unterschied zwischen Dienstvertrag und Dienstzettel liegt darin, dass Erstgenannter konstitutiv ist, während Letzterer lediglich deklaratorische Wirkung entfaltet. Dh, dass das Dienstverhältnis mit Abschluss des Dienstvertrages entsteht und der Dienstzettel selbst nur als eine „Bestätigung" (Wissenserklärung) des bereits bestehenden Rechtsverhältnisses „Dienstvertrag" zu verstehen ist.[83]

Checkliste: Inhalte eines Dienstzettels

§ 2 Abs 2 AVRAG nennt in seiner aktuellen Fassung[84] insgesamt 15 verschiedene Erfordernisse, welche jedenfalls auf dem Dienstzettel festgehalten werden müssen:

78 *Ettmayer/Wasinger* in *Kletečka/Schauer*, ABGB-ON[1.04] § 1151 Rz 26 (Stand 15.12.2023, rdb.at).
79 *Felten* in *Rummel/Lukas/Geroldinger*, ABGB[4] § 1151 Rz 16 ff.
80 BGBl 1993/459.
81 *Reissner* in *Neumayr/Reissner*, ZellKomm[3] § 2 AVRAG Rz 1 ff.
82 *Reissner* in *Neumayr/Reissner*, § 2 AVRAG Rz 14.
83 *Egermann* in *Mazal/Gruber-Risak* (Hrsg), Das Arbeitsrecht – System und Praxiskommentar[42.Lfg] (2023) Der Dienstzettel Rz 62.
84 BGBl I 2024/11.

- Name und Anschrift des Dienstgebers;
- Name und Anschrift des Dienstnehmers;
- Beginn des Arbeitsverhältnisses (konkret mit Kalenderdatum);
- Ende des Arbeitsverhältnisses bei befristeten Verträgen;
- Dauer der Kündigungsfrist, Kündigungstermin sowie ein Hinweis auf das einzuhaltende Kündigungsverfahren (zB § 105 ArbVG);
- gewöhnlicher Arbeitsort bzw Einsatzort, ggf mit Hinweis auf wechselnde Einsatzorte, sowie Sitz des Unternehmens;
- allfällige Einstufung in ein generelles Entlohnungsschema;
- vorgesehene Verwendung und kurze Beschreibung der zu erbringenden Arbeitsleistung;
- betragsmäßige Höhe des Grundgehalts oder -lohns, weitere Entgeltbestandteile (zB Sonderzahlungen, Überstundenvergütung), Fälligkeit und Art der Auszahlung;
- Ausmaß des jährlichen Erholungsurlaubs;
- vereinbarte tägliche oder wöchentliche Normalarbeitszeit sowie – falls relevant – Bedingungen für die Änderung von Schichtplänen;
- Bezeichnung der auf das Dienstverhältnis allenfalls anzuwendenden Normen der kollektiven Rechtsgestaltung (zB **KV, BV**) und Hinweis auf den Ort der Einsichtnahme im Betrieb;
- Name und Anschrift des Trägers der Sozialversicherung sowie der Betrieblichen Vorsorgekasse;
- Dauer und Bedingungen einer vereinbarten Probezeit; und
- ggf der Anspruch auf eine vom Arbeitgeber bereitgestellte Fortbildung.

§ 2 Abs 3 AVRAG enthält zusätzliche Vorgaben für Fälle, in denen der Dienstnehmer seine Tätigkeit länger als einen Monat im Ausland verrichtet.

Hinweis

Der Dienstzettel ist nicht nur bei Beginn des Dienstverhältnisses auszuhändigen. Jede Änderung eines Vertragsbestandteils, welcher in § 2 Abs 2 oder Abs 3 AVRAG genannt ist, benötigt eine weitere schriftliche Mitteilung – spätestens zum Zeitpunkt ihres Wirksamwerdens.[85] Diese Mitteilung kann durch Aushändigung einer Ergänzung zum bestehenden Dienstzettel oder durch Ausstellung eines neuen Dienstzettels erfolgen.

Keine gesonderte Mitteilungspflicht besteht jedoch, wenn die Änderung auf gesetzlicher Grundlage oder aufgrund von Normen der kollektiven Rechtsgestaltung erfolgt, auf die im ursprünglichen Dienstzettel gemäß § 2 Abs 5 AVRAG verwiesen wurde. Darunter fallen etwa kv Anpassungen, gesetzlich vorgesehene Vorrückungen innerhalb derselben Verwendungsgruppe (zB Biennalsprünge) oder Änderungen gemäß Reiserichtlinien.[86]

85 *Egermann* in *Mazal/Gruber-Risak* Rz 66.
86 *Reissner* in *Neumayr/Reissner*, § 2 AVRAG Rz 18.

§ 2 Abs 4 AVRAG enthält drei explizite Ausnahmen von der Dienstzettelpflicht. Gem § 2 Abs 4 Z 1 AVRAG besteht bei solchen Dienstverhältnissen, deren Dauer einen Monat nicht übersteigt, keine solche Pflicht. Des Weiteren besteht die Dienstzettelpflicht gem § 2 Abs 4 Z 2 AVRAG dann nicht, wenn ein schriftlicher Dienstvertrag vorliegt und dieser alle gesetzlich geforderten Inhalte eines Dienstzettels enthält. Die letzte normierte Ausnahme der Dienstzettelpflicht ist das Vorliegen einer Auslandstätigkeit, bei welcher die in § 2 Abs 3 AVRAG genannten Angaben in anderen schriftlichen Unterlagen enthalten sind.[87]

Seit 2024 normiert § 7a AVRAG die konkreten Rechtsfolgen bei Nicht-Aushändigung des Dienstzettels:

- Bei einzelnen Vergehen beträgt die Geldstrafe grundsätzlich EUR 100 bis EUR 436; und
- wenn fünf oder mehr Dienstnehmer betroffen sind, erhöht sich diese Geldstrafe auf EUR 500 bis EUR 2.000.

Die örtlich zuständige Bezirksverwaltungsbehörde hat aber von der Verhängung dieser Strafe abzusehen, wenn der Dienstgeber den Dienstzettel inklusive aller gesetzlichen Erfordernisse nach Einleitung des Strafverfahrens, aber vor Verhängung der Geldstrafe, ausgehändigt hat und sein Verschulden lediglich geringfügig ist.[88] Die Aushändigung eines unvollständigen oder nicht rechtskonformen Dienstzettels sowie die Nicht-Aushändigung einer Änderungsmitteilung sind hingegen nicht mit Sanktionen bedroht.[89]

Bei Abschluss des Dienstvertrages ist zu beachten, dass dem (zukünftigen) Dienstnehmer auch sein tatsächlich zustehendes Entgelt gewährt wird. In Österreich gibt es keinen allgemeinen Mindestlohn. Zwei gesetzliche Bestimmungen erfüllen hier eine ähnliche Rolle:

- § 1152 ABGB kommt zur Anwendung, wenn im Dienstvertrag weder Unentgeltlichkeit noch ein Entgelt vereinbart wurde und bestimmt für diesen Fall, dass ein angemessenes Entgelt zu leisten ist. Der Schutz durch diese Norm ist relativ gering, da sie nur zur Anwendung kommt, wenn gar kein Entgelt vereinbart wurde – die Vereinbarung eines unangemessenen Entgelts würde die Anwendung von § 1152 ABGB daher ebenfalls ausschließen.[90]
- § 6 AngG normiert – ebenfalls nur, wenn sonst kein Entgelt vereinbart wurde – ein orts- und umstandsangemessenes Entgelt. Auch hier verdrängt jede Vereinbarung, also auch eine über eine unangemessene Vergütung, die gesetzliche Bestimmung. Diese Norm gilt nur für Angestellte.[91]

---

87 *Reissner* in *Neumayr/Reissner*, § 2 AVRAG Rz 16.

88 *Sabara*, Änderungen betreffend Dienstzettel, Mehrfachbeschäftigung ua – BGBl, ARD 6893/19/2024.

89 *Hitz*, Die Umsetzung der Transparenz-Richtlinie in Österreich – erste Lösungsansätze zu Zweifelsfragen, ARD 6898/4/2024 (5); *Schrank*, Arbeitsrecht und Sozialversicherungsrecht (95. Lfg 2025) Zustandekommen: Vorstellungskosten, Form und Dienstzettelpflicht Rz 15.

90 *Gruber-Risak* in *Schwimann/Neumayr*, § 1152 ABGB Rz 14.

91 *Schrammel* in *Marhold/Burgstaller/Preyer* (Hrsg), AngG § 6 Rz 19 ff (Stand 1.1.2006, rdb.at).

Die Entgeltuntergrenze wird in der Privatwirtschaft in den meisten Fällen durch eine Einstufung im entsprechenden KV bestimmt. Diese Einordnung erfolgt auf Basis der *Job Description* zur Festlegung der konkreten Beschäftigungsgruppe sowie der Qualifikationen und Erfahrung des Bewerbers, um die anrechenbaren Vordienstjahre zu bestimmen.[92]

Die Beschäftigungs- oder Verwendungsgruppe bezeichnet ein bestimmtes Tätigkeitsfeld, innerhalb dessen der Bewerber seine zukünftigen Dienste vornehmen wird. Diese Einstufung ist der erste Schritt zur Bestimmung des kv Entgelts. Innerhalb einer Beschäftigungsgruppe können die Gehälter der Dienstnehmer, insb aufgrund der Berücksichtigung von Vordienstzeiten, erheblich variieren.

Vordienstzeiten sind die bei früheren Dienstgebern idR[93] in derselben oder einer ähnlichen Tätigkeit geleisteten Dienstzeiten. Auch Ausbildungszeiten können unter bestimmten Voraussetzungen als Vordienstzeiten angerechnet werden. Zur Bestimmung der anrechenbaren Vordienstzeiten wird idR der Lebenslauf des neuen Dienstnehmers herangezogen, wobei nur mindestens gleichwertige Tätigkeiten berücksichtigt werden. Dabei ist zu beachten, dass jeder KV eigene Anrechnungsregeln enthält: Manche sehen die volle Anrechnung aller facheinschlägigen Vordienstzeiten vor, andere begrenzen die Anrechnung auf bestimmte Zeiträume oder Tätigkeitsbereiche oder setzen eine Höchstgrenze (Kappung) fest. Höhere Vordienstzeiten führen zu einer höheren kv Einstufung.[94]

Gem § 2 Abs 2 Z 12 AVRAG muss der Dienstzettel den anwendbaren KV explizit bezeichnen. Im Fall, dass gewisse Informationen, welche grundsätzlich am Dienstzettel festgehalten werden sollten, im auf das Dienstverhältnis anwendbaren KV normiert werden, genügt ein Verweis auf diesen. Dies gilt zB für die Dauer der Kündigungsfrist. Bei Änderungen der Rechte und Pflichten nach § 2 Abs 2 und Abs 3 AVRAG, welche grundsätzlich im Dienstzettel bekannt gegeben werden müssten, kann des Weiteren im Falle der Normierung durch KV die gesonderte schriftliche Mitteilung entfallen.[95]

1.5.2. Vertragliche Schriftformerfordernisse und E-Signaturen

Wie zuvor erläutert, besteht für die meisten Dienstverträge kein Schriftformgebot, auch wenn schriftliche Dienstverträge die Regel sind. In bestimmten Fällen ist die Schriftform jedoch zwingend erforderlich: etwa bei Lehrverträgen gemäß § 12 BAG oder bei einzelnen, gängigen Vertragsklauseln, wie etwa der Rückzahlung

92 *Kraft/Kronberger*, Mindestentgelt laut Kollektivvertrag, in *Kraft/Kronberger* (Hrsg), Lohn- und Sozialdumping aus Sicht der Personalverrechnung² (2017).

93 Der Wortlaut des einschlägigen KV ist stets zu beachten. So sieht etwa der KV für Handelsangestellte ua die Anrechnung aller Vordienstzeiten im Rahmen eines Angestelltenverhältnisses bis zu einem Höchstmaß von sieben Jahren vor, unabhängig von der Art der Tätigkeit oder dem Verantwortungsniveau.

94 *Karner* in *Mazal/Gruber-Risak* (Hrsg), Das Arbeitsrecht – System und Praxiskommentar$^{43.Lfg}$ (2024) Kollektivvertragliche Entgeltregelungen Rz 11 ff.

95 *Reissner* in *Neumayr/Reissner*, § 2 AVRAG Rz 9 ff.

von Ausbildungskosten (§ 2d Abs 2 AVRAG) oder der Überlassung künftiger Diensterfindungen an den Arbeitgeber (§ 7 Abs 1 PatG). Wird das Schriftformerfordernis in diesen Fällen nicht eingehalten, kann dies die Nichtigkeit der jeweiligen Vertragsbestimmung oder des gesamten Vertrags zur Folge haben. Das zentrale Element der Schriftform ist die Unterschriftlichkeit (§ 886 ABGB).[96]

Die zwei wichtigsten Normen idZ sind die eIDAS-VO[97] und das SVG[98]. Die eIDAS-VO kennt grundsätzlich drei verschiedene Formen der E-Signatur:

- die „einfache" E-Signatur: Hierbei handelt es sich um „Signaturen", die die technischen Anforderungen des Art 26 eIDAS-VO nicht erfüllen, wie zB solche am Ende einer E-Mail;
- die fortgeschrittene E-Signatur: Diese erfüllt die Anforderungen des Art 26 der eIDAS-VO;
- die qualifizierte E-Signatur: Es handelt sich um eine Form der fortgeschrittenen E-Signatur, die von einem offiziell anerkannten Anbieter ausgestellt wird und auf einem speziellen Zertifikat basiert.[99]

In Österreich wird nur eine davon als Ersatz für die Unterschriftlichkeit akzeptiert: § 4 Abs 1 SVG normiert nämlich ausdrücklich, dass die qualifizierte elektronische Signatur das Schriftformerfordernis des § 886 ABGB erfüllt. In Österreich wurde die Handysignatur des Anbieters A-Trust gewählt, um die E-Signatur sowohl für natürliche als auch für juristische Personen zu ermöglichen.[100] Gem § 8 Abs 1 SVG können natürliche Personen für sich selbst bzw für eine juristische Person, für welche sie vertretungsbefugt sind, eine qualifizierte elektronische Signatur anfordern.

Praxistipp

Um eine qualifizierte elektronische Signatur zu überprüfen, bieten sich zwei verschiedene Möglichkeiten:

Einerseits ermöglichen es gängige PDF-Reader, eine E-Signatur auf ihre Herkunft zu kontrollieren: Mit einem Klick auf die „Eigenschaften" der Signatur im Dokument kann, sofern es sich um eine qualifizierte E-Signatur handelt, der Unterzeichner überprüft werden. Der PDF-Reader kann in diesem Fall anzeigen, ob die Signatur gültig und das Zertifikat vertrauenswürdig ist (zB „Unterschrift ist gültig – unterschrieben von Max Mustermann"). Bei einer einfachen E-Signatur würde hier nur der Anbieter der E-Signatur angeführt werden.[101]

96 *Oberhofer/Hofer* in *Reissner/Neumayr*, ZellHB AV-Klauseln^2 (2019) Besonderer Teil, 2. Klausel Rz 2.15 ff.
97 Verordnung über elektronische Identifizierung und Vertrauensdienste für elektronische Transaktionen im Binnenmarkt (**e**lectronic **ID**entification, **A**uthentication and trust **S**ervices).
98 Signatur- und Vertrauensdienstegesetz.
99 *Löw*, Elektronische Signaturen: Rechtsrahmen, Arten und Besonderheiten, ZIIR 2024, 7.
100 *Stockinger*, Legal Tech: Die elektronische Signatur im Unternehmen, in *Zankl* (Hrsg), Rechtshandbuch der Digitalisierung (2021) Rz 9.44.
101 Vgl *Yousign*, Wie sieht eine Qualifizierte Elektronische Signatur aus und wie lässt sich diese prüfen? Abrufbar unter https://yousign.com/de-de/blog/qualifizierte-e-signatur-erkennen (abgefragt am 30.6.2025).

Die Europäische Kommission hat ein eigenes Tool zur Überprüfung von E-Signaturen veröffentlicht, welches gratis abrufbar ist. Bei Verwendung des Tools werden die hochgeladenen Dateien an die Server der Kommission übermittelt. Mit dem Upload wird diese Übertragung ausdrücklich akzeptiert. Es wird daher empfohlen, nur Dokumente ohne sensible Inhalte zu verwenden.[102]

1.5.3. Absagen, Bewerberdaten und Rechtsfolgen bei Verstößen gegen das Gleichbehandlungsgebot

Als logische Konsequenz des Vertragsabschlusses mit einem Bewerber werden die anderen Bewerber für diese Stelle idR eine Absage erhalten, sofern sie nicht anderweitig eine Position im Unternehmen erhalten können oder wollen.

Nicht nur bei der Stellenausschreibung (vgl Pkt 1.3.), sondern auch beim konkreten Auswahlprozess der zukünftigen Dienstnehmer darf keinesfalls diskriminiert werden. Daher müssen sowohl bei der Auswahl des zukünftigen Dienstnehmers als auch bei der Mitteilung an die erfolglosen Bewerber unbedingt die gesetzlichen Diskriminierungsverbote berücksichtigt werden.

Das wichtigste Gesetz iZm Diskriminierung im Arbeitsleben ist das GlBG, welches Ungleichbehandlungen aufgrund:

- des Geschlechts;
- der ethnischen Zugehörigkeit;
- der Religion oder Weltanschauung;
- des Alters; oder
- der sexuellen Orientierung

bei der Begründung des Dienstverhältnisses untersagt.[103] Laut Rsp des OGH umfasst die Begründung des Dienstverhältnisses nicht nur die konkrete Auswahl des Bewerbers, sondern auch den gesamten vorgelagerten Prozess.[104]

Das Gesetz unterscheidet in den §§ 3 und 17 GlBG zwischen der geschlechtsbezogenen Diskriminierung und der Diskriminierung aufgrund eines der anderen zuvor aufgezählten Merkmale. Sämtlichen dieser Diskriminierungstatbestände ist im Bewerbungsprozess gleich, dass für sie eine Form der Beweiserleichterung gilt: Der Bewerber muss nämlich nicht beweisen, dass er die Stelle aufgrund einer Diskriminierung nicht bekommen hat. Stattdessen muss er dies lediglich glaubhaft machen. Es obliegt dann dem Unternehmen als beklagte Partei, zu beweisen, dass die Entscheidung nicht diskriminierend, sondern aus anderen sachlich gerechtfertigten Gründen erfolgt ist.[105]

102 Abrufbar unter https://ec.europa.eu/digital-building-blocks/DSS/webapp-demo/validation (abgefragt am 30.6.2025).
103 Vgl §§ 3, 17 GlBG.
104 OGH 23.4.2009, 8 Ob A 11/09i.
105 Vgl §§ 12 Abs 12, 26 Abs 12 GlBG.

Stellt ein Gericht fest, dass eine Bewerbung diskriminierend abgelehnt wurde, treffen das Unternehmen folgende Verpflichtungen:

- Dem Bewerber sind der erlittene Vermögensschaden (iHv mindestens zwei Monatsgehältern, wenn der Bewerber die Stelle erhalten hätte bzw iHv EUR 500, falls dies nicht der Fall ist und der Schaden rein darin liegt, dass die Bewerbung nicht berücksichtigt wurde); und
- Entschädigung für die erlittene persönliche Beeinträchtigung (Gefühlsschäden) zu zahlen.[106]

Um Absageschreiben rechtlich möglichst sicher zu formulieren, sollten einige Grundregeln beachtet werden. Grundsätzlich ist ein Absageschreiben so neutral wie möglich zu verfassen. Eine gesetzliche Verpflichtung zur Angabe von Absagegründen besteht nicht – falls dennoch Gründe genannt werden, sollten diese knapp und wertungsfrei formuliert sein, um Diskriminierungsrisiken zu vermeiden. Auch auf gut gemeintes Feedback sollte verzichtet werden, da mehrdeutige Formulierungen – etwa Hinweise auf Teamstruktur, Alter oder persönliche Eigenschaften – leicht missverstanden und rechtlich problematisch werden können (zB *„Vielen Dank für das großartige Gespräch mit Ihnen, doch wir haben uns für eine Bewerberin entschieden, welche besser in unser* ***junges*** *Team passt.*“).[107]

Beispiel

In der österreichischen Jud wurden seit dem Inkrafttreten des GlBG am 1.7.2004 bisher wenige Fälle zur Diskriminierung bei der Begründung des Arbeitsverhältnisses höchstgerichtlich entschieden. Die Grundsätze älterer Entscheidungen, denen noch das GlBG 1979 zugrunde liegt, lassen sich jedoch weitgehend auf die aktuelle Rechtslage übertragen.[108]

In den späten 1990er-Jahren sah sich der OGH mit einem Fall konfrontiert, in welchem eine Bewerberin für die Position eines Grafikers aufgrund ihres Geschlechts abgelehnt wurde. Die beklagte Partei hatte in einem Zeitungsinserat explizit nach einem „jungen Grafiker“ gesucht und erklärte der Klägerin telefonisch, dass sie nur männliche Bewerber akzeptieren würden. Dies wurde ua mit der körperlichen Belastung der Tätigkeit begründet, weil Sachen „von zig Kilo“ zu tragen seien.[109]

Als weitere Konsequenz der Absage muss außerdem mit den vom erfolglosen Bewerber zur Verfügung gestellten Daten korrekt umgegangen werden. Zu den datenschutzrechtlichen Fragen idZ siehe Pkt 6.5.2.

---

106 *Hopf/Mayr/Eichinger/Erler*, GlBG² (2021) § 26 Rz 13 f.

107 Vgl *Ferriman*, Absagen auf Bewerbungen, abrufbar unter https://www.stepstone.at/e-recruiting/blog/absage-bewerbung/ (abgefragt am 30.6.2025).

108 *Hopf/Mayr/Eichinger/Erler*, GlBG² (2021) § 3 Rz 11.

109 *Smutny*, Geschlechtsbezogene Diskriminierung bei der Einstellung von ArbeitnehmerInnen (FN 1), DRdA 2000, 122.

1.5.4. Reaktionen auf kurzfristige Veränderungen in der Personalplanung

Kurzfristige Änderungen in der Personalplanung oder persönliche Umstände auf Seiten des Dienstnehmers können dazu führen, dass dieser trotz unterschriebenem Arbeitsvertrag die Stelle nicht antritt oder das Dienstverhältnis kurz nach Beginn wieder beendet.

Ob ein Rücktritt vom Dienstvertrag zulässig ist und welche Rechtsfolgen er hat, hängt davon ab, ob der Rücktritt vom Dienstnehmer oder vom Dienstgeber ausgeht. Zudem ist zu unterscheiden, ob es sich um einen Angestellten oder um einen Arbeiter handelt: Während für Angestellte das AngG maßgeblich ist, gelten für Arbeiter grundsätzlich die allgemeinen Bestimmungen des ABGB – einschließlich der Pflicht zur Setzung einer Nachfrist vor einem vollständigen Rücktritt.[110]

Auf Dienstgeberseite bestehen grundsätzlich folgende Möglichkeiten des Rücktritts gem § 30 AngG: Wenn der Dienstnehmer seine Arbeit an einem **zuvor genau festgelegten Startdatum** nicht antritt, darf der Dienstgeber unabhängig vom Grund des Fernbleibens sofort vom Vertrag zurücktreten. In allen anderen Fällen kann der Dienstgeber nur dann sofort zurücktreten, wenn der Dienstnehmer schuldhaft nicht erscheint. Dieser sogenannte Fixgeschäftsfall kommt zB bei zeitkritischen Tätigkeiten wie Messeauftritten oder bei Künstlerengagements vor. Liegt jedoch kein Verschulden des Dienstnehmers vor (zB wegen Krankheit), darf der Dienstgeber erst dann zurücktreten, wenn sich der Arbeitsbeginn um mehr als 14 Tage verzögert. Des Weiteren kann der Dienstgeber sich sofort vom Vertrag lösen, wenn der Dienstnehmer (auch vor erstmaligem Dienstantritt) einen Entlassungsgrund iSd AngG setzt.[111]

Auf Dienstnehmerseite sehen die Möglichkeiten ähnlich aus: Er darf vom Vertrag zurücktreten, wenn er aus Gründen, welche dem Dienstgeber zuzurechnen sind, 14 Tage lang nicht den Dienst antreten kann. Dabei spielt ein Verschulden des Dienstgebers keine Rolle. Der Dienstnehmer darf des Weiteren vom Vertrag zurücktreten, wenn der Dienstgeber eine Handlung setzt, die einen Grund für einen vorzeitigen Austritt darstellt.[112] Ein solcher Fall wäre zB die Nichtbereitstellung eines vereinbarten Arbeitsplatzes. Zusätzlich sieht § 30 Abs 3 letzter Satz vor, dass der Dienstnehmer ab dem vereinbarten Dienstbeginn einen Entgeltanspruch hat, selbst wenn der Dienstantritt unterbleibt – ein Anspruch, der nicht auf Ersparnisse oder Nebenverdienste angerechnet wird.[113]

110 *Schrank*, Rücktritt vom Vertrag vor Beginn des Arbeitsverhältnisses, in *Schrank/Lindmayr* (Hrsg), Handbuch Beendigung von Arbeitsverhältnissen (2023) Rz 1.

111 *Engelbrecht*, Der Rücktritt vom Arbeitsvertrag, in *Mazal/Gruber-Risak* (Hrsg), Das Arbeitsrecht – System und Praxiskommentar[43.Lfg] (2024) Rz 107.

112 *Schrank* in *Schrank/Lindmayr* (Hrsg) Rz 5.

113 *Pfeil* in *Neumayr/Reissner*, ZellKomm[3] § 31 AngG Rz 14.

Sofern eine Probezeit vereinbart wurde, sind diese Ausführungen aber insofern hinfällig, als eine Lösung beider Vertragsteile vom Dienstvertrag vor Antritt des Dienstverhältnisses problemlos ohne Schadenersatzansprüche möglich ist. Der OGH dehnt hier die Probezeit, welche grundsätzlich maximal einen Monat ab erstmaligem Dienstantritt betragen darf, auf die Zeit zwischen Begründung und Antritt des Dienstverhältnisses aus.[114]

Die Probezeit (Dienstverhältnis auf Probe) ist vom befristeten Dienstverhältnis zu unterscheiden. Unter Ersterem versteht man das typische Probemonat als ersten Monat im Dienstverhältnis, während welchem das Dienstverhältnis jederzeit ohne Angabe von Gründen von beiden Seiten beendet werden kann.[115] Letzteres hingegen ist ein Vertragsverhältnis, welches nach einer zuvor bestimmten Dauer automatisch endet. Beim befristeten Dienstverhältnis kann in den Dienstvertrag aber die Vereinbarung aufgenommen werden, dass das Dienstverhältnis nach Ende der Befristung, sofern keine anderslautende Erklärung erfolgt, in ein unbefristetes übergeht.[116]

Hinweis

IdZ stellen sich bei Schwangeren bezüglich der Zulässigkeit dieser Arten der Vertragsgestaltungen Fragen, da diese schließlich dem Mutterschutz nach dem MSchG unterliegen:

- Auch Dienstverhältnisse mit Schwangeren können während der Probezeit aufgelöst werden, wobei die Schwangerschaft nicht der Grund der Auflösung sein darf.[117]
- Ein befristetes Dienstverhältnis hingegen endet während der Schwangerschaft nicht wie vereinbart, sondern verlängert sich von der Meldung der Schwangerschaft automatisch bis zum Beginn des gesetzlichen Beschäftigungsverbots (acht Wochen vor dem Geburtstermin gem § 3 MSchG). Wird die Schwangerschaft jedoch erst nach Ablauf der Befristung gemeldet, führt dies idR nicht zu einer Verlängerung – sofern keine Hindernisse für eine rechtzeitige Meldung bestanden.[118]

114 *Engelbrecht* in *Mazal/Gruber-Risak* Rz 106.
115 *Schrank*, Probezeit-Auflösung: Arbeitsverhältnis „auf Probe", in Arbeitsrecht und Sozialversicherungsrecht[95.Lfg] (2025) Rz 10 ff.
116 *Schrank*, Zeitablauf bei Befristungen, in Arbeitsrecht und Sozialversicherungsrecht[95.Lfg] (2025) Rz 52.
117 *Rothe*, Mutterschutz, Elternkarenz und Teilzeitbeschäftigung, in *Kuras* (Hrsg), Handbuch Arbeitsrecht (2024) Rz 8.4.1.
118 *Rothe* in *Kuras*, Rz 8.4.4.

2. Arbeitszeit im digitalen Zeitalter

Florina Thenmayer/Julia Strass

2.1. Einführung

Die Digitalisierung und der Einsatz moderner Informations- und Kommunikationstechnologien haben flexible Arbeitsformen zu einem festen Bestandteil der Arbeitswelt gemacht. Telearbeit fördert den Wunsch nach noch mehr zeitlicher und örtlicher Unabhängigkeit – weg von starren Nine-to-five-Modellen hin zur individuellen Arbeitszeitgestaltung. Unternehmen reagieren darauf, indem sie nicht nur Führungskräften, sondern auch regulären Dienstnehmern mehr Flexibilität ermöglichen.

Diese Entwicklung bringt jedoch auch neue Herausforderungen mit sich. Die gewonnene Flexibilität schlägt in vielen Fällen in eine *„Always-on-Kultur"* um, in der ständige Erreichbarkeit zur Norm wird. Während die Arbeit früher klar auf den Büroalltag begrenzt war, verschwimmen heute die Grenzen zwischen Berufs- und Privatleben. So attraktiv diese Entwicklung erscheinen mag, stößt sie rechtlich auf ihre Grenzen.

Das österreichische Arbeitszeitrecht stellt grundsätzlich vielfältige Modelle zur Verfügung, um Arbeitszeit flexibel zu gestalten – etwa Gleitzeit, die Vier-Tage-Woche oder den Zukauf zusätzlicher Urlaubstage bei gleichbleibender Arbeitszeit. Die Flexibilität endet jedoch dort, wo gesetzliche Ruhezeiten, tägliche und wöchentliche Höchstarbeitszeiten oder das Verbot der ständigen Erreichbarkeit verletzt werden. Die Europäische Kommission hat dieses Spannungsfeld rund um die *„Smartphone-Dauererreichbarkeit"* bereits erkannt und beabsichtigt, einen Vorschlag für Regelungen rund um das Recht auf Nichterreichbarkeit zu erarbeiten.[119] Anders als in anderen Mitgliedstaaten ist eine Regelung auf EU-Ebene in Österreich allerdings nicht zwingend notwendig, weil das österreichische Arbeitszeitrecht klare und strenge Vorgaben betreffend Arbeitszeit und Freizeit enthält.[120]

Parallel dazu ist ein gesellschaftlicher Trend zu beobachten: Viele Dienstnehmer wünschen sich mehr Freizeit bei gleichbleibendem Einkommen. Modelle wie *Sabbaticals*, bezahlter oder geschenkter Zusatzurlaub und moderne Teilzeitlösungen – etwa Job-Sharing oder Plattformarbeit – greifen dieses Bedürfnis auf und erweitern das Spektrum arbeitszeitrechtlicher Gestaltungsformen.

2.2. Rahmenbedingungen

2.2.1. Arbeitszeit vs Freizeit

Das Gesetz enthält eine klare Definition von Arbeitszeit: **Arbeitszeit** ist gem § 2 Abs 1 Z 1 AZG die **Zeit von Beginn bis zum Ende der Arbeit ohne Ruhepausen**.

119 *Lindmayr*, EU-Vorschlag zu Telearbeit und Recht auf Nichterreichbarkeit, RdW 2024/125.
120 Vgl *Auer-Mayer*, Arbeitszeit in der digitalen Arbeitswelt, ARD 6854/4/2023.

Vereinfacht gesagt, liegt Arbeitszeit immer dann vor, wenn der Dienstnehmer dem Dienstgeber unmittelbar für Arbeitsleistungen zur Verfügung steht.

Im Gegensatz dazu umschreibt die Arbeitszeitrichtlinie 2003/88/EG der EU den Begriff der Arbeitszeit weiter und versteht unter Arbeitszeit jede Zeitspanne, während der ein Dienstnehmer gem den einzelstaatlichen Rechtsvorschriften und/oder Gepflogenheiten arbeitet, dem Dienstgeber zur Verfügung steht und seine Tätigkeit ausübt oder Aufgaben wahrnimmt.[121]

Das Gesetz enthält klare Vorgaben, wie lange Dienstnehmer einem Dienstgeber zur Verfügung stehen dürfen. Die zentralen Bestimmungen sind:

- **Normalarbeitszeit:** Die Normalarbeitszeit beträgt bei Vollzeitarbeit täglich **acht Stunden** und wöchentlich **40 Stunden**, sofern kein anderes Arbeitszeitflexibilisierungsmodell vereinbart ist (§ 3 Abs 1 AZG).
- **Überstundenarbeit:** Überstunden liegen vor, wenn die zulässige **tägliche oder wöchentliche Normalarbeitszeit überschritten wird** (§ 6 Abs 1 AZG) (bzgl Überstunden bei Gleitzeit siehe Pkt 2.3.1.3.).
- **Mehrarbeit:** Beträgt die vereinbarte oder kv Normalarbeitszeit weniger als 40 Stunden pro Woche, stellt die Differenz zwischen dieser und der gesetzlichen Normalarbeitszeit Mehrarbeit dar (§ 19d AZG).
- **Höchstgrenzen der Arbeitszeit:** Die maximale Tagesarbeitszeit beträgt gem § 9 AZG **zwölf Stunden**; die Wochenarbeitszeit darf **60 Stunden** nicht überschreiten, sofern keine Ausnahmeregelungen bestehen, etwa bei erhöhtem Arbeitsbedarf gem § 7 Abs 3 und 5 AZG.

Neben der Arbeitszeit definiert die EU-Arbeitszeitrichtlinie auch den Begriff der Ruhezeit. Ruhezeit ist **jede Zeitspanne außerhalb der Arbeitszeit**.[122] Eine gesetzliche Definition nach österreichischem Recht besteht hingegen nicht. Die zentralen Bestimmungen zur Ruhezeit sind:

- **Ruhepause:** Überschreitet die tägliche Arbeitszeit sechs Stunden, müssen Dienstnehmer verpflichtend eine Ruhepause von einer halben Stunde (oder zwei Pausen von 15 Minuten) einlegen (§ 11 Abs 1 AZG).
- **Ruhezeit:** Nach Beendigung der täglichen Arbeitszeit muss der Dienstnehmer eine tägliche Ruhezeit von elf Stunden einlegen. Durch kv Regelungen ist eine Verkürzung auf bis zu acht Stunden möglich (§ 12 Abs 1 und 2 AZG).
- **Wochen(end)ruhe:** Dienstnehmer haben Anspruch auf eine zusammenhängende Wochenruhe von mindestens 36 Stunden, die den Sonntag umfassen muss (§ 3 Abs 1 ARG). Arbeitet der Dienstnehmer zulässigerweise am Wochenende, hat er Anspruch auf entsprechende Ersatzruhezeit unter der Woche (§ 4 ARG).

121 Vgl Art 2 Z 1 Richtlinie 2003/88/EG.
122 Ibid, Z 2.

Dienstgeber sind verpflichtet, eine klare Abgrenzung zwischen Arbeitszeit und Freizeit sicherzustellen. Selbst wenn ein Dienstnehmer eine anderslautende Vereinbarung wünscht, muss der Dienstgeber dafür sorgen, dass ein geeignetes Kontrollsystem zur Erfassung der Arbeitszeiten eingerichtet ist, die Trennung zwischen Arbeitszeit und Freizeit gewährleistet wird, und dass die gesetzlichen Vorgaben zur Arbeits- und Ruhezeit eingehalten werden.[123]

2.2.2. Sonderformen: Arbeitsbereitschaft vs Rufbereitschaft

Arbeitsbereitschaft ist eine **Sonderform der Arbeitszeit** und liegt vor, wenn sich ein Dienstnehmer an einem vom Dienstgeber vorgegebenen Ort aufhält und im Bedarfsfall jederzeit zur Aufnahme seiner Arbeitsleistung bereit ist. Unter bestimmten Voraussetzungen kann die Normalarbeitszeit während der Arbeitsbereitschaft – innerhalb eines kv festgelegten Durchrechnungszeitraums – auf 60 und in einzelnen Wochen sogar auf bis zu 72 Stunden ausgedehnt werden.[124]

Da Dienstnehmer während der Arbeitsbereitschaft idR weniger beansprucht werden, kann gem der Rsp eine **geringere Entlohnung** vereinbart werden. Liegt keine Vereinbarung vor, ist Arbeitsbereitschaft wie übliche Arbeitszeit zu entlohnen.[125]

Rufbereitschaft hingegen zählt grundsätzlich nicht zur Arbeitszeit, sondern erst dann, wenn die Arbeitsleistung vom Dienstgeber auch tatsächlich abgerufen wird. Rufbereitschaft beschreibt die **Verfügbarkeit auf Abruf**, meist per E-Mail oder Mobiltelefon, wobei der Aufenthaltsort weitgehend frei gewählt werden kann.[126] Trotz dieser Flexibilität müssen Dienstnehmer im Ruffall ihre Arbeit ohne Beeinträchtigung (zB durch Alkoholgenuss[127]) aufnehmen können.[128] Eine **reduzierte oder unentgeltliche Vergütung** ist möglich, sofern dies ausdrücklich festgelegt wurde. Besteht keine Vereinbarung oder kv Regelung, ist für Rufbereitschaft ein ortsübliches und angemessenes Entgelt zu zahlen.[129]

Aber auch Rufbereitschaft ist nicht grenzenlos zulässig: Rufbereitschaft darf maximal an zehn Tagen pro Monat vereinbart werden. Ein KV kann zulassen, dass Rufbereitschaft innerhalb eines Drei-Monats-Zeitraums an bis zu 30 Tagen vereinbart werden darf (§ 20a AZG). Unabhängig davon darf Rufbereitschaft höchstens zwei wöchentliche Ruhezeiten (Wochenruhe oder Wochenendruhe) pro Monat umfassen (§ 6a ARG).

123 *Auer-Mayer*, ARD 6854/4/2023; VwGH 24.8.2020, Ra 2020/11/01135, ARD 6721/8/2020.
124 *Auer-Mayer*, ARD 6854/4/2023.
125 Vgl RIS-Justiz RS0021667.
126 Vgl RIS-Justiz RS0051403.
127 OGH 29.8.2019, 8 ObA 44/18f.
128 *Schrank*, Einsatz von Rufbereitschaften, in Arbeitsrecht und Sozialversicherungsrecht[94.Lfg] (2024) Rz 158.
129 8 ObA 321/01s = ARD 5380/1/2003; 9 ObA 71/04p = ARD 5624/4/2005.

Hinweis

Die Abgrenzung zwischen Arbeits- und Rufbereitschaft richtet sich maßgeblich nach dem Grad der Einschränkung der Freizeitgestaltung des Dienstnehmers durch die Vorgaben des Dienstgebers. Sind Dienstnehmer bspw verpflichtet, sich binnen weniger Minuten am Arbeitsplatz einzufinden, liegt Arbeits- und keine Rufbereitschaft vor.[130] Dasselbe gilt, wenn der Dienstnehmer während der Bereitschaftszeit tätigkeitsbezogene Einschränkungen wie zB spezifische Kleidungsvorschriften beachten muss.[131] Rufbereitschaft liegt demgegenüber vor, wenn der Dienstnehmer Telearbeit leistet und sich im Bedarfsfall gerade nicht im Betrieb einfinden muss.

Für die rechtliche Beurteilung ist stets eine Gesamtbetrachtung maßgeblich. Ergibt diese, dass der Dienstnehmer durch die Vorgaben des Dienstgebers in seiner Freizeitgestaltung erheblich eingeschränkt ist, liegt Arbeits- und keine Rufbereitschaft vor.[132]

2.2.3. Smartphone-Dauererreichbarkeit

Smartphone-Dauererreichbarkeit beschreibt die permanente Bereitschaft des Dienstnehmers, außerhalb der regulären Arbeitszeit kurzfristige Anrufe entgegenzunehmen oder E-Mails zu beantworten.[133] Dabei stellt sich die Frage, ob eine solche ständige Erreichbarkeit als Rufbereitschaft zu qualifizieren ist und ob auch kurzzeitige Arbeitsverrichtungen als Arbeitszeit zu werten sind.

Grundsätzlich sind Dienstnehmer nur zur Erbringung jener Arbeitsleistungen verpflichtet, die vertraglich vereinbart wurden. Fehlt eine klare Regelung im Dienstvertrag, kann sich eine Verpflichtung zur Erreichbarkeit allenfalls aus der Treuepflicht oder aus dem gelebten Arbeitsverhältnis ergeben. Die Zurverfügungstellung eines Diensthandys kann nach einer Meinung aus der Lit[134] als Hinweis auf eine zumindest erwartete Erreichbarkeit gewertet werden.

Die jüngere Lit – eine höchstgerichtliche Rsp fehlt – tendiert dazu, Smartphone-Dauererreichbarkeit als Rufbereitschaft zu qualifizieren. Da Rufbereitschaft gesetzlich auf zehn Tage pro Monat begrenzt ist, ist eine uneingeschränkte Smartphone-Dauererreichbarkeit unzulässig. Die ältere Lit bejaht das Vorliegen von Rufbereitschaft, spricht sich bei der Smartphone-Dauererreichbarkeit jedoch gegen deren gesetzliche Grenzen[135] aus, weil die abgefragten Leistungen im Regelfall nur eine geringe Dauer und kaum Intensität aufweisen.[136]

---

130 Vgl OGH 30.5.2007, 9 ObA 74/07h, Arb 12.682; *Auer-Mayer*, ARD 6854/4/2023.

131 Vgl *Pfeil*, VwGH 2.12.1991, 91/19/0248 = DRdA 1992/31, 290 (293); *Auer-Mayer*, ARD 6854/4/2023.

132 *Auer-Mayer*, ARD 6854/4/2023.

133 *Risak*, Arbeiten in der Grauzone zwischen Arbeitszeit und Freizeit, ZAS 2013/50, 297 f; *Auer-Mayer*, ARD 6854/4/2023.

134 *Risak*, ZAS 2013/50 296.

135 Vgl § 20a AZG, § 6a ARG.

136 Vgl *Risak*, ZAS 2013/50, 296 ff.

Höchstgerichtlich ebenfalls ungeklärt ist die Frage, ob derartig kurze Arbeitsleistungen tatsächlich als Arbeitszeit mit all ihren Konsequenzen zu werten sind.[137] Da weder das Gesetz noch die bisherige höchstgerichtliche Judikatur eine Mindestdauer verlangen, ist aktuell auch das kurze Beantworten eines E-Mails als Arbeitszeit zu werten.[138]

Praxistipp

Unternehmen sollten mit ihren Dienstnehmern klare vertragliche Regelungen zur dienstlichen Erreichbarkeit außerhalb der Arbeitszeit treffen, um Rechtsunsicherheiten zu vermeiden. Da auch kurzzeitige Arbeitsleistungen als Arbeitszeit gewertet werden, sollte entweder im Dienstvertrag, in einer internen Richtlinie oder mit einer Weisung klargestellt werden, dass außerhalb der vereinbarten Arbeitszeit keine Arbeitsleistungen erbracht werden dürfen. Ob und inwieweit eine derartige Weisung allerdings auch in einer BV wirksam geregelt werden kann, ist bislang nicht abschließend geklärt und in der Literatur umstritten.[139]

2.2.4. Arbeitszeitaufzeichnungen

2.2.4.1. Rahmenbedingungen

Der Dienstgeber bleibt auch bei flexiblen Arbeitszeiten und Telearbeit verpflichtet, die geleisteten Arbeitsstunden seiner Dienstnehmer möglichst **tagfertig** aufzuzeichnen (§ 26 Abs 1 AZG). Daran ändert sich auch nichts, wenn der Dienstgeber die Verpflichtung, Arbeitszeiten aufzuzeichnen, an seine Dienstnehmer übertragen oder Vorgesetzte mit deren Kontrolle betraut hat.

Die Aufzeichnung der Arbeitszeit hat grundsätzlich in der Betriebsstätte zu erfolgen und muss den Beginn, die Dauer, das Ende, die tatsächlichen Pausen und die Lage der Arbeitszeit umfassen. Auch Reisebewegungszeiten gelten als Arbeitszeit und sind entsprechend zu dokumentieren. Eine Ausnahme besteht für Rufbereitschaften, die grundsätzlich nicht als Arbeitszeitaufzeichnungen erfasst werden müssen.[140]

Für bestimmte Dienstnehmergruppen bestehen vereinfachte Aufzeichnungsregelungen. Dazu zählen:

- Dienstnehmer, die ihre Arbeitszeit und ihren Arbeitsort weitgehend selbst bestimmen können (zB Außendienstmitarbeiter, Reisende, Journalisten); oder
- Dienstnehmer, die überwiegend in Telearbeit tätig werden.

137 *Auer-Mayer*, ARD 6854/4/2023; *Risak*, ZAS 2013/50, 296 ff.

138 *Auer-Mayer*, ARD 6854/4/2023.

139 *Wolf*, Die Einordnung von Zeiten geringerer Arbeitsintensität, in *Mazal/Gruber-Risak* (Hrsg), Das Arbeitsrecht – System und Praxiskommentar[42.Lfg] (2023) Rz 30a.

140 *Schrank*, Arbeitszeit-Kommentar[7] (2023) § 26 AZG Rz 8.

Für diese Gruppe von Dienstnehmern genügt nach dem Gesetz eine **Saldenaufzeichnung**, also eine Erfassung der geleisteten Gesamtstunden (§ 26 Abs 3 AZG). In der Praxis ist es idR dennoch erforderlich, vollständige Arbeitszeitaufzeichnungen zu führen, etwa zur Berechnung von Überstunden- und Lagezuschlägen gem dem anwendbaren KV.

Für Dienstnehmer mit einer schriftlich fixierten Arbeitszeiteinteilung (tages- und uhrzeitmäßig festgelegt) genügt es, wenn der Dienstgeber am Ende einer Entgeltzahlungsperiode eine **Bestätigung** ausstellt, dass die vereinbarten Arbeitszeiten eingehalten wurden (§ 26 Abs 5a AZG).

2.2.4.2. Form der Aufzeichnung, Mitwirkung des Betriebsrats und Konsequenzen

Unternehmen können frei entscheiden, wie Arbeitszeiten aufgezeichnet werden. Händische oder elektronische Systeme sind gleichermaßen zulässig, solange sie objektiv, verlässlich und für Dienstnehmer zugänglich sind. Wichtig ist, dass die Aufzeichnungen jederzeit abrufbar und den Behörden vorzeigbar sind.[141]

Grundsätzlich bedarf die Einführung eines bestimmten Arbeitszeiterfassungssystems **keiner Zustimmung des Betriebsrats**. Eine Zustimmung des Betriebsrats ist nur dann erforderlich, wenn das System über die bloße Zeiterfassung hinausgeht und eine Überwachung ermöglicht, die die Menschenwürde berührt (§ 96 Abs 1 Z 3 ArbVG), etwa bei biometrischer Erfassung mittels (vgl Pkt 7.7.3.1.1.).[142]

Die Missachtung der Pflicht zur Arbeitszeitaufzeichnung kann für Dienstgeber erhebliche Konsequenzen haben: Liegen keine ordnungsgemäßen Aufzeichnungen vor, kann das Gericht in einem Rechtsstreit die Anzahl der geleisteten Überstunden schätzen.[143]

Darüber hinaus drohen bei **mangelhaften** Arbeitszeitaufzeichnungen Verwaltungsstrafen iHv derzeit EUR 20 bis EUR 436 (§ 28 Abs 1 Z 3 AZG). Liegen mehrere Verstöße in einem engen zeitlichen Zusammenhang (jedoch nicht mehr als zwei Wochen) vor, wird in der Regel keine Kumulierung der Strafe vorgenommen, sondern es wird eine Gesamtstrafe verhängt. Eine Addition der Einzelstrafen pro Dienstnehmer erfolgt in diesem Fall nicht.[144]

Vollständig **fehlende** Arbeitszeitaufzeichnungen werden hingegen deutlich strenger bestraft. Sofern die Feststellung der tatsächlich geleisteten Arbeitszeiten nicht mehr möglich oder zumutbar ist, ist mit Verwaltungsstrafen von EUR 72 bis EUR 1.815 **pro Dienstnehmer** zu rechnen (§ 28 Abs 2 Z 7). In diesem Fall erfolgt

141 Ibid Rz 24.
142 Ibid Rz 25.
143 Vgl § 273 ZPO.
144 *Schrank*, Arbeitszeit-Kommentar[7] (2023) § 28 AZG Rz 29 ff.

eine Kumulierung von Strafen, dh für jeden betroffenen Dienstnehmer ist eine separate Verwaltungsstrafe zu verhängen.[145]

Praxistipp

Unternehmen sollten besonderes Augenmerk auf eine lückenlose und ordnungsgemäße Arbeitszeiterfassung legen. Wurde die Aufzeichnungspflicht auf die Dienstnehmer übertragen, ist sicherzustellen, dass diese klar angewiesen und geschult werden. Darüber hinaus sind die erfassten Arbeitszeiten regelmäßig durch den Dienstgeber zu überprüfen, um etwaige Unstimmigkeiten frühzeitig zu erkennen und berichtigen zu können.

2.2.4.3. Trends und Entwicklungen bei Zeiterfassungssystemen

Um den Anforderungen flexibler Arbeitszeitmodelle gerecht zu werden und gleichzeitig die gesetzlichen Vorgaben einzuhalten, sind Unternehmen gefordert, geeignete und anpassungsfähige Arbeitszeiterfassungssysteme zu implementieren. Klassische Methoden wie Stechuhren oder händische Aufzeichnungen stoßen angesichts der zunehmenden zeitlichen und örtlichen Flexibilität rasch an ihre Grenzen. Stattdessen setzen Unternehmen verstärkt auf digitale Tools.

- **Zeiterfassung via Smartphone:** Die Zeiterfassung mittels Smartphone zählt zu den flexibelsten und präzisesten Methoden. Dienstnehmer können sich über eine unternehmensspezifische App von überall und jederzeit einloggen und ihre Arbeitszeiten dokumentieren.
  Aus datenschutzrechtlicher Sicht ist jedoch sicherzustellen, dass die App keine Ortung des Dienstnehmers ermöglicht und auch nicht nachvollziehen kann, wo sich der Dienstnehmer konkret aufhält. Besteht keine ortsbezogene Kontrollfunktion, bedarf die Einführung einer solchen App in der Regel keiner Zustimmung des Betriebsrats.[146]
- **Zeiterfassung via biometrischer Verfahren:** Die Zeiterfassung durch biometrische Daten – etwa Fingerabdruck oder Gesichtserkennung – gilt als schnelle und sichere Methode, Arbeitszeiten zu erfassen. Da derartige Systeme die Menschenwürde berühren, bedarf ihre Einführung der Zustimmung des Betriebsrats gem § 96 Abs 1 Z 3 ArbVG. In Betrieben ohne Betriebsrat ist die individuelle Zustimmung jedes betroffenen Dienstnehmers erforderlich (§ 10 AVRAG).
- **Zeiterfassung und KI:** Der Einsatz von KI ermöglicht eine vollautomatisierte und effiziente Erfassung von Arbeitszeiten. KI-gestützte Systeme analysieren Arbeitszeitmuster und dokumentieren die Arbeitszeiten automatisch, ohne aktives Zutun des Dienstnehmers. Neben einer deutlichen Reduzierung des administrativen Aufwands kann KI auch für Unternehmen wertvolle Einblicke in die Arbeitsprozesse liefern.

145 Ibid.

146 *Goricnik/Grünanger*, Die Ermittlung von Standortdaten im Arbeitsverhältnis, in *Grünanger/Goricnik* (Hrsg), Arbeitnehmer-Datenschutz und Mitarbeiterkontrolle[2] Rz 7.8 f.

Digitalen Tools, welche die Menschenwürde nicht berühren, ist gemein, dass sie ausschließlich die Arbeitszeit dokumentieren. Kann ein System darüber hinaus auch andere personenbezogene Daten erfassen, bedarf es einer BV bzw einzelvertraglichen Zustimmung (§ 96a Abs 1 Z 1 ArbVG).

2.2.5. Exkurs: Arbeitszeiten und Telearbeit

Die gesetzlichen Arbeitszeitbestimmungen gelten unabhängig vom Arbeitsort und sind daher auch am Telearbeitsplatz uneingeschränkt anzuwenden. Dienstgeber müssen sicherstellen, dass Dienstnehmer auch zu Hause oder an einem anderen Telearbeitsplatz Höchstarbeitszeiten und Mindestruhezeiten einhalten. IdR kommen dieselben Arbeitszeitmodelle zur Anwendung wie in der Betriebsstätte.[147]

Dienstnehmer, die mehr als die Hälfte ihrer Arbeitszeit an einem Telearbeitsplatz erbringen, profitieren von einer **erleichterten Arbeitszeitaufzeichnung**. In diesen Fällen genügt es, die tägliche Gesamtdauer der Arbeitszeit zu erfassen (§ 26 Abs 3 AZG). Arbeiten Dienstnehmer regelmäßig, aber nicht überwiegend – an vereinzelten Tagen pro Woche oder seltener – von zu Hause, gilt diese Erleichterung nicht. Sie müssen Beginn, Dauer, Ende, tatsächliche Pausen und die Lage der Arbeitszeit detailliert aufzeichnen.[148]

Die Flexibilität der Telearbeit erschwert in vielen Fällen eine exakte Zeiterfassung. Kleine Unterbrechungen der Arbeit, etwa für Haushaltstätigkeiten oder zum Empfangen eines Familienmitglieds, werden von Dienstnehmern oft nicht bewusst als Arbeitszeitunterbrechung wahrgenommen.[149] Da Dienstgeber die Arbeitszeiten in Telearbeit nicht direkt kontrollieren können – eine Kontrolle des Telearbeitsplatzes ist nur mit Zustimmung des Dienstnehmers[150] erlaubt –, sind sie auf die korrekte und gewissenhafte Zeiterfassung durch die Dienstnehmer angewiesen.[151]

Beispiel

Im Jahr 2020 gab ein Dienstnehmer in der Arbeitszeiterfassung seines Dienstgebers wahrheitswidrig an, bereits ab 7:00 Uhr am Telearbeitsplatz gearbeitet zu haben. Tatsächlich trat er seinen Dienst jedoch erst zu Mittag an, weil er am Vormittag mit seiner Familie nach Spanien flog und daher gar nicht arbeiten konnte. Er wurde daher – seiner Meinung nach ungerechtfertigt – entlassen. Der OGH stellte in seiner Entscheidung klar, dass das Vortäuschen nicht erbrachter Arbeitsleistungen durch falsche Arbeitszeitaufzeichnungen eine Entlassung rechtfertigt. Insb bei Telearbeit sei der Dienstgeber aufgrund der fehlenden direkten Kontrollmöglichkeit auf die Richtigkeit der Zeiterfassung angewiesen.[152]

147 § 2 Abs 2 S 1 AZG; *Schrank*, Arbeit im „Homeoffice“ – Was gilt noch bis Ende 2024? in Arbeitsrecht und Sozialversicherungsrecht[94.Lfg] (2024) Rz 109.
148 *Busch*, Homeoffice und Arbeitszeit, in *Körber-Risak*, Praxishandbuch Home-Office (2021) 44 ff.
149 *Risak*, Home Office I – Arbeitsrecht, ZAS 2016/36.
150 Fragen und Antworten zur Telearbeit: Reiseaufwandentschädigungen, PVP 2011/53, 190.
151 *Schrank*, Arbeit im „Homeoffice“, Arbeitsrecht und Sozialversicherungsrecht Rz 115.
152 OGH 27.9.2023, 9 ObA 58/23d, RdW 2023/658, 890.

Auch wenn Dienstgeber keine direkte Kontrolle über die Arbeitszeiten ihrer Dienstnehmer haben, sind sie nicht gänzlich handlungsunfähig. Um eigenmächtige Verschiebungen der Arbeitszeiten oder fehlerhafte Zeiterfassungen zu verhindern, stehen ihnen verschiedene Maßnahmen zur Verfügung: (i) ein ausdrückliches Verbot von Arbeitsleistungen außerhalb der vereinbarten Arbeitszeiten oder (ii) technische Maßnahmen, etwa eine elektronische Sperre der verwendeten Software oder anderer digitaler Arbeitsmittel nach einer bestimmten Uhrzeit.[153]

Telearbeit ist **streng von Ruf- oder Arbeitsbereitschaft abzugrenzen**. Muss sich der Dienstnehmer nämlich für den Einsatz bereithalten, ohne aktuell eine Arbeitsleistung zu erbringen, kann es sich, je nachdem ob der Dienstnehmer entscheiden kann, wo er sich befindet oder nicht, um eine Ruf- oder Arbeitsbereitschaft handeln.[154] Diese Abgrenzung hat direkte Auswirkungen auf die Entlohnung: Ist ein Dienstnehmer verpflichtet, sich für den sofortigen Einsatz bereitzuhalten, ohne aktuell eine Arbeitsleistung zu erbringen, steht ihm für diese Zeit eine Vergütung zu.[155]

2.3. Arbeitszeitflexibilisierung

Arbeitszeitflexibilisierung ermöglicht es Dienstgebern und Dienstnehmern, die Dauer, Lage und Verteilung der Arbeitszeit individuell anzupassen. Welches konkrete Modell gewählt wird, hängt maßgeblich von den **betrieblichen Erfordernissen** und davon ab, **wie viel Autonomie der Dienstgeber gewähren möchte**. Allen Modellen ist gemein, dass die Normalarbeitszeit nicht gleichmäßig verteilt wird, sondern innerhalb eines festgelegten Zeitraums variiert.[156]

Flexibilisierungsmodelle stellen sowohl für Dienstgeber als auch für Dienstnehmer eine **Win-win-Situation** dar:

Dienstgeber können Flexibilisierungsmodelle nutzen, um die Arbeitszeit dynamisch an Auftragsspitzen oder ruhige Zeiten anzupassen. Durch sinnvollen Einsatz des passenden Modells können Dienstgeber auch zuschlagspflichtige Überstunden vermeiden.[157] Nicht zuletzt stellt Flexibilität einen zunehmend wichtigen Faktor im Wettbewerb um Fachkräfte dar und kann Unternehmen auch helfen, qualifizierte Mitarbeiter zu gewinnen und zu halten.

Flexibilisierungsmodelle sind aber nicht nur für Dienstgeber, sondern auch für Dienstnehmer attraktiv: Je nach Flexibilisierungsmodell können Dienstnehmer den Beginn und das Ende ihrer Arbeitszeit innerhalb eines definierten Rahmens selbst festlegen und dadurch berufliche und private Verpflichtungen besser in

153 *Schrank*, Arbeit im „Homeoffice", Arbeitsrecht und Sozialversicherungsrecht Rz 109 ff.
154 *Busch* in *Körber-Risak* 56.
155 Vgl §§ 5, 20a AZG.
156 *Schrank*, Flexiblere Nutzung der Normalarbeitszeit, in Arbeitsrecht und Sozialversicherungsrecht[95.Lfg] (2025) Rz 18 ff.
157 Ibid Rz 42.

Einklang bringen. Eine individuellere Arbeitszeitgestaltung erleichtert auch die Vereinbarkeit von Beruf, Familie oder Weiterbildung. Nicht zuletzt haben Flexibilisierungsmodelle auch eine positive Auswirkung auf erhöhte Arbeitsbelastungen. Dienstnehmer können an arbeitsintensiven Tagen länger arbeiten, während sie an ruhigen Tagen ihr Zeitguthaben abbauen können.

2.3.1. Der Klassiker: Gleitzeit

2.3.1.1. Allgemeines

Gleitzeit ist eine besondere Form der Durchrechnung der Normalarbeitszeit, bei der das Ausmaß der wöchentlichen Normalarbeitszeit nicht von Beginn an festgelegt wird, sondern um einen bestimmten Durchschnittswert schwankt. In einzelnen Tagen und Wochen wird die festgelegte Normalarbeitszeit überschritten, in anderen Tagen und Wochen wieder ausgeglichen.

Dienstnehmer können sich dabei die **Lage und das Ausmaß ihrer Arbeitszeit** innerhalb eines durch Gesetz, KV, BV oder Dienstvertrag vorgegebenen Rahmens entsprechend ihren Interessen und Bedürfnissen selbst einteilen.[158] Gleitzeit ist daher sicherlich jenes Arbeitszeitmodell, das dem Dienstnehmer durch die Möglichkeit der zeitlichen Selbsteinteilung die größtmögliche Flexibilität gewährt.[159]

Doch nicht nur aus Sicht der Dienstnehmer ist Gleitzeit ein begehrtes Arbeitszeitmodell. Der Vorteil für Dienstgeber liegt in der erhöhten Normalarbeitszeit von bis zu **zwölf Stunden täglich** und **60 Stunden wöchentlich** („*großes Gleiten*") und der damit einhergehenden Vermeidung von Mehrarbeits- und Überstundenzuschlägen. Die Ausdehnung auf zwölf Stunden täglich und 60 Stunden wöchentlich ist aber nur dann zulässig, wenn Dienstnehmer ihr Zeitguthaben auch ganztägig verbrauchen dürfen.[160] Anders als beim Verbrauch einzelner Zeitguthaben kann mit dem Dienstnehmer vereinbart werden, dass der Verbrauch von Gleittagen nur mit vorheriger Zustimmung des Dienstgebers möglich ist.[161]

Schreiben KV hingegen eine Gleitzeitgrenze von täglich zehn Stunden Normalarbeitszeit vor (zB KV für Handelsangestellte[162]), ist eine Ausdehnung der Normalarbeitszeit auf zwölf Stunden unzulässig und es fallen daher ab zehn Stunden täglich Überstundenzuschläge an („*kleines Gleiten*").[163]

Gleitzeit eignet sich daher besonders für Angestellte mit klassischen Bürotätigkeiten oder Außendienstmitarbeiter mit häufigem Kundenkontakt, aber auch für

158 *Wolf*, Die Normalarbeitszeit, in *Mazal/Gruber-Risak* (Hrsg), Das Arbeitsrecht – System und Praxiskommentar$^{42.\text{Lfg}}$ (2023) Rz 82.
159 § 4b Abs 1 AZG.
160 § 4b Abs 4 AZG.
161 *Schrank*, Arbeitszeit-Kommentar^{7} (2023) § 4b AZG Rz 21 ff.
162 KV für Angestellte im Handel 2024, Abschnitt 2, 3.
163 *Schrank*, Arbeitszeit § 4b AZG Rz 1; OGH 16.12.2019, 8 ObA 77/18h.

sonstige Angestellte, die – etwa in dynamischen Unternehmen mit digitalisierten Arbeitsabläufen – ihre Arbeitszeit weitgehend frei einteilen können; räumt der Dienstgeber seinen Mitarbeitern ein hohes Maß an Arbeitszeitautonomie ein, so kann der Dienstgeber durch die Gleitzeit von dieser Autonomie ebenfalls profitieren. Für Arbeiter, va jene, die Schichtarbeit leisten, ist das Modell aufgrund des regelmäßig vorliegenden Erfordernisses fester Arbeitszeiten seltener geeignet.[164]

2.3.1.2. Form und Inhalt der Gleitzeitvereinbarung

Jede Gleitzeitvereinbarung muss **schriftlich** geschlossen werden und die **gesetzlichen Mindestinhalte** enthalten. Fehlt es entweder an der Schriftform oder auch nur an einem einzigen erforderlichen Element, ist die gesamte Gleitzeitvereinbarung **unwirksam**.

Besteht im Unternehmen ein Betriebsrat, bedarf die Einführung von Gleitzeit einer erzwingbaren BV gem § 97 Abs 2 ArbVG. Gibt es keinen zuständigen Betriebsrat, muss Gleitzeit mit jedem einzelnen Dienstnehmer in einer schriftlichen Einzelvereinbarung festgelegt werden.

Ist eine Gleitzeitvereinbarung ungültig, gelten die gesetzlichen oder kv Normalarbeitszeitgrenzen. Wird diese Arbeitszeit überschritten, entstehen **zuschlagspflichtige Überstunden**.[165]

Gleitzeitvereinbarungen müssen jedenfalls folgende gesetzliche Mindestinhalte regeln:

- **Gleitzeitperiode:** Die Gleitzeitperiode ist jener Durchrechnungszeitraum, in welchem die durchschnittlich geleistete Normalarbeitszeit 40 Stunden (oder 38,5 Stunden oder das vereinbarte Teilzeitausmaß) nicht überschreiten darf. Dienstnehmer können innerhalb dieser Gleitzeitperiode Zeitguthaben und Zeitschulden auf- und abbauen. Liegen am Ende der Gleitzeitperiode nicht übertragbare Zeitguthaben vor, sind diese als Überstunden oder Mehrarbeitsstunden samt Zuschlag abzugelten.[166]
  Die Dauer der Gleitzeitperiode kann beliebig festgelegt werden. In der Praxis sind Gleitzeitmodelle mit einer Gleitzeitperiode zwischen drei und zwölf Monaten gängig.[167] Längere Gleitzeitperioden ermöglichen einen besseren Ausgleich von Zeitguthaben und -schulden, zB bei saisonalen oder projektbezogenen Schwankungen. Die Gleitzeitperiode sollte es dem Dienstnehmer jedenfalls ermöglichen, das aufgebaute Zeitguthaben auch zu nutzen.[168]

164 *Schrank*, Gleitzeitvereinbarungen, Arbeitsrecht und Sozialversicherungsrecht[94.Lfg] (2024) Rz 12.
165 § 4b Abs 3 AZG.
166 *Wolf*, Normalarbeitszeit, in *Mazal/Gruber-Risak* Rz 85.
167 *Schrank*, Arbeitszeit § 4b AZG Rz 60.
168 *Schrank*, Gleitzeitvereinbarungen: Zwingende Mindestregelungen und sinnvolle Zusatzinhalte, in Arbeitsrecht und Sozialversicherungsrecht[94.Lfg] (2024) Rz 15.

- **Gleitzeitrahmen:** Der Gleitzeitrahmen bestimmt, in welchem Zeitraum Dienstnehmer ihre Arbeitszeit frei gestalten dürfen (zB Montag bis Freitag von 7:00 bis 22:00 Uhr).[169] Nach hA in der Lit – soweit ersichtlich liegt dazu noch keine Rsp vor – kann die Größe des Gleitzeitrahmens grundsätzlich frei zwischen Dienstgeber und Dienstnehmer vereinbart werden. Allerdings dürfte ein übermäßig weit gefasster Gleitzeitrahmen (zB von 00:00 bis 24:00 Uhr) unzulässig sein. Je großzügiger der Gleitzeitrahmen ausgestaltet ist, desto höher ist das Risiko einer Überschreitung der gesetzlichen Höchstarbeitszeiten oder einer Verletzung der vorgeschriebenen Mindestruhezeiten. Daher sollte bei der Festlegung ein ausgewogenes Verhältnis zwischen Flexibilität und gesetzlicher Compliance gewahrt bleiben.[170]
- **Übertragungsmöglichkeiten:** Die Gleitzeitvereinbarung muss regeln, ob und in welchem Umfang Zeitguthaben oder Zeitschulden in die nächste Gleitzeitperiode übertragen werden dürfen.[171] Bestehen am Ende der Gleitzeitperiode Zeitschulden und ist keine Übertragungsmöglichkeit von Zeitschulden vorgesehen, so ist der Dienstgeber auch berechtigt, das Entgelt um die Zeitschulden zu kürzen.[172]

  Das Ausmaß der übertragbaren Zeitguthaben kann in der Gleitzeitvereinbarung individuell vereinbart werden. In der Praxis ist es üblich, dass Dienstnehmer Zeitguthaben in der ein- oder zweifachen Höhe von der wöchentlichen Normalarbeitszeit in die nächste Periode übertragen können, was bei einer 40-Stunden-Woche einem Maximalwert von 40 bis 80 Stunden entspricht. Für Teilzeitbeschäftigte gelten grundsätzlich dieselben Übertragungsmöglichkeiten. Eine Aliquotierung, also eine Anpassung der Übertragungsgrenzen entsprechend den vereinbarten Teilzeitstunden, ist ebenfalls zulässig.[173]
- **Fiktive Normalarbeitszeit:** Die fiktive Normalarbeitszeit bestimmt die Dauer und Lage der Arbeitszeit, die im Fall einer gerechtfertigten Dienstverhinderung (zB Krankheit, Feiertage, Urlaub) herangezogen wird. Sie orientiert sich an der üblichen Arbeitszeitverteilung, die ohne Gleitzeit gegolten hätte. Am Ende der Gleitzeitperiode werden die tatsächlich geleisteten Stunden mit der fiktiven Normalarbeitszeit abgeglichen, um zu überprüfen, ob das vereinbarte Arbeitssoll erfüllt wurde.[174]

Neben den gesetzlichen Mindestinhalten können Gleitzeitvereinbarungen auch weitere Regelungen enthalten, um betriebliche Anforderungen und die Interessen der Dienstnehmer besser zu steuern:

169 *Schrank*, Arbeitszeit § 4b AZG Rz 2.
170 *Schrank*, Arbeitszeit § 4b AZG Rz 74.
171 *Schrank*, Arbeitszeit § 4b AZG Rz 82.
172 *Wolf*, Normalarbeitszeit, in *Mazal/Gruber-Risak* Rz 87.
173 *Schrank*, Arbeitszeit § 4b AZG Rz 83.
174 *Schrank*, Arbeitszeit § 4b AZG Rz 90 ff; Schrank, Gleitzeitvereinbarungen: Zwingende Mindestregelungen und sinnvolle Zusatzinhalte, in Arbeitsrecht und Sozialversicherungsrecht[94.Lfg] (2024) Rz 29 ff.

- **Kernzeit:** Die Kernzeit ist der Zeitraum, in dem Dienstnehmer verpflichtend anwesend sein müssen. Die Kernzeit darf die Arbeitszeitautonomie des Dienstnehmers nicht so weit einschränken, dass die Gleitzeit ausgehöhlt wird. In der Lit wird daher empfohlen, dass mindestens 25 % der Arbeitszeit für den Dienstnehmer frei einteilbar bleiben sollten.[175]
- **Aussetzungsvorbehalte:** Solche Vorbehalte ermöglichen es dem Dienstgeber, die Gleitzeitregelung auszusetzen oder aufzuheben, wenn sich Dienstnehmer nicht an die Vereinbarung halten.[176]
- **Funktionszeiten:** Hierbei handelt es sich um eine vordefinierte Zeitspanne, welche der Kernzeit sehr ähnlich ist. Der Unterschied besteht darin, dass während der Funktionszeiten nicht jeder Dienstnehmer anwesend sein muss, sondern nur ein Teil der Belegschaft – zB eine Abteilung, die in einem bestimmten Zeitfenster jedenfalls besetzt sein muss. Auch Funktionszeiten dürfen die Flexibilität der Dienstnehmer nicht so weit einschränken, dass die Dienstnehmer faktisch keine Autonomie mehr haben.[177]
- **Eingriffsvorbehalte:** Sie berechtigen den Dienstgeber bei Vorliegen bestimmter Gründe, kurzfristige Arbeitsanordnungen oder Arbeitszeitänderungen vorzunehmen, sofern berücksichtigungswürdige Interessen des Dienstnehmers nicht entgegenstehen.[178]
- **Ampelkontomodell:** Ein Ampelkontomodell begrenzt den Aufbau von Zeitguthaben oder Zeitschulden und ermöglicht eine steuerbare Handhabung der Gleitzeitkonten. Die Vereinbarung kann etwa vorsehen, dass Dienstnehmer ab einer bestimmten Anzahl an Zeitguthaben oder Zeitschulden die Genehmigung des Dienstgebers für den Aufbau weiterer Zeitguthaben oder -schulden einholen müssen. Ebenso kann vereinbart werden, dass der Dienstgeber ab einer bestimmten Grenze einseitig Zeitausgleich oder das Einarbeiten von Zeitschulden anordnen kann.[179]

2.3.1.3. Gleitzeit und Überstunden

Gleitzeit reduziert die Möglichkeit, Mehrarbeits- und Überstunden zu vermeiden, erheblich, schließt sie aber nicht aus. Fallen Mehrarbeits- und Überstunden an, sind sie mit dem jeweiligen im Gesetz oder KV festgelegten Überstundenzuschlag abzugelten.

Werden Überstunden während der laufenden Gleitzeitperiode geleistet, sind sie zum Monatsende samt Zuschlag auszuzahlen. Bei Vollzeitbeschäftigten fallen Überstunden in folgenden Szenarien an:

175 *Zankel*, Ausgewählte Rechtsfragen im Zusammenhang mit der Einführung von gleitender Arbeitszeit, ASoK 2017, 216.

176 *Schneeberger*, Rechtsprobleme der Gleitzeitarbeit, JAS 2022, 76.

177 *Jöst*, Gleitzeit- und Durchrechnungsvereinbarungen, ZAS 2011/21.

178 *Niederfriniger*, Mangelhafte Gleitzeitvereinbarungen und ihre Rechtsfolgen, JAS 2019, 105 (132).

179 *Jöst/Ghahramani-Hofer*, Gleitzeitvereinbarung, in *Reissner/Neumayr*, ZellHB AV-Klauseln[2] Rz 24.32.

Vollzeitbeschäftigte
Überstunden während der laufenden Gleitzeitperiode
Die Grenze der täglichen Normalarbeitszeit wird überschritten (zehn oder zwölf Stunden).
Die Grenze der wöchentlichen Normalarbeitszeit wird überschritten (maximal 60 Stunden in der Einzelwoche, maximal 48 Stunden innerhalb eines Durchrechnungszeitraums von 17 Wochen).
Es fällt Arbeit außerhalb des Gleitzeitrahmens an (zB von 21:00 Uhr bis 7:00 Uhr).
Der Dienstgeber ordnet Arbeit an, wodurch der Dienstnehmer mehr als acht Stunden täglich oder 40 Stunden wöchentlich überschreitet (§ 4b Abs 5 AZG).
Überstunden am Ende einer Gleitzeitperiode
Gutstunden, welche die durchschnittliche wöchentliche Normalarbeitszeit von 40 Stunden[180] überschreiten und nicht in die nächste Gleitzeitperiode übertragen werden können

2.3.1.4. Gleitzeit und Teilzeit

Die gesetzlichen Bestimmungen zu Gleitzeit sind grundsätzlich auf Vollzeitbeschäftigte ausgerichtet. Dennoch kann Gleitzeit auch mit Teilzeitbeschäftigten vereinbart werden.[181] Ein genereller Ausschluss von Teilzeitkräften von der Möglichkeit gleitender Arbeitszeit wäre nur dann zulässig, wenn er sachlich gerechtfertigt ist (siehe auch Pkt 2.6.3.).

Gleitzeit funktioniert bei Teilzeitbeschäftigten grundsätzlich nach denselben Spielregeln wie bei Vollzeitbeschäftigten. Unklar ist derzeit, ob die Übertragbarkeit von Zeitguthaben gesondert geregelt werden muss. Nach der Lit[182] sollte das übertragbare Zeitguthaben dem von Vollzeitbeschäftigten gleichgestellt sein, um eine Benachteiligung von Teilzeitkräften zu vermeiden. Eine aliquotierte Übertragungsmöglichkeit ist jedoch zulässig, sofern sie sachlich begründet und verhältnismäßig ausgestaltet ist. Gleichzeitig darf das übertragbare Zeitguthaben nicht höher sein als bei Vollzeitbeschäftigten, um eine Umgehung des Mehrarbeitszuschlags gem § 19d Abs 6 AZG zu verhindern.

Mehrarbeit und Überstunden liegen bei Teilzeitbeschäftigten in folgenden Fällen vor:

180 Die Normalarbeitszeit kann je nach anwendbarem KV auch kürzer sein, zB 38,5 oder 38 Wochenstunden.
181 § 19d Abs 2 iVm § 4b AZG; *Jöst*, Teilzeit-Gleitzeit, ZAS 2022/41.
182 *Schrank*, Arbeitszeit § 4b AZG Rz 83.

Teilzeitbeschäftigte
Mehrarbeit während der laufenden Gleitzeitperiode
Es fällt Arbeit außerhalb des Teilzeit-Gleitzeitrahmens, aber innerhalb des Vollzeit-Gleitzeitrahmens an.
Der Dienstgeber ordnet Arbeit (i) außerhalb der fiktiven Normalarbeitszeit an, aber (ii) nicht mehr als acht Stunden täglich und 40 Stunden wöchentlich (außer der KV sieht eine abweichende tägliche oder wöchentliche Normalarbeitszeit vor).[183]
Mehrarbeit am Ende einer Gleitzeitperiode
Gutstunden, welche die vereinbarte wöchentliche Arbeitszeit (aber nicht eine wöchentliche Arbeitszeit von 40 Stunden) im Durchschnitt überschreiten und nicht in die nächste Gleitzeitperiode übertragen werden können
Überstunden während laufender Gleitzeitperiode
Es gilt dasselbe wie für Vollzeitbeschäftigte.

2.3.1.5. Dauer und Beendbarkeit

Im Gegensatz zu anderen Durchrechnungsmodellen bedarf die Einführung von Gleitzeit keiner kv Zulassung und kann daher branchenübergreifend in allen Unternehmen umgesetzt werden.[184] Sowohl BV als auch Einzelvereinbarungen können befristet oder unbefristet geschlossen werden.[185]

Anders als Einzelvereinbarungen können BV nicht einseitig gekündigt werden. BV sollten daher stets befristet – mit **Verlängerungsautomatik** – geschlossen werden, was in Wahrheit wiederum einer Kündigung gleichkommt. Widerspricht nämlich eine Partei innerhalb einer festgelegten Frist der Verlängerung, gilt sie als beendigt. Einzelvereinbarungen können hingegen unter Einhaltung der festgelegten Kündigungsfrist schriftlich beendet werden. Sowohl BV als auch Einzelvereinbarungen können aber unproblematisch einvernehmlich schriftlich abgeändert oder beendet werden.[186]

2.3.2. Durchrechenbare Arbeitszeit

Die durchrechenbare Arbeitszeit ermöglicht es, die tägliche und wöchentliche Normalarbeitszeit an einzelnen Tagen oder in bestimmten Wochen auszuweiten,

183 Die Normalarbeitszeit kann je nach anwendbarem KV auch kürzer sein und zB 38,5 oder 38 Wochenstunden betragen.
184 *Schrank*, Arbeitszeit § 4b AZG Rz 1.
185 Ibid, Rz 49 ff.
186 *Schrank*, Arbeitszeit § 4b AZG Rz 49 f.

solange die durchschnittliche Arbeitszeit innerhalb eines festgelegten Durchrechnungszeitraums gleich bleibt. Dadurch entstehen weniger Mehrarbeits- und Überstunden. Im Gegensatz zur Gleitzeit kann der Dienstnehmer jedoch nicht selbst bestimmen, wann er arbeitet. Stattdessen legt der Dienstgeber die Arbeitszeiten flexibel nach betrieblichem Bedarf und Auslastung fest.[187]

Zwingende Voraussetzung für ein derartiges Durchrechnungsmodell ist eine ausdrückliche Zulassung durch Gesetz oder KV.

Die Durchrechnung für Personal von Verkaufsstellen und sonstige Dienstnehmer von Handelsunternehmen ist gesetzlich geregelt (§ 4 Abs 4 AZG) und erlaubt innerhalb eines Durchrechnungszeitraums von vier Wochen, die wöchentliche Normalarbeitszeit auf bis zu 44 Stunden auszudehnen, wenn innerhalb dieses Durchrechnungszeitraums die Normalarbeitszeit von 40 Stunden nicht überschritten wird. Die tägliche Normalarbeitszeit darf neun Stunden nicht überschreiten. Der KV kann eine Verlängerung des Durchrechnungszeitraums vorsehen.

In sämtlichen anderen Branchen ist eine kv Ermächtigung notwendig. Der KV kann in einzelnen Wochen eines Durchrechnungszeitraums zulassen, dass die Normalarbeitszeit in einem Durchrechnungszeitraum von bis zu acht Wochen auf bis zu 50 Stunden pro Woche ausgedehnt wird. Bei einem längeren Durchrechnungszeitraum – welcher jedoch ein Jahr nicht übersteigen darf – kann die Normalarbeitszeit auf bis zu 48 Wochenstunden ausgedehnt werden.[188] Auch hier darf die tägliche Normalarbeitszeit von neun Stunden nicht überschritten werden.

Ähnlich wie bei der Gleitzeit geht es auch bei der Durchrechnung der Normalarbeitszeit nicht um eine Verlängerung der Gesamtarbeitszeit, sondern um eine flexible Verteilung der Arbeitszeit. Dienstnehmer arbeiten in einzelnen Wochen mehr und in anderen weniger, ohne dass die durchschnittliche Normalarbeitszeit überschritten wird. Damit es zu keiner Überschreitung der Normalarbeitszeit kommt, müssen innerhalb des Durchrechnungszeitraums entstandene Zeitguthaben ausgeglichen werden. Der Zeitpunkt des Ausgleichs ist im Vorhinein zwischen Dienstnehmer und Dienstgeber zu vereinbaren. Fehlt eine solche Vereinbarung, kann der Dienstnehmer den Zeitpunkt des Zeitausgleichs einseitig festlegen.

Die Vereinbarung durchrechenbarer Arbeitszeit eignet sich insb für Branchen mit vorhersehbaren saisonalen Schwankungen oder stark variierender Auslastung. Daher ist sie bspw im KV für Angestellte und Arbeiter im Hotel- und Gastgewerbe vorgesehen.[189] Da die Verteilung der Normalarbeitszeit auf die einzelnen Wochen

---

187 *Winkler*, Kollektivvertragliche Durchrechnungsmodelle und Teilzeitbeschäftigung, DRdA 2015, 458.

188 *Wolf*, Normalarbeitszeit, in *Mazal/Gruber-Risak* Rz 72.

189 Vgl KV für Angestellte und Arbeiter im Hotel- und Gastgewerbe 2024, Abschnitt V; KV für Angestellte von Unternehmen im Bereich Dienstleistungen in der automatischen Datenverarbeitung und Informationstechnik 2025, § 4 II (2); KV für Angestellte Information und Consulting, § 4a; KV für Arbeiter im Handel, Abschnitt V 1.7.

idR im Voraus vereinbart werden muss und der Dienstgeber von dieser Vereinbarung häufig nicht einseitig abgehen kann, eignet sich die durchrechenbare Arbeitszeit weniger für Betriebe mit völlig unvorhersehbaren oder kurzfristig schwankenden Arbeitsanforderungen, weil die notwendige Planungssicherheit für eine im Voraus fixierte Arbeitszeiteinteilung fehlt.

Bei Beendigung des Dienstverhältnisses sind bestehende Zeitguthaben mit einem Zuschlag von 50 % finanziell abzugelten, sofern der KV keine andere Regelung vorsieht. Der KV kann es aber ermöglichen, die Kündigungsfrist um die bestehenden Zeitguthaben zu verlängern, um eine Auszahlung zu vermeiden.[190]

2.3.3. Viertagewoche

Die in § 4 Abs 8 AZG geregelte Viertagewoche ermöglicht es, die wöchentliche Normalarbeitszeit von zB **40 Stunden auf vier Arbeitstage zu verteilen**. Im Gegensatz dazu sieht die in der österreichischen Politik häufig diskutierte staatlich geförderte Viertagewoche eine Arbeitszeitverkürzung auf 32 Stunden mit teilweisem Lohnausgleich vor.[191] Dieses Modell ist nicht Gegenstand dieses Kapitels.

Dienstgeber können mit ihren Dienstnehmern die Viertagewoche entweder durch BV[192] oder – in Betrieben ohne Betriebsrat – mit einer schriftlichen Einzelvereinbarung festlegen. Die vier Arbeitstage müssen nicht zwingend aufeinanderfolgend sein, sodass die Arbeitszeit bspw auf Montag, Dienstag, Donnerstag und Freitag verteilt werden kann. Die tägliche Normalarbeitszeit darf dabei höchstens zehn Stunden täglich betragen. Arbeitszeiten über die zehnte Stunde hinaus sowie Arbeitsleistungen am fünften Tag gelten als Überstunden.

Auch für Teilzeitbeschäftigte ist eine Viertagewoche möglich, sofern die Verlängerung der täglichen Arbeitszeit auf zehn Stunden zu einem zusätzlichen freien Tag führt.[193]

Die Verteilung der Arbeitszeit auf vier Tage muss regelmäßig erfolgen, dh sie muss zumindest einmal wiederkehren.[194] Eine bloß einmalige Verteilung der Normalarbeitszeit auf vier statt fünf Tage erfüllt dieses Kriterium nicht. In diesem Fall wäre die zehnte Stunde jedenfalls als eine Überstunde zu qualifizieren. Darüber hinaus muss die Viertagewoche auf **längere Dauer ausgerichtet** und **im Vorhinein festgelegt** sein.[195]

Bei der Einführung einer Viertagewoche ist der anwendbare KV zu beachten. Einige Kollektivverträge sehen sogar einen **Rechtsanspruch des Dienstnehmers** auf eine Viertagewoche vor, sofern keine betrieblichen Gründe dagegensprechen. Ein Bsp

190 *Wolf*, Normalarbeitszeit, in *Mazal/Gruber-Risak* Rz 77b.
191 *Mosing*, Die 4-Tage-Woche, ZAS 2022/48.
192 In concreto durch eine notwendige, nicht erzwingbare BV.
193 *Mosing*, ZAS 2022/48.
194 Ibid.
195 *Pfeil* in *Auer-Mayer/Felten/Pfeil*, AZG[4] § 4, Rz 11.

dafür ist der KV für Handelsangestellte, der dem Dienstnehmer unter bestimmten Voraussetzungen ein entsprechendes Wahlrecht einräumt.[196]

2.3.4. Freitag-Frühschluss oder Montag-Spätstart

Das Arbeitszeitmodell „Freitag-Frühschluss“ bzw „Montag-Spätstart“ ermöglicht es Dienstnehmern, die Arbeitswoche früher zu beenden oder später zu beginnen. Dies wird dadurch erreicht, dass die Normalarbeitszeit an bestimmten Tagen – typischerweise am Freitag oder Montag – verkürzt und die dadurch entfallende Arbeitszeit auf die übrigen Wochentage verteilt wird.

Damit das Modell Freitag-Frühschluss rechtskonform umgesetzt werden kann, sind folgende Rahmenbedingungen zu beachten:[197]

- Der verkürzte Arbeitstag muss zwingend mit den Ruhezeiten zusammenhängen, um die Wochen- oder Wochenendruhe zu verlängern. Es ist jedoch nicht erforderlich, dass dieser Tag ein Montag oder Freitag ist – entscheidend ist allein die Verlängerung der Ruhezeit.
- Die tägliche Normalarbeitszeit darf neun Stunden nicht überschreiten (§ 4 Abs 2 AZG).
- Wird die Arbeitszeit am Freitag auf sechs Stunden verkürzt, entfällt die Verpflichtung zur 30-minütigen Ruhepause.

Die Arbeitszeiten müssen **klar und vorhersehbar** geregelt sein. Dabei sind zwei wesentliche Aspekte zu beachten:

- **Gleichmäßige Verteilung der verkürzten Stunden:** Die verkürzten Stunden müssen gleichmäßig auf die restlichen Tage verteilt werden. Endet zB die Arbeitszeit freitags vier Stunden früher, müssen diese vier Stunden gleichmäßig auf Montag bis Donnerstag verteilt werden oder einem anderen **einheitlichen Muster** folgen.
- **Regelmäßigkeit und Planbarkeit:** Die verkürzten oder verlängerten Tage müssen für den Dienstnehmer vorhersehbar sein, dh, sie sollten über einen längeren Zeitraum regelmäßig wiederkehren (zB immer freitags). Sollten die Arbeitszeitaufteilungen unregelmäßig erfolgen, bedarf es einer BV oder der Zustimmung des Arbeitsinspektorats.

Freitag-Frühschluss oder Montag-Spätstart ist durch BV iSd § 97 Abs 1 Z 2 ArbVG oder – bei Fehlen eines Betriebsrats – durch Einzelvereinbarung festzulegen.[198]

2.3.5. Freie Fenstertage

Eine weitere Möglichkeit, die Normalarbeitszeit flexibel zu gestalten und längere Freizeitmöglichkeiten zu schaffen, ist das Einarbeiten von Fenstertagen – also

196 KV für Angestellte im Handel 2025, Abschnitt 2, 4.
197 *Wolf*, Normalarbeitszeit, in *Mazal/Gruber-Risak* Rz 64 f.
198 Ibid.

jener Werktage, die **unmittelbar vor oder nach einem Feiertag liegen** und so einen zusammenhängenden Freizeitblock ermöglichen (§ 4 Abs 3 AZG).

Für diese Form der Arbeitszeitflexibilisierung bedarf es **keiner kv Zulassung**. Allerdings darf ausschließlich ein Werktag eingearbeitet werden, der unmittelbar an einen Feiertag angrenzt – beliebige Werktage können daher nicht eingearbeitet werden.[199]

Bei der Einführung des Arbeitszeitmodells freie Fenstertage sind folgende Regelungen zu beachten:

- Bereits im Vorhinein müssen die Werktage festgelegt werden, die innerhalb eines Durchrechnungszeitraums von bis zu 13 Wochen vor oder nach dem Fenstertag im Verhältnis 1:1 eingearbeitet werden. Ein längerer Durchrechnungszeitraum von bis zu 52 Wochen ist zulässig, wenn der KV dies vorsieht oder wenn der KV eine Ermächtigung zum Abschluss einer BV zur Verlängerung des Durchrechnungszeitraums enthält (zB KV Metallindustrie auf bis zu 52 Wochen bei ganztägigem Zeitausgleich).
- Bei einem Durchrechnungszeitraum von bis zu 13 Wochen darf die tägliche Normalarbeitszeit maximal zehn Stunden betragen. Bei einem längeren Durchrechnungszeitraum ist eine tägliche Normalarbeitszeit von höchstens neun Stunden zulässig, es sei denn, der KV erlaubt eine Verlängerung der täglichen Normalarbeitszeit auf zehn Stunden.[200]
- Das Einarbeiten eines Werktages kann frühestens 13 Wochen (abzüglich des Ausfalltages) vor dem Fenstertag beginnen, wobei die Arbeitszeit sowohl vor als auch nach dem Ausfalltag aufgeteilt werden kann.
- Die einzuarbeitenden Zeit muss nicht an einem einzigen Tag erbracht werden, sondern kann auf mehrere Tage aufgeteilt werden.
- Das Einarbeiten kann auch an einem sonst arbeitsfreien Samstag bis 18:00 Uhr erfolgen. Eine Verteilung auf Sonn- und Feiertage ist unzulässig.[201]

Beispiel

Fällt der 8. Dezember (Mariä Empfängnis) auf einen Donnerstag, ist der darauffolgende Freitag ein Fenstertag, der eingearbeitet werden kann. Wird die tägliche Arbeitszeit um eine halbe Stunde verlängert, sind die ausfallenden acht Stunden nach 16 Arbeitstagen vollständig eingearbeitet.

2.3.6. Flexible Schichtmodelle

Schichtarbeit stellt bereits für sich genommen ein wesentliches Modell zur Flexibilierung der Arbeitszeit dar, weil die Normalarbeitszeit nicht täglich, sondern erst im Durchschnitt eines Schichtturnus erreicht werden muss. Die Dauer des Schichtturnus kann je nach betrieblichem Bedarf individuell festgelegt werden.[202]

199 *Schrank*, Flexiblere Nutzung der Normalarbeitszeit, Rz 35.
200 *Schrank*, Flexiblere Nutzung der Normalarbeitszeit, Rz 33 ff.
201 *Schrank*, Flexiblere Nutzung der Normalarbeitszeit, Rz 37.
202 *Schrank*, Arbeitszeit-Kommentar[7] (2023), § 4a AZG Rz 1.

Mehrarbeits- und Überstundenzuschläge fallen daher nicht bereits am Ende eines Arbeitstages an, sondern erst am Ende eines Schichtturnus – und auch nur dann, wenn die Normalarbeitszeit im Durchschnitt überschritten wurde.[203]

Einzelne KV eröffnen darüber hinaus die Möglichkeit, einen längeren Durchrechnungszeitraum als den Schichtturnus vorzusehen, um zusätzliche Flexibilität bei der Arbeitszeitgestaltung zu ermöglichen.[204] IdZ kann der KV auch zulassen, dass Arbeitszeiten, die innerhalb eines Schichtturnus über die tägliche Normalarbeitszeit hinausgehen, im Verhältnis 1:1 durch Zeitausgleich ausgeglichen werden. Fehlt eine entsprechende kv Zulassung, gelten alle Arbeitszeiten, die innerhalb des Schichtturnus über die Normalarbeitszeit hinausgehen, als Mehrarbeit oder Überstunden – mit der Folge, dass die jeweils einschlägigen Zuschläge zu leisten sind.

2.3.7. Pitfall: Vertrauensarbeitszeit

Die Vertrauensarbeitszeit soll Dienstnehmern die Freiheit gewähren, ihre Arbeitszeit eigenständig zu gestalten, ohne dass der Dienstgeber eine Kontrolle darüber ausübt oder eine Verpflichtung zur Arbeitszeitaufzeichnung besteht.[205] Während dieses Modell in Deutschland bereits etabliert ist, ist es in Österreich weitgehend unzulässig.

Vertrauensarbeitszeit kann nur mit Dienstnehmern, die vom AZG ausgenommen sind, wirksam vereinbart werden. Das sind zum einen **leitende Angestellte** (idR die erste und zweite Führungsebene, GmbH-Geschäftsführer sind daher jedenfalls ausgenommen[206]) und zum anderen **sonstige Dienstnehmer, denen maßgebliche Entscheidungsbefugnis übertragen ist.** In die zweite Kategorie fallen Dienstnehmer, die maßgeblichen Einfluss auf technischem oder kaufmännischem Gebiet haben und Entscheidungen treffen können, die über ihren eigenen Arbeitsbereich hinausgehen (zB Filialleiter).

Hinzu kommt, dass leitende Angestellte und sonstige Dienstnehmer, denen maßgebliche Entscheidungsbefugnis übertragen ist, seit 2018 nur dann vom Geltungsbereich des AZG und ARG ausgenommen sind, wenn gem § 1 Abs 2 Abs 8 AZG (i) ihre Arbeitszeit nicht gemessen oder im Voraus festgelegt wird oder (ii) sie ihre Arbeitszeit hinsichtlich der Lage und Dauer selbst festlegen können.

2.3.7.1. Pitfall vom Pitfall: Anwendbarkeit des KV auf leitende Angestellte

Während das AZG und das ARG leitende Angestellte von ihrem Geltungsbereich ausnehmen, unterliegen diese dennoch häufig dem einschlägigen KV.[207] Dies hat

203 *Zankel*, Rechtliche Aspekte der Einführung von Schichtarbeit, ASoK 2023, 322.
204 *Schrank*, Arbeitszeit § 4 AZG Rz 3.
205 *Gärtner/Boonstra-Hörwein*, Betont selbstbestimmte Zeitmodelle, in *Gärtner/Klein/Lutz* (Hrsg), Arbeitszeitmodelle[5] (2024) Rz 109.
206 *Schrank*, Arbeitszeit-Kommentar[7] (2023) § 1 AZG Rz 45.
207 Dies trifft teilweise sogar auf Geschäftsführer zu, vgl etwa Abschnitt 1 Pkt A. 3. des KV für Handelsangestellte.

zur Folge, dass zwar die gesetzlichen Bestimmungen, etwa zur Arbeitszeitaufzeichnung, nicht anwendbar sind, wohl aber die kv Regelungen, insb im Hinblick auf Überstundenzuschläge und sonstige Entgeltansprüche.[208]

Leitende Angestellte nach dem AZG sind nicht verpflichtet, ihre Arbeitszeiten aufzuzeichnen. Unterliegen sie allerdings der Kollektivvertragsbindung, sollten aus Gründen der Rechtssicherheit Arbeitszeiten dennoch dokumentiert werden.

Grund dafür ist, dass KV in vielen Fällen Zuschläge für Überstunden oder Mehrarbeit vorsehen. Ohne Arbeitszeitaufzeichnungen kann der Dienstgeber diese Zuschläge nicht korrekt berechnen, wodurch im schlimmsten Fall eine Unterentlohnung iSd LSD-BG droht.

Vom Anwendungsbereich des LSD-BG ausgenommen sind Dienstnehmer, deren monatliches Bruttoentgelt mindestens 120 % der 30-fachen täglichen Höchstbeitragsgrundlage des ASVG beträgt (§ 1 Abs 8 Z 3 LSD-BG). In diesen Fällen besteht kein Risiko einer Unterentlohnung iSd Gesetzes.[209] Ungeachtet dessen bleibt der Anspruch der Dienstnehmer auf Entlohnung von Mehr- und Überstunden gemäß dem KV bestehen.

2.4. Mehr Freizeit bei gleichbleibendem Arbeitszeitausmaß

2.4.1. Umwandlung von Entgeltbestandteilen in Freizeit

Eine effektive Möglichkeit, Dienstnehmern mehr Freizeit bei gleichbleibendem Arbeitszeitausmaß zu ermöglichen, besteht in der Umwandlung von Entgeltbestandteilen in Freizeit anstelle einer Auszahlung in Geldform. Diese Praxis wird als **Bezugsumwandlung** bezeichnet.

Bezugsumwandlung bedeutet, dass Teile des Entgelts nicht als monatliche Geldleistung ausgezahlt, sondern anderweitig genutzt werden – bspw in Form von zusätzlicher Freizeit. Dies kann sowohl den monatlichen Bruttobezug als auch sonstige Entgeltbestandteile, wie etwa Sonderzahlungen, betreffen.[210]

Eine Reduktion des monatlichen Bruttobezugs kann sich allerdings auf bestimmte Ansprüche, wie die Bemessungsgrundlage für Überstunden, auswirken. Auch steuerliche Aspekte sind zu beachten: Wird etwa nur das monatliche Gehalt reduziert, nicht aber die Sonderzahlungen, kann dies Auswirkungen auf das Jahressechstel haben und zur einer steuerlichen Mehrbelastung führen. Die Umwandlung über-kv Beträge sollte daher idealerweise gleichmäßig auf 14 Teile verteilt werden.[211]

208 *Waiss/Gerhartl*, Ausnahmebestimmungen für leitende Angestellte, PV-Info 6/2014, 9.

209 *Schrank* in *Schrank/Schrank/Lindmayr* (Hrsg), Lohn- und Sozialdumping-Bekämpfungsgesetz Kommentar² (2021) § 1 LSD-BG.

210 *Lexer*, Die Bezugsumwandlung aus arbeits- sozialversicherungsrechtlicher und lohnsteuerlicher Sicht, ZAS 2024/24.

211 Ibid.

Aus arbeitsrechtlicher Sicht ist eine Bezugsumwandlung nur zulässig, wenn das kv Mindestgehalt weiterhin in Geld ausgezahlt wird. Eine Umwandlung, die dazu führt, dass das Mindestgehalt unterschritten wird, ist unzulässig, es sei denn, es besteht eine ausdrückliche gesetzliche oder kv Ermächtigung.[212] Besteht kein kv festgelegtes Mindestgehalt, bildet die Sittenwidrigkeit gem § 879 ABGB die rechtlich zulässige Untergrenze.[213]

2.4.1.1. Freizeitoptionen in KV

Einige KV – etwa jener für Arbeiter im eisen- und metallverarbeitenden Gewerbe[214] – bieten Dienstnehmern die Möglichkeit, anstelle einer Gehaltserhöhung bezahlte Freizeit zu wählen.

Die Einführung dieser Freizeitoption erfordert in Betrieben mit Betriebsrat eine freiwillige BV. Der Betriebsrat kann die Freizeitoption für die Dienstnehmer daher nicht erzwingen. In Betrieben ohne Betriebsrat bedarf es abhängig vom jeweiligen KV entweder einer Einzelvereinbarung zwischen Dienstgeber und Dienstnehmer oder einer schriftlichen Vereinbarung mit den KV-Parteien (in Form einer Rahmenvereinbarung).[215]

Ein entscheidender Vorteil der Freizeitoption liegt in ihrer **steuerlichen Begünstigung**: Die zusätzlich gewährte Freizeit ist von Lohnsteuer und Sozialversicherungsbeiträgen befreit, wodurch Dienstnehmer ohne finanzielle Einbußen von mehr Freizeit profitieren können.[216]

2.4.2. Freiwillige zusätzliche Freizeit

Eine beliebte Variante für mehr Freizeit ist die **freiwillige Gewährung zusätzlicher bezahlter Freizeit**, wie zB in Form einer sechsten Urlaubswoche oder sogar in Form von unlimitiertem Urlaub.

Checkliste: Vereinbarung zusätzlicher Freizeit

Um für den Dienstgeber die bestmögliche Umsetzung zu erreichen, sollte mit dem Dienstnehmer eine schriftliche Vereinbarung geschlossen werden, die folgende Punkte festlegt:

- **Abgrenzung zum gesetzlichen Urlaubsanspruch:** Die zusätzliche Freizeit ist kein Bestandteil des gesetzlichen Urlaubs und unterliegt daher nicht den Regelungen des UrlG.
- **Konsumation:** Die gewährte Freizeit muss innerhalb eines vorgegebenen Zeitraums – zB im laufenden Kalenderjahr – verbraucht werden und kann über diesen Zeitraum hinaus nicht übertragen werden.

---

212 Ibid.
213 *Hitz/Noga*, Das Sabbatical, ASoK 2023, 114.
214 KV für Arbeiter im eisen- und metallverarbeitende Gewerbe 2024, Anhang IIIa.
215 *Lang*, die Freizeitoption als kollektivvertragliches Gestaltungsinstrument, ASoK 2015, 295.
216 *Risak*, Die Freizeitoption, ZAS 2015/38.

- **Vorrang des gesetzlichen Urlaubs:** Es ist außerdem sinnvoll, mit dem Dienstnehmer zu vereinbaren, dass dieser zunächst seinen gesetzlichen Urlaubsanspruch konsumieren muss, bevor er die zusätzliche Freizeit nutzen kann. Dies verhindert, dass die freiwillig gewährte Freizeit als Ersatz für den gesetzlichen Urlaub genutzt wird, was wiederum eine ungewollte Übertragung von gesetzlichen Urlaubsansprüchen in künftige Jahre sowie hohe Urlaubsersatzleistungen bei Beendigung des Dienstverhältnisses vermeidet.

Wenn der Dienstgeber die zusätzliche Freizeit unverbindlich gewähren möchte, ohne damit einen Anspruch für zukünftige Jahre zu begründen, sollte in der Vereinbarung ein **Unverbindlichkeitsvorbehalt** aufgenommen werden.[217]

Bei einem Unverbindlichkeitsvorbehalt gilt es allerdings zu beachten, dass der Dienstgeber bei jeder Leistungsgewährung auf deren Unverbindlichkeit hinweisen muss. Gewährt der Dienstgeber dem Dienstnehmer bspw einmal jährlich einen zusätzlichen Urlaubstag, muss der Dienstgeber auch einmal jährlich auf die Unverbindlichkeit hinweisen. Sonst besteht nämlich das Risiko, dass die freiwillige Freizeitgewährung zu einer betrieblichen oder Individualübung wird.[218]

Alternativ kann der Dienstgeber auch einen einseitigen **Widerrufsvorbehalt** vorsehen. Widerrufsvorbehalte sind allerdings nur zulässig, wenn besondere Voraussetzungen vorliegen. Der Widerrufsvorbehalt muss konkret formuliert werden und seine Ausübung ist sowohl an sachliche Gründe (zB wirtschaftliche Herausforderungen) gebunden als auch von einer Billigkeitskontrolle (Angemessenheits- und Verhältnismäßigkeitsprüfung) abhängig. Der Dienstgeber muss bei Ausübung des Widerrufsvorbehalts außerdem die Grundsätze des Gleichbehandlungsrechts beachten.[219]

Beschließt der Dienstgeber zu einem späteren Zeitpunkt, die zusätzliche Freizeit nicht mehr zu gewähren, ist dies für neu eintretende Dienstnehmer grundsätzlich problemlos möglich: Der Dienstgeber kann nach dem „Stichtagsprinzip"einseitig entscheiden, allen ab einem bestimmten Zeitpunkt neu eintretenden Dienstnehmern schlicht keine zusätzliche Freizeit mehr zu gewähren. Er muss dies den neu eintretenden Dienstnehmern lediglich ausdrücklich mitteilen.[220]

Um auch bei bestehenden Dienstverhältnissen flexibel zu bleiben, ist die Aufnahme eines Unverbindlichkeitsvorbehalts oder eines Änderungs- und Widerrufsvorbehalts besonders sinnvoll. Alternativ kann die Regelung zunächst befristet – etwa auf ein Jahr oder mehrere Jahre – vereinbart werden, sodass der Dienstgeber regelmäßig evaluieren kann, ob er die zusätzliche Freizeit weiterhin gewähren möchte. Diese Vorgehensweise erhöht die Flexibilität auf Seiten des Dienstgebers und verhindert langfristige Verpflichtungen.[221]

217 OGH 24.2.2009, 9 ObA 113/08w.
218 *Risak*, Der Unverbindlichkeitsvorbehalt, ZAS 2006/25.
219 OGH 24.2.2009, 9 ObA 113/08w.
220 Vgl OGH 24.7.1996, 8 ObA 2162/96s.
221 Gewährung von zusätzlicher Freizeit durch Übung, ARD 5309/10/2002.

2.4.3. Unbezahlter Urlaub

Eine weitere Möglichkeit, mehr Urlaub zu erlangen, ist der unbezahlte Urlaub. Der unbezahlte Urlaub ist dadurch charakterisiert, dass es zu einem **Aussetzen der Arbeitspflicht des Dienstnehmers** einerseits und der **Entgeltpflicht des Dienstgebers** andererseits kommt.[222] Nebenpflichten, wie etwa das Konkurrenzverbot und die Verschwiegenheitspflicht, bleiben während des unbezahlten Urlaubs hingegen weiterhin aufrecht.[223] Auch unbezahlter Urlaub muss mit dem Dienstgeber vereinbart werden. Ein einseitiger Rechtsanspruch besteht nicht.

In der Vereinbarung können Dienstnehmer und Dienstgeber festlegen, dass den Parteien das einseitige Recht eingeräumt wird, den unbezahlten Urlaub wieder zu beenden. Unter Berücksichtigung des KV kann weiters geregelt werden, ob der unbezahlte Urlaub auf dienstzeitenabhängige Ansprüche (wie zB Kündigungsfristen) angerechnet werden soll. Da die Frage der Anrechnung als Dienstzeit noch nicht höchstgerichtlich geklärt wurde, besteht allerdings ein Risiko, dass die Zeiten des unbezahlten Urlaubs trotz entgegenstehender Vereinbarung in Zukunft auf die Dauer des Dienstverhältnisses angerechnet werden müssen.[224]

Aus sozialversicherungsrechtlicher Sicht ist zu beachten, dass der Dienstnehmer für die Dauer von maximal einem Monat auch weiterhin sozialversichert bleibt.[225] Sofern nichts Abweichendes vereinbart wird, trägt der Dienstnehmer die Beträge zur Sozialversicherung.[226] Vereinbaren Dienstnehmer und Dienstgeber hingegen einen unbezahlten Urlaub, welcher länger als ein Monat dauert, **fällt der Dienstnehmer bereits am ersten Tag des unbezahlten Urlaubs aus der Pflichtversicherung** heraus und ist daher bereits am Tag davor von der Sozialversicherung abzumelden.[227]

2.4.4. Sabbatical

Sabbatical bezeichnet eine **längerfristige Freistellung von der Verpflichtung zur Arbeitsleistung.**[228] Während für Vertragsbedienstete im öffentlichen Dienst eine gesetzliche Regelung besteht – etwa durch das VBG, das eine sechs- bis zwölfmonatige Freistellung gegen anteilige Gehaltskürzung innerhalb eines Zeitrahmens von zwei bis fünf Jahren erlaubt[229] – fehlt eine vergleichbare gesetzliche Grundlage für die Privatwirtschaft.

---

222 OGH 15.5.1996, 9 ObA 105/95 = ARD 4773/22/96.

223 OGH 27.5.2020, 8 Ob A 41/20t; *Sabara*, Der unbezahlte Urlaub, ARD 6190/5/2011.

224 *Bleyer/Lindmayr/Sabara*, Unbezahlter Urlaub, in *Bleyer/Lindmayr/Sabara*, Lexikon Personalrecht & Betriebswichtiges[27] (2025) Rz 752.

225 § 11 Abs 3 lit a ASVG, § 1 Abs 1 lit a AlVG.

226 § 53 Abs 3 lit c ASVG, § 2 Abs 6 lit c AMPFG.

227 *Bleyer/Lindmayr/Sabara* in *Bleyer/Lindmayr/Sabara* Rz 754.

228 *Hitz/Noga*, ASoK 2023, 114.

229 § 20a VBG.

Allerdings haben mittlerweile einige KV Regelungen zum *Sabbatical* aufgenommen, darunter etwa der Telekom-KV, der KV der Sozialwirtschaft Österreich sowie der KV für Angestellte bei Steuerberatern und Wirtschaftsprüfern. Auch wenn Dienstnehmer **keinen gesetzlichen Anspruch auf ein *Sabbatical*** haben, können sie jederzeit eine individuelle Vereinbarung über ein *Sabbatical* mit ihrem Dienstgeber treffen.[230]

Charakteristisch für das *Sabbatical* ist, dass das Dienstverhältnis während der gesamten Freizeitphase aufrecht bleibt. Es handelt sich daher nicht um eine Beendigung mit Wiedereinstellungszusage, sondern um eine bloße Suspendierung der Arbeitsleistungspflicht bei Fortbestehen des Dienstverhältnisses.

Typischerweise setzt sich das *Sabbatical* aus einer **Arbeits- und einer Freizeitphase** zusammen. In der Arbeitszeitphase erwirtschaftet der Dienstnehmer entweder Arbeitszeitguthaben oder Entgelt, welches in der darauffolgenden Freizeitphase verbraucht oder ausbezahlt wird. Der Entgeltanspruch bleibt während des Sabbaticals in voller Höhe oder verringert aufrecht und es werden keine staatlichen Leistungen (zB Arbeitslosengeld) bezogen. Sozialversicherungsrechtlich bleibt der Dienstnehmer während der gesamten Dauer des Sabbaticals versichert.[231]

Das *Sabbatical* erfordert:

- eine **Vereinbarung** zwischen Dienstnehmer und Dienstgeber; und
- je nach Modell eine **gesetzliche oder kv Bestimmung**, um Zeitguthaben kostenneutral auf- und abzubauen.[232]

Beim *Sabbatical* kann zwischen dem Ansparmodell und dem Modell der Entgeltreduktion unterschieden werden.

2.4.4.1. Ansparmodell

Im Ansparmodell sammelt der Dienstnehmer während der Arbeitsphase Zeitguthaben im Rahmen eines Durchrechnungsmodells gem § 4 Abs 6 AZG, welches er später 1:1 in Freizeit umwandeln kann. Für das Ansparmodell ist daher ein zulässiges Durchrechnungsmodell Voraussetzung. Die rechtliche Gestaltung hängt dabei insb von der Länge des Durchrechnungszeitraums (von zB 26 Wochen bis zu einem Jahr[233]), dem Ausmaß der wöchentlichen Normalarbeitszeit (zB maximal 45 Stunden) sowie der Übertragungsmöglichkeit von Zeitguthaben in die nächste Durchrechnungsperiode ab. Je nach kv Regelung kann die Freizeitphase länger oder kürzer gestaltet werden. Ohne kv Ermächtigung sind *Sabbatical*-Verein-

230 *Korenjak*, Junge gewinnen und Ältere halten, ZAS 2024.
231 *Hitz/Noga*, ASoK 2023, 114.
232 Ibid.
233 Das AZG sieht keine zeitliche Beschränkung für den Durchrechnungszeitraum vor. Der KV könnte zB einen Durchrechnungszeitraum von sechs Jahren vorsehen.

barungen mit Durchrechnungsmodell unzulässig und Zeitguthaben sind grundsätzlich als Mehr- oder Überstunden zu werten.[234]

Praxistipp

Ein *Sabbatical* mit Durchrechnungsmodell sollte daher ausschließlich im Rahmen des anwendbaren KV vereinbart werden. Andernfalls besteht das Risiko, dass angesammeltes Zeitguthaben im Nachhinein als zuschlagspflichtige Mehr- und Überstunden qualifiziert werden. Mehr- und Überstunden fallen in einem Durchrechnungsmodell nämlich nur an, wenn die Grenzen der Normalarbeitszeit innerhalb eines Durchrechnungszeitraums überschritten werden.[235]

Das Ansparmodell kann auch mit gleitender Arbeitszeit kombiniert werden.[236] Dabei gelten die unter Pkt 2.3.1. dargestellten Grundsätze zu Gleitzeit. Insb wenn die tägliche Normalarbeitszeit auf bis zu zwölf Stunden ausgedehnt werden kann und die Gleitzeitperiode zB über mehrere Jahre festgelegt werden kann, kann Gleitzeit als ein hilfreiches Arbeitszeitmodell für ein späteres *Sabbatical* dienen.[237]

Wird das Dienstverhältnis jedoch vor Antritt des *Sabbaticals* beendet und enthält der anwendbare KV keine abweichenden Regelungen, besteht das Risiko, dass angesparte Zeitguthaben mit einem Zuschlag von 50 % abzugelten sind.[238] Umgekehrt ist sicherzustellen, dass allfällige während des *Sabbaticals* entstandene Zeitschulden vor Beendigung des Dienstverhältnisses eingearbeitet werden. Die Gleitzeitvereinbarung sollte jedenfalls vorsehen, dass Zeitschulden am Ende des Dienstverhältnisses mit Ansprüchen des Dienstnehmers gegengerechnet werden können.[239]

2.4.4.2. Entgeltreduktion

Im Modell der Entgeltreduktion spart der Dienstnehmer während der Arbeitsphase einen Teil seines Entgelts an, der ihm in der Freizeitphase ausgezahlt wird. Dieses Modell sieht keine Arbeitszeitdurchrechnung vor und erlaubt eine gleichmäßige Entgeltverteilung über den gesamten Zeitraum.

Beispiel

Dienstgeber und Dienstnehmer vereinbaren eine Normalarbeitszeit von 40 Stunden pro Woche. Der Dienstnehmer erhält für einen Zeitraum von zB 50 Monaten statt seinem vollen Gehalt nur 90 % seines Gehalts ausgezahlt. In den letzten vier Monaten geht der Dienstnehmer auf *Sabbatical* und erhält während dieser Zeit das angesparte Entgelt (10 % des Gehalts × 50 Monate), obwohl er keine Arbeitsleistung erbringt.

234 *Kronberger/Kraft*, Wissenswerte Praxisinformationen zum Sabbatical, PVP 2024/57.
235 *Hitz/Noga*, ASoK 2023, 114.
236 *Hitz/Noga*, ASoK 2023, 114; *Kronberger/Kraft*, PVP 2024/57.
237 *Hitz/Noga*, ASoK 2023, 114.
238 § 19e Abs 2 AZG.
239 *Hitz/Noga*, ASoK 2023, 114.

Für ein *Sabbatical* mit Entgeltreduktion ist keine kv Ermächtigung notwendig. Es kann daher auch einzelvertraglich mit dem Dienstnehmer vereinbart werden. IdZ ist lediglich zu beachten, dass das kv Mindestentgelt nicht unterschritten wird.[240] Für Dienstnehmer, die ein kv Mindestgehalt beziehen, ist das Modell der Entgeltreduktion daher nur umsetzbar, wenn der KV eine entsprechende Regelung vorsieht.[241]

2.5. Wunsch nach Teilzeit – aber wie?

2.5.1. Job-Sharing – zwei Dienstnehmer, eine Stelle

Das ursprünglich aus den USA stammende Job-Sharing ist eine flexible Form der Arbeitszeitgestaltung, bei der sich idR zwei Teilzeitbeschäftigte die Aufgaben und Verantwortung einer Vollzeitstelle teilen.[242] Während es in Deutschland gesetzlich geregelt ist,[243] fehlt in Österreich eine eigene gesetzliche Grundlage. Daher muss Job-Sharing im Rahmen der üblichen einzelvertraglichen Vereinbarungen zwischen Dienstgeber und Dienstnehmer geregelt werden. Job-Sharing eignet sich sowohl bei Positionen, welche niedrigere Qualifikationen erfordern, als auch bei hoch qualifizierten Positionen (zB auf Geschäftsführerebene).[244]

Aus arbeitsmarktpolitischer Sicht bietet das Modell erhebliche Chancen zur Förderung von Diversität und kann durch gezielte Nachfolgemodelle zur Senkung der Jugendarbeitslosigkeit beitragen.

Auch für Dienstgeber ergeben sich Vorteile, insb im Bereich sozialer Verantwortung:[245]

- **Unterstützung von Dienstnehmern mit Betreuungspflichten:** Job-Sharing ermöglicht Personen mit familiären Verpflichtungen eine bessere Vereinbarkeit von Beruf und Privatleben.
- **Frauenförderung:** Da die Teilzeitquote bei Frauen in Österreich über 50 % beträgt, kann Job-Sharing ein sinnvolles Instrument zur Förderung weiblicher Karrieren sein.[246]
- **Erleichterung des Übergangs in die Alterspension:** Unternehmen können das Modell nutzen, um ältere Dienstnehmer schrittweise an die Nachfolgeplanung heranzuführen. Ein erfahrener Mitarbeiter kann einen jüngeren über einen längeren Zeitraum einschulen und ihm schrittweise mehr Verantwortung übertragen.

240 Ibid.
241 Ibid.
242 *Dorrer*, Das Jobsharing-Arbeitsverhältnis (2002); *Korenjak*, ZAS 2024/20.
243 Vgl § 13 deutsches Gesetz über Teilzeitarbeit und befristete Arbeitsverträge dBGBl I S 1966.
244 *Mandl*, Neue Beschäftigungsformen in Europa, WuG 2015, 519.
245 Ibid.
246 *Statistik Austria*, Teilzeitarbeit, Teilzeitquote, abrufbar unter https://www.statistik.at/statistiken/arbeitsmarkt/arbeitszeit/teilzeitarbeit-teilzeitquote (abgefragt am 30.6.2025).

Trotz der Vorteile erfordert Job-Sharing eine präzise arbeitsrechtliche Gestaltung. So empfiehlt es sich zB, festzulegen, ob die einzelne Teilzeitkraft bestimmte Aufgaben zugewiesen bekommt, oder ob sich zwei Teilzeitbeschäftigte das „Aufgabenpaket" untereinander aufteilen. Zudem sollte vereinbart werden, was mit einem der Job-Sharing-Partner passiert, wenn der andere ausfällt oder sein Dienstverhältnis gar endet. In Deutschland ist für ersteren Fall bereits gesetzlich vorgesehen, dass der zweite Dienstnehmer zur Vertretung verpflichtet ist, wenn er einer solchen Vertretung zugestimmt hat. Für letzteren Fall bestimmt das deutsche Gesetz über Teilzeitarbeit und befristete Arbeitsverträge, dass ein Job-Sharing-Partner nicht aufgrund des Ausscheidens des anderen gekündigt werden darf.[247]

Neben den rechtlichen Herausforderungen spielen auch menschliche Faktoren eine entscheidende Rolle. Job-Sharing setzt eine enge Zusammenarbeit und ein hohes Maß an Abstimmung zwischen den beiden Partnern voraus. Damit das Modell erfolgreich funktioniert, sollten die Beteiligten gut harmonieren und eine klare Kommunikation pflegen. Eine Alternative ist der projektebezogene Einsatz von Job-Sharing, bei dem zwei Partner nur für die Dauer eines Projekts zusammenarbeiten und anschließend getrennte Wege gehen.

Ein wichtiger Aspekt für Dienstgeber ist die **Kostenstruktur** des Modells. Die durch Job-Sharing entstehenden Lohnnebenkosten sind idR höher, da zwei Teilzeitstellen anstelle einer Vollzeitstelle besetzt werden. Dies sollte bei der Einführung des Modells in die Personalstrategie einkalkuliert werden.

Beispiel

Wenn ein Dienstgeber beschließt, eine Management-Position mit einem Vollzeitgehalt iHv EUR 140.000 jährlich (= EUR 10.000 monatlich bei 14 Monatsgehältern) auf zwei Dienstnehmer mit einer vereinbarten Arbeitszeit von 20 Wochenstunden und je halbem Entgelt (= EUR 5.000 monatlich pro Dienstnehmer) aufzuteilen, führt dies aufgrund der Lohnkosten zu folgendem Ergebnis:[248]

- Bei der Anstellung einer Vollzeitkraft entstehen dem Dienstgeber Kosten (Gehalt + Lohnnebenkosten) iHv derzeit insgesamt ca EUR 170.400.
- Werden für die genau gleiche Position nun zwei Dienstnehmer für 20 Wochenstunden beschäftigt, entstehen dem Dienstgeber pro Dienstnehmer Kosten iHv ca EUR 90.400. Dies resultiert in Gesamtkosten von etwa EUR 180.800 für beide Dienstnehmer, also einer Differenz von 10.400 EUR Mehrkosten verglichen mit einem Vollzeitbeschäftigten.

Dienstgeber sollten daher die mit Job-Sharing verbundenen Zusatzkosten von vornherein in ihre Überlegungen einbeziehen. Auch ein möglicher Mehraufwand bei der Koordination – etwa durch die Einführung neuer Systeme oder Prozesse zur Umsetzung des Modells – sollte nicht außer Acht gelassen werden. Gleichzeitig kann Job-Sharing aber auch das Potenzial bieten, Mehr- und Überstunden zu reduzieren und damit wiederum Kosten zu senken.

247 § 13 deutsches Gesetz über Teilzeitarbeit und befristete Arbeitsverträge dBGBl I S 1966.

248 Berechnung erfolgte anhand des Brutto-Netto-Rechners des BMF, abrufbar unter https://onlinerechner.haude.at/BMF-Brutto-Netto-Rechner/ (abgefragt am 30.6.2025).

2.5.2. Exkurs: Plattformarbeit

Bei Plattformarbeit, einer arbeitsrechtlichen Neuerscheinung, bieten Arbeitnehmer ihre Arbeitsleistung über digitale Plattformen an. Diese Plattformen, meist über über Apps oder Websites zugänglich, ermöglichen es Nutzern, rasch und unkompliziert geeignete Anbieter für bestimmte Dienstleistungen – etwa Nachhilfeunterricht, Reinigungstätigkeiten, Fahrdienste oder Lieferdienste – zu finden und zu beauftragen.[249] Nach Angaben der EU nimmt die Zahl der über digitale Arbeitsplattformen Beschäftigten rasant zu und soll bis 2025 auf 43 Millionen steigen – ein Zuwachs von 15 Millionen Beschäftigten im Vergleich zu 2022.[250]

Die Definition der Plattformarbeit lautet:

> Arbeit, die über eine digitale Arbeitsplattform organisiert und in der Union von einer Einzelperson auf der Grundlage eines Vertragsverhältnisses zwischen der digitalen Arbeitsplattform oder einem Vermittler und der Einzelperson ausgeführt wird, unabhängig davon, ob ein Vertragsverhältnis zwischen der Einzelperson oder einem Vermittler und dem Empfänger der Dienstleistung besteht.[251]

Die Definition macht deutlich, wie viele – häufig täglich genutzte – Dienstleistungen unter den Begriff der Plattformarbeit fallen.

Beispiele

Am Bsp eines Fahrers für einen Fahrtendienst liegt Plattformarbeit etwa in folgendem Fall vor:

Ein Fahrer ist bei einem Fahrtendienst in Österreich (also innerhalb der EU) tätig. Er arbeitet über die vom Fahrtendienst verwaltete digitale Plattform. Der Fahrtendienst stellt über die digitale Arbeitsplattform die Verbindung zu den Fahrgästen her. Sein Vertragsverhältnis besteht mit dem Fahrtendienst, er hat keinen direkten Vertrag mit den beförderten Personen und kann flexibel nach eigenem Ermessen entscheiden, wann er fährt. Er verdient nur Geld für die tatsächlich ausgeführten Fahrten.

Plattformarbeit erfreut sich insb aufgrund ihres hohen Maßes an Flexibilität großer Beliebtheit. Die Erbringung von Dienstleistungen über digitale Plattformen ist regelmäßig mit zeitlicher und örtlicher Ungebundenheit verbunden. Sie ermöglicht es etwa Studierenden oder Personen ohne festen Wohnsitz, ihren Lebensunterhalt flexibel zu bestreiten.

Gleichzeitig wirft Plattformarbeit rechtliche Herausforderungen auf, wie insb im Hinblick auf die richtige Qualifikation des Vertragsverhältnisses und grenzüberschreitende Konstellationen. Die Europäische Union hat sich daher zum Ziel gesetzt, durch eine eigene Richtlinie unionsweite Klarheit zu schaffen.

---

249 *Wieser* in *Laimer/Peer/Tinhofer/Wieser*, KI und Arbeitsrecht Kapitel 5 (Stand 1.5.2024, rdb.at) Rz 5.1 ff.

250 *Europäischer Rat*, EU-Vorschriften zur Plattformarbeit, abrufbar unter https://www.consilium.europa.eu/de/policies/platform-work-eu/#what (abgefragt am 30.6.2025).

251 Art 2 Abs 1 lit b Richtlinie (EU) 2024/2831 des Europäischen Parlaments und des Rates vom 23. Oktober 2024 zur Verbesserung der Arbeitsbedingungen in der Plattformarbeit.

In Österreich ging die Lehre bislang überwiegend davon aus, dass es sich bei Plattformarbeitenden mangels persönlicher Abhängigkeit typischerweise um freie Dienstnehmer handelt.[252] Da für freie Dienstnehmer ein Großteil der arbeitsrechtlichen Schutzbestimmungen nicht gilt, ist die Qualifikation des Vertragsverhältnisses für den Plattformarbeitsmarkt von erheblicher Bedeutung.[253]

Aufgrund der regelmäßig grenzüberschreitenden Natur der Plattformarbeit sah sich die EU zum Handeln veranlasst.[254] Bereits 2021 legte die Europäische Kommission einen Vorschlag für eine Richtlinie zur Verbesserung der Arbeitsbedingungen in der Plattformarbeit vor. Nach längeren Verhandlungen wurde im März 2024 ein Kompromiss erzielt; die Richtlinie wurde inzwischen im Amtsblatt veröffentlicht und ist am 1.12.2024 in Kraft getreten.[255]

Die zentrale Neuerung besteht in der Einführung einer widerlegbaren Vermutung eines echten Dienstverhältnisses, wenn die Plattform die „Kontrolle und Steuerung" über die Plattformarbeiter innehat.[256] „Widerlegbar" bedeutet, dass der Dienstgeber die Möglichkeit hat, den Beweis zu erbringen, dass die Merkmale eines echten Dienstverhältnisses nicht vorliegen. Gelingt dieser Beweis nicht, gilt der Plattform-Beschäftigte als echter Dienstnehmer – mit der Folge, dass sämtliche arbeitsrechtlichen Vorschriften Anwendung finden.

Die Richtlinie muss nun von den Mitgliedstaaten innerhalb von zwei Jahren umgesetzt werden. Es bleibt abzuwarten, wie die konkrete Ausgestaltung der Plattformarbeit in Österreich erfolgen wird.

2.6. Gleichbehandlungsrechtliche Aspekte

Beim Angebot freiwilliger Zusatzleistungen, wie etwa einer sechsten Urlaubswoche, ist das Gleichbehandlungsrecht zu beachten. Neben dem allgemeinen arbeitsrechtlichen Gleichbehandlungsgrundsatz, der sich durch die Rsp entwickelt hat, sichern insb das GlBG, das BEinstG sowie § 19d Abs 6 AZG, der eine unsachliche Benachteiligung von Teilzeitbeschäftigten verbietet, die Gleichstellung von Dienstnehmern.

2.6.1. Arbeitsrechtlicher Gleichbehandlungsgrundsatz

Der arbeitsrechtliche Gleichbehandlungsgrundsatz verbietet dem Dienstgeber, einzelne Dienstnehmer bei der Gewährung von Zusatzleistungen nach einem

252 *Gruber-Risak/Griesser/Plank*, Arbeiten in der österreichischen Plattformwirtschaft – Ergebnisse der ersten österreichischen Fairwork-Studie und arbeitsrechtliche Einschätzungen, DRdA 2023, 3.

253 *Brameshuber/Höllwarth*, Die EU-Plattformarbeitsrichtlinie, ASoK 2024, 170 (171).

254 *Gruber-Risak/Warter*, Die EU-Richtlinie zur Verbesserung der Arbeitsbedingungen in der Plattformarbeit, DRdA 2024, 267.

255 Richtlinie (EU) 2024/2831.

256 Art 5 Richtlinie (EU) 2024/2831.

generalisierenden Prinzip willkürlich oder aus sachfremden Gründen schlechter zu behandeln als die Mehrheit der Dienstnehmer in seinem Betrieb.[257] Der Dienstgeber darf daher einem einzelnen Dienstnehmer nicht vorenthalten, was er der Mehrheit der Dienstnehmer gewährt. Springender Punkt des arbeitsrechtlichen Gleichbehandlungsgrundsatzes ist das Motiv für die differenzierte Behandlung eines Dienstnehmers.

Der **relevante Vergleichsrahmen** ist idR der Betrieb, kann jedoch im Einzelfall auch das gesamte Unternehmen sein. Eine Bevorzugung einzelner Dienstnehmer ist hingegen zulässig, solange sie nicht auf diskriminierenden oder sachfremden Motiven beruht.[258]

Beispiel

Ein Dienstgeber beschäftigt 20 Dienstnehmer. 19 von ihnen erhalten nach fünfjähriger Betriebszugehörigkeit die Möglichkeit, ein *Sabbatical* in Anspruch zu nehmen. Einem Dienstnehmer wird diese Möglichkeit jedoch verweigert, weil der Dienstgeber mit ihm persönliche Differenzen aufgrund unterschiedlicher Fußballvereins-Präferenzen hat.

Diese Ungleichbehandlung ist nicht zulässig, weil sie auf einem sachfremden und willkürlichen Motiv beruht.

Zulässig ist hingegen, neue Dienstnehmer von freiwilligen Leistungen auszuschließen, wenn dies durch eine Stichtagsregelung in einer BV oder im Dienstvertrag festgelegt ist.[259]

Dienstnehmer, die entgegen dem Gleichbehandlungsgrundsatz benachteiligt werden, haben einen Ausgleichsanspruch, dh sie müssen so gestellt werden, als wäre die Ungleichbehandlung nicht erfolgt. Darüber hinaus können Schadenersatzansprüche entstehen, wenn der Dienstgeber sie schikanös behandelt hat und ihnen die Zusatzleistung nur deswegen nicht gewährt hat, weil er sie schädigen wollte.[260]

2.6.2. Gesetzliche Diskriminierungsverbote

Zusätzlich zum arbeitsrechtlichen Gleichbehandlungsgrundsatz bestehen gesetzliche Diskriminierungsverbote, insb im GlBG und BEinstG. Diese Gesetze verbieten unmittelbare und mittelbare Diskriminierungen aufgrund von Geschlecht, Alter, sexueller Orientierung, ethnischer Zugehörigkeit, Religion oder Weltanschauung sowie Behinderung.[261]

257 Vgl RIS-Justiz RS0060204.

258 *Schrank*, Gleichbehandlungsgebote: allgemeiner arbeitsrechtlicher Gleichbehandlungsgrundsatz, sonstige Benachteiligungsverbote, in Arbeitsrecht und Sozialversicherungsrecht[95.Lfg] (2025) Rz 73.

259 *Kietaibl* in *Tomandl/Schrammel*, Arbeitsrecht I[12] (2023) 325 f.

260 *Körber-Risak*, Der arbeitsrechtliche Gleichbehandlungsgrundsatz, in *Mazal/Gruber-Risak* (Hrsg), Das Arbeitsrecht – System und Praxiskommentar[43.Lfg] (2024) Rz 54 f.

261 *Kühteubl/Unterdünhofen*, Entgeltrechtliche Möglichkeiten der Mitarbeiterbindung, ZAS 2024/21.

Es gilt sowohl beim GlBG als auch beim BEinstG, zwischen zwei möglichen Formen der Diskriminierung zu unterscheiden:

- **Unmittelbare Diskriminierung:** Der Dienstnehmer erfährt aufgrund der geschützten Merkmale in einer vergleichbaren Situation eine weniger günstige Behandlung. Eine unmittelbare Diskriminierung ist immer verboten.[262]
- **Mittelbare Diskriminierung:** Dienstnehmer, die ein geschütztes Merkmal aufweisen, werden aufgrund scheinbar neutraler Vorschriften, Kriterien oder Verfahren gegenüber anderen Personen benachteiligt. Mittelbare Diskriminierungen können allerdings sachlich gerechtfertigt sein, wenn sie ein rechtmäßiges Ziel verfolgen.[263]

Beispiele

Ein Geschäftsführer bietet die Viertagewoche nur Dienstnehmern ohne Migrationshintergrund an, obwohl sie im Betrieb üblich ist. Es handelt sich um eine unmittelbare Diskriminierung, die keinesfalls gerechtfertigt ist.

Teilzeitbeschäftigte sind von der betrieblichen Altersvorsorge ausgeschlossen. Da Frauen den Großteil der Teilzeitkräfte ausmachen, kann dies eine mittelbare Diskriminierung aufgrund des Geschlechts darstellen.[264]

Abhängig vom konkreten Fall kann eine Diskriminierung verschiedene Rechtsfolgen haben. Im Bereich der Arbeitszeitmodelle und freiwilligen Zusatzleistungen kann dies bedeuten, dass die entsprechende Leistung oder das Modell gewährt werden muss (zB die Möglichkeit eines *Sabbaticals* oder einer Viertagewoche). Zusätzlich drohen Ansprüche auf Schadenersatz – insb auf den Ausgleich eines Vermögensschadens sowie eine Entschädigung für persönliche Beeinträchtigungen (§§ 12, 26 GlBG), wobei diese iZm Arbeitszeitmodellen wohl eine nachgeordnete Rolle spielen.

2.6.3. Benachteiligungsverbot von Teilzeitbeschäftigten

§ 19d Abs 6 AZG verbietet die **Ungleichbehandlung von Teilzeitbeschäftigten gegenüber Vollzeitbeschäftigten**, es sei denn, es liegen sachliche Gründe für eine abweichende Behandlung vor. Hintergrund dieser Regelung ist der *Pro-rata-temporis-Grundsatz*, wonach Teilzeitkräfte zumindest im Verhältnis ihrer Arbeitszeit zur kv Normalarbeitszeit gleichgestellt werden müssen.

Beispiel

Erhält ein vollzeitbeschäftigter Dienstnehmer eine Mitarbeiterprämie iHv EUR 1.000, wird es idR durchaus sachlich gerechtfertigt sein, einem teilzeitbeschäftigten Mitarbeiter mit 20 Wochenstunden eine Mitarbeiterprämie iHv EUR 500 auszubezahlen.[265]

---

262 Vgl § 5 Abs 1 GlBG, § 19 Abs 1 GlBG und § 7c Abs 1 BEinstG.
263 Vgl § 5 Abs 2 GlBG, § 19 Abs 2 GlBG und § 7c Abs 2 BEinstG.
264 *Thöny*, der europarechtliche Einfluss, in *Thöny*, Die Teilzeitbeschäftigung[2] (2007).
265 *Schrank*, Arbeitszeit-Kommentar[7] (2023), § 19d AZG Rz 113 ff.

In Einzelfällen kann jedoch eine Aliquotierung unzulässig sein, wenn sie der Art der Leistung widerspricht. Bspw darf eine vergünstigte Kantinenverpflegung für Teilzeitkräfte nicht reduziert werden, wenn diese ebenfalls über die Mittagszeit im Betrieb anwesend sind[266]).[267] Gleichermaßen muss diese aber auch nicht (aliquot) gewährt werden, wenn Dienstnehmer nicht über die Mittagszeit arbeiten.

IZm Gleitzeit-Teilzeit sind mehrere Aspekte zu berücksichtigen. Einerseits dürfen Teilzeitbeschäftigte nicht ohne sachliche Gründe von der Möglichkeit, ein Gleitzeitmodell zu nutzen, ausgeschlossen werden. Andererseits müssen die Abweichungen, die sich notwendigerweise aus der kürzeren Normalarbeitszeit ergeben (zB die fiktive Normalarbeitszeit, das Ausmaß der übertragbaren Zeitguthaben und -schulden oder die abweichende Kernzeit), beachtet werden. Da Gleitzeit-BV nicht jeden einzelnen Sonderfall unabhängig vom konkreten Arbeitszeitausmaß regeln, sollte der Dienstgeber daher in der Gleitzeit-BV die Möglichkeit vereinbaren, mit Dienstnehmern einzelvertragliche Vereinbarungen über bestimmte Aspekte der Gleitzeit-Teilzeit treffen zu können.[268]

Auf Teilzeitbeschäftigte finden neben der speziellen Schutzbestimmung § 19d Abs 6 AZG auch alle arbeitsrechtlichen Normen Anwendung, welche auf Vollzeitbeschäftigte in einer vergleichbaren Position Anwendung finden.

Im Streitfall trägt der Dienstgeber die Beweislast dafür, dass keine Benachteiligung aufgrund der Teilzeitbeschäftigung vorliegt. Der Dienstnehmer muss lediglich darlegen, dass er im Vergleich zu Vollzeitbeschäftigten benachteiligt wurde – nicht jedoch, dass die Benachteiligung auf seine Teilzeitbeschäftigung zurückzuführen ist.[269]

---

266 OGH 17.12.2019, 9 ObA 133/19b.

267 *Schrank*, Arbeitszeit § 19d AZG Rz 116 ff.

268 *Schrank*, Sonst noch Wichtiges, in Arbeitsrecht und Sozialversicherungsrecht[94.Lfg] 2024 Rz 34 ff.

269 *Felten* in *Auer-Mayer/Felten/Pfeil*, AZG[4] § 19d Abs 6 AZG Rz 53.

3. Telearbeit

Manuel Mayr

3.1. Einleitung – vom „Homeoffice-Maßnahmenpaket" zur Telearbeit

3.1.1. Home Office als Maßnahme in der Pandemie

Unter dem Eindruck der COVID-19-Pandemie, die behördlich verordnete Absonderungen („Quarantäne"), Betretungsverbote, Schul- und Grenzschließungen sowie Ausgangssperren („Lockdown") mit sich brachte, erließ der österreichische Gesetzgeber unter Einbindung der Sozialpartner und der Industriellenvereinigung das **„Homeoffice-Maßnahmenpaket"** (BGBl I 2021/61). Damit regelte er das Arbeiten von Dienstnehmern im Home Office, also im Wesentlichen in der eigenen Wohnung. Dabei handelte es sich um kein eigenes Gesetz, sondern um ein Sammelgesetz, mit dem bestehende Gesetze ergänzt und angepasst wurden. Am **1.4.2021** traten die im „Homeoffice-Maßnahmenpaket" zusammengefassten Änderungen in Kraft. Sie hatten Änderungen im individuellen und kollektiven Arbeitsrecht, im Sozialversicherungsrecht sowie im Steuerrecht zum Gegenstand. Insgesamt sieben Gesetze änderte der damalige Gesetzgeber, mit dem Ziel der *„Verbesserung der Rahmenbedingungen für die Erbringung von Arbeitsleistungen durch Arbeitnehmer im Homeoffice"*, damit [...] *„Homeoffice zwischen den Arbeitsvertragsparteien im größeren Ausmaß als bisher vereinbart werden kann"*.[270] Der individualarbeitsrechtliche und somit wesentliche Teil der Novelle fand sich im neu eingefügten § 2h AVRAG. Betriebsverfassungsrechtlich ergänzte der Gesetzgeber § 97 Abs 1 ArbVG um die Z 27, die die Festlegung von Rahmenbedingungen für Arbeit im Home Office vorsah. Der § 2 DHG angefügte neue Abs 4 erweiterte die Haftungsprivilegierung auf im gemeinsamen Haushalt mit dem Dienstnehmer lebende Personen. Der um Abs 10 ergänzte § 4 ArbIG stellt mit der Novelle klar, dass Arbeitsinspektoren nicht berechtigt sind, das Home Office zu betreten. Die Neuregelungen und Klarstellungen im ASVG bezogen sich mit § 49 Abs 3 Z 31 auf den Entfall der Sozialversicherungspflicht für das „Homeoffice-Pauschale" sowie die vom Dienstgeber zur Verfügung gestellten digitalen Arbeitsmittel, wenn diese auch nach § 26 Z 9 lit a EStG 1988 einkommensteuerfrei waren. § 175 Abs 1a und 1b ASVG änderte der Gesetzgeber klarstellend dahingehend, dass Unfälle im zeitlichen und ursächlichen Zusammenhang mit der Arbeit im Home Office Arbeitsunfälle sind und die Wohnung als Arbeitsstätte gilt. In § 90 Abs 1a und 1b BKUVG würde diese Klarstellung auch für Beamte nachgezeichnet. Mit § 16 Abs 1 Z 7a EStG 1988 wurde für Dienstnehmer die Möglichkeit geschaffen, Ausgaben für ergonomisches Mobiliar als Werbungskosten geltend zu machen. Weiters

270 ME Arbeitsvertragsrechts-Anpassungsgesetz, Arbeitsverfassungsgesetz ua 94/ME 27. GP.

wurde im § 26 Z 9 EStG mit dem „Homeoffice-Pauschale" geregelt, dass ein Kostenersatz bis zu EUR 3 pro Tag für maximal 100 Tage Arbeit im Home Office– somit bis zu EUR 300 pro Jahr – nicht steuerbar ist.

Mit dem „Homeoffice-Maßnahmenpaket" schuf der Normengeber zum ersten Mal ausdrückliche und va **zwingende Vorschriften** für das Arbeiten im Home Office,[271] die ohne Einschränkung auf bestimmte Branchen seither allgemein gültig sind.[272] Inhaltlich beschränkten sich die neuen Vorschriften jedoch lediglich auf **ausgewählte Teilaspekte** des Arbeitens im Home Office. Ganze Rechtsbereiche, in denen die Arbeitsleistung in der eigenen Wohnung jedenfalls Fragen aufwirft, wie das Arbeitszeitrecht, das ArbeitnehmerInnenschutzrecht oder das Datenschutzrecht, ließ die Novelle hingegen unberührt. Lediglich in den Materialien finden sich Hinweise, in welchem Verhältnis die damals neuen Regelungen zu den bestehenden Gesetzen stehen.[273] Hier bedarf es nach wie vor des Rückgriffs auf allgemeine Grundsätze, die entsprechend ausgelegt und auf den konkreten Anwendungsfall übertragen werden müssen.[274]

Ausdrückliche Klarstellungen[275] traf die Novelle, indem § 2h AVRAG nunmehr definiert, was überhaupt unter Arbeiten im Home Office zu verstehen ist. Weiters betont die Regelung die Notwendigkeit einer Vereinbarung von Home Office und trifft Aussagen über die Bereitstellung der erforderlichen digitalen Arbeitsmittel (Abs 3) ebenso wie über deren Kostentragung (Abs 4). Deren steuerliche Geltendmachung ist nunmehr im EStG geregelt. Das Bestehen von Unfallversicherungsschutz bei der Arbeit im Home Office sowie eben die Einbeziehung von im gemeinsamen Haushalt lebenden Personen stellen die Regelungen zum Home Office genauso klar wie die fehlende Zutrittsberechtigung der Organe der Arbeitsinspektorate zum Home Office, um die Einhaltung von Arbeitnehmerschutzvorschriften zu kontrollieren. Nicht zuletzt gibt § 2h Abs 4 AVRAG teilweise Antworten auf die Frage, wie eine Home-Office-Vereinbarung wieder beendet werden kann.

In der Pandemie war Arbeit im Home Office mit den erforderlichen digitalen Arbeitsmitteln ein wichtiges Instrument, um die weitere Verbreitung von Infektionen einzudämmen und gleichzeitig Schaden von den Betrieben abzuwenden bzw geringzuhalten. Nunmehr ist die zumindest teilweise Arbeitsleistung außerhalb der betrieblichen Arbeitsstätte die neue Normalität und aus verschiedenen Gründen insb von Dienstnehmern, aber nicht nur, stark nachgefragt.

271 *Felten* in *Felten/Trost* (Hrsg), Homeoffice, Rz 1.64.
272 *Felten* in *Felten/Trost* Rz 1.4 ff.
273 IA Arbeitsvertragsrechts-Anpassungsgesetz, Arbeitsverfassungsgesetz ua 1301/A 27. GP; AB 735 BlgNR 27. GP 2 f.
274 *Felten* in *Felten/Trost* Rz 1.6.
275 Deren Erforderlichkeit in Zweifel ziehend *Mazal*, Home-Office – Gesetz im „rechtsfreien Raum"? ecolex 2020, 1092 (1094).

3.1.2. Telearbeit – die neue Normalität

Durch die zunehmende Digitalisierung und die damit verbundene Vereinfachung der Bedingungen für die Ausweitung von Telearbeit nimmt die Arbeit im Home Office mittlerweile – auch nach Ende der COVID-19-Pandemie – einen bedeutenden Stellenwert ein.[276] Infolge der Evaluierung des Homeoffice-Maßnahmenpakets 2021 traten **mit Wirkung zum 1.1.2025** gesetzliche Änderungen in Kraft,[277] die dem in der Praxis weit verbreiteten Wunsch nach flexiblen Formen des mobilen Arbeitens Rechnung tragen. Wesentliches Ergebnis der Evaluierung war ua nämlich der Bedarf an der Ausweitung von Home Office auf ortsungebundene Telearbeit außerhalb der Wohnung. Die Normen über **Telearbeit** lösten die Home-Office-Bestimmungen ab.[278] Auch beim nunmehrigen „**Telearbeitsgesetz**" handelt es sich – wie schon beim „Homeoffice-Maßnahmenpaket" um ein Sammelgesetz. Der Normengeber behielt bei der Novellierung die Gesetzestechnik einer thematisch zusammenhängenden, jedoch technisch zerstückelten Regelung bei. Inhaltlich kam es lediglich zu einer Anpassung des vorliegenden Normenbestandes, nicht jedoch zu einer Erweiterung oder Ergänzung um bisher nicht geregelte Fachbereiche. Die Erweiterung der „Telearbeits-Örtlichkeiten" bringt jedoch Anpassungen im Unfallversicherungsrecht und dort insb hinsichtlich Wegunfällen mit sich. In § 97 Abs 1 27 ArbVG wurde lediglich der Begriff „Homeoffice" durch „Telearbeit" ersetzt. In § 49 ASVG tritt anstelle des Ausdrucks „Homeoffice-Pauschale" nunmehr „Telearbeitspauschale", ebenso löst in § 16 EStG „Telearbeitspauschale" das „Homeoffice-Pauschale" ab. Die Beträge bleiben derzeit unverändert. Inhaltlich ist dies in manchen Bestimmungen teilweise ein bloßer Worttausch, in anderen Bestimmungen hingegen deutlich mehr. § 175 Abs 1a ASVG unterscheidet nunmehr hinsichtlich des Wegunfallschutzes zwischen Telearbeit im engeren und Telearbeit im weiteren Sinn.

Das TelearbG derogiert als spätere Regelung dem „Homeoffice-Maßnahmenpaket". § 19 Abs 1 Z 58 AVRAG normiert klarstellend, dass der mit dem TelearbG novellierte § 2h AVRAG ab 1.1.2025 **auf neu geschlossene Telearbeitsvereinbarungen** sowie auf bestehende Home-Office-Vereinbarungen anzuwenden ist. Die Erläuterungen enthalten dazu jedoch eine wichtige Klarstellung. Zuvor abgeschlossene Home-Office-Vereinbarungen bleiben weiterhin gültig und müssen weder hinsichtlich der Örtlichkeit noch der Bezeichnung neu vereinbart werden.[279] Soll eine neue Telearbeits-Örtlichkeit hinzukommen, so haben dies die Dienstvertragsparteien jedoch neu bzw ergänzend zu vereinbaren. Ist hingegen ein Arbeiten außerhalb der Wohnung des Dienstnehmers auch zukünftig nicht gewünscht,

276 ErlRV 2597 BlgNR 27. GP.
277 Telearbeitsgesetz (TelearbG) BGBl I 2024/110.
278 Vgl *Hitz*, Das neue Telearbeitsgesetz ab 1. 1. 2025 – welche Änderungen ergeben sich? ARD 6912/5/2024.
279 ErlRV 2597 BlgNR 27. GP.

muss die Vereinbarung nicht angepasst werden. Die Vereinbarung kann grundsätzlich ebenso unverändert weiterbestehen, wenn schon bisher Telearbeit vereinbart war. Home Office ist freilich weiterhin – nunmehr als eine von mehreren Örtlichkeiten der Arbeitsleistung – zulässig.[280]

In der Folge wird somit auf die ursprünglichen Regelungen zum Home Office jedenfalls hinsichtlich der Örtlichkeit iSd „Wohnung“ und überall dort, wo diese unverändert geblieben sind, genauso einzugehen sein wie auf die nunmehr neu in Geltung stehenden Bestimmungen über Telearbeit. Das ist deshalb notwendig, weil eben Vereinbarungen, die ausschließlich Arbeit im Home Office vorsehen, nach wie vor Bestand haben. Der Beitrag ist thematisch ausgerichtet. Er folgt grundsätzlich der Gliederung einer Telearbeitsvereinbarung, wobei komplementäre Inhalte überall dort einbezogen werden, wo sie thematisch anzuknüpfen sind.

3.2. Home Office | Telearbeit – Definition

3.2.1. Home Office

Das nunmehr in der Telearbeit aufgegangene *Home Office erfuhr mit § 2h AVRAG erstmals eine gesetzliche Definition. „Arbeit im Homeoffice liegt vor, wenn ein Arbeitnehmer regelmäßig Arbeitsleistungen in der Wohnung verrichtet.*“ Auf den Einsatz von Informations- und Kommunikationstechnologien kommt es beim Home Office nicht an.[281] Der Gesetzgeber bedient sich unbestimmter Begriffe, die entsprechend einer Auslegung bedürfen, um zu wissen, unter welchen Voraussetzungen Arbeit im Home Office tatsächlich vorliegt. Eindeutig scheint – wegen der ausdrücklichen unzweideutigen Nennung – jedoch der persönliche Anwendungsbereich der Bestimmung auf Dienstnehmer zu sein. **Regelmäßigkeit** iSd § 2h AVRAG liegt schon vor, wenn Home Office öfter als ein Mal vereinbart wird.[282] Auf einen bestimmten Rhythmus oder eine gewisse Häufigkeit kommt es nicht an.[283] Erfolgt die Ausübung von Arbeitsleistungen in der Wohnung lediglich im Anlassfall („Eintagsfliege“), ohne dass von den Dienstvertragsparteien weitere regelmaßige Einsätze im Home Office beabsichtigt wären, so liegt gerade keine Regelmäßigkeit vor.[284] Damit das Kriterium der Regelmäßigkeit erfüllt ist, muss Arbeit im Home Office für zumindest einen Zeitraum von mehr als einem Monat geplant sein.[285]

280 *Schrank*, Vom Homeoffice zur Telearbeit, RdW 2024, 483.

281 *Felten* in *Felten/Trost* Rz 4.6.

282 *Auer-Mayer/T. Dullinger* in *Köck*, Der Homeoffice-Kommentar § 2h AVRAG Rz 20.

283 *Gruber-Risak*, Hintergründe und Genese des Homeoffice-Pakets 2021, in *Gruber-Risak/Mazal* (Hrsg), Das Arbeitsrecht – System und Praxiskommentar[37.Lfg] (2021) 2.1.2.

284 S IA 1301/A BlgNR 27. GP 5 hinsichtlich des Entfalls der Verpflichtung des Arbeitgebers, die erforderlichen digitalen Arbeitsmittel zur Verfügung zu stellen, wenn Homeoffice lediglich im Anlassfall erfolgt ist.

285 *Gruber-Risak*, Homeoffice-Maßnahmenpaket 2021 (Stand IA 1301/A), CuRe 2021/5.

Unter **Arbeitsleistung** iSd § 2h AVRAG ist jedenfalls die Erbringung der dienstvertraglich vereinbarten Tätigkeiten zu verstehen. Nicht nur Tätigkeiten unter Verwendung von Informations- und Kommunikationstechnik sind davon erfasst, sondern auch Tätigkeiten mit anderen Mitteln, zB die Bearbeitung von gedruckten Unterlagen.[286]

Um als Home Office zu gelten, muss der Dienstnehmer die Arbeitsleistung **„in der Wohnung"** verrichten. Die Materialien stellen mit der „Privatwohnung" des Dienstnehmers auf den Hauptwohnsitz des Dienstnehmers ab, verstehen jedoch auch den Nebenwohnsitz und die Wohnung eines nahen Angehörigen oder Lebensgefährten unter „Wohnung" iSd § 2h AVRAG. Die Materialien führten damals noch ausdrücklich an, dass ein öffentlicher Coworking Space davon gerade nicht umfasst sei.[287] Bei der Arbeit im Kaffeehaus, Park, Schwimmbad, Zug oder am Flughafen, im Verkehrsmittel oder während der Wartezeit oder an sonstigen Orten außerhalb der eigentlichen Betriebsstätte handelt es sich daher nicht um Home-Office-Arbeit, sondern vielmehr um Telearbeit.[288] Aus dem Gesetzeswortlaut in Verbindung mit den Erläuterungen leiteten gewichtige Stimmen in der Lit ab, dass es sich um Räumlichkeiten handeln muss, die **privaten Wohnzwecken** gewidmet sind, ohne dabei auf die Aufzählung der Wohnungen in den Erläuterungen beschränkt zu sein.[289] Es sei vielmehr entscheidend, dass die betreffende Immobilie faktisch ein Wohnbedürfnis erfülle.[290] Das kann natürlich auch ein Wohnhaus sein, samt den damit eine funktionale Einheit bildenden Nutzflächen wie Garten, Balkon, Veranda. Voraussetzung wird jedoch der erlaubte Wohnzweck sein, weshalb Keller oder Garage nicht für Arbeit im Home Office in Frage kommen. Auch ein für Arbeitszwecke angemietetes Büro – sei es auch in einer Wohnung – fällt daher nicht unter den Wohnungsbegriff iSd § 2h AVRAG.[291]

3.2.2. Telearbeit

Mit Wirkung zum 1.1.2025 traten die neuen Bestimmungen zu Telearbeit in Kraft, um insb die Örtlichkeiten des bisherigen Home Office zu erweitern. Der Gesetzgeber änderte mit dem TelearbG auch durchgängig die Begrifflichkeit von „Home Office" hin zu „Telearbeit".

Die Definition von Telearbeit idF BGBl I 2024/110 liest sich wie folgt:

> § 2h (1) Telearbeit liegt vor, wenn [...] ein Arbeitnehmer regelmäßig Arbeitsleistungen **insbesondere unter Einsatz der dafür erforderlichen Informations- und Kommunikationstechnologie** in [...] seiner Wohnung **oder in einer sonstigen nicht zum Unternehmen gehörenden Örtlichkeit erbringt**.

286 IA 1301/A BlgNR 27. GP 4.
287 IA 1301/A BlgNR 27. GP 4.
288 So schon *Felten* in *Felten/Trost* Rz 4.6.
289 *Felten* in *Felten/Trost* Rz 4.6; *Gruber-Risak* in *Gruber-Risak/Mazal*, Das Arbeitsrecht 2.1.1; *Körber-Risak* in Praxishandbuch Homeoffice, 7.
290 *Auer-Mayer/T. Dullinger* in *Köck* Rz 26.
291 *Gruber-Risak* in *Gruber-Risak/Mazal*, Das Arbeitsrecht 2.1.1.

Der Gesetzgeber erweiterte damit den Anwendungsbereich von Telearbeit iSd § 2h AVRAG nF auf **mobiles (Tele-)Arbeiten generell**. Bereits die neue Überschrift „Telearbeit" soll verdeutlichen, dass die arbeitsrechtlichen Bestimmungen zu Home Office nunmehr auch für Arbeiten außerhalb von Wohnungen/Wohnhäusern Anwendung finden.[292] Ohne dass dies aus dem Gesetzeswortlaut hervorginge, ergänzen die Materialien die Bestimmung um das Merkmal ***„in einer vom Arbeitnehmer selbst gewählten"***[293], nicht zum Unternehmen gehörenden Örtlichkeit. Telearbeit kann nunmehr etwa auch in Coworking-Spaces, das sind in der Vorstellung des Gesetzgebers organisatorisch eingerichtete, vom Dienstnehmer angemietete Büroräumlichkeiten, **oder an anderen vom Dienstnehmer gewählten Orten** (wie etwa Cafés) geleistet werden. Das TelearbG weitet damit die Möglichkeit auf **nahezu unbeschränkte Örtlichkeiten außerhalb der Wohnung** aus.[294] Einzige Einschränkung hinsichtlich des Vorliegens von Telearbeit ist, dass es sich um eine **nicht zum Unternehmen gehörende Örtlichkeit** handelt. Eine Örtlichkeit soll zum Unternehmen gehören, wenn der Dienstgeber insb hinsichtlich der Ausstattung und Nutzungsberechtigungen zumindest indirekte **Verfügungsmacht** hat.

Anders als noch die Definition von Arbeit im Home Office, nimmt § 2h AVRAG nF ausdrücklich Bezug auf den Einsatz *„erforderlicher Informations- und Kommunikationstechnologie"*. Doch bereits das vorangestellte Wort *„insbesondere"* relativiert im Gesetzestext selbst dieses Erfordernis. Der Blick in die Materialien verdeutlicht, dass § 2h AVRAG nF trotz des nunmehr enthaltenen Hinweises hinsichtlich des Einsatzes von IKT nichts an der bisherigen Rechtslage geändert hat. Die Voraussetzung des Einsatzes der erforderlichen IKT bedeutet nämlich nicht, dass die Arbeitsleistung im Rahmen der Telearbeit ausschließlich über Verwendung dieser technischen Mittel erfolgen muss. Wesentlich ist, dass die Arbeitsleistung in einem **groben Zusammenhang mit der Verwendung der Informations- und Kommunikationstechnologie** steht. Die Erbringung von Arbeitsleistungen mit anderen Mitteln wie zB die Bearbeitung oder Durchsicht von Papierunterlagen kann zB im Rahmen der Telearbeit erbracht werden, wenn diese Unterlagen zuvor (etwa in den Räumlichkeiten des Unternehmens) ausgedruckt wurden.[295]

Auch an den übrigen Merkmalen der Definition hat der Wechsel hin zur Telearbeit nichts geändert. Telearbeit hat ebenso regelmäßig und nicht bloß einmalig oder vereinzelt stattzufinden wie Home Office. Selbstverständlich hat auch Telearbeit die dienstvertraglich vereinbarten Tätigkeiten zum Gegenstand. Gleich wie Home Office besteht die Möglichkeit zur Telearbeit für die Dienstvertragsparteien nicht ex lege. Vielmehr bedarf es auch für Arbeitsleistung in Form von Telearbeit einer Vereinbarung. Abs 2 steht im offenen Widerspruch zu den Materialien, die von einer vom Dienstnehmer selbst gewählten Örtlichkeit sprechen.

292 ErlRV 2597 BlgNR 27. GP.
293 Ibid.
294 *Schrank*, Vom Homeoffice zur Telearbeit, RdW 2024, 483.
295 ErlRV 2597 BlgNR 27. GP.

3.3. Notwendigkeit einer individuellen schriftlichen Vereinbarung

3.3.1. Vereinbarungsgrundsatz

Arbeit im Home Office ist zu vereinbaren. Die Verlagerung des Ortes der Arbeitsleistung ins Home Office ist regelmäßig eine grundlegende Abweichung von der bisherigen dienstvertraglichen Vereinbarung.[296] Denn in aller Regel vereinbaren die Dienstvertragsparteien die Wohnung des Dienstnehmers nicht als Arbeitsort. Grundsätzlich kann angenommen werden, dass Dienstnehmer ihre Tätigkeit für den Dienstgeber nicht (auch) in ihren privaten Wohnräumlichkeiten erbringen müssen.[297] Es ändert daher auch nichts, wenn die Wohnung des Dienstnehmers im räumlichen Bereich eines ausdrücklich vereinbarten Arbeitsortes (zB Wien) oder innerhalb eines von einem Versetzungsvorbehalt gedeckten Ortes liegt.[298] Die Arbeit im Home Office unterliegt daher als Änderung des Dienstvertrages dem **Vereinbarungsgrundsatz.** § 2h Abs 2 AVRAG aF stellte dies nochmals ausdrücklich klar, indem er normierte, *„Arbeit im Home Office ist zwischen dem Arbeitnehmer und dem Arbeitgeber aus Beweisgründen schriftlich zu vereinbaren"*.

Auch die Materialien betonen den Vereinbarungsgrundsatz an mehreren Stellen. Wesentlich sei die Vorgabe, dass Home Office nur im **Einvernehmen** zwischen den Dienstvertragsparteien begründet werden kann.[299] Arbeiten im Home Office sei grundsätzlich einvernehmlich festzulegen.[300] Auch die Vereinbarung eines einseitigen Weisungsvorbehalts, ob überhaupt Home Office ausgeübt wird, ist nicht zulässig.[301] **Ein einseitiges Anordnungsrecht des Dienstgebers für Arbeit im Home Office besteht daher nicht.** Liegt hingegen eine Einigung der Dienstvertragsparteien über die grundsätzliche Möglichkeit der Arbeit im Home Office vor, kann jedoch sehr wohl – in einem billigen, zumutbaren Ausmaß[302] – ein Weisungsrecht für anlassbezogenes Home Office zulässigerweise vereinbart werden.[303] So kann dem Dienstnehmer etwa ein Wahlrecht bezüglich Häufigkeit oder Verteilung der Arbeitszeit im Home Office und jener in der Arbeitsstätte eingeräumt werden. Der Dienstgeber kann sich die betrieblich gerechtfertigte Umverteilung oder (auch) Kürzung vorbehalten.[304]

---

296 IA 1301/A 27. GP 4 wortgleich ebenso zum TelearbG in ErlRV 2597 BlgNR 27. GP.

297 *Auer-Mayer/T. Dullinger* in *Köck* Rz 98 mwN.

298 Ibid.

299 IA-Begründung 4.

300 Dazu eingehend *Felten* in *Felten/Trost* Rz 4.8 ff.

301 IA-Begründung 4 wortgleich ebenso zum TelearbG in ErlRV 2597 BlgNR 27. GP.

302 *Pacic*, Telearbeit (Remote Work) und Arbeit im Homeoffice, JMG 2021, 142.

303 *Gruber-Risak* in *Gruber-Risak/Mazal*, Das Arbeitsrecht 2.3.

304 Vgl *Hitz*, Praxisfragen zum Thema Home-Office, ARD 6720/5/2020, 4; *Gerhartl*, Mindestruhezeit und Bereitschaftszeit, ASoK 2021, 163; *T. Dullinger*, Vertragsgestaltung bei der Einführung und Ausgestaltung von Homeoffice, ZAS 2021, 189.

Der Vereinbarungsgrundsatz wirkt freilich zweiseitig. Der Dienstnehmer hat daher **keinen Rechtsanspruch**, einseitig ins Home Office zu wechseln.[305] Auch die RL 2019/1158/EU zur Vereinbarkeit von Beruf und Privatleben für Eltern und pflegende Angehörige begründet kein Recht auf Arbeit im Home Office für den Dienstnehmer.[306]

Das TelearbeitsG hat am Vereinbarungsgrundsatz festgehalten. Auch Telearbeit kann nur im Einvernehmen zwischen den Dienstvertragsparteien begründet werden. Die Materialien zur Novelle des Homeoffice-Maßnahmenpakets haben die ursprünglichen Erläuterungen und Begründungen mitunter wortident übernommen. *„Weder soll Telearbeit einseitig durch den Arbeitgeber angeordnet werden können, noch soll der Arbeitnehmer einen Rechtsanspruch auf Telearbeit haben."*[307] Neu ist allerdings nun, dass gem § 2h Abs 2 AVRAG auch die **Örtlichkeiten der Erbringung** der Arbeitsleistung schriftlich zu vereinbaren sind. Diese Notwendigkeit könnte sich daraus ergeben, dass die Örtlichkeit nun ja nicht mehr per definitionem auf die „Wohnung" eingeschränkt ist, sondern quasi uferlos auf jeden Ort ausgeweitet wurde, an dem erlaubterweise Arbeitsleistung möglich ist. Der ausdrückliche gesetzliche Bezug auf die Vereinbarung der Örtlichkeiten steht jedoch im **Widerspruch zu den Materialien**, die von *„anderen vom Arbeitnehmer gewählten Orten sprechen"*. Wenn der Dienstnehmer den Ort für Telearbeit frei wählen kann, dann bedarf es gerade keiner Vereinbarung. Möglicherweise liegt die *ratio legis* darin, dass der Dienstgeber doch eine gewisse Kenntnis haben soll, von wo aus der Dienstnehmer tätig wird. Die Art der Dienstleistung ist wohl entscheidend. So macht es einen Unterschied, ob der Dienstnehmer Datensätze mit sensiblen Informationen an öffentlichen Orten wie einem Kaffeehaus oder einer Hotellobby manipuliert und auch telefonisch mit Kunden oder Geschäftspartnern interagieren muss oder doch an einem für ihn exklusiv nutzbaren Arbeitsplatz in einem angemieteten Coworking-Space. Die gesetzliche Anordnung kann so interpretiert werden, dass Örtlichkeiten zumindest gattungsmäßig zu vereinbaren sind, etwa Hotelzimmer im Inland, Coworking-Spaces, Privatwohnungen. Nicht notwendig wird sein, jeden einzelnen Ort für Telearbeit separat zu vereinbaren, weil dies gerade die vom Gesetz gewünschte neue Flexibilität konterkarieren würde und faktisch vorab auch gar nicht möglich sein wird. Denkbar ist auch, Örtlichkeiten für Telearbeit zu vereinbaren, unter der Voraussetzung, dass sie gewissen, vom Dienstgeber geforderten Kriterien entsprechen. Vereinbaren die Dienstvertragsparteien entgegen Abs 2 leg cit keine Örtlichkeiten der Erbringung der Arbeitsleistung, so wird die Erbringung von Arbeitsleistungen gem Abs 1 in seiner Wohnung oder in einer sonstigen nicht zum Unternehmen gehörenden Örtlichkeit nach Wahl des Dienstnehmers möglich sein.

305 AB 735 BlgNR 27. GP.
306 *Felten* in *Felten/Trost* Rz 4.35.
307 ErlRV 2597 BlgNR 27. GP.

3.3.2. Schriftlichkeitsgebot

Arbeit im Home Office war gem § 2h Abs 1 AVRAG aF **aus Beweisgründen schriftlich zu vereinbaren**. Das Schriftformgebot für die Vereinbarung von Arbeit im Home Office statuiert nicht wie sonst[308] Unterschriftlichkeit iSd § 886 ABGB. Die Vereinbarung kann auch im elektronischen Weg mit Hilfe betrieblicher IT-Tools (wie Docusign), Handy-Signatur oder E-Mail zustande kommen, so ausdrücklich die Materialien zum Homeoffice-Maßnahmenpaket.[309] Das Fehlen der Schriftlichkeit führt dementsprechend nicht zur Nichtigkeit der Home-Office-Vereinbarung.[310] Somit handelt es sich um eine bloße **Ordnungsvorschrift**.[311] Die mangelnde konstitutive Wirkung der Schriftlichkeit führt dazu, dass eine Home-Office-Vereinbarung auch konkludent (§ 863 ABGB) durch Individual- oder Betriebsübung zustande kommen kann. Sind dann nicht Rahmenbedingungen für die Erbringung von Arbeit im Home Office mittels einer BV geregelt, entsteht aus der gelebten Praxis der vorbehaltlosen regelmäßigen Gewährung von Home Office ein Rechtsanspruch des Dienstnehmers. Zu beachten ist dabei, dass diese konkludenten Home-Office-Vereinbarungen keine Kündigungsregelung vorsehen, sodass sie entsprechend den gesetzlichen Bestimmungen nur bei Vorliegen eines wichtigen Grundes gem § 2h Abs 4 AVRAG gekündigt werden können. Genau das Entstehen solcher konkludent oder auch mündlich geschlossenen Vereinbarungen, samt den damit einhergehenden Beweisproblemen, möchte das Schriftlichkeitsgebot verhindern. Der Gesetzgeber möchte sicherstellen, dass eine ausdrückliche Vereinbarung über die Wohnung des Dienstnehmers als Arbeitsort getroffen wird.[312] Aufgrund seiner relativ zwingenden Wirkung lässt § 2h Abs 2 AVRAG günstigere Bestimmungen in KV oder BV unberührt. Konstitutive Schriftformgebote in nachgelagerten Rechtsquellen führen daher zur relativen Nichtigkeit von formwidrigen Home-Office-Vereinbarungen, auf die sich nur der Dienstnehmer berufen kann.[313]

Hinzuweisen ist an dieser Stelle darauf, dass grundsätzlich bereits gem § 2 Abs 6 Z 6 AVRAG der gewöhnliche Arbeitsort bzw erforderlichenfalls ein Hinweis auf wechselnde Arbeitsorte zum Mindestinhalt des zwingend auszuhändigenden Dienstzettels zählt. Der Arbeitsort in der Wohnung des Dienstnehmers wäre somit auch ohne die Sonderbestimmung des § 2h Abs 2 AVRAG zumindest schriftlich zu dokumentieren gewesen. Als spätere und speziellere Norm bestimmt nun auch dieser die Schriftlichkeit von Home-Office-Vereinbarungen.

Die schriftliche Vereinbarung von Arbeit im Home Office kann mit dem Abschluss des Dienstvertrages in Einem getroffen werden. Ebenso ist es möglich, im auf-

308 Vgl RS0017221.
309 IA 1301/A 27. GP.
310 IA 1301/A 27. GP.
311 *Auer-Mayer/T. Dullinger* in *Köck* Rz 108; aA *Felten* in *Felten/Trost* Rz 4.15.
312 *Felten* in *Felten/Trost* Rz 4.14.
313 *Auer-Mayer/T. Dullinger* in *Köck* Rz 113.

rechten Arbeitsverhältnis zu vereinbaren, dass der Dienstnehmer ganz oder teilweise *remote* arbeitet. Die Aufnahme einer umfassenden Home-Office-Vereinbarung direkt in den Arbeitsvertrag empfiehlt sich jedoch nur, wenn von Anfang an klar ist, dass der Dienstnehmer ausschließlich von zuhause aus arbeiten wird, zB weil es im Inland keine Betriebsstätte des Dienstgebers gibt. Soll der Dienstnehmer hingegen nur teilweise im Home Office arbeiten, so empfiehlt sich jedenfalls eine vom Dienstvertrag **separate Home-Office-Vereinbarung,** auch um den Dienstvertrag nicht unnötig „aufzublähen".

Das TelearbeitG hat hinsichtlich des Schriftlichkeitsgebots zu keinen Änderungen geführt. Vielmehr merken die Materialien ausdrücklich an, *„das Fehlen der Schriftlichkeit führt* ***entsprechend der bisherigen Rechtslage*** *zu den Bestimmungen des Home Office nicht zur Nichtigkeit der Telearbeitsvereinbarung"*.[314] Somit gelten die Ausführungen zur Schriftlichkeit der Home-Office-Vereinbarung auch für Telearbeitsvereinbarungen.

Praxistipp

Die Dienstvertragsparteien können per (kurz gehaltener) E-Mail die grundsätzliche Möglichkeit der Arbeitsleistung im Home Office oder Telearbeit vereinbaren und darin die Festlegung der Rahmenbedingungen für Arbeit in Telearbeit entweder einer BV gem § 97 Abs 1 Z 27 ArbVG oder einer Home-Office- oder Telearbeits-*Policy* vorbehalten. Somit ist den gesetzlichen Vorgaben der „schriftlichen" (Individual-)Vereinbarung entsprochen und die Details können in der Folge für sämtliche Dienstnehmer gleichermaßen gültig in den verwiesenen Dokumenten geregelt werden. Dies hat auch den Vorteil der Gleichschaltung der Regelungen. Zu beachten ist idZ, dass – anders als im Fall der BV – eine nachträgliche Änderung der *Policy* der Zustimmung jedes betroffenen Mitarbeiters bedarf, wenn sie durch Verweis Bestandteil der Home-Office- oder Telearbeitsvereinbarung ist.

3.4. ArbeitnehmerInnenschutz im Home Office und in Telearbeit

Die **Fürsorgepflicht** des Dienstgebers – normiert in den Generalklauseln der § 1157 ABGB und § 18 AngG – umfasst nach moderner Auffassung auch die Persönlichkeitsrechte des Dienstnehmers.[315] Der Schutz **von Leben und Gesundheit bei der** Arbeitsleistung bildet dennoch nach wie vor den Kernbereich der Fürsorgepflicht. Diese wird durch die verschiedenen Arbeitnehmer-Schutzvorschriften **konkretisiert**. Der Dienstgeber ist daher aufgrund der Fürsorgepflicht, konkretisiert über die öffentlich-rechtlichen Normen, dazu verpflichtet, die Arbeit so zu gestalten, dass es zu keiner Gefahr für die Gesundheit und das Leben der Dienstnehmer kommt. Das gilt auch für Arbeitsleistungen in Telearbeit.

314 ErlRV 2597 BlgNR 27. GP.
315 *Löschnigg*, Arbeitsrecht[14], Rz 6/323.

Das ASchG mitsamt seinen Verordnungen ist eine solche konkretisierende öffentlich-rechtliche Norm, die ihre Wurzeln in der Fürsorgepflicht hat. Das ASchG wurde weder durch das Homeoffice-Maßnahmenpaket[316] noch durch das Telearbeitsgesetz[317] geändert. Auch zur Anwendbarkeit des ASchG im Home Office bzw in Telearbeit schweigen die beiden Gesetze. Die Materialien[318] zum Homeoffice-Maßnahmenpaket bestätigen aber, dass Home-Office-Arbeitsplätze als **auswärtige Arbeitsstellen** iSd § 2 Abs 3 ASchG gelten. Somit stellt sich die Frage, welche Regelungen des ASchG für regelmäßige Arbeitsleistungen in der Wohnung oder in einer sonstigen nicht zum Unternehmen gehörenden Örtlichkeit relevant sind. Die Erläuterungen[319] zählen insb die **Arbeitsplatzevaluierung, Information, Unterweisung und Präventivdienstbetreuung** auf. Der Arbeitsort in der Telearbeit ist der unmittelbaren Verfügungsmacht des Dienstgebers entzogen. Dennoch ist dieser gem § 3 Abs 1 ASchG grundsätzlich verpflichtet, für die Sicherheit und den Gesundheitsschutz der Dienstnehmer in Bezug auf alle Aspekte, die die Arbeit betreffen, zu sorgen. Die Regelungen zur Arbeitsplatzevaluierung gem §§ 4 und 5 ASchG sowie Information und Unterweisung von Dienstnehmern gem §§ 12 und 14 ASchG sind von einer unmittelbaren Verfügungsmacht des Dienstgebers über den Arbeitsort unabhängig und finden daher jedenfalls in der Telearbeit Anwendung.

3.4.1. Arbeitsplatzevaluierung

Nach § 4 ASchG muss der Dienstgeber eine Gefahrenevaluierung in Bezug auf die Gesundheit und Sicherheit der Dienstnehmer auf ihren Arbeitsplätzen vornehmen.[320] „Evaluierung" bedeutet idZ das systematische Erfassen und Auswerten der Belastungen und Gefährdungen der Dienstnehmer in ihren Arbeitsbereichen sowie das Festlegen vorbeugender Maßnahmen gegen diese Gefahren und die Dokumentation dieses Prozesses.[321] Die Gestaltung und der Einsatz von Arbeitsmitteln, die Gestaltung der Arbeitsplätze sowie der Arbeitsaufgaben und die Art der Tätigkeiten haben besondere Bedeutung bei der Arbeitsplatzevaluierung. Ziel der Evaluierung ist es, die **spezifisch** für den einzelnen Arbeitsplatz vorliegenden **Gefahrenpotentiale** zu erfassen.[322] Eine solche Arbeitsplatzevaluierung ist auch für Arbeitsplätze in Telearbeit vorzunehmen.[323] Organe der Arbeitsinspektion sind gem § 4 Abs 10 Arbeits-

316 BGBl I 2021/61.
317 BGBl I 2024/110.
318 AB 735 BlgNR 27. GP 1.
319 ErläutIA 1301/A BlgNR 27. GP 4.
320 *Bartmann* in *Köck*, Rz 13.
321 *Unternehmensservice Portal*, Arbeitsplatzevaluierung, abrufbar unter https://www.usp.gv.at/themen/mitarbeiter-und-gesundheit/gesundheit/weitere-informationen-arbeitnehmerschutz/arbeitsplatz-evaluierung.html (abgefragt am 30.6.2025).
322 *Bartmann* in *Köck*, Rz 13.
323 Die Website des Arbeitsinspektorats stellt Leitfäden und wertvolle Hinweis zu Arbeitsplatzevaluierungen zur Verfügung; abrufbar unter https://www.arbeitsinspektion.gv.at/Uebergreifendes/Arbeitsplatz evaluierung/Evaluierung.html (abgefragt am 30.6.2025).

inspektionsgesetzes zur Durchführung ihrer Aufgaben **nicht berechtigt**, Wohnungen von Dienstnehmern in Telearbeit zu betreten. Somit kann die Evaluierung nicht durch Besichtigung des konkreten Arbeitsplatzes erfolgen. Alternativ kann die Ermittlung von Gefahrenpotentialen unter Einbeziehung des Dienstnehmers in Telearbeit etwa durch eine Befragung sowie das Abarbeiten von Checklisten erfolgen. Aus den in § 15 ASchG festgelegten Pflichten ergibt sich, dass Dienstnehmer bei der Evaluierung mitzuwirken haben.[324] Die Arbeitsinspektion legt die Ausarbeitung einer **Musterevaluierung** für Dienstnehmer in Telearbeit nahe, die für jeden einzelnen Dienstnehmer in Telearbeit auszufüllen ist, weil die Evaluierung auf die spezifischen Gefahrenpotentiale eines jeden konkreten Arbeitsplatzes abstellt. Die Materialen zum Homeoffice-Maßnahmenpaket[325] nennen ausdrücklich Raumtemperatur und Belichtung als Themen, die jedenfalls bei der Evaluierung zu berücksichtigen sind.

Untrennbar verbunden mit der Evaluierung von Gefahrenpotentialen ist die Information und Unterweisung der einzelnen Dienstnehmer, weil sie ihre Arbeitsplätze in Telearbeit grundsätzlich selbst gestalten. Daher müssen sie entsprechend geschult werden.[326] Die Ergebnisse der Arbeitsplatzevaluierung sowie etwaige durchzuführende Maßnahmen zur Gefahrenvermeidung sind gem § 5 ASchG in den sogenannten **Sicherheits- und Gesundheitsdokumenten** schriftlich festzuhalten. Die Arbeitsinspektion verlangt bei Kontrolle der Evaluierungspflicht die Vorlage genau dieser Dokumente.

3.4.2. Information und Unterweisung

Die §§ 12 und 14 ASchG beinhalten die Bestimmungen über die Information und Unterweisung der Dienstnehmer durch den Dienstgeber. Mangels Verfügungsmacht über die Wohnung des Dienstnehmers als auswärtige Arbeitsstelle sowie das fehlende Betretungsrecht der Organe der Arbeitsinspektion ist die Pflicht zur Information und Unterweisung in der Telearbeit von besonderer Bedeutung. § 12 ASchG normiert die Pflicht der Dienstgeber, ihre Dienstnehmer über die Gefahren für Sicherheit und Gesundheit sowie potenziell erforderliche Maßnahmen zu deren Vermeidung zu **informieren**. Die Information ist verpflichtend vor Aufnahme der Tätigkeit sowie innerhalb der Normalarbeitszeit und muss regelmäßig wiederholt werden, insb, wenn geänderte Umstände dies erforderlich machen.[327] Eine bestimmte Formpflicht für die Informationen besteht nicht, jedoch müssen sie jedenfalls verständlich sein. Schon aus Gründen der Dokumentation und Praktikabilität empfiehlt es sich, die Informationen schriftlich zu erteilen.

---

324 *Stärker* in *Gruber-Risak/Mazal* IX. Rz 42 f.

325 ErläutIA 1301/A BlgNR 27. GP 4.

326 *Bartmann* in *Köck*, Rz 17.

327 *Schneeberger* in ASchG^{7} § 12 Rz 3.

Die **Unterweisungsverpflichtung** hat zwar dasselbe Ziel, die Gefahrenvermeidung, ist jedoch nicht mit der Information gleichzusetzen. Die Unterweisung ist im Verhältnis ein mehr. Diese soll insb verhaltensbezogene Anweisungen beinhalten und hat Schulungscharakter. Der Inhalt der Unterweisung ist von den konkreten Gegebenheiten des einzelnen Arbeitsplatzes sowie den Tätigkeitsbereichen des Dienstnehmers abhängig. Natürlich hat auch die Unterweisung in verständlicher Form zu erfolgen, ist jedoch ebenso wie die Informationspflicht grundsätzlich formfrei. Unterweisungen haben ebenso während der Normalarbeitszeit zu erfolgen. Die Rsp[328] fordert von den Unterweisungen gem § 14 ASchG, dass sie **nachweislich** erfolgen müssen. Der Nachweis selbst unterliegt jedoch wiederum keiner Formpflicht. Somit sind im Falle eines Unfalls Urkunden genauso tauglich wie Zeugenaussagen, um den Nachweis zu erbringen, die Unterweisungspflicht erfüllt zu haben. Aufgrund der ausdrücklichen Nachweislichkeit empfiehlt es sich umso mehr, Unterweisungen schriftlich zu dokumentieren. Die Kontrolle durch die Arbeitsinspektorate kann sich in Bezug auf die Arbeitsleistung bei Telearbeit auf die Durchsicht der mit dem Arbeitnehmerschutz in Verbindung stehenden Dokumente beschränken.[329] Eine Unterweisung hat verpflichtend stets bei Aufnahme der Tätigkeit, Versetzungen, Veränderungen des Aufgabenbereichs und jedenfalls auch bei Unfällen oder Beinahe-Unfällen zu erfolgen.

In Bezug auf Telearbeit werden sich die Informationen und Unterweisungen in erster Linie auf die Beschaffenheit des Arbeitsplatzes und der Tätigkeit beziehen. Dessen ergonomische Gestaltung, Ausrichtung, Lage im Raum, Belichtung, Lüftung, Temperierung, Anordnung der Bildschirme, räumliche Abgrenzung, Lärmexposition bis hin zur Arbeitsorganisation sind Gegenstand der Informations- und Unterweisungspflicht. Der Unfallversicherungsträger AUVA bietet Unterstützung bei der Erfüllung der Pflichten an und stellt auf seiner Website umfassende Materialien dazu zur Verfügung.[330]

3.4.3. Bildschirmarbeit

Bei Telearbeit handelt es sich idR um **Bildschirmarbeit**. Die Materialien[331] halten zwar fest, dass auch die Bearbeitung von zuvor digital erstellten Urkunden in der Wohnung des Dienstnehmers unter den Begriff von „Telearbeit" fallen, in der Praxis handelt es sich jedoch üblicherweise um **Bildschirmarbeitsplätze**. Die §§ 67 und 68 ASchG beinhalten Regelungen hinsichtlich Bildschirmarbeit und Bildschirmarbeitsplätzen, die ausdrücklich auch bei Arbeitsleistungen außerhalb der Arbeitsstätte zur Anwendung kommen (§ 67 Abs 6 ASchG). Damit wird auch die Anwendung der Bildschirmarbeits-Verordnung (**BS-V**) eröffnet. Zu beachten ist

328 Zum Begriff „nachweislich" siehe VwGH 24.11.2006, 2006/02/0235.

329 *Bartmann* in *Köck*, Rz 20.

330 Siehe dazu die Website der AUVA, abrufbar unter https://auva.at/praevention/sicher-arbeiten/evaluierung/homeoffice/ (abgefragt am 30.6.2025).

331 ErläutIA 1301/A BlgNR 27. GP 4.

jedoch, dass die sich aus diesen Bestimmungen ergebende Verpflichtung, Arbeitsplätze ergonomisch zu gestalten sowie Geräte, die dem neuesten Stand der Technik entsprechen, zu verwenden, nur dann für den Dienstgeber einschlägig sind, wenn dieser die Geräte oder etwa das Arbeitsmobiliar zur Verfügung stellt.[332] Nutzen die Dienstnehmer hingegen eigene Arbeitsmittel, so sind die Regelungen nicht anzuwenden. Somit läuft es im Arbeitsalltag darauf hinaus, dass zwar das verwendete Arbeitsmobiliar – weil es der Dienstnehmer selbst zur Verfügung stellt – nicht den Regelungen der §§ 67 und 68 ASchG, die digitalen Arbeitsmittel, jedoch sehr wohl den Arbeitnehmerschutzvorschriften zu entsprechen haben, stellt sie doch als digitale Arbeitsmittel überwiegend der Dienstgeber zur Verfügung. Es reicht also nicht, wenn der Dienstgeber ausschließlich einen Laptop zur Verfügung stellt. Die BS-V sieht vielmehr die leichte Dreh- und Neigbarkeit des Bildschirms sowie eine vom Bildschirm getrennte und neigbare Tastatur vor. Daher sind zusätzlich zum Laptop auch externe Peripheriegeräte, etwa Tastatur und Bildschirm, bereitzustellen.[333]

3.5. Arbeitszeit in der Telearbeit

Weder das Homeoffice-Maßnahmenpaket noch das Telearbeitsgesetz haben in den Normenbestand des Arbeitszeitrechts eingegriffen. Somit gelten für die Erbringung von Arbeitsleistungen in der Wohnung oder in einer sonstigen nicht zum Unternehmen gehörenden Örtlichkeit die **allgemeinen Bestimmungen insb des AZG und des ARG**. Das AZG nimmt ausdrücklich auf die Beschäftigung außerhalb des Betriebs Bezug, indem es in § 2 Abs 2 klarstellt, „*Arbeitszeit ist auch die Zeit, während der ein im übrigen im Betrieb Beschäftigter in seiner eigenen Wohnung oder Werkstätte oder sonst außerhalb des Betriebes beschäftigt wird*". § 26 Abs 3 AZG lässt eigens für Dienstnehmer, die die Lage ihrer Arbeitszeit und ihren Arbeitsort weitgehend selbst bestimmen können oder ihre Tätigkeit überwiegend in ihrer Wohnung ausüben, **Saldenaufzeichnungen** der Tagesarbeitszeit zu.[334]

Aufgrund der Geltung des AZG auch für im Home Office oder in Telearbeit beschäftigte Dienstnehmer sind sowohl das Ausmaß der Arbeitszeit als auch die Lage der Arbeitszeit zwischen den Dienstvertragsparteien zu vereinbaren. Oft wird in Vereinbarungen die Erreichbarkeit des Dienstnehmers während der vereinbarten Arbeitszeit hervorgehoben. Das schadet nicht, ist jedoch grundsätzlich nicht eigens notwendig, weil der Dienstnehmer seine Arbeitskraft ohnehin während der vereinbarten Arbeitszeit dem Dienstgeber zur Verfügung zu stellen hat. Insofern ergibt sich die Erreichbarkeit des Dienstnehmers bereits aus dessen dienstvertraglicher Verpflichtung. Die Vereinbarung von Ausmaß und Lage der Arbeitszeit ist insb für Dienstnehmer relevant, die ausschließlich für die Arbeitsleistung im Home

332 *Bartmann* in *Köck*, Rz 35.
333 So auch *Stinauer* in Praxishandbuch Home-Office 94 f.
334 Vollständige Arbeitszeitaufzeichnungen können dennoch geboten sein.

Office oder Telearbeit aufgenommen werden. Ermöglicht der Dienstgeber einem bislang im Betrieb beschäftigten Dienstnehmer die Arbeitsleistung im Home Office oder Telearbeit, kommt mangels gegenteiliger Vereinbarung das bestehende Arbeitszeitmodell zur Anwendung. Somit ändert allein die **Möglichkeit, die Arbeit *remote* zu erbringen, nichts am Arbeitszeitregime**.

Auch im Home Office oder bei der Telearbeit beginnt Arbeitszeit, *„sobald der Arbeitnehmer in Entsprechung der arbeitsvertraglichen Verpflichtung seine Arbeit aufnimmt oder dem Arbeitgeber zur Aufnahme der Arbeit zur Verfügung steht“*.[335] Auch notwendige **Vorbereitungshandlungen** – wie etwa das für die Erbringung der Arbeitsleistung erforderliche Hochfahren eines Computers[336] samt Einloggen in das betriebliche Netzwerk – zählen zur Arbeitszeit.

Dementsprechend sind auch solche Vorbereitungshandlungen in der **Arbeitszeitaufzeichnung** des Dienstnehmers zu erfassen. Die Dokumentation der Arbeitszeit spielt im Home Office und in der Telearbeit eine besondere Rolle. In den Einzelvereinbarungen über Home Office und Telearbeit oder den BV über deren Rahmenbedingungen bietet sich an, zu vereinbaren, dass die Arbeitszeitaufzeichnungen vom Dienstnehmer zu führen sind.[337] Der Dienstgeber hat den Dienstnehmer zur ordnungsgemäßen Führung dieser Aufzeichnungen anzuleiten. Die Verantwortlichkeit für die Aufzeichnungen über die geleisteten Arbeitsstunden bleibt jedoch stets beim Dienstgeber. Entgegen der gesetzlich eingeräumten Möglichkeit, bloße Saldenaufzeichnungen zu führen, ist es auch bei der Arbeit im Home Office oder Telearbeit sinnvoll, den Dienstnehmer zu verpflichten, **Beginn**, **Pausen** und **Ende** der Arbeitszeit konkret zu dokumentieren. Wird die Arbeit für private Tätigkeiten, die rein dem eigenwirtschaftlichen Interesse dienen, unterbrochen, so ist dies als Arbeitspause auszuweisen. Holt sich der Dienstnehmer ein Glas Wasser aus der Küche, liegt wohl noch keine relevante Arbeitspause vor. Wäscht der Dienstnehmer hingegen seine Wäsche und hängt diese danach zum Trocknen auf, so wird die dafür aufgewendete Zeit keine Arbeitszeit, sondern Freizeit sein, die als solche auszuweisen ist.

Bei Arbeitsleistungen im Home Office bzw der Telearbeit genießt der Dienstnehmer **besondere Vertrauensstellung**[338] – dies deshalb, weil gleich wie bei Außendienstmitarbeitern (sog angestellten Reisenden) weder eine exakte Überwachung der Arbeitszeit noch eine genaue Kontrolle seiner Tätigkeit möglich ist, sondern der Dienstgeber im Wesentlichen auf die Richtigkeit der Berichte und Angaben des Dienstnehmers im Home Office bzw in der Telearbeit angewiesen ist.[339] Die

335 Vgl OGH 28.10.2013, 8 ObA 61/13y; OGH 17.5.2018, 9 ObA 29/18g; RIS-Justiz RS0051370; *Pfeil* in ZellKomm[3] § 2 AZG Rz 2.

336 *Mathy* in *Felten/Trost* Rz 10.24.

337 § 26 Abs 2 AZG.

338 OGH 27.9.2023 9 ObA 58/23d.

339 RS0029453.

Voraussetzung der besonderen Vertrauenswürdigkeit führt dazu, dass unrichtige Arbeitszeitaufzeichnungen im Home Office oder in der Telearbeit den Dienstgeber unmittelbar zur **Entlassung** berechtigen.

3.5.1. Überstundenarbeit und Mehrarbeit

Für die Leistung von Überstunden oder Mehrarbeit gelten im Home Office und in der Telearbeit grundsätzlich keine Besonderheiten. Überstundenarbeit liegt dann vor, wenn die gesetzliche wöchentliche Normalarbeitszeit oder die tägliche Normalarbeitszeit überschritten wird.[340] Um Mehrarbeit handelt es sich, wenn zwar die vertraglich (oder kv) vereinbarte Arbeitszeit, nicht jedoch die gesetzliche Normalarbeitszeit überschritten wird.[341]

Das Fehlen der unmittelbaren Kontrollmöglichkeit führt nicht selten zu einem gewissen Vertrauensdefizit gegenüber Dienstnehmern im Home Office oder in Telearbeit. Aus diesem Grund sind Dienstgeber oft bestrebt, das Ausmaß der Arbeitszeit im Home Office oder in der Telearbeit zu beschränken. Insb streben viele Dienstgeber danach, den Anfall von **zuschlagspflichtigen Mehr- und Überstunden** hintanzuhalten. Home-Office-Vereinbarungen sehen oft die Einschränkung vor, dass nur **ausdrücklich angeordnete Mehr- bzw Überstundenarbeit** zu leisten und in der Folge zu vergüten sei. Ebenso wie auch bei der Arbeitsleistung im Betrieb handelt es sich jedoch bei einer solchen Klausel um keine geeignete Maßnahme, um den tatsächlichen Anfall von Mehr- und Überstundenarbeit zu verhindern.[342] Die Rsp qualifiziert solche Vereinbarungen regelmäßig als sittenwidrig iSd § 879 ABGB und damit als unwirksam.[343] Ein Anspruch auf Überstundenvergütung ist nämlich nicht nur gegeben, wenn diese ausdrücklich, sondern auch, wenn sie schlüssig angeordnet wurden oder der Dienstgeber Arbeitsleistungen entgegennahm, die auch bei richtiger Einteilung der Arbeit nicht in der normalen Arbeitszeit erledigt werden konnten.[344] Diese Konsequenz ergibt sich aus dem zivilrechtlichen Grundsatz der Gleichwertigkeit von ausdrücklichen und stillschweigenden Erklärungen.[345] Ordnet der Dienstgeber einerseits schlüssig Mehr- bzw Überstundenarbeit an, weil er dem Dienstnehmer Arbeit in einem Ausmaß zuweist, die objektiv nicht in der Normalarbeitszeit schaffbar ist, lehnt er andererseits die Abgeltung dieser Stunden mit dem Hinweis auf das vereinbarte Erfordernis der ausdrücklichen Anordnung ab, erweist sich dies darüber hinaus als qualifiziert selbstwidersprüchliches Verhalten, das die Rechtsordnung nicht zulässt.[346] Weiters kann der Dienstnehmer insb immer dann vom Einverständnis

340 § 6 Abs 1 AZG.
341 § 19d Abs 3 AZG.
342 *Mathy* in *Felten/Trost* Rz 10.28.
343 RS0064125.
344 RS0051431.
345 *Rummel* in *Rummel/Lukas/Geroldinger*, ABGB[4] § 863 Rz 18.
346 *Mathy* in *Felten/Trost* Rz 10.28.

des Dienstgebers ausgehen, wenn die vom Dienstgeber geforderte Leistung eben nicht innerhalb der Normalarbeitszeit erbracht werden kann.[347] Dabei kommt es auf den jeweiligen Dienstnehmer und dessen spezifische Fähigkeiten an.[348]

Somit kann der Anfall von zuschlagspflichtigen Mehr- und Überstunden im Home Office und in der Telearbeit – wie sonst auch – nur durch ein in der Normalarbeitszeit angepasstes Arbeitspensum verhindert werden. Alternativ stehen verschiedene Arbeitszeitmodelle wie Gleitzeit und Durchrechnungszeiträume zur Verfügung. Dabei handelt es sich jedoch nicht um ein Spezifikum der Arbeit im Home Office bzw in der Telearbeit. Neben flexibleren Arbeitszeitmodellen verhindern auch Entgeltformen wie All-in-Klauseln und Überstundenpauschalen, dass unmittelbar zuschlagspflichtige Mehr- und Überstunden abzugelten sind. Bei solchen Entgeltformen ergibt erst die nach der Durchrechnungsperiode verpflichtend vorzunehmende Deckungsprüfung Aufschluss über das Vorliegen von Überstunden. Jedoch auch idZ ist die Arbeitsleistung im Home Office bzw in der Telearbeit nicht anders zu behandeln als die Arbeitsleistung im Betrieb.

3.6. Aufwandersatz bei Telearbeit und Home Office

Die Frage nach dem Aufwandersatzanspruch des Dienstnehmers ist bei Telearbeit und Home Office in der Praxis besonders relevant und oft umstritten. Kann der Dienstnehmer vom Dienstgeber Ersatz für einen Aufwand verlangen, der ihm wegen seiner Arbeitsleistung außerhalb der Betriebsstätte anfällt? Wenn ja, welcher Aufwand ist in welchem Umfang zu ersetzen? Hat der Dienstgeber die Möglichkeit, durch vertragliche Gestaltung einen Aufwandersatzanspruch zu begrenzen oder gar auszuschließen? Wie ist eine Aufwandsentschädigung steuerrechtlich zu behandeln?

Grundsätzlich hat der Dienstgeber dem Dienstnehmer die für die Erbringung der Arbeitsleistung erforderlichen Arbeitsmittel zur Verfügung zu stellen. Die Verfügungsmacht über Betriebsmittel und Ressourcen bzw deren Fehlen ist ein Merkmal der persönlichen Abhängigkeit des Dienstnehmers.[349] Der Dienstgeber ist somit für die Zurverfügungstellung der nötigen Arbeitsmittel verantwortlich und hat die entsprechenden Kosten zu tragen. Arbeitsmittel sind Wirtschaftsgüter, die überwiegend zur Ausübung einer Berufstätigkeit verwendet werden.[350] Unter Arbeitsmitteln sind nicht nur Arbeitsgeräte für die Verrichtung körperlicher Arbeiten zu verstehen, sondern alle Hilfsmittel, die zur Erbringung der vom Dienstnehmer zu leistenden Arbeit erforderlich sind.[351]

347 OGH 22.2.2011, 8 ObA 29/10p.
348 OGH 27.1.1988, 9 ObA 203/87.
349 *Strasser*, Abhängiger Arbeitsvertrag oder freier Dienstvertrag, DRdA 1992, 100 f.
350 LStrR 2002 Rz 277 zu § 16 Abs 1 Z 7 EStG 1988.
351 VwGH 14.11.1990, 89/13/0042.

3.6.1. Arten von Arbeitsmitteln

Fallen dem Dienstnehmer im Zuge der Arbeitsleistung Aufwendungen an, weil er und nicht der Dienstgeber – entgegen dieses allgemeinen Grundprinzips – Arbeitsmittel zur Verfügung stellt, so gebühren ihm Aufwandsentschädigungen. Auch bei Arbeiten außerhalb der Betriebsstätte in Form von Home Office oder Telearbeit kann solcherart ein Anspruch auf Aufwandersatz entstehen. Dabei ist zwischen Aufwendungen für **digitale** und **analoge Arbeitsmittel** zu unterscheiden. Der Gesetzgeber zeichnet diese Unterscheidung vor, weil er für die Kostentragung betreffend digitale Arbeitsmittel mit § 2h Abs 3 AVRAG eine Spezialnorm geschaffen hat.[352]

Mit Einführung des Homeoffice-Maßnahmenpakets spezifizierte der Gesetzgeber das allgemeine Grundprinzip, indem er den Dienstgeber dazu verpflichtet, die für das regelmäßige Arbeiten im Home Office **erforderlichen digitalen Arbeitsmittel** bereitzustellen. Das Telearbeitsgesetz behielt diese Verpflichtung wortgleich bei und tauschte lediglich das Wort „Homeoffice" mit dem der „Telearbeit„ aus. „Digital" meint den Gegensatz zu analog und bedeutet die Darstellung von Signalen oder Messgrößen in Zahlen.[353] Die Materialien zum Homeoffice-Maßnahmenpaket nennen die erforderliche IT-Hardware und Software, eine Datenverbindung und ein Diensthandy als Beispiele für digitale Arbeitsmittel.[354] Ein Festnetztelefonanschluss, ein Drucker oder ein Headset sind aber ebenso digitale Arbeitsmittel.[355] Nicht ausreichend ist es, dem Dienstnehmer lediglich einen Laptop zur Verfügung zu stellen. Vielmehr zählen auch ein Bildschirm, die Maus und Tastatur zum PC als wesentliche digitale Arbeitsmittel. Das ergibt sich insb aus § 67 ASchG sowie § 3 BS-V, die die erforderliche Beschaffenheit von Bildschirmarbeitsplätzen festlegen. Welche digitalen Arbeitsmittel erforderlich sind, richtet sich nach der konkreten Tätigkeit und den Weisungen des Dienstgebers.[356] So kann der Dienstgeber durch Weisung, die Datenverbindung via Hotspot des Mobiltelefons herzustellen, die Erforderlichkeit einer separaten Datenverbindung entfallen lassen.

Analoge Arbeitsmittel bei Telearbeit und Home Office sind negativ definiert[357] sämtliche Arbeitsmittel, die nicht digital sind. Unter analoge Arbeitsmittel fallen daher insb Wohnraum (samt den dafür anfallenden Betriebskosten), der für die Erbringung der Arbeit vom Dienstnehmer zur Verfügung gestellt wird, Strom, Heizung, Büromöbel sowie Verbrauchsmaterialien.

---

352 *Bertsch*, Aufwandersatz bei Homeoffice und Telearbeit, ZAS 2025/3.
353 *Auer-Mayer/T. Dullinger* in *Köck* Rz 45.
354 IA 1301/A BlgNR 27. GP.
355 *Auer-Mayer/T. Dullinger* in *Köck* Rz 45.
356 *Auer-Mayer/T. Dullinger* in *Köck* Rz 46.
357 *Bertsch*, ZAS 2025/3.

3.6.2. Rechtsquellen für Aufwandersatz bei Telearbeit und Home Office

Ein Aufwandersatzanspruch für vom Dienstnehmer selbst zur Verfügung gestellte (analoge oder digitale) Arbeitsmittel kann auf verschiedenen Rechtsgrundlagen fußen. Die einzelnen Rechtsgrundlagen befinden sich auf unterschiedlichen Ebenen des Stufenbaus der Arbeitsrechtsordnung. Mitunter stehen sie auf derselben Ebene im Verhältnis der Spezialität zueinander.

Auf Gesetzesebene kommt in erster Linie **§ 1014 ABGB** (per analogiam) als allgemeine Rechtgrundlage des Aufwandersatzes im Arbeitsrecht in Betracht. Als lex specialis dazu – ebenfalls im Gesetzesrang – enthält **§ 2h Abs 3 AVRAG** Sonderregelungen für den Ersatz für Aufwendungen bezüglich digitaler Arbeitsmittel. Hat man den Aufwandersatzanspruch für Arbeitsmittel bei Telearbeit und Home Office zu prüfen, so ist der nächste Schritt der Blick in den anwendbaren **KV**. Manche Kollektivverträge[358] delegieren „allfällige Aufwandserstattungen" an BV. Eine solche Delegation ist jedoch nicht eigens notwendig, weil das Betriebsverfassungsrecht zwei Tatbestände **freiwilliger BV** kennt, unter denen ein etwaiger Aufwandersatzanspruch geregelt werden kann. Auf Basis von **§ 97 Abs 1 Z 12 ArbVG** können BV zur Erstattung von Auslagen und Aufwendungen sowie Regelungen von Aufwandsentschädigungen geschlossen werden. Unter der mit dem Homeoffice-Maßnahmenpaket neu eingeführten **Z 27** leg cit können freiwillige BV zu den **Rahmenbedingungen** von Home Office bzw Telearbeit geschlossen werden. Nicht zuletzt können die Dienstvertragsparteien unter Beachtung des Günstigkeitsprinzips sowie der Grenzen der Sittenwidrigkeit hinsichtlich des dispositiven Rechts Vereinbarungen über den Ersatz von Aufwendungen bei Telearbeit und Home Office im **Dienstvertrag** treffen.

3.6.3. Aufwandersatz gem § 1014 ABGB für analoge Arbeitsmittel

§ 1014 ABGB regelt beim Bevollmächtigungsvertrag im Innenverhältnis den Ausgleich der für den Beauftragten mit der Auftragsführung verbundenen finanziellen Nachteile. Das können etwa Aufwendungen, aber auch vom Beauftragten erlittene Schäden sein.[359] Der Aufwand ist selbst bei fehlgeschlagenem Erfolg zu ersetzen, jedoch muss dieser Aufwand objektiv *ex ante* aus Sicht des Beauftragten für die Geschäftsbesorgung **notwendig** (erforderlich) oder zumindest **nützlich** (zweckdienlich) sein.[360] § 1014 ABGB ist **dispositiv**.[361]

---

358 Vgl etwa § 8a Abs 1 KV für Angestellte des Innendienstes der Versicherungsunternehmen und § 14 KV für Angestellte im Gewerbe und Handwerk und in der Dienstleistung.

359 *Rubin* in *Kletečka/Schauer*, ABGB-ON$^{1.03}$ § 1014 Rz 1 und 2.

360 *Rubin* in *Kletečka/Schauer*, ABGB-ON$^{1.03}$ § 1014 Rz 4.

361 Siehe *Schey*, Obligationsverhältnisse 655; *F. Bydlinski*, Risikohaftung 96; *Kerschner*, DRdA 1986, 230 (235).

Ist mit einem Dienstvertrag eine Geschäftsbesorgung (§ 1002 ABGB) verbunden, sind die Vorschriften über den Bevollmächtigungsvertrag – und damit eben auch § 1014 ABGB – unmittelbar zu beachten.[362] Doch nicht mit jedem Dienstvertrag gehen Auftrag und Vollmacht, also Rechtsgeschäfte und Rechtshandlungen (Geschäftsbesorgung), einher. Die Rsp wendet § 1014 ABGB jedoch mittlerweile auf sämtliche Arbeitsverhältnisse **analog** an.[363] Ist mit einer Verpflichtung aus dem Arbeitsverhältnis notwendigerweise ein Aufwand für den Dienstnehmer verbunden, so hat der Dienstgeber diesen Aufwand laut stRsp des OGH zu tragen.[364]

Stellt daher der Dienstnehmer analoge Arbeitsmittel zur Verfügung, so hat er grundsätzlich für diesen Aufwand gem § 1014 ABGB einen Ersatzanspruch gegen den Dienstgeber. Der Aufwandersatzanspruch entsteht mit der tatsächlichen Verwendung der Arbeitsmittel zum Nutzen des Dienstgebers, sofern diese notwendig ist. Es bedarf dafür keiner (ausdrücklichen) Vereinbarung oder Anweisung zur Verwendung privater Arbeitsmittel.[365] Unter Aufwand sind nicht nur **Anschaffungskosten**, sondern auch der **Wert verbrauchter Sachen** oder der **Gebrauchswert verwendeter Sachen** zu verstehen.[366] Die hA bejaht außerdem eine anteilige Ersatzpflicht für „**Sowiesokosten**".[367] Der Aufwand liegt dabei einerseits im Verzicht auf die eigene Nutzung bzw deren Einschränkung durch die betriebliche Nutzung, insb bei Wohnraum.[368] Andererseits wird unter Aufwand der Gebrauchswert des verwendeten eigenen Gutes und das Eingehen von Verbindlichkeiten gegenüber Dritten verstanden.[369] Der Dienstgeber hat somit anteilig jene Kosten zu ersetzen, die dem Dienstnehmer für zB die Miete samt Betriebskosten für den Wohnraum, in dem sich dessen Telearbeitsplatz befindet, entstehen. Dabei wird die zeitliche ebenso wie die räumliche Inanspruchnahme zu berücksichtigen sein sowie ein etwaig verbleibender persönlicher Nutzwert (zB Stauraum). Bemessungsgrundlage sind die beim Dienstnehmer tatsächlich bestehenden Sowiesokosten und nicht etwa fiktive Kosten für die Miete von Büroräumlichkeiten in der Gegend der Wohnadresse des Dienstnehmers.

Der Ersatzanspruch ist auch hier auf das **Erforderliche** und **Angemessene** beschränkt.[370] Dient der Aufwand dem Eigeninteresse des Dienstnehmers, zur Erleichterung der Arbeitsleistung oder seiner Bequemlichkeit, so ist er nicht zu ersetzen.[371] Einen Aufwandersatzanspruch hat der Dienstnehmer ebenso wenig für Aufwendungen, die er nach der Verkehrssitte selbst zu tragen hat, wie zB für angemessene

362 Ausdrücklich § 1151 Abs 2 ABGB.
363 RS0019687; mwN *Mathy/Trost* in *Felten/Trost* Rz 9.10.
364 OGH 11.5.2006, 8 ObA 1/06i.
365 *Auer-Mayer/T. Dullinger* in *Köck* Rz 59.
366 *Haider* in *Kozak*, ABGB und Arbeitsrecht §§ 1014–1016 Rz 16.
367 Vgl OGH 27.9.2023, 9 ObA 31/23h, ARD 6874/6/2023; *Mathy/Trost* in *Felten/Trost* Rz 9.10; *Auer-Mayer/T. Dullinger* in *Köck*, Rz 58.
368 BAG 9 AZR 657/02 NZA 2004, 604.
369 *Bertsch*, ZAS 2025/3.
370 Haider in *Kozak*, ABGB und Arbeitsrecht §§ 1014–1016 Rz 14.
371 *Bertsch*, ZAS 2025/3.

Kleidung.[372] Kommt es neben der betrieblichen Nutzung zu einer Privatnutzung der Arbeitsmittel, sind die **Kosten nach dem Verhältnis der Nutzung zu teilen, etwa nach betrieblichem und privatem Stromverbrauch und Datenvolumen.**[373]

Da § 1014 ABGB dispositiv ist, kann er bis zur Grenze der Sittenwidrigkeit abbedungen werden. Die Dispositivität des § 1014 ABGB eröffnet Gestaltungmöglichkeiten in Telearbeits- und Home-Office-Vereinbarungen, die von den oben dargestellten Grundsätzen abweichen. So kann ein allfälliges **überwiegendes Interesse des Dienstnehmers** an Telearbeit und Home Office bei der Vereinbarung über Aufwandersatz berücksichtigt werden. Ist im Unternehmen ein vollwertiger Arbeitsplatz samt erforderlicher Arbeitsmittel – etwa PC, Bildschirmen und Büroausstattung – vorhanden, so wird ein Abbedingen des Aufwandersatzes eher möglich sein. Schließt der Dienstgeber hingegen seinen Bürostandort und arbeiten die Dienstnehmer daraufhin dauerhaft im Home Office, weil es keinen Arbeitsplatz im Betrieb mehr gibt, wird ein gänzlicher Ausschluss des Aufwandersatzanspruchs nicht möglich sein.[374] Ist der Dienstnehmer fast völlig frei in der Gestaltung seiner Anwesenheit im Betrieb oder der Arbeit an seinem Telearbeitsplatz, wie dies zB oft bei Außendienstmitarbeitern der Fall ist, so ist der Aufwand nicht notwendig und nützlich und es entsteht erst gar keine Ersatzpflicht.[375] Kann Telearbeit hingegen nur an gewissen Tagen oder bis zu einem gewissen Ausmaß ausgeübt werden, so fehlt es an einer solchen freien Gestaltungsmöglichkeit. Ob das gänzliche Abbedingen des Aufwandersatzes nach § 1014 ABGB sittenwidrig ist, hängt auch davon ab, ob es sich nicht nur um Kleinstbeträge handelt oder der Dienstnehmer eine entsprechende Überzahlung erhält.[376]

Aufgrund der auch bei analogen Arbeitsmitteln oft schwierigen Bewertung des Aufwandes bietet sich eine **Pauschalierung** an. Anders als etwa bei Überstunden ist dabei keine Deckungsprüfung erforderlich. Nach der Rsp schließt ein Aufwandersatz-Pauschale im Zweifel darüberhinausgehende Ansprüche aus.[377] Das Pauschale darf freilich nicht unangemessen iSv sittenwidrig niedrig sein.

3.6.4. Aufwandersatz gem § 2h Abs 3 AVRAG für digitale Arbeitsmittel

Hinsichtlich der Kostentragung für digitale Arbeitsmittel hat der Gesetzgeber mit § 2h Abs 3 AVRAG eine Sonderbestimmung geschaffen. Die Bestimmung ist im Gegensatz zu § 1014 ABGB zwingend (§ 16 AVRAG). Sofern nichts anderes vereinbart wurde, hat **der Dienstgeber** „*die für die regelmäßige Telearbeit* **erforderlichen digitalen Arbeitsmittel** *bereitzustellen*“.

372 *Mitschka/Steiner*, Die Beistellungs- und Kostentragungspflicht für Arbeitskleidung, ZAS 2014, 306.
373 *Haider* in *Kozak*, Rz 16.
374 Vgl OGH 27.9.2023, 9 ObA 31/23h.
375 *Bertsch*, ZAS 2025/3.
376 *Auer-Mayer/T. Dullinger* in *Köck* Rz 61.
377 *Bertsch*, ZAS 2025/3.

Die Dienstvertragsparteien können – gem Satz 2 – **durch Vereinbarung** von der Bereitstellung der erforderlichen digitalen Arbeitsmittel durch den Dienstgeber abweichen, wenn der Dienstgeber die **angemessenen und erforderlichen Kosten** (sowohl die Anschaffungskosten als auch die laufenden Kosten) für die digitalen Arbeitsmittel trägt, die vom Dienstnehmer für die Erbringung der Arbeitsleistung zur Verfügung gestellt wurden.[378] Voraussetzung für den Aufwandersatz ist die Erforderlichkeit des Arbeitsmittels. Wie bereits ausgeführt, richtet sich diese nach der dienstvertraglich vereinbarten und am Telearbeitsplatz tatsächlich auszuübenden Tätigkeit. So werden für einen graphischen Zeichner, Programmierer oder Webdesigner andere digitale Arbeitsmittel erforderlich sein als etwa für einen juristischen Sachbearbeiter. Schafft der Dienstnehmer digitale Arbeitsmittel selbst neu an, so ist er dabei an die Vorgaben und Weisungen des Dienstgebers gebunden, etwa was Leistungsfähigkeit, spezifische Anforderungen oder maximale Anschaffungskosten betrifft. Fehlen Vorgaben des Dienstgebers, so wird sich der Dienstnehmer an der Qualität und den Spezifikationen der sonst vom Dienstgeber verwendeten digitalen Arbeitsmittel orientieren können, um der Erforderlichkeit und Angemessenheit zu entsprechen. Insb um einheitliche Standards was Datensicherheit und Leistungsfähigkeit betrifft zu gewährleisten, ist von einer Anschaffung digitaler Betriebsmittel durch den Dienstnehmer abzuraten. Wenn eine solche doch zugelassen werden sollte, so bedarf es detaillierter spezifischer Vorgaben für die Neuanschaffung solcher digitalen Arbeitsmittel. Von der Nutzung bereits bestehender, bislang privat genutzter digitaler Arbeitsmittel am Telearbeitsplatz auch für betriebliche Zwecke ist, jedenfalls hinsichtlich des PC, dringend abzuraten. Die nunmehrige betriebliche Nutzung vormals rein privater digitaler Arbeitsmittel führt zu nicht zu unterschätzenden Risiken hinsichtlich des Datenschutzes und der Datensicherheit. Auch ist ein Zugriff des Dienstgebers auf betrieblich genutzte private digitale Arbeitsmittel im Falle der Beendigung des Arbeitsverhältnisses kaum möglich.

Verwendet der Dienstnehmer die eigenen Arbeitsmittel nur teilweise für betriebliche Zwecke, so ist eine **Kostenteilung nach Nutzungsanteil** durchzuführen. Wie die Aufteilung der Kosten vorzunehmen ist, ist bei digitalen Arbeitsmitteln besonders schwierig, deren Kosten vom tatsächlichen Verbrauch unabhängig sind, wie etwa die Datenverbindung mit unbegrenztem Datenvolumen und flat rate. Das Verhältnis von privater und betrieblicher Nutzung ist hier nicht sinnvoll nachvollziehbar, sodass die **Pauschalierung** des Aufwandersatzes – also die dritte Alternative des Abs 3 – hier durchaus sinnvoll ist.[379]

Satz 3 eröffnet mit der knappen Formulierung *„die Kosten können auch pauschaliert abgegolten werden“* die in der Praxis gegenüber Satz 2 zu empfehlende dritte Alternative, nämlich die Pauschalierung des Aufwandersatzes für vom Dienstnehmer zur Verfügung gestellte digitale Arbeitsmittel. Die Wortfolge *„die Kosten“*

378 *Auer-Mayer/T. Dullinger* in *Köck* Rz 47.
379 *Auer-Mayer/T. Dullinger* in *Köck* Rz 52.

kann nicht anders verstanden werden als die *„angemessenen und erforderlichen Kosten“* in Satz 2. Somit **muss die Pauschalierung an sich angemessen sein.**[380] Da es sich um eine Vorweg-Schätzung des Aufwandersatzes handelt, ist hier ein weites Verständnis von Angemessenheit zugrunde zu legen. Die vereinbarte Pauschalierung sollte daher eine realistische Abbildung der (tatsächlichen) Kosten sein.[381] Sie muss aber nicht günstiger sein als die Kostentragung nach Satz 2.

Die drei Alternativen der Kostentragung für digitale Arbeitsmittel des § 2 h Abs 3 AVRAG können auch kombiniert werden.[382] In der Praxis weit verbreitet ist es, mit Laptop und Mobiltelefon nur einen Teil der digitalen Arbeitsmittel bereitzustellen (Alternative Satz 1) und für die übrigen digitalen Arbeitsmittel, etwa der Datenverbindung, die der Dienstnehmer zur Verfügung stellt, die Kosten in Form eines Pauschale zu übernehmen.

Auch die Abgeltung des Aufwandersatzes für digitale Arbeitsmittel durch eine All-in-Vereinbarung ist möglich, sofern die Deckungsprüfung eine ausreichend hohe Überzahlung ergibt. Um Zweifel zu verhindern, ob eine All-in-Klausel die Kosten für digitale Arbeitsmittel iSd § 2h Abs 3 AVRAG umfasst, empfiehlt sich einerseits eine ausdrückliche Bezugnahme auf deren Abgeltung, andererseits empfiehlt es sich, iSd Transparenz und der Rechtssicherheit den konkret für digitale Arbeitsmittel gewidmeten Teil des All-in-Entgelts iSd § 2 Abs 2 Z 9 AVRAG betragsmäßig im Dienstvertrag festzulegen.

3.7. Ausgewählte steuerrechtliche Aspekte der Telearbeit

Der Gesetzgeber flankierte die arbeitsrechtlichen Bestimmungen zur Telearbeit bei deren Einführung 2021 mit Anpassungen im Steuerrecht. Das Telearbeitsgesetz hat lediglich die Terminologie von „Homeoffice“ auf „Telearbeit“ umgestellt, die einzelnen Normen inhaltlich jedoch nicht geändert. Die wichtigsten Neuerungen im EStG iZm Telearbeit finden sich in § 16 Werbungskosten sowie insb § 26 das Telearbeitspauschale.

3.7.1. Werbungskosten

Werbungskosten sind jene Ausgaben oder Aufwendungen, die bei der Ausübung einer nichtselbständigen Tätigkeit zur Erwerbung, Sicherung oder Erhaltung der Einkunftsquelle aufgebracht werden. Es handelt sich um Aufwendungen oder Ausgaben, die bei den außerbetrieblichen Einkunftsarten von den Einnahmen in Abzug gebracht werden können und somit das steuerpflichtige Einkommen mindern,

380 *Gruber-Risak*, CuRe 2021/5.

381 *Auer-Mayer/T. Dullinger* in *Köck* Rz 53; aA *Mathy/Trost* in *Felten/Trost*, Rz 9.46, die eine Deckungsprüfung fordern und dem Dienstnehmer einen Differenzanspruch einräumen, sollte das Pauschale die tatsächlichen Kosten unterschreiten; ebenso aA *Bertsch*, ZAS 2025/3.

382 Vgl *Hitz/Schrenk*, Homeoffice während und nach der Corona-Krise – Was ist zu beachten? ASoK 2020, 325.

jedoch nicht unter das Abzugsverbot fallen. Werbungskosten sind Ausgaben, die beruflich veranlasst sind.[383]

Neu eingeführt wurden mit dem Homeoffice-Maßnahmenpaket gem § 16 Abs 1 Z 7a lit b EStG **Differenzwerbungskosten**. Gem § 26 Z 9 EStG (siehe dazu unten) können Dienstgeber abgabenfrei ein Telearbeits-Pauschale an Dienstnehmer, die in Telearbeit tätig sind, zahlen. Je Telearbeits-Tag können EUR 3 für maximal 100 Home-Office-Arbeitstage pro Kalenderjahr steuerfrei an Dienstnehmer ausgezahlt werden. Der abgabenfreie Höchstbetrag beträgt somit EUR 300. Schöpft der Dienstgeber den maximal möglichen Pauschalbetrag von EUR 3 pro Tag nicht aus oder gewährt gar kein Telearbeitspauschale, so kann der Dienstnehmer für jeden von ihm tatsächlich geleisteten Telearbeitstag den Differenzbetrag, zusätzlich zum allgemeinen Werbekostenpauschale, als pauschale Werbungskosten geltend machen. Der Dienstnehmer kann daher aus dem Titel dieser Differenzwerbungskosten **maximal EUR 300 pro Kalenderjahr** verlangen.

Ab 2021 wurden die gesetzlichen Bestimmungen betreffend Arbeitsmittel, das sind Wirtschaftsgüter, die überwiegend zur Ausübung einer Berufstätigkeit verwendet werden, dahingehend ergänzt, dass auch Ausgaben und Aufwendungen des Dienstnehmers iZm **digitalen Arbeitsmitteln** Werbungskosten iSd § 16 Abs 1 Z 7 EStG sind. Wie die arbeitsrechtlichen Bestimmungen enthält auch das Steuerrecht keine Definition der digitalen Arbeitsmittel. Die Materialien jedoch wollen darunter insb Computer, Bildschirm, Tastatur, Drucker, Mobiltelefon sowie die für Telearbeit erforderliche Datenverbindung verstanden wissen. Bis zu Anschaffungskosten von EUR 800, inkl USt, können Arbeitsmittel zur Gänze als geringwertige Wirtschaftsgüter im Jahr der Anschaffung abgesetzt werden. Bei Anschaffungskosten darüber hinaus sind Arbeitsmittel über die gewöhnliche Nutzungsdauer hinweg abzuschreiben. Hinsichtlich der Ausgaben für digitale Arbeitsmittel besteht die Besonderheit, dass diese um das Telearbeitspauschale und um etwaige Differenzwerbungskosten gekürzt werden müssen. Die Abzüge sind auch dann vorzunehmen, wenn die digitalen Arbeitsmittel in einem steuerlich anerkannten Arbeitszimmer verwendet werden.

Ausgaben für digitale Arbeitsmittel können nur als Werbungskosten geltend gemacht werden, wenn der Dienstgeber nicht sämtliche der tatsächlich verwendeten Arbeitsmittel zu Verfügung stellt und der Dienstnehmer die Kosten daher selbst trägt. Vom Dienstnehmer angeschaffte, notwendige digitale Arbeitsmittel können auf diese Weise steuerlich abgesetzt werden.[384]

Neu eingeführt wurde auch die Absetzbarkeit von Ausgaben und Aufwendungen iZm **ergonomischem Mobiliar** bis zu einem Betrag von **EUR 300 pro Jahr** ohne Anrechnung auf das Werbungskostenpauschale außerhalb des steuerlich anerkannten Arbeitszimmers. Die Gesetzesmaterialien nennen zB Schreibtische, Drehstühle

383 LStR 2002, Rz 223.

384 *Neumann/Brandstätter/Dragaschnig/Mäder* in *Köck*, Der Homeoffice-Kommentar § 16 EStG Rz 13 ff.

oder Beleuchtung als ergonomisches Mobiliar an. Ist deren offenkundiger Zweck die ergonomische Verbesserung der Arbeit am Schreibtisch, werden auch andere Gegenstände anerkannt.[385] Der Dienstnehmer hat für die Geltendmachung des Maximalbetrages von EUR 300 Telearbeit an mindestens 26 Arbeitstagen im Kalenderjahr nachzuweisen und, dass er dieses Mobiliar auch am Arbeitsplatz in seiner Wohnung verwendet. Ein etwaiger Überschreitungsbetrag kann vorgetragen werden.[386]

Es empfiehlt sich, Rechnungen für die Anschaffungskosten sowie die Lohnzettel, auf denen die Telearbeitstage verzeichnet sind, für Abgabenprüfungen zu Beweiszwecken aufzubewahren.

3.7.2. Telearbeitspauschale

Da Telearbeit im Steuerrecht nicht definiert ist, ist auf die arbeitsrechtliche Legaldefinition des § 2h AVRAG zurückzugreifen. Mit dem Telearbeitsgesetz und der damit einhergehenden Möglichkeit, in einer sonstigen nicht zum Unternehmen gehörenden Örtlichkeit Arbeitsleistungen zu erbringen, sind – anders als zuvor – sämtliche steuerlichen Begünstigungen auch auf ***„Remote Work“*** anwendbar.

Das **steuerfreie** Telearbeitspauschale gem § 26 Z 9 lit a EStG dient der Abgeltung der Aufwendungen des Dienstnehmers in der Telearbeit. Dabei handelt es sich um eine Zahlung des Dienstgebers, die **kein steuerbares Entgelt** darstellt. Das Telearbeitspauschale muss zwischen den Dienstvertragsparteien vereinbart werden. Es bestehen weder Typenzwang noch Formvorschriften.[387] Das Telearbeitspauschale kann somit im Dienstvertrag, einer BV oder einer kv Regelung vereinbart werden. Textform oder Schriftlichkeit ist zu Beweiszwecken ratsam. Wirksam ist jedoch auch eine konkludente Vereinbarung etwa durch tatsächliche Zahlung und Annahme durch den Dienstnehmer. Das Pauschale steht nur für einen (ganzen) Telearbeitstag zu. Ein **Telearbeitstag** ist ein Arbeitstag, an dem die Arbeitsleistung während der gesamten Arbeitszeit **ausschließlich** in Telearbeit erbracht wird. Erbringt der Dienstnehmer auch nur teilweise Arbeitsleistungen im Betrieb und den restlichen Tag in Telearbeit, fehlt es an der Ausschließlichkeit und es liegt kein Telearbeitstag vor.

Das nicht steuerbare Telearbeitspauschale kann für maximal 100 Telearbeitstage in einem Kalenderjahr mit einem Tagessatz von maximal EUR 3 ausgezahlt werden. Ein EUR 300 übersteigender Betrag ist daher jedenfalls steuerpflichtiges Entgelt. Der Dienstgeber ist verpflichtet, die Telearbeitstage im Lohnkonto zu erfassen. Die Dokumentationspflicht erstreckt sich lediglich auf die Anzahl, nicht jedoch auch auf die Angabe der konkreten Tage.[388]

385 Ibid, Rz 17.
386 Ibid.
387 *Neumann/Brandstätter/Dragaschnig/Mäder* in *Köck*, Der Homeoffice-Kommentar § 26 EStG Rz 5.
388 Ibid Rz 12.

3.8. Haftung für Schäden in Telearbeit

Dienstnehmer unterliegen einem durch das Dienstnehmerhaftpflichtgesetz (DHG) geregelten speziellen Haftungsregime, wenn sie **bei der Erbringung ihrer Dienstleistung** den Dienstgeber oder einen Dritten schädigen. Die Haftpflicht des Dienstnehmers – das Einstehenmüssen für einen verursachten Schaden – ist gem DHG reduziert. Der Dienstnehmer haftet für Schäden, die dem Dienstgeber durch *„eine entschuldbare Fehlleistung“* entstanden sind, überhaupt nicht.[389] Hat der Dienstnehmer den Schaden durch ein Versehen zugefügt, so kann das Gericht aus Gründen der Billigkeit die Ersatzpflicht mäßigen, sofern der Schaden durch einen *„minderen Grad des Versehens“* zugefügt worden ist, auch ganz erlassen.[390] Entscheidend dafür, ob und in welchem Ausmaß der Dienstnehmer dem Dienstgeber gegenüber schadenersatzpflichtig ist, ist va das Ausmaß des Verschuldens.[391] Wurde der Schaden vorsätzlich zugefügt, besteht eine uneingeschränkte Haftung. Das Gericht hat neben dem Grad des Verschuldens bei der Entscheidung über die Ersatzpflicht weitere Umstände zu berücksichtigen, wie das Ausmaß der mit der ausgeübten Tätigkeit verbundenen Verantwortung, die Höhe des Entgelts oder die Risikogeneigtheit der Tätigkeit.[392]

Dienstnehmer genießen daher, wenn sie bei der Erbringung der Dienstleistung versehentlich einen Schaden verursachen, umfangreiche Haftungserleichterungen.

Die Haftungserleichterungen des DHG sind auch auf Arbeitsleistungen in Telearbeit anzuwenden.[393] Das ergibt sich aus dem Anwendungsbereich des DHG. Die Vorschriften des DHG gelten demnach für **Dienstnehmer** in einem privaten oder öffentlich-rechtlichen Dienstverhältnis.[394] Der Ort der Arbeitsleistung spielt nach dem Wortlaut keine Rolle.[395] Das Homeoffice-Maßnahmenpaket 2021 fügte dem § 2 DHG einen vierten Abs an, der dessen Anwendungsbereich auf Personen im gemeinsamen Haushalt erstreckt. Das Telearbeitsgesetz beließ § 2 Abs 4 DHG bis auf das Ersetzen des Ausdrucks „im Homeoffice“ mit „in Telearbeit“ unverändert.

3.8.1. Schädigung durch den Dienstnehmer

Für die Haftungserleichterungen des DHG kommt es darauf an, ob ein Schaden in Telearbeit *„bei der Erbringung der Dienstleistung“* erfolgt ist. Die Rsp verlangt, dass bloß ein Sachzusammenhang zur Dienstleistung bestehen muss.[396] Ein solcher Sachzusammenhang ist bereits erfüllt, wenn zum Zeitpunkt des Schadensereignisses die Haupttätigkeit des Dienstnehmers in der Erfüllung des Dienstvertrags

389 § 2 Abs 3 DHG.
390 § 2 Abs 1 DHG.
391 § 2 Abs 2 erster Satz DHG.
392 Demonstrative Aufzählung gem § 2 Abs 2 DHG.
393 Vgl *Felten* in *Felten/Trost* Rz 8.9 mwN.
394 Vgl § 1 Abs 1 erster Satz DHG.
395 *Felten* in *Felten/Trost* Rz 8.7.
396 OGH 12.7.2006, 9 ObA 34/06z.

bestand.[397] Insofern ist an die Beurteilung, ob diese Voraussetzung erfüllt ist, kein allzu strenger Maßstab anzulegen.[398] Es kommt allgemein auch nicht darauf an, ob es im Zuge der Verrichtung der geschuldeten Dienste zu einer Vermischung mit privaten Interessen des Dienstnehmers gekommen ist, solange diese nicht derart überwiegen, dass sie die Oberhand über die dienstlichen Interessen gewinnen.[399] Daraus folgt: **Erlaubtes, übliches** oder **sozialadäquates Privatverhalten**, das mit der eigentlichen Arbeitsleistung nichts zu tun hat, wie etwa Rauchen, Essen, Trinken, die Einnahme von Medikamenten, Aufsuchen der Toilette, Vornahme gymnastischer Lockerungsübungen und dergleichen unterliegt deshalb ebenso den Haftungsbegünstigungen des DHG, solange ein Sachzusammenhang – und sei es bloß zeitliche Kongruenz – mit der Arbeitsleistung gegeben ist. Wird solches erlaubtes, übliches oder sozialadäquates Privatverhalten bei der Erbringung von Arbeitsleistungen in Telearbeit gesetzt, so gilt dies erst recht.[400]

Kommt es durch ein Verhalten des Dienstnehmers zu einem Sachschaden an eigenen von ihm im Interesse des Dienstgebers eingesetzten Arbeitsmitteln, greift die Risikohaftung des Dienstgebers auch und insb bei Telearbeit.[401] Hinsichtlich der Ersatzpflicht des Dienstgebers gelten die Verschuldensmaßstäbe des § 2 DHG. Bei entschuldbaren Fehlleistungen hat der Dienstgeber vollen Ersatz zu leisten, auch bei einem bloß minderen Grad des Versehens kann Ersatz in voller Höhe gewährt werden. Wird ein Schaden vom Dienstnehmer grob fahrlässig verursacht, kann es zu einer Reduktion des Ersatzanspruchs kommen. Kein Ersatz gebührt bei Vorsatz.[402]

3.8.2. Schädigung durch Familienangehörige oder Haustiere

Die Verlegung des Arbeitsorts in die Wohnung des Dienstnehmers iSd § 2h AVRAG bringt mit sich, dass der Dienstnehmer während der Arbeitsleistung in Telearbeit nicht zwingend alleine ist, sondern dass es auch andere Personen geben kann, die dort leben. Diese kommen daher ebenso als mögliche Schädiger in Betracht. Das Risiko des Schadenersatzes für Haushaltsangehörige ergibt sich ja erst durch die vereinbarte Arbeitsleistung des Dienstnehmers in den Wohnräumen der Haushaltsgemeinschaft. Die Haftungserleichterungen des DHG setzen jedoch voraus, dass der Dienstnehmer dem Dienstgeber durch ein Versehen einen Schaden zufügt. Dritte, die den Dienstgeber schädigen, waren nicht vom Geltungsbereich des DHG erfasst und konnten die Haftungserleichterung nicht für sich in Anspruch nehmen. Sie hafteten entsprechend dem Verursacherprinzip nach den allgemeinen Bestimmungen über den deliktischen Schadenersatz.

397 Ibid.
398 *Felten* in *Felten/Trost* Rz 8.11.
399 OGH 12.7.2006, 9 ObA 34/06z.
400 *Felten* in *Felten/Trost* Rz 8.11.
401 § 1014 ABGB.
402 *Felten* in *Felten/Trost* Rz 8.31.

Das hat § 2 Abs 4 DHG geändert:

> Wird der Dienstgeberin oder dem Dienstgeber durch im gemeinsamen Haushalt mit der Dienstnehmerin oder dem Dienstnehmer lebende Personen iZm Arbeiten in Telearbeit ein Schaden zugefügt, so sind die Bestimmungen dieses Gesetzes **sinngemäß** anzuwenden.

Der Gesetzgeber wollte damit die Haftungserleichterungen analog auch auf Haushaltsangehörige anwenden (arg „sinngemäß"), ohne dessen grundsätzliche Haftpflicht gegenüber dem Dienstgeber in Frage zu stellen. Haushaltsangehörige haften zwar als Verursacher direkt dem Dienstgeber gegenüber, jedoch können sie – gleich wie der Dienstnehmer selbst – hinsichtlich der Ersatzpflicht dem Grunde und der Höhe nach die Begünstigungen des DHG für sich in Anspruch nehmen. Sollte daher die im gemeinsamen Haushalt lebende Person den Schaden durch eine entschuldbare Fehlleistung verursacht haben, ist diese gegenüber dem Dienstgeber nicht schadenersatzpflichtig. Gleich wie für den Dienstnehmer selbst, besteht auch bei einer Schadenszufügung durch ein Versehen ein richterliches Mäßigungsrecht. Schädigt ein Haushaltsangehöriger den Dienstgeber hingegen vorsätzlich, so haftet auch dieser in vollem Umfang.

Davon zu unterscheiden sind Schäden, die von unmündigen Haushaltsangehörigen oder Haustieren verursacht wurden. Mangels Deliktfähigkeit scheidet für diese eine direkte Haftung gegenüber dem Dienstgeber aus.[403] Die Erweiterung des Anwendungsbereichs des DHG geht in solchen Fällen ins Leere. Die Schadensverursachung ist jedoch dem Dienstnehmer immer dann selbst zuzurechnen, wenn der Schaden das Resultat einer **Verletzung der Aufsichtspflicht** ist. Dann wiederum greifen die Haftungserleichterungen des DHG. Ob der Dienstnehmer für den Schaden haftet und in welcher Höhe eine Ersatzpflicht besteht, folgt auch hier den Regeln des § 2 DHG.

3.9. Unfallversicherungsschutz bei Telearbeit

3.9.1. Wegunfall bei Telearbeit

Nach dem Wortlaut des § 175 Abs 1 ASVG sind Arbeitsunfälle *„Unfälle, die sich im örtlichen, zeitlichen und ursächlichen Zusammenhang mit der die Versicherung begründenden Beschäftigung ereignen"*. Sofern es sich um einen solchen Arbeitsunfall handelt, ist der Dienstnehmer daher von der gesetzlichen Unfallversicherung geschützt.[404]

Wegunfälle sind allgemein formuliert eine besondere Form des Arbeitsunfalls, bei welcher der Versicherte sich auf dem Weg zur oder von der Arbeit befindet. Hierunter fallen auch zB Wege in der Mittagspause oder Wege, die aufgrund von

403 *Felten* in *Felten/Trost* Rz 8.28 ff.
404 *Müller* in *Mosler/Müller/Pfeil*, Der SV-Komm § 175 ASVG Rz 1.

Erledigungen für den Dienstgeber zurückgelegt werden. Ausschlaggebend ist, dass der Versicherte zu einem gewissen Grad fremdbestimmt unterwegs ist und sich dem durch diese Wege erhöhten Risiko eines Unfalls aussetzen muss, um seiner Arbeit nachzugehen.[405]

Aufgrund moderner Möglichkeiten wie Home Office oder Coworking-Spaces gibt es aber mittlerweile diverse Konstellationen, in welchen diese Grundsätze nicht vollständig zutreffen, der Gesetzgeber den Dienstnehmer aber dennoch in den Genuss des Unfallversicherungsschutzes kommen lassen möchte.[406]

Daher wurde § 175 ASVG in den letzten Jahren mehrfach geändert, um Rechtssicherheit für jene Versicherten, welche nicht täglich für ihre Arbeit zum gleichen Büro fahren, zu schaffen. Die Abs 1a, 2 und 3 des § 175 ASVG zählen diverse Sachverhalte auf, welche (konkreter Wortlaut: „auch") als Arbeitsunfälle zu qualifizieren sind. Mit dem TelearbG wurde Abs 1a, welcher zuvor „nur" das Home Office geregelt hat, so abgeändert, dass er seit 1.1.2025 die Telearbeit umfasst und zwischen der Telearbeit im engeren und im weiteren Sinn unterscheidet.[407] Diese Änderung wurde vorgenommen, weil sich der Begriff „Homeoffice", welcher 2021 im Zuge der Covid-19-Pandemie in § 175 ASVG Einzug fand, als zu einschränkend erwiesen hat.[408] Denn dieser Begriff hat sich an jenem der alten Fassung des § 2h AVRAG[409] orientiert, wodurch nur Arbeitsunfälle iZm Arbeit am eigenen (Haupt- oder Neben-)Wohnsitz bzw jenem eines nahen Angehörigen durch das ASVG geschützt waren.[410]

Beispiel

Ein Dienstgeber stellt seinem Dienstnehmer vollkommen frei, ob dieser seiner Tätigkeit im Büro, Home Office oder einem anderen Ort seiner Wahl nachgeht.

Wenn sich dieser Dienstnehmer auf dem Weg zu einem Coworking-Space verletzt, stellt sich nun ua die Frage nach dem Ausmaß der Fremdbestimmtheit. Der Dienstnehmer möchte in genau diesem Coworking-Space seiner beruflichen Tätigkeit nachgehen, sein Dienstgeber hat ihn aber in keiner Form verpflichtet, gerade diesen (oder überhaupt einen spezifischen) Ort aufzusuchen. Auch die Distanz zum Coworking-Space ist zu berücksichtigen. Denn wenn das Büro des Dienstgebers zB nur 5 km von der Wohnadresse des Dienstnehmers entfernt ist, der Coworking-Space jedoch 10 km, hat sich der Dienstnehmer freiwillig einer doppelt so langen Strecke – inklusive all ihrer Risiken – ausgesetzt.

Die Gesetzesänderungen im ASVG durch das TelearbG dienen dem Zweck, solche Sachverhalte eindeutig(er) zu klären.

---

405 Ibid Rz 5.

406 *Bremm*, Telearbeit ab 1. 1. 2025 – Ein nicht unproblematischer legistischer Versuch zur Regelung eines neuen Arbeitsmodells, JAS 2024, 297 (306).

407 *Stupar*, Gesetzliche Änderungen im Arbeits- und Sozialrecht ab 1. 1. 2025, ZAS 2025/10.

408 *Bleyer/Lindmayr/Sabara* in *Bleyer/Lindmayr/Sabara*, Personalrecht & Betriebswichtiges 2025, Telearbeit (Homeoffice) Rz 711.

409 Vgl § 2h AVRAG idF BGBl I 2021/61.

410 Vgl *Müller* in *Mosler/Müller/Pfeil* Rz 252.

3.9.1.1. Telearbeit im engeren Sinn

Der Gesetzgeber hat in § 175 Abs 1a Z 1 drei verschiedene Kategorien von Örtlichkeiten von Telearbeit im engeren Sinne normiert:

- Eine Wohnung, die Haupt- oder Nebenwohnsitz des Versicherten ist (lit a);
- eine Wohnung eines nahen Angehörigen des Versicherten (lit b); und
- Räumlichkeiten eines Coworking-Space (lit c). Hierunter sind vom Versicherten angemietete Büroräumlichkeiten zu verstehen.[411]

Dadurch werden Wege zu und von solchen Örtlichkeiten prinzipiell von der Unfallversicherung mitumfasst, sofern sie im ausreichenden Zusammenhang mit der Beschäftigung gem § 175 Abs 1 ASVG stehen. Grenzfälle des ausreichenden Zusammenhangs liegen bei gemischten Wegen vor, also solchen, die sowohl privaten als auch betrieblichen Zwecken dienen. Hier ist, wie auch bereits vor der Novellierung des § 175 ASVG, auf das Ausmaß des jeweiligen Zweckes abzustellen.[412] Sofern also das betriebliche Interesse überwiegt, sind auch teils für private Zwecke zurückgelegte Wege noch von der Unfallversicherung umfasst. Wenn sich ein unfallversicherter Dienstnehmer aber zB in der Mittagspause im Home Office auf den Weg zu einem kilometerweit entfernten Supermarkt macht, weil er dort etwas Spezielles zum Essen kaufen will, obwohl es sogar mehrere Supermärkte in kürzerer Entfernung von seiner Wohnadresse gibt, greift der gesetzliche Unfallversicherungsschutz bei einem Wegunfall nicht, denn er hat sich freiwillig für einen privaten Zweck einem bedeutend höheren Risiko ausgesetzt.[413]

Bei der zweiten und dritten der zuvor aufgezählten Kategorien gibt es jedoch Besonderheiten zu berücksichtigen. Während die Wohnung als typischer Home-Office-Platz jedenfalls vom ASVG umfasst ist, können die anderen beiden Klassifikationen nämlich nur dann als Örtlichkeiten von Telearbeit im engeren Sinn qualifiziert werden, wenn:

- sie sich in der Nähe zur Wohnung gem § 175 Abs 1a Z 1 ASVG befinden, oder
- die Distanz der Wohnung des Versicherten zur Wohnung eines nahen Angehörigen bzw zum Coworking-Space kürzer ist als jene des typischen Arbeitsweges.

Dadurch wird der gesetzlich normierte Anwendungsbereich von § 175 ASVG gegenüber der vorherigen Regelung, welche keine Coworking-Spaces kannte, erweitert. Gleichzeitig ist die Bedeutung der eben genannten Einschränkungen nicht zu unterschätzen. Denn eine Wohnung eines nahen Angehörigen und ein Coworking-Space werden, wenn sie sich zu weit von der Wohnung des Versicher-

411 ErlRV 2597 BlgNR 27. GP 3.
412 *Bleyer/Lindmayr/Sabara* in *Bleyer/Lindmayr/Sabara* Rz 712.
413 OGH 25.1.2022, 10 ObS 183/21s.

ten befinden, dadurch automatisch zu Örtlichkeiten von Telearbeit im weiteren Sinn.[414]

3.9.1.2. Telearbeit im weiteren Sinn

Die Telearbeit im weiteren Sinn umfasst sämtliche nicht von § 175 Abs 1a Z 1 umfasste Orte, an denen der Versicherte die Telearbeit ausführt und die er selbst als Arbeitsplatz ausgewählt hat. Das sind neben den zuvor genannten Fällen bei zu weiter Distanz zum Wohnort bzw zu weiter Distanz im Vergleich zum typischen Arbeitsweg sämtliche anderen Orte, von denen aus der Versicherte freiwillig seiner Tätigkeit nachgeht. Wenn der Versicherte daher freiwillig in einem Café oder Park seiner Tätigkeit nachgeht, fällt dies jedenfalls unter Telearbeit im weiteren Sinn.[415]

Während die Unterscheidung zwischen Telearbeit im engeren und im weiteren Sinn bei typischen Arbeitsunfällen **am Arbeitsplatz** grundsätzlich ohne Konsequenz ist, trifft dies auf Wegunfälle nicht zu. Denn die Gegenseite der umfassenderen Privilegierung bei Arbeitsunfällen allgemein und bei Wegunfällen iZm Örtlichkeiten der Telearbeit im engeren Sinn ist, dass Wege zu Örtlichkeiten der Telearbeit im weiteren Sinn nicht von der gesetzlichen Unfallversicherung umfasst und daher auch nicht geschützt sind.[416]

Beispiel

Im vorher beschriebenen Beispiel stellt es daher kein Problem dar, dass der Versicherte auf dem Weg zu einem Coworking-Space iSd § 175 Abs 1a Z 1 lit a ASVG einen Unfall erleidet. Er würde grundsätzlich dem gesetzlichen Unfallversicherungsschutz genauso unterliegen, wie wenn er auf dem Weg zum Büro seines Dienstgebers wäre. Da die Distanz von der Wohnung zum Coworking-Space aber doppelt so lang wie die Distanz seines typischen Arbeitsweges ist, liegt hier eine Örtlichkeit von Telearbeit im weiteren Sinn vor, weshalb der Wegunfall nicht geschützt ist.

3.10. Beendigung von Home Office und Telearbeit

§ 2h Abs 4 AVRAG normiert für die Beendigung von gem Abs 2 geschlossenen Home-Office-Vereinbarungen besondere Vorgaben. **Bei Vorliegen eines wichtigen Grundes** kann die Vereinbarung von einer Dienstvertragspartei (gemeint wohl „jeder") **unter Einhaltung einer Frist von einem Monat zum Letzten eines Kalendermonats** gekündigt werden. Die Vereinbarung kann eine **Befristung** sowie **Kündigungsregelungen** beinhalten. Ganz offensichtlich stand die Regelung über die Auflösung der Telearbeitsvereinbarung im IT-KV Pkt IX dafür Pate. Das TelearbeitsG hat die leg cit nicht geändert, weshalb die Ausführungen zur Beendigung von Home-Office-Vereinbarungen uneingeschränkt auch für die Beendigung von Telearbeitsvereinbarungen gelten.

414 *Gogola*, Vom Homeoffice zur Telearbeit – Was ändert sich 2025? DRdA-infas 2024, 426 (428).
415 *Bleyer/Lindmayr/Sabara* in *Bleyer/Lindmayr/Sabara* Rz 712.
416 Ibid.

3.10.1. Auflösung der Home-Office-Vereinbarung aus wichtigem Grund

§ 2h Abs 4 AVRAG beinhaltet somit die ausnahmsweise Zulässigkeit einer **Teilkündigung** von Arbeitsverhältnissen hinsichtlich Home-Office-Vereinbarungen.[417] Eine solche Regelung ist notwendig, weil es sich bei einer Home-Office-Vereinbarung, als in erster Linie Vereinbarung der Wohnung des Dienstnehmers als Arbeitsort, nicht um einen vom übrigen Dienstvertrag streng getrennten Sondervertrag über einen vom Hauptvertrag inhaltlich entfernten Gegenstand handelt. Nur hinsichtlich solcher Gegenstände, die gegenüber den übrigen Vertragsverpflichtungen Eigenständigkeit aufweisen, ist eine Teilkündigung zulässig und wirksam.[418] Die Rsp erachtet sogar die Teilkündigung einer Dienstwohnung, selbst wenn sich der Dienstgeber diese ausdrücklich vorbehalten hat, für unzulässig.[419] Nur Zusatzvereinbarungen, die unabhängig vom Hauptvertrag selbständig bestehen können, sind – ohne eine solche sondergesetzliche Kündigungsmöglichkeit – im Arbeitsverhältnis wirksam kündbar.[420] Darunter ist eine bestimmte Arbeitsleistung zu verstehen, die gegenüber den anderen Vertragsverpflichtungen des Dienstnehmers eine gewisse Eigenständigkeit aufweist und demgemäß auch gesondert entlohnt wird, wenn sie im Rahmen eines bestehenden Arbeitsverhältnisses zusätzlich vereinbart, auch für sich allein aufgekündigt werden kann.[421] Die zusätzlich zu einem Dienstvertrag abgeschlossene Entsendevereinbarung wäre zB mittels Teilkündigung beendbar.[422] Erst Abs 4 leg cit ermöglicht die Kündigung von Home-Office-Vereinbarungen als Teil des Dienstvertrages.

§ 2h Abs 4 AVRAG ist auch darüber hinaus speziell. Die Bestimmung kombiniert – entgegen allgemeinen vertragsrechtlichen Grundsätzen[423] – als gesetzliche Voraussetzung für die Beendigung einer Home Office-Vereinbarung das Vorliegen eines **wichtigen Grundes** mit der Einhaltung einer einmonatigen **Frist** und dem **Termin** zum Letzten eines Kalendermonats. Die Kombination einer Monatsfrist mit einem Beendigungstermin zum Monatsletzten kann im Einzelfall dazu führen, dass die Beendigungswirkung erst in bis zu knapp zwei Monaten eintreten kann.[424] Die Materialien zum Homeoffice-Maßnahmenpaket sprechen ausdrücklich von einer *„vorzeitigen Auflösungsmöglichkeit für die Vereinbarung aus wichtigem Grund"*. Auf Seiten des Dienstgebers werden dort pauschal **wesentliche Veränderungen der betrieblichen Erfordernisse** als solch wichtiger Grund genannt. Für den Dienstnehmer sollen **wesentliche Veränderungen der Wohnsituation, die die Erbrin-**

417 *Auer-Mayer/T. Dullinger* in *Köck* Rz 180; *Trost* in *Felten/Trost* Rz 13.16.
418 Vgl *Trost* in *Felten/Trost* Rz 13.2 mwN.
419 RS0028730.
420 OGH 29.9.1981, 4 Ob 168/80; OGH 31.8.2005, 9 ObA 119/05y.
421 OGH 29.9.1981, 4 Ob 168/81.
422 RS0028743.
423 RS 0018305.
424 *Auer-Mayer/T. Dullinger* in *Köck* Rz 181.

gung der Arbeitsleistung im Home Office nicht mehr erlauben, zur vorzeitigen Auflösung der Home-Office-Vereinbarung berechtigen.[425]

Beispiele

Beispiele für solche wesentlichen **Veränderungen der Wohnsituation** können etwa der Einzug eines (neuen) Lebenspartners, eine Übersiedlung, Geburt eines Kindes, der Eigenheimbau, die Delogierung, die Erkrankung iSd Pflegebedürftigkeit eines Familienmitgliedes, der Schuleintritt oder Schulwechsel des Kindes, Aufnahme eines Haustieres, längerfristige Lärmbelästigung in der Nachbarschaft (zB durch eine größere Baustelle)[426] und dergleichen sein.[427]

Beispiele für wesentliche **Veränderungen betrieblicher Erfordernisse** können etwa die Notwendigkeit vermehrten physischen Kundenkontakts an der Betriebsstätte; generell die Änderung von Arbeitsprozessen, die eine physische Präsenz erfordern, sein. Die Erweiterung des Betriebsstandorts oder, dass der Dienstnehmer wegen des Ausscheidens anderer Dienstnehmer dringend im Betrieb benötigt wird,[428] könnten solche betrieblichen Erfordernisse sein. Wurde ein Dienstnehmer ursprünglich ausschließlich für die Arbeitsleistung im Home Office eingestellt, weil das Unternehmen in Österreich noch keine Niederlassung (mit ausreichend Kapazitäten) hatte und liegt nun ein vollwertiger Betrieb im Inland vor, wird man das Vorliegen eines solchen wichtigen Grundes argumentieren können.

Außerdem sind insb Vertragsverletzungen des Dienstnehmers, wie zB Nichterreichbarkeit, als wichtige Gründe denkbar.[429] Kommt es zu Arbeitszeitverletzungen im Home Office ist auch die Entlassung – also die begründete vorzeitige Auflösung des (gesamten) Arbeitsverhältnisses aus wichtigem Grund – denkbar. Ähnlich wie Außendienstmitarbeiter genießt der Dienstnehmer im Home Office eine besondere Vertrauensstellung hinsichtlich der Einhaltung der Arbeitszeit.[430] Deren Verletzung berechtigt zur Entlassung. Diese wäre anders als die vorzeitige Beendigung der Home-Office-Vereinbarung an keine Fristen und Termine gebunden, sondern muss vielmehr unverzüglich – iSv ohne schuldhafter Verzögerung – ausgesprochen werden.[431]

Sämtlichen wichtigen Gründen für eine vorzeitige Auflösungsmöglichkeit der Home-Office-Vereinbarung gemeinsam ist, dass sie so gravierend sein müssen, dass **Home Office unzumutbar** oder **unmöglich** ist. Insofern können diese – müssen jedoch keineswegs – deckungsgleich mit wichtigen Gründen sein, die zur Beendigung des (gesamten) Arbeitsverhältnisses selbst berechtigen.

Sehen Home-Office- oder Telearbeitsvereinbarungen einen **Katalog an Auflösungsgründen** vor, können nur solche Umstände als wichtige Auflösungsgründe verein-

425 IA 1301/A BlgNR 27. GP 4 f.
426 *Auer-Mayer/T. Dullinger* in *Köck* Rz 189.
427 So *Trost in Felten/Trost* Rz 13.9; siehe die Bedenken der Autorin hinsichtlich des Umfangs der Begründungspflicht des wichtigen Grundes wegen des Schutzes der Privatsphäre des Arbeitnehmers.
428 *Auer-Mayer/T. Dullinger* in *Köck* Rz 190.
429 *Gruber-Risak* in *Gruber-Risak/Mazal*, Das Arbeitsrecht 2.5.1.
430 OGH 27.9.2023, 9 ObA 58/23d.
431 RS0031799.

bart werden, die in ihrer Bedeutung gesetzlichen „wichtigen Gründen" entsprechen. Die vertraglich vereinbarten Auflösungsgründe müssen somit die weitere Arbeitsleistung im Home Office oder an einem Telearbeitsort für die jeweilige Vertragspartei unzumutbar machen oder verunmöglichen. Mangelhafte Arbeitsleistung im Home Office bzw bei Telearbeit wird dementsprechend erst ab einer gewissen Wesentlichkeit diese Schwelle der Unzumutbarkeit für den Dienstgeber überschreiten.[432]

Liegt ein wichtiger Grund vor, der den Dienstgeber zur Entlassung berechtigen würde, beendet er jedoch (lediglich) die Home-Office-Vereinbarung, so ist er eben einerseits an die Monatsfrist und den Termin zum Monatsletzten gebunden. Andererseits entspricht dies einem Verzicht auf die Geltendmachung der vorzeitigen Beendigung des Arbeitsverhältnisses aus wichtigem Grund. Der Dienstgeber hat – sollte nicht eine frühere Änderung des Arbeitsorts mit dem Dienstnehmer vereinbart sein – für mindestens einen weiteren Monat die Tätigkeit im Home Office zu akzeptieren. Der klare Wortlaut des Abs 4 und die Genese des Gesetzgebungsprozesses sprechen dagegen, dass es wichtige Gründe geben soll, die die Auflösung einer Home-Office-Vereinbarung mit sofortiger Wirkung ermöglichen.[433]

Wird hingegen Home Office auf Seiten des Dienstnehmers unmöglich oder unzumutbar, so hat er die vorzeitige Auflösung der Home-Office-Vereinbarung aus wichtigem Grund zu erklären. Damit löst er die gesetzliche Frist aus. Ist eine Einigung mit dem Dienstgeber auf eine frühere Rückkehr an einen Arbeitsplatz im Betrieb nicht möglich, so liegt ein **Dienstverhinderungsgrund** gem § 8 Abs 3 AngG bzw § 1154b Abs 5 ABGB vor.[434] Der Dienstnehmer behält damit während der verhältnismäßig kurzen Zeit der Auflösungsfrist seinen Anspruch auf Entgelt.

3.10.2. Befristung

Die Home-Office-Vereinbarung kann befristet oder unbefristet abgeschlossen werden. Eine Befristung bedarf keines besonderen sachlichen Grundes. Es bietet sich jedoch an – insb am Beginn eines Arbeitsverhältnisses – die Leistung von Arbeit im Home Office oder an sonstigen nicht zum Unternehmen gehörenden Örtlichkeiten probeweise für einen bestimmten Zeitraum zu befristen. So haben beide Vertragsparteien die Möglichkeit, für sich zu beurteilen, ob die Arbeitsleistung außerhalb des Unternehmens ihren Erwartungen entspricht. Eine Befristung

---

432 Kritisch *Trost* in *Felten/Trost* Rz 13.9; zustimmend *Hitz/Schrenk*, Homeoffice 2021 – Detailfragen zur Neuregelung, ASoK 2021, 129.

433 *Auer-Mayer/T. Dullinger* in *Köck* Rz 183; aA *Hitz/Schrenk*, ASok 2021, 129; *Englader* in Praxishandbuch, 190; *Gerhartl*, ASoK 2021, 166; *Trost* in *Felten/Trost*, Rz 13.15, die für eine teleologische Reduktion eintritt.

434 *Auer-Mayer/T. Dullinger* in *Köck* Rz 184; *Gruber-Risak*, CuRe 2021/5.

der Home-Office-Vereinbarung kann entweder **kalendermäßig** festgelegt sein oder an ein **bestimmtes Ereignis anknüpfen,** dessen Eintritt zum Zeitpunkt der Vereinbarung bereits feststeht. Es genügt, wenn der Endzeitpunkt objektiv feststellbar und der willkürlichen Beeinflussung durch die Vertragsparteien entzogen ist. Eine gewisse Absehbarkeit des objektiv bestimmbaren Zeitpunktes muss jedoch gegeben sein. Kalendermäßige und objektiv bestimmbare Befristung der Home-Office-Vereinbarung können auch kombiniert werden: Befristung für die Dauer eines bestimmten Projektes, längstens jedoch bis Ende des Kalenderjahres.[435] Wird nach Ablauf der Befristung im Home Office weitergearbeitet, ohne dass die Dienstvertragsparteien eine weitere zeitliche Begrenzung vereinbaren, so ist eine Home-Office-Vereinbarung auf unbestimmte Zeit anzunehmen. In diesem Fall ist besondere Vorsicht geboten, weil die Vereinbarung – mangels Kündigungsbestimmung – nur mehr bei Vorliegen eines wichtigen Grundes iSd Abs 4 aufgelöst werden kann.

Anders als das zugrundeliegende Arbeitsverhältnis selbst können Home-Office-Vereinbarungen sehr wohl mehrfach befristet und aneinandergereiht werden. Die Rsp zum Kettendienstverhältnis ist auf Home-Office-Vereinbarungen nicht übertragbar. Nicht ersichtlich ist, welche zwingenden Schutzvorschriften zugunsten des Dienstnehmers (etwa Kündigungsschutzbestimmungen) mit einer mehrfachen Aneinanderreihung von befristeten Home-Office-Vereinbarungen umgangen werden könnten. Gleiches gilt für die zusätzliche Vereinbarung einer Kündigungsmöglichkeit. Die Rsp zur nur eingeschränkten Zulässigkeit einer „Höchstbefristung" des Arbeitsverhältnisses ist auf die Vereinbarung einer Kündigungsmöglichkeit bei befristeten Home-Office-Vereinbarungen nicht übertragbar.[436]

Die Befristung einer Home-Office-Vereinbarung ist daher mit Kündigungsregelungen **kombinierbar**. Das ergibt sich bereits aus dem Wortlaut des § 2h Abs 4 AVRAG: *„Die Vereinbarung kann eine Befristung* ***sowie*** *Kündigungsregelungen beinhalten."*[437]

Aufgrund des relativ zwingenden Charakters[438] der Bestimmungen über Home Office und Telearbeit unterliegen die zulässigen Gestaltungsmöglichkeiten von Kündigungsregelungen Einschränkungen.

3.10.3. Ordentliche Kündigung

Um nicht auf die gesetzliche Kündigungsmöglichkeit aus wichtigem Grund eingeschränkt zu sein, empfiehlt es sich jedenfalls, Home-Office-Vereinbarungen mit

435 Vgl *Löschnigg*, Arbeitsrecht[14] Rz 5/114.
436 *Auer-Mayer/T. Dullinger* in *Köck* Rz 178.
437 Ibid.
438 Vgl § 16 ARVAG.

Kündigungsregelungen zu versehen. Die Kündigung ist die ordentliche Beendigungsform eines Dauerschuldverhältnisses unter Einhaltung von **Frist** und **Termin**, ohne dass es eines Grundes bedarf. Anders als die vorzeitige Beendigung aus wichtigem Grund ist die Beendigungsform der Kündigung nicht jedem Dauerschuldverhältnis immanent, sondern müssen Kündigungsregelungen zwischen den Vertragsparteien eben eigens **vereinbart** werden. Wegen der einseitig zwingenden Wirkung des § 2h Abs 4 AVRAG darf die vom Dienstgeber einzuhaltende Frist jedenfalls nicht kürzer als ein Monat sein.[439] Die Vereinbarung nur einer (einmonatigen) Kündigungsfrist ohne Kündigungstermin wird ebenso unzulässig sein, weil sie für den Dienstnehmer ungünstiger als die gesetzliche Regelung ist. Weiters wäre es unzulässig, nur dem Dienstgeber ein grundloses Kündigungsrecht einzuräumen, den Dienstnehmer hingegen auf die gesetzliche Beendigungsform, die eben einen wichtigen Grund verlangt, zu verweisen. ISd „Waffengleichheit" ist den Vertragsparteien auch verwehrt, dem Dienstgeber kürzere Kündigungsfristen oder günstigere Kündigungstermine einzuräumen.[440]

Kündigungsvereinbarungen, die diesen Vorgaben nicht entsprechen, sind **teilnichtig**. Das gilt, aus demselben Grund, auch für vom Dienstgeber vertraglich eingeräumte **Widerrufs-** oder **(Rück-)Versetzungsvorbehalte**.[441] In einem solchen Fall könnte der Dienstnehmer wegen des einseitig zwingenden Charakters des § 2h Abs 4 AVRAG fristlos vom Home Office zurücktreten, der Dienstgeber müsste hingegen die gesetzliche Monatsfrist und den Endtermin zum Monatsletzten einhalten.

3.10.4. Kein allgemeiner Kündigungsschutz bei Beendigung von Home-Office-/Telearbeitsvereinbarungen

Bei der Vereinbarung von Home Office oder Telearbeit als im Wesentlichen weiterer Ort außerhalb des Unternehmens, an dem die Arbeitsleistung möglich ist, handelt es sich nicht um eine gegenüber den anderen Vertragsverpflichtungen des Dienstnehmers eigenständige Vereinbarung, die gesondert vergütet wird. Ohne die besondere Kündigungsmöglichkeit in § 2h Abs 4 AVRAG wäre daher eine Teilkündigung nicht möglich.

Mangels echter Eigenständigkeit und damit eigenen rechtlichen Schicksals, wie etwa bei der Funktion eines Flottenchefs[442] bei einem Linienpiloten, unterliegt die Kündigung einer Home-Office- oder Telearbeitsvereinbarung auch nicht dem allgemeinen Kündigungsschutz gem § 105 ArbVG.

439 *Gruber-Risak* in *Gruber-Risak/Mazal*, Das Arbeitsrecht 2.5.2; *Auer-Mayer/T. Dullinger* in *Köck* Rz 185.

440 *Auer-Mayer/T. Dullinger* in *Köck* Rz 185.

441 *Auer-Mayer/T. Dullinger* in *Köck* Rz 186.

442 OGH 31.8.2005, 9 ObA 119/05y.

Echte Teilkündigungen von eigenständigen Zusatzvereinbarungen unterliegen hingegen nach wohl herrschender Rsp[443] sehr wohl dem allgemeinen Kündigungsschutz. Jedoch bereits der Gesetzeszweck, der den Schutz des Dienstnehmers vor dem ungerechtfertigten bzw stark beeinträchtigenden Verlust seines (weiteren) Arbeitsverhältnisses vor Augen hat, zeigt, dass diese Wertungen nicht auf die Kündigung von Home-Office- und Telearbeitsvereinbarungen übertragbar sind.[444] Das zugrundeliegende Arbeitsverhältnis bleibt ja von der Kündigung der Home-Office- oder Telearbeitsvereinbarung gerade unberührt.[445]

Auf Basis der hier vertretenen Rechtsansicht bedarf es somit auch nicht der Einhaltung des betriebsverfassungsrechtlichen Vorverfahrens zur Kündigung einer Home-Office- oder Telearbeitsvereinbarung.

443 Vgl wiederum OGH 31.8.2005, 9 ObA 119/05y.
444 *Winkler*, Allgemeiner Kündigungsschutz bei Teilkündigung? ecolex 2021/619.
445 AA *Trost* in *Felten/Trost* Rz 13.20 f.

4. Remote Work – Grenzüberschreitende Aspekte

Florina Thenmayer/Stanislav Nekrasov

4.1. Einleitung

Telearbeit und *Workation* haben sich nicht nur als verlässliche Modelle etabliert, um die Attraktivität von Dienstgebern am Markt zu steigern, sondern sind geradezu die Norm geworden. Obwohl zahlreiche Arbeitsplätze längst nicht mehr ortsgebunden sind, bringt Telearbeit im Ausland eine Vielzahl von komplexen juristischen Herausforderungen mit sich. Arbeits-, steuer- und sozialversicherungsrechtliche Fragen stellen Unternehmen und ihre Dienstnehmer vor erhebliche Herausforderungen.

Denn je nach Arbeitsort, Dauer und Regelmäßigkeit der grenzüberschreitenden Arbeit sind unterschiedliche materiellrechtliche Normen anwendbar und Dienstgeber können uU gezwungen sein, sich an neue abgabenrechtliche Systeme anzupassen.

Abhilfe schaffen va die fortgeschrittene Harmonisierung innerhalb der EU im Bereich des Arbeitsrechts und zwischen den Sozialversicherungssystemen der Mitgliedstaaten. Die grenzüberschreitende Arbeit in Drittstaaten erfordert hingegen eine genaue Überprüfung der jeweiligen bilateralen Regelungen. Bestehen keine solchen Regelungen, kann es uU sogar zu Doppelgleisigkeiten zwischen den unterschiedlichen Rechtsordnungen kommen.

Dieses Kapitel beleuchtet die wichtigsten Rechtsquellen, die Praktiker im Umgang mit Telearbeit im Ausland beachten sollten, und bietet ein Instrumentarium für die Implementierung von *Remote-Work*-Modellen in den unternehmerischen Alltag.

4.2. Arbeitsrechtliche Aspekte: Das anwendbare Recht

Der grenzüberschreitende Einsatz von Dienstnehmern stellt Dienstgeber und Dienstnehmer in erster Linie vor die Frage der Rechtsordnung, die für die gegenseitigen Ansprüche und Verpflichtungen der Parteien ausschlaggebend ist („**Vertragsstatut**“).

Das Vertragsstatut ist nicht nur für die gegenseitigen Ansprüche und Verpflichtungen während des aufrechten Dienstverhältnisses maßgeblich, sondern auch für das wirksame Zustandekommen des Vertrags[446] und die Geltendmachung von Ansprüchen nach dem Ende des Dienstverhältnisses, sofern diese ihren Ursprung im Dienstverhältnis hatten (so etwa Geheimhaltungsverpflichtungen, nachvertrag-

446 *Heindler* in *Rummel/Lukas/Geroldinger,* ABGB[4] (2024) Art 8 Rom I-VO Rz 40.

liche Konkurrenz- und Abwerbeverbote und die oft damit verbundenen Konventionalstrafen).[447]

4.2.1. Rom-I-VO

4.2.1.1. Anwendungsbereich

Das zentrale Regelwerk für alle Dienstverträge, die nach dem 17.12.2009 geschlossen wurden,[448] bildet die Rom-I-VO. Diese ist auf vertragliche Schuldverhältnisse in Zivil- und Handelssachen anwendbar, die eine Verbindung zum Recht verschiedener Staaten aufweisen.[449] Die Rom-I-VO gilt in sämtlichen EU-Mitgliedstaaten mit Ausnahme von Dänemark;[450] das gem der Rom-I-VO anwendbare Recht ist auch dann anzuwenden, wenn es im Ergebnis nicht das Recht eines Mitgliedstaates ist. Das bedeutet, dass die Rom-I-VO nicht nur im Verhältnis zu anderen EU-Mitgliedstaaten gilt, sondern auch im Verhältnis zu Drittstaaten (Art 2 Rom-I-VO).

Beispiel

Der Dienstvertrag mit einem Dienstnehmer, der ausschließlich in den USA für eine österreichische GmbH arbeitet, unterliegt nach den Regelungen der Rom-I-VO in Abwesenheit einer Rechtswahl dem Arbeitsrecht der USA, obwohl es sich dabei nicht um das Recht eines EU-Mitgliedstaats handelt.

Als Dienstverträge iSd Art 8 Rom-I-VO gelten jene Vertragsverhältnisse, in denen sich eine Einzelperson verpflichtet, Leistungen in persönlicher Abhängigkeit zu erbringen. Dh, der Dienstnehmer:

- ist an die **Weisungen des Dienstgebers** gebunden, insb im Hinblick auf Arbeitszeit und -ort und die Gestaltung seiner Tätigkeit. Die Tätigkeit des Dienstnehmers ist sohin weitgehend fremdbestimmt;
- ist **in die Organisation des Dienstgebers eingebunden** (er nimmt zB an Team-Meetings und internen Veranstaltungen teil oder kann auf die unternehmerische Infrastruktur und auf Support-Funktionen des Dienstgebers zugreifen, etwa Assistenz oder Buchhaltung); und
- erbringt seine Leistung im Regelfall gegen **Entgelt**.[451]

Darunter fallen iSd österreichischen Rechts sohin ua auch Arbeitsverhältnisse von leitenden Angestellten, überlassenen Arbeitskräften sowie Ausbildungsverhältnisse und Praktika, bei denen der Auszubildende eine produktive Leistung schuldet.[452] Umfasst sind in Österreich auch arbeitnehmerähnliche freie Dienstnehmer iSd

447 *Heindler* in *Rummel/Lukas/Geroldinger*, Art 8 Rom-I-VO Rz 41.
448 Artikel 28 Rom-I-VO.
449 Artikel 1 Abs 1 Rom-I-VO.
450 ErwGr 46 Rom-I-VO; Mitgliedstaaten müssen jedoch die Rom-I-VO auch gegenüber Dänemark anwenden.
451 *Heindler* in *Rummel/Lukas/Geroldinger* Art 8 Rom-I-VO Rz 40 ff.
452 *Heindler* in *Rummel/Lukas/Geroldinger*, Art 8 Rom-I-VO, Rz 42.

§ 4 Abs 4 ASVG, nicht jedoch selbständig Tätige iSd § 2 GSVG. Strittig ist hingegen, ob Geschäftsführer und Vorstände unter den Dienstnehmerbegriff des Art 8 Rom-I-VO fallen.[453] Dies ist wohl hinsichtlich Vorstandsmitgliedern einer AG und jenen Geschäftsführern, die zugleich Mehrheitsgesellschafter oder weisungsfrei sind, zu verneinen.[454]

4.2.1.2. Rechtswahl

Das nach der Rom-I-VO anwendbare Recht bestimmt sich in erster Linie nach der Rechtswahl der Parteien (Art 3 Abs 1 Rom-I-VO). Diese kann – und sollte der Klarheit halber – ausdrücklich erfolgen; denkbar ist aber auch etwa eine konkludente Rechtswahl, zB durch Verweis auf die Rechtsnormen oder KV eines bestimmten Staates.[455] Ebenso können die Parteien eine teilweise Rechtswahl für bestimmte Teile des Vertrags treffen.

Beispiel

So unterliegen häufig Mitarbeiterbeteiligungspläne, die Dienstnehmern Beteiligungen an einer ausländischen Konzerngesellschaft einräumen, iSd konzernweiten Einheitlichkeit dem Recht des Sitzstaates dieser Konzerngesellschaft, auch wenn die Dienstnehmer in anderen Staaten tätig sind, in denen der Konzern Niederlassungen oder Tochtergesellschaften hat. Zwingende Regelungen des jeweiligen Tätigkeitsstaates sind uU gemäß Art 8 Abs 1 Rom-I-VO dennoch anwendbar (dazu sogleich).

Die Rechtswahl darf jedoch nicht dazu führen, dass dem Dienstnehmer der Schutz entzogen wird, der ihm durch die zwingenden Bestimmungen jener Rechtsordnung gewährt wird, die nach Art 8 Abs 2, 3 und 4 Rom-I-VO in Abwesenheit einer Rechtswahl zur Anwendung käme. Selbst wenn die Parteien also eine Rechtswahl treffen, bleibt ihnen die Auseinandersetzung mit der Frage der laut Gesetz anwendbaren Rechtsordnung nicht erspart.

Beispiel

Ein Dienstnehmer ist bei einer deutschen GmbH angestellt und hat seinen gewöhnlichen Arbeitsort in Wien. Die Parteien vereinbaren, dass der Dienstvertrag deutschem Recht unterliegt. Nach Art 8 Abs 2 Rom-I-VO würde das Dienstverhältnis in Abwesenheit einer Rechtswahl österreichischem Recht unterliegen. Sind die Entgeltregelungen des einschlägigen österreichischen KV günstiger als die deutschen Entgeltregelungen, so sind die günstigeren österreichischen Entgeltregelungen anwendbar.

Der Günstigkeitsvergleich erfolgt nach hM nicht abstrakt, sondern stets mit Bezug auf den konkreten Sachverhalt. Dabei werden nicht einzelne Gesetzesregelungen verglichen; vielmehr wird ein „Sachgruppenvergleich" gezogen.[456]

453 *Heindler* in *Rummel/Lukas/Geroldinger*, Art 8 Rom I-VO Rz 51 ff.
454 *Eckert/Dobrijević* in *Laimer* (Hrsg), IPR Praxiskommentar (2023) Art 8 Rom I-VO Rz 6.
455 *Eckert/Dobrijević* in *Laimer* Art 8 Rom I-VO Rz 8.
456 *Streithofer*, Der kollisionsrechtliche Günstigkeitsvergleich gem Art 8 Abs 1 Satz 2 der Rom I-VO, DRdA 2012, 191 (194).

Beispiel

Soll nun der gleiche Dienstnehmer gekündigt werden, reicht es nicht, die für ihn günstigere Kündigungsfrist anzuwenden. Vielmehr muss der Dienstgeber den Themenkomplex „Kündigung" vergleichen, um so die konkret – in Anbetracht der Betriebszugehörigkeit oder anderer maßgeblichen Faktoren – für den Dienstnehmer günstigere Bestimmung zu ermitteln.

Dass dieser Sachgruppenvergleich fruchtbaren Boden für Rechtsunsicherheit und Rechtsstreitigkeiten bietet, ist offenkundig – ganz zu schweigen vom damit verbundenen Aufwand für Rechts- und Personalabteilungen. Daher ist von einer Abweichung von dem nach Art 8 Abs 2, 3 und 4 Rom-I-VO anwendbaren Recht dringend abzuraten.

Die vertragliche Rechtswahl stellt in der Praxis eine häufige Fehlerquelle dar. Dies gilt insb für im Ausland ansässige Dienstgeber, die mit dem Arbeitsrecht ihres Sitzstaates am meisten vertraut sind und nur einzelne Dienstnehmer in Österreich haben. Sind die Dienstnehmer jedoch überwiegend in Österreich tätig und kommt daher Art 8 Abs 2 Rom-I-VO zum Tragen, führt dies zu einer Doppelgleisigkeit zwischen den unterschiedlichen arbeitsrechtlichen Regelungen, die sich im gelebten Dienstverhältnis kaum entwirren lässt.

Insb in multinationalen Konzernunternehmen kann es vorkommen, dass Dienstnehmer auf Dienstgeber-Initiative in einen anderen Staat transferiert werden. Findet dieser grenzüberschreitende Einsatz nicht nur vorübergehend statt, so empfiehlt sich auch hier, den bestehenden ausländischen Dienstvertrag durch einen Dienstvertrag nach dem Recht des neuen Arbeitsortes abzulösen. Dienstnehmer fordern in diesem Fall häufig, dass bestimmte, für sie günstigere, Regelungen des Heimatstaates in den neuen Dienstvertrag übernommen werden. Diese Spiegelung günstigerer ausländischer Regelungen ist nach österreichischem Recht idR unbedenklich, zumal der Großteil österreichischer Arbeitsregelungen relativ zwingend[457] und eine vertragliche Abweichung zugunsten des Dienstnehmers sohin zulässig ist.

Auch eine teilweise Rechtswahl für ausgewählte Bereiche ist zulässig;[458] die Abgrenzung einzelner Rechtsbereiche kann die Parteien jedoch vor Herausforderungen stellen. Zu bedenken ist dabei auch die enge Verzahnung zwischen unterschiedlichen Bereichen, wie etwa dem Mutterschutz oder dem Recht von Eltern auf Karenz und die sozialversicherungsrechtlichen Leistungen, die auf diese Zeiten zugeschnitten sind.

4.2.1.3. Mangels Rechtswahl anzuwendendes Recht

Treffen die Parteien keine Rechtswahl, unterliegt der Dienstvertrag gem Art 8 Abs 2 Rom-I-VO dem Recht des Staates, in dem oder von dem aus der Dienst-

457 *Felten* in *Rummel/Lukas/Geroldinger*, ABGB⁴ (2024) § 1164 Rz 1.
458 *Eckert/Dobrijević* in *Laimer*, Art 8 Rom I-VO Rz 8.

nehmer seine Leistung gewöhnlich erbringt. Das anwendbare Recht bleibt unverändert, wenn der Dienstnehmer vorübergehend im Ausland arbeitet, sei es auf eigenen Wunsch oder aufgrund einer Entsendung durch den Dienstgeber. Ändert sich der gewöhnliche Ort der Leistungserbringung, so wechselt ab dem Zeitpunkt dieser Änderung auch das Vertragsstatut.[459] In der Praxis kann diese Änderung häufig auch schleichend stattfinden, etwa wenn Dienstnehmer ein großes Ausmaß an Selbstbestimmung hinsichtlich ihres Arbeitsortes genießen und – zB aufgrund von Veränderungen ihrer persönlichen oder familiären Situation – zunehmend mehr Zeit im Ausland verbringen. Dienstgeber sollten daher von vornherein interne Richtlinien und Abläufe einführen, um eine ungewollte Verschiebung des Arbeitsortes zu verhindern.

Erbringt der Dienstnehmer seine Leistung gewöhnlich in mehreren Staaten, kommt es auf das zeitliche und inhaltliche Überwiegen seiner Tätigkeit unter Gesamtbetrachtung aller Umstände an.[460] Das Vertragsstatut bestimmt sich in der Praxis zumeist nach dem Staat, in dem der Dienstnehmer den überwiegenden Teil der Arbeitszeit physisch verbringt. Auf die digitale Präsenz des Dienstnehmers in einem anderen Staat kommt es hingegen nicht an.[461] Für Dienstnehmer mit häufig wechselndem Arbeitsort kann hingegen jener Staat maßgeblich sein, der dem Dienstverhältnis das inhaltliche Gepräge gibt. Dabei kommt es auf den Staat an:

- in welchem die Reisetätigkeit startet;
- aus welchem Weisungen erteilt werden;
- aus welchem die Arbeit organisiert wird;
- in welchem sich die Betriebsmittel befinden; und
- in welchen der Dienstnehmer zurückkehrt.[462]

Beispiel

Der Vertriebsmitarbeiter eines österreichischen Unternehmens ist in Österreich ansässig und für die gesamte DACH-Region zuständig. Der Vertriebsmitarbeiter verbringt seine Arbeitszeit daher gewöhnlich bei Kunden innerhalb der Region. Die Arbeit wird von Österreich aus koordiniert und die Weisungen werden von Österreich aus erteilt. Ausgangspunkt für die Tätigkeit und Rückkehrort sind in Österreich. Selbst wenn ein zeitliches Überwiegen der Tätigkeit in einem Staat nicht festgestellt werden kann, ist von einem inhaltlichen Überwiegen zugunsten des österreichischen Rechts auszugehen.

Kann in Ausnahmefällen das nach Art 8 Abs 2 Rom-I-VO anwendbare Recht nicht festgestellt werden, so unterliegt der Dienstvertrag dem Recht des Staates, in dem sich die Niederlassung des Dienstgebers befindet, welche den Dienstnehmer

459 *Heindler* in *Rummel/Lukas/Geroldinger,* Art 8 Rom I-VO Rz 94.

460 *Heindler* in *Rummel/Lukas/Geroldinger,* Art 8 Rom I-VO Rz 96 ff.

461 Vgl *Niksova,* Die Arbeitswelt im digitalen Wandel: Ausländisches Homeoffice und virtuelle Entsendungen aus arbeitsrechtlicher Perspektive, ZAS 2023/19 (84).

462 Vgl EuGH C-29/10, *Koelzsch,* Rn 49. Die Rsp des EuGH legt diese Kriterien grundsätzlich anhand eines Beispiels aus dem Transportwesen fest, jedoch können diese problemlos auch in anderen Bereichen angewendet werden.

angestellt hat (Art 8 Abs 3 Rom-I-VO). Dies ist zB der Fall, wenn der Dienstnehmer in unterschiedlichen Staaten arbeitet und nicht den überwiegenden Teil seiner Arbeitszeit in einem einzelnen Staat verbringt. Zu beachten ist, dass nicht der eingetragene Sitz des Dienstgebers maßgeblich ist, sondern die einstellende Niederlassung. Diese kann nach österreichischem Recht nicht nur eine im Firmenbuch eingetragene Zweigniederlassung sein, sondern auch eine „einfache" Filiale oder ein Büro, das in organisatorischer Hinsicht dazu befugt ist, Dienstnehmer einzustellen.[463]

Beispiel

Ein Dienstnehmer wurde von der Wiener Zweigniederlassung einer deutschen GmbH eingestellt. Er arbeitet zu gleichen Teilen in Wien und an seinem Zweitwohnsitz in Rumänien, sodass die Arbeitszeit in keinem der zwei Länder überwiegt. Treffen die Parteien keine Rechtswahl, unterliegt der Dienstvertrag nach Art 8 Abs 3 Rom-I-VO österreichischem Recht, weil hier die einstellende Zweigniederlassung des Dienstgebers liegt. Dass der eingetragene Sitz des Dienstgebers in Deutschland ist, ist dabei unerheblich.

Hat der Dienstvertrag aufgrund der Gesamtheit der Umstände eine engere Verbindung zu einem anderen Staat als jenem, dessen Regelungen nach Art 8 Abs 2 oder 3 Rom-I-VO anwendbar wären, so ist das Recht dieses anderen Staates anwendbar (Art 8 Abs 4 Rom-I-VO). Nach der Jud des EuGH sind dies zB das Land, in dem der Dienstnehmer steuerpflichtig ist, und das Land, in dem er der Sozialversicherung und den Renten-, Gesundheits- und Erwerbsunfähigkeitsregelungen unterliegt.[464] In der Praxis ist diese Ausweichklausel nur in Ausnahmefällen anwendbar.

4.2.1.4. Eingriffsnormen

Art 9 Rom-I-VO lässt eine Abweichung von den Prinzipien der Rechtswahl und des mangels Rechtswahl anzuwendenden Rechts durch die Anwendung von Eingriffsnormen zu. Das sind zwingende Vorschriften eines Staates, deren Inhalt für das öffentliche Interesse so bedeutend ist, dass sie unabhängig von dem nach der Rom-I-VO bestimmten Recht jedenfalls gelten. Durch die Anwendung einer Eingriffsnorm ändert sich daher nicht die gesamte rechtliche Zuordnung des Vertragsverhältnisses zu einem Rechtssystem; vielmehr werden nur die Eingriffsnormen vereinzelt angewendet. Diese sind auch nicht auf das Arbeitsrecht des jeweiligen Staates beschränkt, sondern können aus jedem Rechtsbereich stammen, solange sie überwiegend dem öffentlichen Interesse dienen.[465]

Ob eine Bestimmung eine Eingriffsnorm darstellt, muss vom angerufenen Gericht im Einzelfall festgestellt werden. Da die Eingriffsnorm die Anknüpfung nach der

463 *Heindler* in *Rummel/Lukas/Geroldinger,* Art 8 Rom I-VO Rz 110.
464 EuGH C-64/12, *Schlecker,* Rn 41.
465 *Eckert/Dobrijević* in *Laimer* (Hrsg), IPR Praxiskommentar (2023) Art 9 Rom I-VO Rz 7 ff.

Rom-I-VO durchbricht, ist das Ermessen der Gerichte in dieser Hinsicht jedoch nicht als uneingeschränkt zu verstehen.[466]

Die als Eingriffsnormen qualifizierten Bestimmungen des (österreichischen) Arbeitsrechts können nicht vertraglich ausgeschlossen werden. Dadurch soll gewährleistet werden, dass Dienstnehmern, die in Österreich tätig sind, jedenfalls ein gewisser innerstaatlicher Mindeststandard zukommt.[467]

Beispiel

Diverse Vorschriften des österreichischen Arbeitsrechts haben den für die Anwendung von Art 9 Rom-I-VO bedeutenden Eingriffsnormcharakter. Darunter fallen ua:[468]

- Dienstnehmerschutzvorschriften;
- Arbeitszeitregelungen;
- Insolvenz-Entgeltsicherungs-Bestimmungen; sowie
- Jugend- und Mutterschutz.

Art 9 Abs 1 Rom-I-VO dient der Beantwortung der Frage, ob eine Eingriffsnorm vorliegt.[469] Der zur Anwendung von Eingriffsnormen berufene Staat wird mit Art 9 Abs 2 und 3 Rom-I-VO bestimmt. Abs 2 ermöglicht die Anwendung von Eingriffsnormen der *lex fori*, also des Gerichtsstaates. Hierfür ist ein Inlandsbezug des Sachverhalts (ungeschriebene) Grundvoraussetzung. Abs 3 erlaubt des Weiteren die Anwendung von Eingriffsnormen des Erfüllungsortes, also des Staates, in welchem es zur tatsächlichen Leistungserfüllung kommt.[470]

Eine ähnliche Funktion wie die Eingriffsnormen hat auch der *Ordre-public*-Vorbehalt. Dieser gibt Staaten die Möglichkeit, die Anwendung ausländischer Normen, die mit den Prinzipien der nationalen Rechtsordnung unvereinbar sind, zu untersagen.[471] Stattdessen muss die entsprechende Bestimmung des nationalen Rechts angewendet werden.[472]

Checkliste: Anwendbares Arbeitsrecht

Zusammenfassend lässt sich das anwendbare Arbeitsrecht im grenzüberschreitenden Kontext wie folgt festlegen:

1. **Rechtswahl:** Haben die Parteien eine Rechtswahl getroffen? Wenn ja: Sind allenfalls zwingende Regelungen eines anderen Staates zu beachten?
2. **Zeitliches Überwiegen:** Wenn keine Rechtswahl getroffen wurde: In welchem Staat verbringt der Dienstnehmer seine Arbeitszeit in überwiegendem Ausmaß?

466 *Eckert/Dobrijević* in *Laimer* (Hrsg), IPR Praxiskommentar (2023) Art 9 Rom I-VO Rz 14 f.
467 *Gerhartl*, Anwendbares Arbeitsrecht bei Auslandsbezug und Eingriffsnormen am Beispiel des LSD-BG, RdW 2016/561.
468 *Wolfsgruber-Ecker* in *Neumayr/Reissner*, ZellKomm^3 (2018) Art 9 Rom I-VO Rz 33.
469 *Verschraegen* in *Rummel/Lukas/Geroldinger*, ABGB^4 (2024) Art 9 Rom I-VO Rz 18.
470 *Eckert/Dobrijević* in *Laimer*, Art 9 Rom I-VO Rz 1; 42 ff.
471 *Eckert/Dobrijević* in *Laimer*, Art 9 Rom I-VO Rz 20.
472 § 6 IPRG.

3. **Inhaltliches Überwiegen:** Wenn ein klares Überwiegen nicht festgestellt werden kann, zB weil der Dienstnehmer in mehreren Staaten tätig ist, ohne in einem bestimmten Staat den überwiegenden Teil seiner Arbeitszeit zu verbringen: Welcher Staat gibt der Tätigkeit das inhaltliche Gepräge?
4. **Einstellende Niederlassung:** Wenn weder ein zeitliches noch ein inhaltliches Überwiegen festgestellt werden kann: In welchem Staat befindet sich die einstellende Niederlassung des Dienstgebers?
5. **Engere Verbindung:** Weist der Dienstvertrag unter Gesamtbetrachtung der Umstände eine engere Verbindung zu einem anderen Staat auf?

Tipp

Vom anwendbaren materiellen Recht ist der Gerichtsstand (dh der Staat, in dem Ansprüche aus dem Dienstvertrag gerichtlich geltend gemacht werden können) streng zu unterscheiden. Anders als das materielle Recht richtet sich der Gerichtsstand nach den Bestimmungen der EuGVVO.

4.2.1.5. Formvorschriften

Die Rom-I-VO ist nicht nur für die wechselseitigen Rechte und Pflichten aus dem Dienstverhältnis, sondern auch für die anwendbaren Formvorschriften maßgeblich. Die Regelungen des Art 11 Rom-I-VO sehen dabei zwei relevante Fallkonstellationen vor:

Befinden sich die Vertragsparteien bzw deren Vertreter zum Zeitpunkt des Vertragsabschlusses im gleichen Staat, so ist der Dienstvertrag formgültig abgeschlossen, wenn

- die Formvorschriften des Vertragsstatuts oder
- jene des Staates, in dem sich die Vertragsparteien bei Vertragsabschluss befinden,

gewahrt sind.

Befinden sich die Vertragsparteien hingegen zum Zeitpunkt des Vertragsabschlusses in unterschiedlichen Staaten, so ist der Dienstvertrag formgültig abgeschlossen, wenn

- die Formvorschriften des Vertragsstatuts oder
- des Staats, in dem sich eine der Vertragsparteien bei Vertragsabschluss befindet, oder
- des Staats, in dem eine der Vertragsparteien bei Vertragsabschluss ihren gewöhnlichen Aufenthalt hatte,

gewahrt sind.

4.2.1.6. Exkurs: Vor dem 17.12.2009 geschlossene Dienstverträge

Jene Dienstverträge, welche zwischen dem 1.1.1979 und dem 30.11.1998 abgeschlossen wurden, unterliegen dem IPRG. Die zur Bestimmung des anwendbaren Rechts dieser Dienstverhältnisse dienende Norm ist der 1998 außer Kraft getretene[473] § 44 IPRG. Trotz Außerkrafttretens ist die Bestimmung weiterhin auf alle im beschriebenen Zeitraum abgeschlossenen Dienstverträge anwendbar.[474]

Gem § 44 Abs 1 IPRG ist das Recht jenes Staates anwendbar, in welchem der Dienstnehmer gewöhnlich seine Arbeit verrichtet. Auch Entsendungen ändern an dieser Zuordnung grundsätzlich nichts. Sofern die Arbeit aber gewöhnlich in mehreren Staaten verrichtet wird, ist gem § 44 Abs 2 IPRG auf den Standort der Niederlassung des Dienstgebers abzustellen. § 44 Abs 3 IPRG erlaubt des Weiteren auch für diese Dienstverträge eine Rechtswahl. Diese muss aber ausdrücklich vereinbart worden sein und darf den Dienstnehmer nicht benachteiligen.[475]

Dienstverträge, die nach dem 30.11.1998 und vor dem 17.12.2009 geschlossen wurden, unterliegen dem EVÜ.[476] Die Rom-I-VO ist dem EVÜ in weiten Teilen nachgebildet und die Regelungen hinsichtlich des anwendbaren Arbeitsrechts sind nahezu ident.[477] Dienstverträge, die in den Anwendungsbereich des EVÜ fallen, unterliegen also dem gleichen Prüfschema hinsichtlich des anwendbaren Rechts.

4.2.2. Spezielle Fallkonstellationen

4.2.2.1. Employer of Record

Vor dem Hintergrund der zunehmenden Digitalisierung der Arbeitswelt rekrutieren Dienstgeber regelmäßig Kandidaten über nationale Grenzen hinweg. Dabei ist häufig nicht die Gründung einer umfangreichen Präsenz in dem betreffenden Staat angedacht, sondern lediglich die Einstellung weniger, oder sogar nur einzelner Dienstnehmer. Um den administrativen Aufwand iZm dem Dienstverhältnis zu minimieren, greifen Dienstgeber in solchen Fällen oft auf *Employers of Record* zu, die den Dienstnehmer formell einstellen und die Gehaltszahlungen einschließlich der gebotenen Abgaben abwickeln. Organisatorisch arbeitet der Dienstnehmer jedoch für den Auftraggeber des *Employer of Record.* Diese Konstellationen stellen aus österreichischer Sicht eine Form von Arbeitskräfteüberlassung dar.[478] Ist der Dienstnehmer in Österreich physisch tätig, so sind die üblichen Regelungen des AÜG anwendbar.

473 BGBl I 1998/119.

474 *F.G. Burger/Hofer* in *Reissner/Neumayr,* ZellHB AV-Klauseln² (2019) Besonderer Teil, 5. Klausel Rz 5.06.

475 *Egermann* in *Mazal/Gruber-Risak* (Hrsg), Das Arbeitsrecht – System und Praxiskommentar⁴²·ᴸᶠᵍ (2023), Das auf das Arbeitsverhältnis anwendbare Recht Rz 48.

476 *Verschraegen* in *Rummel/Lukas/Geroldinger,* ABGB⁴ (2024) Vor Art 1 Rom I-VO Rz 24.

477 Vgl insb Art 6 EVÜ.

478 OGH 29.5.2018, 8 ObA 51/17h.

4.2.2.2. Vorübergehende Tätigkeit im Ausland

Auslandsentsendungen – dh die Erbringung der Arbeitsleistung in einem anderen Staat auf Wunsch des Dienstgebers – sind für sich genommen kein Phänomen der digitalen Arbeitswelt. Ganz im Gegenteil, zumal Entsendungen die physische Anwesenheit des Dienstnehmers an einem bestimmten Ort erfordern. Neu ist hingegen die Tendenz, den Arbeitsort auf Wunsch des Dienstnehmers mit Hilfe von digitalen Arbeitsmitteln ins Ausland zu verlagern. Die Beweggründe dafür – von der Pflege naher Angehöriger bis etwa zum verlängerten Aufenthalt am Urlaubsort (*Workation*) – können unterschiedlich sein.

Anders als im Sozialversicherungsrecht (siehe dazu Pkt 4.3.) ist hinsichtlich der arbeitsrechtlichen EU-Regelungen entscheidend, ob die Initiative für den Auslandsaufenthalt vom Dienstgeber oder vom Dienstnehmer ausgeht. Die Entsende-RL, welche die arbeitsrechtlichen Mindeststandards für Auslandsentsendungen regelt, ist nämlich für jene Dienstgeber anwendbar, die im Rahmen der grenzüberschreitenden Erbringung von Dienstleistungen Dienstnehmer in einen anderen Mitgliedstaat entsenden (Art 1 Abs 1 Entsende-RL). Die Entsendung kann etwa direkt beim Dienstleistungsempfänger, bei einem Konzernunternehmen oder bei einem Beschäftiger im Rahmen einer Arbeitskräfteüberlassung stattfinden (Art 1 Abs 3 Entsende-RL). Geht die Initiative für den Auslandsaufenthalt vom Dienstnehmer aus, handelt es sich nicht um eine Auslandsentsendung iSd Entsende-RL. Der Begriff der Entsendung gem dem LSD-BG idgF ist im Übrigen mit jenem der Entsende-RL harmonisiert.[479]

Die Entsende-RL stellt jedoch einen Mindeststandard innerhalb der EU dar und gilt grundsätzlich nicht unmittelbar, sondern wurde in den Mitgliedstaaten unterschiedlich umgesetzt. Aufgrund dieser unterschiedlichen nationalen Regeln empfiehlt es sich dennoch, vorsichtshalber auch im Fall eines vom Dienstnehmer initiierten Auslandsaufenthalts die jeweils geltenden Gesetze des Aufenthaltsorts zu konsultieren. Dies gilt umso mehr für Aufenthalte in Drittstaaten, die nicht an die Entsende-RL gebunden sind.

4.3. Sozialversicherungsrechtliche Aspekte

Das anwendbare Sozialversicherungsrecht richtet sich gem den österreichischen Regelungen nach dem Territorialitätsprinzip.[480] Gem § 3 ASVG unterliegen der österreichischen Sozialversicherung jene Dienstnehmer, deren Beschäftigungsort im Inland liegt, sowie jene selbständig Erwerbstätigen, die ihren Betriebssitz im Inland haben. Als Beschäftigungsort gilt generell jener Ort, an dem der Dienstnehmer die Tätigkeit ausübt. Dieser bleibt prinzipiell auch dann unberührt, wenn

479 *F. Schrank* in *Schrank/Schrank/Lindmayr* (Hrsg), Lohn- und Sozialdumping-Bekämpfungsgesetz Kommentar[2] (2021), zu § 1 LSD-BG 5.

480 *Gruber* in *Poperl/Trauner/Weißenböck* (Hrsg), ASVG Praxiskommentar[72.Lfg] (2021) § 3 ASVG Rz 1 ff.

sich der Tätigkeitsort vorübergehend und für relativ kurze Zeit ins Ausland verlagert (dazu sogleich).

Die genaue Beurteilung der sozialversicherungsrechtlichen Zuständigkeit richtet sich im Einzelfall nach den einschlägigen nationalen und unionsrechtlichen Regelungen – insb VO 883/2004 bzw VO 1408/71 und den jeweiligen Durchführungsverordnungen DVO 987/2009 bzw DVO 574/72 – sowie den Abkommen zwischen Österreich und bestimmten Drittstaaten im Bereich der sozialen Sicherheit.

4.3.1. Tätigkeit innerhalb der EU, des EWR und der Schweiz

Führen Dienstnehmer ihre Tätigkeit innerhalb der EU, des EWR und/oder der Schweiz aus, richtet sich die sozialversicherungsrechtliche Zuständigkeit nach VO 883/2004 und DVO 987/2009, die ab dem 1.5.2010 die VO 1408/71 und die DVO 574/72 weitgehend abgelöst haben und Vorrang gegenüber bilateralen Sozialversicherungsabkommen genießen.[481]

VO 883/2004 und DVO 987/2009 gelten für alle EU- und EWR-Bürger, für Staatsangehörige der Schweiz sowie für Familienangehörige und Hinterbliebene der zuvor genannten Personen unabhängig von ihrer Staatsangehörigkeit.[482] Seit 1.1.2011 gelten die VO auch in Bezug auf Drittstaatsangehörige, die in der EU tätig sind.[483]

Der sachliche Anwendungsbereich der Verordnungen umfasst alle Zweige der sozialen Sicherheit, wie etwa die Kranken-, Unfall-, Pensions- oder Arbeitslosenversicherung.

Ganz allgemein sieht VO 883/2004 vor, dass die von ihr erfassten Personen stets nur in einem Mitgliedstaat sozialversicherungspflichtig sind[484], nämlich in jenem Mitgliedstaat, in dem sie – auf selbständiger oder unselbständiger Basis – tätig sind.[485] Ausnahmen von diesem Territorialitätsprinzip finden sich in den Bestimmungen zur Entsendung und zur Ausübung von Tätigkeiten in mehreren Mitgliedstaaten.

4.3.1.1. Entsendung

Der zuständige Mitgliedstaat bleibt auch dann unverändert, wenn der Dienstnehmer vorübergehend in einen anderen Mitgliedstaat entsandt wird, die Dauer der Entsendung voraussichtlich 24 Monate nicht überschreitet und der entsandte Dienstnehmer keinen anderen Mitarbeiter ablöst (Ablöseverbot).[486] Das Gleiche gilt für Dienstnehmer, die im Hinblick auf die Entsendung eingestellt werden,

481 *Pletzenauer*, Die neue Koordinierung der sozialen Sicherheit in der EU – VO (EG) 883/2004, VO (EG) 987/2009, DRdA 2010, 440.

482 *Bendlinger*, Tätigkeit in EU/EWR-Mitgliedstaaten und in der Schweiz, in Auslandsentsendungen in der Praxis des internationalen Steuer- und Sozialversicherungsrechts[4] (2024) Rz 7.

483 Art 1 VO 1231/2010.

484 Art 11 Abs 1 VO 883/2004.

485 Art 11 Abs 3 lit a VO 883/2004.

486 Art 12 Abs 1 VO 883/2004.

sofern sie unmittelbar vor der Entsendung der Sozialversicherung des Entsendestaates unterliegen (dh des Staates, in dem der Dienstgeber seinen Unternehmenssitz hat).[487]

Überschreitet die Dauer der Entsendung die maximal zulässige Dauer von 24 Monaten, so wird der Dienstnehmer im Beschäftigungsstaat sozialversicherungspflichtig. Ist bereits bei Beginn der Entsendung bekannt, dass diese die maximale Dauer von 24 Monaten überschreiten wird, so ist der Dienstnehmer bereits von Beginn der Entsendung an im Beschäftigungsstaat sozialversicherungspflichtig.[488] Dienstgeber können jedoch bei der zuständigen Behörde des Mitgliedstaates, dessen Zuständigkeit gewünscht ist, eine Ausnahmeregelung beantragen. In Österreich können solche Ausnahmeregelungen beim Bundesministerium für Soziales, Gesundheit, Pflege und Konsumentenschutz beantragt werden.

Nicht ausdrücklich geregelt ist die Unterbrechung einer Entsendung und ihre Auswirkung auf die sozialversicherungsrechtliche Zuordnung. Gemäß der Verwaltungspraxis beginnt die 24-monatige Maximaldauer jedenfalls nach einer Unterbrechung von zwei Monaten von Neuem zu laufen. Je nach Gesamtdauer der Entsendung kann auch eine kürzere Frist den neuerlichen Lauf der Maximaldauer auslösen.[489]

Beispiel

Ein österreichischer Dienstnehmer wird für die Dauer von 24 Monaten nach Italien entsandt. Der Dienstnehmer kehrt für drei Tage nach Österreich zurück und wird sodann unmittelbar wieder nach Italien entsandt. Ab der zweiten Entsendung unterliegt der Dienstnehmer der italienischen Sozialversicherung, es sei denn, der Dienstgeber hat eine Ausnahmeregelung beantragt.

Anderes gilt, wenn der Dienstnehmer zwischen den Entsendungen zwei Monate in Österreich verbringt. Bei der neuerlichen Entsendung wird erneut die 24-monatige Frist ausgelöst.

Ebenso unterliegt die 24-monatige Maximaldauer der Bedingung, dass der Dienstnehmer keinen unmittelbar davor entsandten Mitarbeiter ablöst. Entscheidend dafür ist, ob die Tätigkeit der entsandten Dienstnehmer ident ist. In diesem Fall ist die Dauer der Entsendungen zusammenzurechnen. Handelt es sich hingegen um unterschiedliche Tätigkeiten, so bleibt jeder Dienstnehmer für die maximale Dauer von 24 Monaten weiterhin im Heimatstaat sozialversichert.[490]

---

487 Art 14 Abs 1 VO 987/2009.

488 *Bendlinger*, Die Entsendung unselbständig Beschäftigter in EU/EWR und in die Schweiz, in Auslandsentsendungen in der Praxis des internationalen Steuer- und Sozialversicherungsrechts[4] (2024) Rz 46 ff.

489 Österreichische Gesundheitskasse, Fragen-Antworten-Katalog Europäische SV, abrufbar unter https://www.gesundheitskasse.at/de/flipbook/dgportal/FAK-EuropaeischeSV/html5/?pn=1 (abgefragt am 30.6.2025).

490 Ibid.

4.3.1.2. Regelmäßige Tätigkeit in mehreren Mitgliedstaaten

Arbeitet ein Dienstnehmer in zwei oder mehreren Mitgliedstaaten, so unterliegt er der Sozialversicherung seines Wohnmitgliedstaates, sofern der Dienstnehmer hier einen wesentlichen Teil der Tätigkeit ausübt. Als „wesentlich" iSd VO gilt die Tätigkeit dann, wenn sie mindestens 25 % des gesamten Ausmaßes der gesamten Tätigkeit ausmacht. Sie muss jedoch nicht den überwiegenden Teil der Tätigkeit ausmachen. Die Tätigkeit kann auf einem oder auf mehreren Dienstverträgen mit unterschiedlichen Dienstgebern basieren. Maßgeblich für die Bemessung des Ausmaßes der Tätigkeit sind die Arbeitszeit sowie das Entgelt während der folgenden 12 Kalendermonate.[491]

Der Dienstnehmer unterliegt ebenso der Sozialversicherung seines Wohnsitzstaates, wenn er für mehrere Dienstgeber tätig ist, die ihren Sitz in verschiedenen Mitgliedstaaten haben, und zwar unabhängig vom Ausmaß der Tätigkeit im Wohnsitzstaat.

Für die sozialversicherungsrechtliche Zuordnung sind marginale Tätigkeiten, die weniger als 5 % der Arbeitszeit ausmachen, unerheblich. Ebenso ist es unbeachtlich, wie häufig oder regelmäßig der Dienstnehmer zwischen den Mitgliedstaaten wechselt.[492]

Beispiel

Arbeitet der Dienstnehmer mit Wohnsitz in Österreich regelmäßig zwei Tage pro Woche in Österreich und drei Tage pro Woche in Deutschland, so unterliegt er der österreichischen Sozialversicherung, weil er mehr als 25 % seiner Arbeitszeit im Wohnsitzstaat verbringt.

Dabei ist jedoch unerheblich, ob der Dienstnehmer wöchentlich oder in größeren Zeitabständen pendelt. Entscheidend ist nur, ob er in seinem Wohnsitzstaat insgesamt 25 % seiner Tätigkeit erbringt. Ist er zB während der folgenden zwölf Kalendermonate voraussichtlich 14 vollständige Wochen an seinem Wohnsitz in Österreich tätig und arbeitet er das restliche Jahr in Deutschland, so unterliegt der Dienstnehmer der österreichischen Sozialversicherung.

Beispiel

Ein Dienstnehmer arbeitet in Österreich für einen hier ansässigen Dienstgeber und bezieht ein Bruttojahresentgelt von EUR 40.000. Er arbeitet für einige Monate pro Jahr in Paris für ein französisches Unternehmen und bezieht für diese Tätigkeit brutto EUR 110.000. Das Entgelt, das der Dienstnehmer in Österreich bezieht, macht mehr als 25 % seines Gesamtentgelts aus, sodass der österreichische Sozialversicherungsträger für ihn zuständig ist.

Ist der Dienstnehmer hingegen im Ausmaß von weniger als 25 % in seinem Wohnsitzstaat tätig, so unterliegt er der Sozialversicherung des Mitgliedstaates, in dem der Dienstgeber seinen Unternehmenssitz hat.[493]

491 § 14 Abs 8 und 10 VO 987/2009.
492 Art 14 Abs 5 lit b VO 987/2009.
493 Art 13 Abs 1 lit b VO 883/2004.

Ist der Dienstnehmer für mehrere Dienstgeber tätig, die ihren Unternehmenssitz in verschiedenen Mitgliedstaaten (außerhalb des Wohnsitzstaates) haben, so ist der Dienstnehmer im Wohnsitzstaat sozialversichert, und zwar unabhängig vom Ausmaß seiner dortigen Tätigkeit.

Die Beurteilung der Sozialversicherungspflicht ist stets *ex ante* für die folgenden zwölf Kalendermonate zu treffen. Erweisen sich die getroffenen Annahmen im Laufe der Tätigkeit als unrichtig, so müssen ab Bekanntwerden der Änderung die notwendigen Vorkehrungen getroffen werden, etwa die Anmeldung bei der ausländischen Sozialversicherung. Eine Pflicht zur rückwirkenden Anmeldung ab Beginn der Tätigkeit besteht hingegen nicht.[494]

Übt ein Dienstnehmer in mehreren Mitgliedstaaten sowohl eine selbständige als auch eine unselbständige Tätigkeit aus, so richtet sich die Sozialversicherungspflicht entsprechend den zuvor genannten Regelungen nach der unselbständigen Tätigkeit.[495]

Ebenso wie im Fall der Entsendung besteht auch bei der regelmäßigen Tätigkeit in mehreren Mitgliedstaaten die Möglichkeit, eine Ausnahmeregelung bei der zuständigen Behörde des Mitgliedstaates, dessen Sozialversicherungsrecht anwendbar sein soll, zu beantragen.

4.3.1.3. Auslandstätigkeit auf Wunsch des Dienstnehmers

Dort zu arbeiten, wo andere Urlaub machen, ist eine Praxis, die sich erst in den letzten Jahren durchgesetzt hat und die der europäische Gesetzgeber wohl nicht als Mainstream-Phänomen vor Augen hatte, als die VO 883/2004 und die DVO 987/2009 entworfen wurden. Praktiker werden diese daher vergeblich für ausdrückliche Regelungen rund um das Thema *Workation* – oder generell vom Dienstnehmer initiierten Auslandseinsätzen – durchforsten.

Durch das Zunehmen von Telearbeit und *Workation*, einem Trend, der zweifellos durch die Pandemie verstärkt wurde, wurde es jedoch notwendig, die Grenzen des Wortlauts der VO auszudehnen. Die Verwaltungskommission der EU für die Koordinierung der Systeme der sozialen Sicherheit (Verwaltungskommission) erließ daher mit Wirkung ab dem 1.7.2023 neue Leitlinien über die Auslegung der rechtlichen Bestimmungen vor dem Hintergrund des Wandels der Arbeitswelt.[496]

Demnach gilt Art 12 der VO 883/2004 (bezüglich Auslandsentsendungen) für Fälle, in denen Telearbeit in einem anderen Mitgliedstaat gelegentlich und vorüber-

494 *Österreichische Gesundheitskasse*, Fragen-Antworten-Katalog Europäische SV, https://www.gesundheitskasse.at/de/flipbook/dgportal/FAK-EuropaeischeSV/html5/index.html?&locale=DEU (abgefragt am 30.6.2025).

495 Art 13 Abs 3 VO 883/2004.

496 Vgl C/2024/594.

gehend stattfindet und nicht einen Teil des gewöhnlichen Arbeitsrhythmus darstellt. Eine wesentliche Bedingung für die Anwendung dieser Bestimmung ist jedoch weiters, dass der Dienstnehmer vom Dienstgeber in einen anderen Mitgliedstaat entsandt wird, um dort für den Dienstgeber tätig zu werden. Geht man davon aus, dass Telearbeit für beide Parteien Vorteile hat (für den Dienstgeber etwa gesteigerte Effizienz und niedrigere Betriebskosten), so kann auch Telearbeit auf Wunsch des Dienstnehmers unter Art 12 leg cit subsumiert werden, sofern die restlichen Voraussetzungen erfüllt sind.[497]

Beispiel

Folgende Fälle werden in der Leitlinie der Verwaltungskommission beispielhaft angeführt und sind wie eine Entsendung nach Art 12 der VO 883/2004 zu behandeln:

- Telearbeit aufgrund von Renovierungsarbeiten im Büro des Dienstgebers;
- Home Office für die Pflege kranker Kinder oder älterer Angehöriger oder für die Betreuung von Kleinkindern;
- die Parteien vereinbaren Telearbeit, damit sich der Dienstnehmer für einige Wochen auf ein bestimmtes Projekt konzentrieren kann; oder
- der Dienstnehmer arbeitet im Anschluss an seinen Urlaub am Urlaubsort, bevor er in den Heimatstaat zurückkehrt und seine Büroarbeit wiederaufnimmt.[498]

Das letzte Bsp bildet genau das Szenario *Workation* ab, in dem Dienstnehmer zumeist vor oder im Anschluss an den Urlaub am Urlaubsort arbeiten oder sogar ohne Urlaubsverbrauch auf eigenen Wunsch den Arbeitsort vorübergehend ins Ausland verlagern. Verbringt der Dienstnehmer also weniger als 24 Monate am *Workation*-Ort (was zumeist der gelebten Praxis entspricht), so unterliegt er weiterhin der Sozialversicherung des Heimatstaates.

Von dieser sporadischen Verlagerung des Arbeitsplatzes sind jene Fälle zu unterscheiden, in denen der Dienstnehmer regelmäßig seine Tätigkeit in mehreren Mitgliedstaaten ausübt. Diese Situationen sind nicht einer Entsendung gleichzusetzen, sondern unterliegen vielmehr Art 13 der VO 883/2004 hinsichtlich der regelmäßigen Tätigkeit in mehreren Mitgliedstaaten.

Beispiel

Die Verwaltungskommission führt folgende Bsp an:

- wöchentlicher Wechsel zwischen dem Betrieb des Dienstgebers und Telearbeit;
- der Wechsel zwischen Betrieb des Dienstgebers und Telearbeit ist für längere Zeitspannen vorgesehen (etwa einmal alle sechs Wochen); oder
- der Dienstnehmer darf eine maximale Anzahl an Tagen pro Jahr vom Ausland arbeiten.

Findet die Auslandstätigkeit also regelmäßig statt, sind die Regelungen des Art 13 der VO 883/2004 anzuwenden.

497 C/2024/594, Leitlinien zur Telearbeit (AC 125/22REV3), Auslegung von Artikel 12 in Bezug auf Telearbeit.

498 Ibid.

Beispiel

Ein rumänischer Dienstnehmer hat seinen gewöhnlichen Wohnsitz in Wien und arbeitet hier für ein Unternehmen. Einen Monat pro Jahr verbringt der Dienstnehmer in seinem Home Office in Rumänien, um längere Zeit mit seiner Familie verbringen zu können. Der Dienstnehmer bleibt weiterhin in Österreich sozialversichert, weil er hier seinen Wohnsitz hat und einen wesentlichen Teil seiner Tätigkeit ausführt (mehr als 25 %).

Ist der Dienstgeber in der Praxis vor eine atypische Situation gestellt und ist daher unklar, nach welcher Bestimmung ein Sachverhalt zu beurteilen ist, besteht die Möglichkeit, eine Vereinbarung nach Art 16 der VO 883/2004 zu beantragen. Zu beachten ist in diesem Fall, dass die Art-16-Vereinbarung stets nur im Interesse und mit Zustimmung des betroffenen Dienstnehmers getroffen werden kann und dieser die Möglichkeit haben muss, aus der Vereinbarung hinauszuoptieren.[499]

Beispiel

Laut Verwaltungskommission bieten sich zB folgende Szenarien für eine Art-16-Vereinbarung an:

- Telearbeit für die ständige Pflege eines Angehörigen; oder
- Telearbeit für die Erleichterung der Tätigkeit von Menschen mit Behinderungen.

4.3.1.4. Multilaterale Rahmenvereinbarung

Die Möglichkeit, eine Art-16-Vereinbarung abzuschließen, besteht nicht nur in Einzelfällen, sondern kann zwischen zwei oder mehreren Mitgliedstaaten auch für eine breitere Personengruppe getroffen werden. Diese Möglichkeit haben viele der Mitgliedstaaten genutzt, um einerseits bilaterale Rahmenvereinbarungen im Bereich des Sozialversicherungsrechts abzuschließen – so etwa Österreich mit seinen Nachbarländern Deutschland[500], Tschechien[501] und Slowakei[502] –, und andererseits, um eine einheitliche Regelung in Form einer multilateralen Rahmenvereinbarung zu schaffen.

Die multilaterale Rahmenvereinbarung wurde bereits von zahlreichen Mitgliedstaaten unterzeichnet[503] (einschließlich Österreich) und ist auf jene Dienstnehmer[504]

499 C/2024/594, Leitlinien zur Telearbeit (AC 125/22REV3), Bedingungen für die Anwendung von Artikel 16 auf Vereinbarungen über Telearbeit.

500 Rahmenvereinbarung über die Anwendung von Artikel 16 Absatz 1 der Verordnung (EG) Nr 883/2004 bei gewöhnlicher grenzüberschreitender Telearbeit zwischen Deutschland und Österreich.

501 Framework Agreement on the application of Article 16 (1) of Regulation (EC) No 883/2004 regarding habitual cross-border telework between Austria and the Czech Republic.

502 Framework Agreement on the application of Article 16 (1) of Regulation (EC) No 883/2004 regarding habitual cross-border telework between the Ministry of Labour, Social Affairs and Family of the Slovak Republic and the Federal Ministry for Social Affairs, Health, Care and Consumer Protection of the Republic of Austria.

503 Die vollständige Liste von Unterzeichnerstaaten ist abrufbar unter https://socialsecurity.belgium.be/en/internationally-active/cross-border-telework-eu-eea-and-switzerland (abgefragt am 30.6.2025).

504 Anders als VO 883/2004 ist die multilaterale Rahmenvereinbarung nicht auf selbständig tätige Personen anwendbar.

anwendbar, die ihren Wohnsitz in einem Unterzeichnerstaat haben und für einen Dienstgeber mit dem eingetragenen Sitz oder der Niederlassung in einem anderen Unterzeichnerstaat Telearbeit leisten.[505] Die multilaterale Rahmenvereinbarung gilt sohin für jene Dienstnehmer, die iSd Art 13 VO 883/2004 regelmäßig grenzüberschreitend tätig sind.[506] Grenzüberschreitende Telearbeit iSd Rahmenvereinbarung ist jene Tätigkeit, die Dienstnehmer ortsunabhängig, unter Einsatz von IT-Einrichtungen, erbringen.[507]

Gem der multilateralen Rahmenvereinbarung kann der Dienstgeber im Einvernehmen mit dem Dienstnehmer beantragen, dass der Dienstnehmer dem Sozialversicherungsrecht des Mitgliedstaates unterliegt, in dem der Dienstgeber seinen eingetragenen Sitz oder Geschäftssitz hat, sofern die grenzüberschreitende Telearbeit im Wohnsitzstaat des Dienstnehmers weniger als 50 % der gesamten Arbeitszeit ausmacht.[508]

Der Dienstgeber kann den Antrag beim Sozialversicherungsträger jenes Staates stellen, dessen Sozialversicherungsrecht anwendbar sein soll. In Österreich ist der Adressat hierfür der Dachverband der Sozialversicherungen.[509] Der Antrag kann für die maximale Dauer von drei Jahren gestellt werden und kann nach Ablauf dieser Zeit verlängert werden. Der Antrag muss einen Zeitraum nach Inkrafttreten der Rahmenvereinbarung betreffen (für Österreich: ab dem 1.7.2023). Er kann grundsätzlich nicht rückwirkend gestellt werden. Eine Ausnahme bilden Zeiträume von bis zu drei Monaten vor dem Datum der Antragstellung, sofern für diese Sozialversicherungsbeiträge gezahlt wurden oder der Dienstnehmer anderweitig im betreffenden Sozialversicherungssystem versichert war.[510]

Stellt der Dienstgeber keinen Antrag nach den Regelungen der multilateralen Rahmenvereinbarung, so bleiben die Grundregeln der VO 883/2004 und 987/2009 anwendbar. Die multilaterale Rahmenvereinbarung schließt außerdem abweichende Art-16-Vereinbarungen für spezielle Fälle nicht aus.[511]

4.3.1.5. Pflichten des Dienstgebers

Selbst wenn der Dienstgeber seinen Sitz außerhalb des für den Dienstnehmer zuständigen Mitgliedstaats hat, muss er die Rechtsvorschriften des Versicherungsstaates einhalten. Das ist meistens die Registrierung des Dienstnehmers beim zu-

505 Art 2 Abs 1 multilaterale Rahmenvereinbarung.
506 Art 2 Abs 2 multilaterale Rahmenvereinbarung.
507 Art 1 lit c multilaterale Rahmenvereinbarung.
508 Art 3 f multilaterale Rahmenvereinbarung.
509 Vgl *Österreichische Sozialversicherung*, Grenzüberschreitende Telearbeit, abrufbar unter: https://www.sozialversicherung.at/cdscontent/?contentid=10007.889331&portal=svportal&utm_source (abgefragt am 30.6.2025).
510 Art 4 multilaterale Rahmenvereinbarung.
511 Art 6 Abs 1 multilaterale Rahmenvereinbarung.

ständigen Sozialversicherungsträger sowie die Zahlung der Sozialversicherungsbeiträge. Der Dienstgeber kann stattdessen aber auch mit dem Dienstnehmer vereinbaren, dass dieser die Beiträge zu zahlen hat und die Zahlung der Beiträge wahrnimmt. Der Dienstgeber muss eine solche Vereinbarung dem zuständigen Sozialversicherungsträger übermitteln.[512]

Tipp

Letztverantwortlich für die Sozialversicherungsbeiträge bleibt dennoch der Dienstgeber. Um die damit verbundenen Risiken zu minimieren (zB dass der Dienstnehmer Sozialversicherungsbeiträge nicht oder nicht rechtzeitig zahlt), kann der Dienstgeber stattdessen die Sozialversicherungsbeiträge mit Hilfe eines lokalen Lohnverrechners zahlen.[513]

4.3.1.6. A1-Zertifikat

Auf Antrag des Dienstnehmers oder des Dienstgebers bestätigt der zuständige Sozialversicherungsträger, dass – und ggf wie lange – der Dienstnehmer der Sozialversicherung des betreffenden Mitgliedstaates unterliegt (Art 19 Abs 2 VO 987/2009). Diese Bestätigung erfolgt in Form einer A1-Bescheinigung (vormals als E101-Bescheinigung bezeichnet). Die Bescheinigung ist für die Behörden eines anderen Mitgliedstaates bindend, solange der ausstellende Sozialversicherungsträger die Bescheinigung nicht widerruft oder für ungültig erklärt (Art 5 Abs 1 VO 987/2009), und zwar selbst dann, wenn diese auf einem (offenkundigen) Beurteilungsfehler beruht.[514]

Das Unionsrecht sieht keine ausdrückliche Verpflichtung zur Mitnahme eines A1-Zertifikats vor. Diese Verpflichtung und die damit verbundenen Strafen im Fall des Zuwiderhandelns können sich aber sehr wohl aus den nationalen Regelungen (insb in Umsetzung der Entsende-RL) ergeben.[515] Weiters gilt das Mitführen einer A1-Bescheinigung als Indiz dafür, dass der Dienstnehmer vorübergehend in einen anderen Mitgliedstaat entsandt ist (und eben nicht dauerhaft dort tätig ist).[516]

Aus diesen Gründen sollten Dienstgeber jedenfalls bei allen grenzüberschreitenden Arbeitseinsätzen ihrer Dienstnehmer, selbst solchen von kurzer Dauer, ein A1-Zertifikat beim zuständigen Sozialversicherungsträger beantragen und für die Dauer des grenzüberschreitenden Einsatzes zur Vorlage an Behörden bereithalten.

512 Art 21 VO 987/2009.
513 Art 21 Abs 2 VO 987/2009.
514 VwGH 13.12.2018, Ra 2017/11/0301.
515 So erfordert bspw in Ö § 21 Abs 1 Z 1 und Abs 3 Z 1 LSD-BG das Bereithalten und einer A1-Bescheinigung für grenzüberschreitend entsandte oder überlassene Arbeitskräfte. Im Fall des Zuwiderhandelns drohen Verwaltungsstrafen von bis zu EUR 20.000, bei Verweigerung der behördlichen Einsichtnahme sogar bis zu EUR 40.000.
516 ErwGr 12 RL 2014/67.

4.3.2. Tätigkeit in Großbritannien

Großbritannien hat die EU am 31.1.2020 verlassen. Die Regelungen über die Anwendbarkeit der jeweiligen sozialversicherungsrechtlichen Bestimmungen bei grenzüberschreitender Tätigkeit sind jedoch in wesentlichen Zügen unverändert oder ähnlich.

Bestimmte Übergangsfälle unterliegen gem dem Abkommen über den Austritt des Vereinigten Königreichs Großbritannien und Nordirland aus der Europäischen Union und der Europäischen Atomgemeinschaft („**Austrittsabkommen**") weiterhin den oben dargestellten EU-Regelungen, darunter etwa:

- Unionsbürger (und ihnen gleichgestellte Drittstaatsangehörige), die am Ende des Übergangszeitraums vom 31.1.2020 bis 31.12.2020 (Übergangszeitraum) – etwa aufgrund der Bestimmungen der VO 883/2004 – den britischen Regelungen unterliegen und umgekehrt; und
- britische Staatsangehörige, die am Ende des Übergangszeitraums den Regelungen eines Mitgliedstaats unterliegen.[517]

Die erfassten Personen unterliegen den Bestimmungen des Austrittsabkommens, solange sie sich ohne Unterbrechung in der gleichen Situation befinden, die einen Mitgliedstaat und Großbritannien tangiert. Gem Art 31 des Austrittsabkommens sind VO 883/2004 und VO 987/2009 weiterhin auf die vom Austrittsabkommen erfassten Personen anwendbar.

Beispiel

Ein österreichischer Dienstnehmer befindet sich seit dem 1.9.2019 in einem aufrechten Dienstverhältnis mit einem in London ansässigen Dienstgeber. Der Dienstnehmer ist hauptsächlich im Home Office an seinem Wohnsitz in Österreich tätig und reist jeden Monat für eine Woche für Geschäftstermine nach London. Da er am 31.12.2020 (sohin zum Ende des Übergangszeitraums) gem VO 883/2004 den österreichischen Regelungen unterlag und weiterhin in der gleichen Konstellation tätig ist, bleibt die sozialversicherungsrechtliche Zuordnung weiterhin unverändert.

Für nach dem 31.12.2020 neu eintretende Fälle gelten die Bestimmungen des Abkommens über Handel und Zusammenarbeit zwischen der Europäischen Union und der Europäischen Atomgemeinschaft einerseits und dem Vereinigten Königreich Großbritannien und Nordirland andererseits („**Abkommen über Handel und Zusammenarbeit**"). Diese Bestimmungen sind in wesentlichen Zügen mit jenen der VO 883/2004 vergleichbar.[518]

Gem dem Abkommen über Handel und Zusammenarbeit unterliegen Personen, die in einem Staat eine Beschäftigung oder selbstständige Erwerbstätigkeit ausüben,

517 Art 30 Austrittsabkommen.

518 *Reichl*, Grenzüberschreitender Mitarbeitereinsatz aus steuerrechtlicher und sozialversicherungsrechtlicher Perspektive, ZAS 2023/20.

der Sozialversicherung dieses Staates.[519] Ähnlich wie nach den üblichen EU-Regelungen bleibt diese Zuordnung unverändert, wenn:

- Der Dienstnehmer vorübergehend aus einem Mitgliedstaat nach Großbritannien entsendet wird oder umgekehrt;
- die Dauer der Entsendung 24 Monate nicht überschreitet; und
- der Dienstnehmer nicht einen anderen entsandten Dienstnehmer ablöst (zum Ablöseverbot siehe auch Pkt 4.3.1.1.).[520]

Arbeiten Dienstnehmer sowohl in einem Mitgliedstaat als auch in Großbritannien, unterliegen sie der Sozialversicherung ihres Wohnsitzstaates, wenn sie dort einen wesentlichen Teil (mindestens 25 %) ihrer Tätigkeit ausüben. Andernfalls unterliegen sie der Sozialversicherung des Staates, in dem der Dienstgeber den Unternehmenssitz hat.[521]

Ist ein Dienstnehmer für mehrere Dienstgeber tätig, die außerhalb des Wohnsitzstaates ansässig sind, so ist er im Wohnsitzstaat sozialversichert (und zwar unabhängig vom Ausmaß der dortigen Tätigkeit).[522]

Ist der Dienstnehmer zusätzlich zu seiner unselbständigen Tätigkeit auch selbständig tätig, so richtet sich die sozialversicherungsrechtliche Zuordnung nach den für die unselbständige Tätigkeit geltenden Regelungen.[523]

Dienstgeber müssen die Sozialversicherungsbeiträge im zuständigen Staat zahlen. Hat ein Dienstgeber keinen Unternehmenssitz in diesem Staat, so kann er mit dem Dienstnehmer vereinbaren, dass dieser die Zahlung der Beiträge übernimmt. Der Dienstgeber muss diese Vereinbarung dem zuständigen Sozialversicherungsträger übermitteln.[524] Voraussetzung dafür ist notwendigerweise, dass der Dienstgeber dem Dienstnehmer auch allfällige Dienstgeberanteile zahlt, damit Letzterer diese an den Sozialversicherungsträger weiterleiten kann.

Anders als nach VO 883/2004 gibt es nach dem Abkommen über Handel und Zusammenarbeit keine Möglichkeit, Art-16-Vereinbarungen für spezielle Fälle abzuschließen.

4.3.3. Tätigkeit in Drittstaaten

Das anwendbare Sozialversicherungsrecht richtet sich im Verhältnis zu Drittstaaten einerseits nach den nationalen Regelungen – in Österreich insb § 3 ASVG – und andererseits nach den bilateralen Abkommen zwischen Österreich und einigen Drittstaaten.

519 Art KSS.10 Abkommen über Handel und Zusammenarbeit.
520 Art KSS.11 Abkommen über Handel und Zusammenarbeit.
521 Art KSS.12 Abs 1 Abkommen über Handel und Zusammenarbeit.
522 Art KSS.12 Abs 1 Abkommen über Handel und Zusammenarbeit.
523 Art KSS.12 Abs 3 Abkommen über Handel und Zusammenarbeit.
524 Art KSS.14 Abkommen über Handel und Zusammenarbeit.

Anders als die unionsrechtlichen Regelungen, nach denen eine grenzüberschreitend tätige Person stets nur in einem Mitgliedstaat sozialversichert ist, kann es im Verhältnis zu Drittstaaten durchaus zur gleichzeitigen Anwendung der Sozialversicherungen mehrerer Staaten kommen.

4.3.3.1. Tätigkeit in Drittstaaten mit einem Sozialversicherungsabkommen

Österreich hat eine Reihe von bilateralen Abkommen im Bereich der sozialen Sicherheit (Sozialversicherungsabkommen) geschlossen, zB mit den USA, Kanada oder Indien.[525] Diese richten sich regelmäßig nach dem oben dargestellten Territorialitätsprinzip. Dh, dass Personen, die im Gebiet eines Vertragsstaates unselbständig oder selbständig erwerbstätig sind, hinsichtlich dieser Erwerbstätigkeit ausschließlich nach den Regelungen dieses Vertragsstaates sozialversichert sind (dies idR auch, wenn sich der Sitz des Dienstgebers im Gebiet des anderen Vertragsstaates befindet[526]).

Wird ein Dienstnehmer, der gewöhnlich im Gebiet eines Vertragsstaates beschäftigt ist, von einem Dienstgeber mit Sitz im Gebiet dieses Vertragsstaates vorübergehend in den anderen Vertragsstaat entsendet, unterliegt der Dienstnehmer nach den bilateralen Abkommen weiterhin der Sozialversicherung des Heimatstaates, wenn die Entsendung eine bestimmte maximale Dauer (idR zwei oder fünf Jahre) nicht übersteigt.[527] Die Ausnahmeregelung für Entsendungen erstreckt sich nicht auf Dienstgeber ohne Sitz in einem Vertragsstaat.

Anders als die unionsrechtlichen Regelungen erfordern die bilateralen Abkommen weitgehend keine Vorabbeurteilung der Entsendung. Übersteigt die Dauer der Entsendung voraussichtlich, bei einer Betrachtung *ex ante*, die Dauer von zwei Jahren, so unterliegt der Dienstnehmer nach den unionsrechtlichen Regelungen von Beginn an der Sozialversicherung des Entsendestaates. Nach den bilateralen Abkommen unterliegt der Dienstnehmer hingegen idR für die vorgesehene Maximaldauer der Sozialversicherung des Heimatstaates; erst nach Ablauf der Maximaldauer kommt es zur Verlagerung der Zuständigkeit zum Entsendestaat.[528] Eine Ausnahme von dieser Regel findet sich etwa im Sozialversicherungsabkommen mit den USA, das – ähnlich wie die Unionsregelungen – auf die voraussichtliche Dauer der Entsendung abstellt.[529]

525 Ein vollständiger Überblick über die mit Österreich abgeschlossenen bilateralen Abkommen ist abrufbar unter https://www.gesundheitskasse.at/cdscontent/?contentid=10007.821211&portal=oegkdgportal (abgefragt am 30.6.2025).

526 Vgl etwa Art 6 Abkommen zwischen der Republik Österreich und den Vereinigten Staaten von Amerika im Bereich der sozialen Sicherheit.

527 Vgl etwa Art 7 Abs 1 des Abkommens zwischen der Republik Österreich und den Vereinigten Staaten von Amerika im Bereich der sozialen Sicherheit.

528 *Shubshizky*, Der Tatbestand der Entsendung im Sozialversicherungsrecht, ASoK 2004, 189.

529 Art 7 Abkommen zwischen der Republik Österreich und den Vereinigten Staaten von Amerika im Bereich der sozialen Sicherheit.

Selbst wenn die bilateralen Abkommen im Hinblick auf das Leistungsrecht nicht alle Versicherungszweige umfassen, bezieht sich die Ausnahmeregelung für Entsendungen aus österreichischer Sicht stets auf alle Versicherungszweige.[530]

Ähnlich wie in Art 16 der VO 883/2004 haben die zuständigen nationalen Behörden der Vertragsstaaten auch nach den Sozialversicherungsabkommen die Möglichkeit, auf gemeinsamen Antrag des Dienstnehmers und des Dienstgebers (oder auf Antrag einer selbständig erwerbstätigen Person) einvernehmlich Ausnahmen von den Regelungen hinsichtlich der nationalen Zuständigkeit vorzusehen.[531]

Der Vertragsstaat, dessen Sozialversicherungsrecht anwendbar ist, muss eine Bescheinigung hierüber ausstellen.[532] Unterliegt der Dienstnehmer der österreichischen Sozialversicherung, kann der Dienstgeber eine solche Bescheinigung beim zuständigen Krankenversicherungsträger beantragen.

Die bilateralen Abkommen sehen jedoch keine Regelung bei regelmäßiger Tätigkeit in beiden Vertragsstaaten vor. Ist also ein Dienstnehmer regelmäßig in beiden Vertragsstaaten tätig, so kann es – je nach dem Wortlaut der nationalen Gesetze – zu einer doppelten Sozialversicherungspflicht kommen.

4.3.3.2. Tätigkeit in Drittstaaten mit keinem Sozialversicherungsabkommen

Ist die grenzüberschreitende Tätigkeit nicht von einem Sozialversicherungsabkommen umfasst, gelangen die jeweiligen nationalen Gesetze zur Anwendung.

Gem § 3 Abs 2 lit d ASVG gelten Dienstnehmer, deren Dienstgeber ihren Sitz in Österreich haben und die ins Ausland entsendet werden, weiterhin als im Inland tätig (und somit als in Österreich sozialversichert), wenn die Dauer der Entsendung fünf Jahre nicht übersteigt. Das Bundesministerium für Soziales, Gesundheit, Pflege und Konsumentenschutz kann auf Antrag des Dienstgebers die zulässige Höchstdauer verlängern, wenn dies aufgrund der Art der Tätigkeit gerechtfertigt ist.

Auch nach § 3 Abs 2 ASVG muss die Dauer der Entsendung nicht von vornherein weniger als fünf Jahre betragen. Vielmehr unterliegt der Dienstnehmer für die ersten fünf Jahre der Entsendung (auch) der österreichischen Sozialversicherung und – sofern keine Verlängerung bewilligt wird – erst danach (ausschließlich) der Sozialversicherung des Entsendestaates.

Maßgeblich für das Vorliegen einer Entsendung ist, dass bereits zum Zeitpunkt der Entsendung eine Rückkehr- bzw Rückholabsicht besteht. Wird der Dienstnehmer

530 *Sozialministerium*, Zwischenstaatliche Beziehungen Österreichs im Bereich der sozialen Sicherheit auf einen Blick (Stand: 20.1.2025).

531 Vgl etwa Art 9 Abs 1 Abkommen zwischen der Republik Österreich und den Vereinigten Staaten von Amerika im Bereich der sozialen Sicherheit.

532 Vgl etwa Art 3 Verwaltungsvereinbarung zur Durchführung des Abkommens zwischen der Republik Österreich und den Vereinigten Staaten von Amerika im Bereich der sozialen Sicherheit.

im Hinblick auf den Auslandseinsatz eingestellt, so muss er einen hinreichenden Inlandsbezug haben, um in Österreich sozialversichert zu sein. Dieser ist dann gegeben, wenn sowohl Dienstgeber als auch Dienstnehmer bei Abschluss des Dienstvertrags ihren Sitz bzw gewöhnlichen Aufenthalt in Österreich hatten.[533]

Ähnlich wie im Fall von Auslandsentsendungen, die unter ein Sozialversicherungsabkommen fallen, umfasst die Ausnahmeregelung nur Entsendungen durch Dienstgeber, die ihren Sitz in Österreich haben. Sie umfasst zudem nicht arbeitnehmerähnliche freie Dienstnehmer iSd § 4 Abs 4 ASVG.

Mangels einer einheitlichen Regelung zwischen den betroffenen Staaten kann es im Fall einer Entsendung in einen Staat ohne Sozialversicherungsabkommen mit Österreich zur gleichzeitigen Sozialversicherungspflicht im Entsendestaat kommen. Dienstgeber sind daher gut beraten, sich über die einschlägigen Gesetze des Entsendestaates zu informieren.

Tipp

Um eine doppelte Sozialversicherungspflicht zu vermeiden, bietet sich in internationalen Konzernen die Möglichkeit an, das Dienstverhältnis mit dem österreichischen Dienstgeber zu karenzieren und für die Dauer der Entsendung ein Dienstverhältnis mit einer Konzerngesellschaft im Entsendestaat abzuschließen. Für die Dauer der vereinbarten Karenz ruhen die Hauptleistungspflichten – nämlich die Arbeits- und die Entgeltpflicht – nicht jedoch die Nebenpflichten, wie etwa die Treue- und Verschwiegenheitspflicht.[534] Dauert die vereinbarte Karenz länger als einen Monat, muss der Dienstgeber den Dienstnehmer von der Sozialversicherung abmelden. Es fallen also keine Sozialversicherungsbeiträge oder Beiträge zur betrieblichen Vorsorgekasse an.[535] Für die Zwecke des Vertragsstatuts gilt der Dienstnehmer im Entsendestaat weiterhin als vorübergehend tätig, sodass der neue Dienstvertrag dem Arbeitsrecht des Heimatstaates unterliegen sollte.[536]

4.3.3.3. Workation in Drittstaaten

Sowohl die Sozialversicherungsabkommen mit Österreich als auch das ASVG beziehen sich in ihrem Wortlaut nur auf Entsendungen, dh auf Auslandseinsätze auf Initiative des Dienstgebers. Sie sehen keine ausdrückliche Regelung zu Auslandseinsätzen auf Wunsch des Dienstnehmers vor (wie etwa eine *Workation*). Folgt man der unionsrechtlichen Interpretation und ihrer Ausdehnung des Begriffs der Entsendung sowie der Lit,[537] unterliegen Auslandseinsätze auf Wunsch des Dienstnehmers ebenfalls den zuvor genannten Vorschriften. Dh, Dienstnehmer

533 *Gruber* in *Poperl/Trauner/Weißenböck* (Hrsg), ASVG Praxiskommentar$^{72.\text{Lfg}}$ (2021) § 3 ASVG Rz 14.
534 *Brodil*, Das Ruhen der Hauptleistungspflichten, in *Mazal/Gruber-Risak* (Hrsg), Das Arbeitsrecht – System und Praxiskommentar$^{43.\text{Lfg}}$ (2024) Rz 12.
535 § 11 Abs 3 lit a ASVG.
536 ErwGr 36 S 2 Rom-I-VO.
537 Vgl *Kastner*, Ausgewählte Fälle zum Thema Home-Office im Ausland: Das sollten Personalisten hinsichtlich (internationaler) Personalverrechnung wissen (Teil 2), PVP 2022/70, S 270.

bleiben bei vorübergehender Tätigkeit im Ausland – je nach der anwendbaren Vorschrift – für die maximale Dauer von zwei oder fünf Jahren weiterhin (auch) in Österreich sozialversichert.

4.3.3.4. Einzelvertragliche Vereinbarung einer Workation

Die Vereinbarung der *Workation* bedarf keiner besonderen Formvorschriften. Des Weiteren gibt es keine gesetzlichen Bestimmungen darüber, welche Inhalte in eine einzelvertragliche *Workation*-Vereinbarung aufgenommen werden müssen. Aus Gründen der Rechtssicherheit und zu Beweiszwecken empfiehlt sich eine schriftliche Vereinbarung mit folgenden Inhalten:[538]

- Ort und Dauer der *Workation*;
- Regeln zur Erreichbarkeit von Dienstnehmer und Dienstgeber, insb bei Zeitverschiebungen;
- Zurverfügungstellung von Arbeitsmitteln, wie zB Laptops, Internet-Zugängen oder Software;
- Bestimmungen betreffend den Datenschutz und den Schutz von Geschäftsgeheimnissen;
- Möglichkeiten, die *Workation* (frühzeitig) zu beenden und den Dienstnehmer in wichtigen Fällen zurückzubeordern;
- Kostentragung für eine Auslandskrankenversicherung sowie Haftungsfragen im Falle eines unzureichenden Krankenversicherungsschutzes; und
- Ausschluss der Risikohaftung des Dienstgebers gem § 1014 ABGB.

4.4. Ausgestaltung von Policies zu Remote Work im Ausland

Die konkrete Ausgestaltung von Unternehmensrichtlinien zu Telearbeit im Ausland wird in der Praxis je nach Branche und Unternehmenskultur von einem Dienstgeber zum anderen stark variieren.

Checkliste: Remote Work Policy

Selbst wenn also keine Patentlösung existiert, gibt es dennoch einige zentrale Fragen, die alle *Remote Work* Policies beantworten sollten, um praxistauglich zu sein.

- Wie lange dürfen Dienstnehmer maximal pro Jahr im Ausland arbeiten (insb um eine Steuer- und Sozialversicherungspflicht im Ausland zu vermeiden)?
- Brauchen Dienstnehmer eine Freigabe von ihren Vorgesetzten für Telearbeit im Ausland und wie lange im Voraus müssen sie diese bejahendenfalls einholen?
- Gibt es Staaten, in denen Dienstnehmer nicht arbeiten dürfen oder für welche eine spezielle Freigabe erforderlich ist (etwa aus Gründen der Cybersecurity)?

538 *Fuchs*, Workation: Sommer, Sonne, Strand und Laptop? BMD PV Profi 2023, 4.

- Wer ist im Betrieb für die Dokumentierung und Überwachung der *Remote Work Policy* und für allfällige behördliche Vorkehrungen (zB der Beantragung eines A1-Zertifikats) zuständig?
- Wo müssen Dienstnehmer *Remote Work* im Ausland melden und wie lange im Voraus müssen sie dies tun?
- Welche Arbeitsmittel (zB Laptop oder Diensthandy) und/oder welchen Kostenersatz stellt der Dienstgeber für Auslandseinsätze zur Verfügung?
- Für welche Vorkehrungen ist der Dienstnehmer selbst zuständig (zB Reisekrankenversicherung)?
- Wann muss der Dienstnehmer – unter Berücksichtigung allfälliger Zeitunterschiede – am Einsatzort erreichbar sein?

4.5. Steuerrechtliche Aspekte

4.5.1. Einleitende Bemerkungen

Die Ausgestaltung des internationalen Personaleinsatzes ist vielfältig und basiert auf dem von Dienstnehmern und Dienstgebern geteilten Wunsch nach Flexibilität. Ob Vermischung von Arbeit und Urlaub, Erbringung der Arbeitsleistung im Home Office oder der grenzüberschreitende Einsatz von Dienstnehmern im Ausland – sämtliche Szenarien des Auslandsbezuges sind mit ertragsteuerrechtlichen Aspekten sowohl auf Seiten des Dienstgebers als auch auf Seiten des Dienstnehmers verbunden.

4.5.2. Ertragsteuerrechtliche Betriebstätte des Dienstgebers

Beim grenzüberschreitenden Personaleinsatz stellt sich oft die Frage, ob die Tätigkeit des Dienstnehmers im Inland zur Begründung einer ertragsteuerrechtlichen Betriebstätte des ausländischen Dienstgebers führt. Während ein im Inland ansässiger Dienstnehmer idR ohnehin aufgrund des Sitzes oder des Ortes der Geschäftsleitung[539] im Falle einer Körperschaft oder aufgrund des Wohnsitzes oder gewöhnlichen Aufenthaltes[540] im Falle eines EStG-Steuersubjekts der unbeschränkten Steuerpflicht unterliegen wird, kann der ausländische Dienstgeber nur mit bestimmten in § 98 EStG (iVm § 21 KStG) angeführten Einkünften der beschränkten Steuerpflicht unterliegen. Das Vorliegen einer Betriebstätte löst in Österreich die beschränkte Steuerpflicht des ausländischen Dienstgebers nach § 98 Abs 1 Z 3 EStG aus.

Ob eine ertragsteuerrechtliche Betriebstätte des Dienstgebers im Inland vorliegt, wird grundsätzlich auf zwei Ebenen geprüft. Neben der Prüfung, ob der Einsatz des Dienstnehmers nach nationalem Recht eine Betriebstätte in Österreich begründet, sind auch die Tatbestandsvoraussetzungen nach dem zwischen Österreich und

539 Den Sitz sowie Ort der Geschäftsleitung regelt § 27 BAO.
540 Den Wohnsitz sowie gewöhnlichen Aufenthalt regelt § 26 BAO.

dem ausländischen Staat abgeschlossenen Doppelbesteuerungsabkommen[541] **(DBA)** zu kontrollieren. Hintergrund der Prüfung auf zwei Ebenen ist, dass ein DBA ein Instrument der Vermeidung der Doppelbesteuerung darstellt; dabei einigen sich die beiden Vertragsstaaten auf eine bestimmte Verteilung des Besteuerungspouvoirs von bestimmten Einkünften. Ein DBA kann somit keine Besteuerungsrechte schaffen, die nach innerstaatlichem Steuerrecht nicht bestehen.

Die Tatbestandsmerkmale einer ertragsteuerrechtlichen Betriebstätte nach nationalem Recht sind in § 29 BAO geregelt. Demnach gilt jede feste örtliche Anlage oder Einrichtung[542] als Betriebstätte, die *„der Ausübung eines Betriebes oder wirtschaftlichen Geschäftsbetriebes dient“*.[543, 544]

Der Grundtatbestand des Art 5 Abs 1 OECD-MA, welcher die Betriebstätte als *„eine feste Geschäftseinrichtung, durch die die Geschäftstätigkeit eines Unternehmens ganz oder teilweise ausgeübt wird“* definiert, setzt Folgendes voraus:[545]

- **Eine feste Geschäftseinrichtung […]:** Das Steuersubjekt Dienstgeber muss demnach eine örtliche Präsenz in dem Staat haben, in welchem der Dienstnehmer tätig wird. Die Schwelle für die Präsenz ist allerdings niedrig. So können Maschinen, Automaten, Kabeltrassen etc, aber auch das Zuhause eines Mitarbeiters eine Geschäftseinrichtung darstellen.
- **[…] zur Ausübung einer unternehmerischen Tätigkeit:** Die Geschäftseinrichtung muss ein funktionales Mittel zur Ausübung der Geschäftstätigkeit sein. Durch die Geschäftseinrichtung sollen Einkünfte aus einer Aktivleistung generiert werden. Bloße Vermögensverwaltung, die der Erzielung von Passiveinkünften dient, begründet keine Betriebstätte. So führt bspw die Überlassung von Arbeitskräften als passive Unternehmensleistung nicht dazu, dass an dem Ort, an dem die Arbeitskräfte tätig werden, eine Betriebstätte des überlassenden Unternehmens begründet wird.[546]
- **Dauerhaftigkeit:** Das zeitliche Element setzt eine dauernde Verbindung zu der Präsenz (iSe „Geschäftseinrichtung“) im Quellenstaat voraus. Eine bloß gelegentliche Ausübung der Arbeitsleistung im Quellenstaat genügt nicht. So vertritt die Finanzverwaltung,[547] dass bspw die Erbringung der Arbeitsleistung im Home Office an zwei Tagen pro Woche nicht als bloß gelegentliche Nutzung angesehen werden kann, sodass im Umkehrschluss bereits ab zwei Tagen pro Woche von einer Dauerhaftigkeit gesprochen werden kann.

541 Österreich hat derzeit Doppelbesteuerungsabkommen (DBA) mit über 90 Staaten abgeschlossen.

542 Eine feste örtliche Anlage oder Einrichtung ist nur gegeben, wenn eine dauernde Verbindung zu einem bestimmten Punkt der Erdoberfläche besteht.

543 § 29 BAO idgF.

544 Eine gewisse, nicht nur vorübergehende Verfügungsmacht des Unternehmers über die Anlage oder Einrichtung ist notwendig. Näheres dazu siehe zB *Ritz/Koran*, BAO[7] § 29 BAO Rz 1 ff.

545 Vgl zB *Bendlinger* in *Aigner/Kofler/Tumpel* Art 5 Rz 8 ff.

546 *Bendlinger* in *Aigner/Kofler/Tumpel* (Hrsg), DBA[2] (2019) Art 5 Rz 18 mit Verweis auf EAS 2682. Auch bloß vorbereitende sowie Hilfstätigkeiten begründen keine Betriebstätte.

547 Vgl EAS 3445.

- **Eine Verfügungsgewalt über die Geschäftseinrichtung:** Ob eine Verfügungsmacht besteht, ist anhand der effektiven Verfügungsmacht, des Ausmaßes der Anwesenheit des Dienstgebers und der Art der dort ausgeübten Tätigkeit zu entscheiden.[548]

Erfüllt der grenzüberschreitende Personaleinsatz die obigen Tatbestandsvoraussetzungen, weist Art 5 Abs 1 OECD-MA das Besteuerungsrecht an den der Betriebstätte zuzurechnenden Einkünften dem Betriebstättenstaat zu. Die Berechnung des Betriebstättenergebnisses und damit der effektiven Höhe der zu entrichtenden Steuern hat auf Basis des nationalen Steuerrechts des Betriebstättenstaates unter Heranziehung der Verrechnungspreisgrundsätze zu erfolgen.

Das Betriebstättenkonzept des § 29 BAO ist mit jenem des Art 5 OECD-MA[549] nicht deckungsgleich. § 29 BAO ist weiter als die DBA-rechtliche Definition.[550] Vor diesem Hintergrund kann eine nähere Prüfung der Tatbestandsvoraussetzungen des § 29 BAO bei Erfüllung der Kriterien des Art 5 OECD-MA meistens unterbleiben, weil das Vorliegen der Tatbestandsmerkmale des Art 5 OECD-MA idR auch zu einer Betriebstätte nach § 29 BAO führen wird.[551]

Weiters ist iZm dem internationalen Personaleinsatz zu beachten, dass manche Doppelbesteuerungsabkommen auch das Konzept der Dienstleistungsbetriebstätte enthalten, welche auch ohne Vorliegen einer festen Geschäftseinrichtung und somit allein aufgrund der dauerhaften[552] Erbringung bestimmter Dienstleistungen in Österreich angenommen wird.[553] Des Weiteren sind uU auch weitere Möglichkeiten der Begründung einer Betriebstätte (zB aufgrund von Bauausführungen und Montagen nach Art 5 Abs 3 OECD-MA) zu beachten.

4.5.2.1. Persönliche Steuerpflicht des Dienstnehmers

Neben der Steuerpflicht des Dienstgebers muss auch geklärt werden, in welchem Staat der Dienstnehmer mit seinen Einkünften aus der Erbringung der Arbeit persönlich steuerpflichtig wird. Diese Prüfung erfolgt ebenfalls auf zwei Ebenen, weil auch hier neben der Feststellung der nationalen Besteuerungsgrundlage (Legitimation zur Besteuerung nach nationalem Recht) auch die Berechtigung für die

548 *Bendlinger* in *Aigner/Kofler/Tumpel* Art 5 Rz 29.

549 Die österreichische Finanzverwaltung bestätigt, dass die Verhandlungen von DBA mit anderen Staaten auf Basis des OECD-MA in der jeweils aktuellen Fassung erfolgen. Es handelt sich dabei um eine von der OECD entwickelte Vertragsschablone. Näheres dazu siehe *Bendlinger*, Auslandsentsendung in der Praxis des internationalen Steuer- und Sozialversicherungsrechts[4] (2024) Rz 158.

550 So begründen zB bereits Einkaufsbüros, Konsignationsläger oder Schauräume als Hilfsstützpunkte eine Betriebstätte.

551 Vgl zB *Bendlinger* in *Aigner/Kofler/Tumpel* Art 5 Rz 523 f.

552 Die Dauerhaftigkeit besteht idR ab einem Zeitraum von 6 Monaten, wobei in jedem Einzelfall die genaue Dauer nach den Bestimmungen des anwendbaren DBA zu ermitteln ist. Vgl zB DBA-Tschechien: Dienstleistungsbetriebsstätte – Fristenberechnung, ARD 6146/12/2011.

553 Vgl *Loukota/Jirousek*, Internationales Steuerrecht I/1 Betriebstätte (Art 5 OECD) Rz 6 ff (Stand 1.3.2015, rdb.at).

Besteuerung nach dem anwendbaren DBA zu ermitteln ist. In welcher Form sodann die Erhebung[554] und die Ermittlung[555] der Steuer zu erfolgen hat, richtet sich nach nationalem Recht.[556]

Nach § 98 Abs 1 Z 4 EStG besteht beschränkte Steuerpflicht[557] des im Ausland ansässigen Dienstnehmers für eine im Inland ausgeübte oder verwertete Tätigkeit. Einkünfte aus nichtselbständiger Arbeit unterliegen demnach der österreichischen Steuerpflicht, wenn die Arbeit im Inland oder auf österreichischen Schiffen ausgeübt wird.

Die Tätigkeit wird idR dort ausgeübt, wo sich der Dienstnehmer im Zeitpunkt der Ausübung physisch aufhält. Es genügt bereits eine stundenweise Tätigkeit. Ob die Arbeit für einen inländischen oder ausländischen Dienstgeber ausgeübt wird oder von ihm bezahlt wird, ist unerheblich. Die beschränkte Steuerpflicht ist auch nicht von einer Mindestaufenthaltsdauer abhängig.[558]

Verwertet wird eine Tätigkeit dann in Österreich, wenn sie zwar nicht im Inland persönlich ausgeübt wird, ihr wirtschaftlicher Erfolg aber der österreichischen Volkswirtschaft unmittelbar dienen soll.[559] So kann die Tätigkeit eines im Ausland ansässigen Vorstandes oder Geschäftsführers einer inländischen Kapitalgesellschaft eine Verwertung im Inland iSd § 98 Abs 1 Z 2 EStG bewirken, sodass die daraus erzielten Einkünfte im Inland beschränkt steuerpflichtig sind.

Einkünfte von in Österreich ansässigen unbeschränkt steuerpflichtigen Dienstnehmern werden bereits nach § 1 Abs 2 EStG von der österreichischen Besteuerungshoheit erfasst. Unbeschränkt steuerpflichtig sind alle natürlichen Personen, die im Inland einen Wohnsitz oder ihren gewöhnlichen Aufenthalt haben. Die unbeschränkte Steuerpflicht erstreckt sich auf das Welteinkommen des Steuerpflichtigen.

Ob Österreich im Falle des internationalen Personaleinsatzes das Besteuerungsrecht im Hinblick auf die vom Dienstnehmer erzielten Einkünfte ausüben kann, ist anhand der Allokationsnorm nach Art 15 OECD-MA idF des jeweils anwendbaren Doppelbesteuerungsabkommens zu prüfen.

Art 15 Abs 1 OECD-MA weist das Besteuerungsrecht für Einkünfte aus unselbständiger Arbeit dem Ansässigkeitsstaat zu. Wird die Tätigkeit allerdings im anderen

554 Die Erhebung der Einkommensteuer auf Einkünfte aus nichtselbständiger Arbeit kann nach nationalem Steuerrecht zB im Wege des Lohnsteuerabzuges oder der Veranlagung erfolgen.

555 Ermittlung der Bemessungsgrundlage, Beurteilung der Abzugsfähigkeit bestimmter in Zusammenhang mit dem Dienstverhältnis stehender Ausgaben, Anwendbarkeit des Steuertarifs etc.

556 Auch das nationale Steuerrecht gibt vor, welche Vorteile aus dem Dienstverhältnis überhaupt der Steuerpflicht unterliegen. Siehe zB zu entgeltfernen Leistungen *Hayden/Thorbauer/Rotheneder*, „Entgeltferne Leistungen" aus lohnsteuer- und sozialversicherungsrechtlicher Sicht, RdW 2025, 131.

557 Fehlt es am Wohnsitz oder gewöhnlichen Aufenthalt im Inland, besteht beschränkte Steuerpflicht nur für die in § 98 EStG taxativ aufgezählten Einkünfte.

558 Näheres dazu siehe *Bendlinger*, Rz 113.

559 Ibid.

Staat (nicht dem Ansässigkeitsstaat, sondern dem Quellenstaat) ausgeübt, kann der Quellenstaat diese Einkünfte weitgehend[560] insofern besteuern, als die Tätigkeit in diesem Quellenstaat ausgeübt wird. Die Einkünfte sind somit entsprechend den Arbeitstagen aufzuteilen und es erfolgt eine anteilige Erfassung in beiden Staaten.[561] Von wo die Gehaltszahlung erfolgt, ist unerheblich. Nach Art 23 OECD-MA nimmt der Ansässigkeitsstaat die auf den Tätigkeitsstaat entfallenden Einkünfte unter Progressionsvorbehalt von der Besteuerung aus.

Das Besteuerungsrecht des Tätigkeitsstaates erlischt jedoch dann, wenn die Rückfallsklausel des Art 15 Abs 2 OECD-MA zur Anwendung gelangt. Demnach besteuert der Ansässigkeitsstaat auch jene Einkünfte, die auf die Tätigkeit im Quellenstaat entfallen, wenn eines der folgenden Kriterien erfüllt ist:

- der Dienstnehmer als Empfänger der Vergütung hält sich länger als 183 Tage pro Jahr im Tätigkeitsstaat (Quellenstaat) auf;
- die Vergütung wird von oder für einen Dienstgeber gezahlt, der im Tätigkeitsstaat ansässig ist;
- die Vergütung wird nicht von einer Betriebstätte (gem Art 5 OECD-MA) des Dienstgebers im Tätigkeitsstaat getragen. Die Vergütungen werden dann von einer Betriebstätte getragen, wenn die Zahlungen wirtschaftlich der Betriebstätte zuzuordnen sind. Nicht entscheidend ist, wer die Vergütungen ausbezahlt oder wer die Vergütungen in der Buchführung abrechnet. Entscheidend ist, ob und in welchem Umfang die Tätigkeit des Dienstnehmers nach dem jeweiligen DBA der Betriebstätte nach Maßgabe des Art 7 OECD-MA zuzuordnen ist und die Vergütung deshalb wirtschafltich zu Lasten der Betriebstätte geht.[562]

Beispiel

Erbringt ein in Österreich ansässiger Dienstnehmer die Arbeit für einen in Österreich ansässigen Dienstgeber im Ausland und besteht im ausländischen Staat eine Betriebstätte des Dienstgebers, von welcher der Arbeitslohn wirtschaftlich getragen wird, kommt die 183-Tage-Klausel nicht zur Anwendung. Demnach sind die auf die Tätigkeit im ausländischen Staat entfallenden Einkünfte ab dem ersten Tag im ausländischen Staat als Tätigkeitsstaat zu besteuern.

Liegt keine Betriebstätte des österreichischen Dienstgebers im Ausland vor, greift bei einer Entsendung für zwei Monate die 183-Tage-Klausel; Österreich hat als Ansässigkeitsstaat das volle Besteuerungsrecht auch hinsichtlich der auf die Tätigkeit im Ausland entfallenden Einkünfte.

560 Mit Ausnahme von Aufsichtsrats- und Geschäftsführervergütungen nach Art 16 OECD-MA; so enthält bspw das Doppelbesteuerungsabkommen mit Deutschland eine besondere Regelung für Geschäftsführervergütungen. Ausgenommen sind außerdem Einkünfte als Künstler und Sportler gem Art 17 OECD-MA, der Ruhegehälter gem Art 18 OECD-MA, Vergütungen im öffentlichen Dienst gem Art 19 OECD-MA und Vergütungen von Gastprofessoren und -lehrern, Studenten und Auszubildenden gem Art 20 OECD-MA.

561 Vgl *Reiner/Reiner*, Homeoffice im D-A-CH-Raum inklusive Liechtenstein aus Sicht des Steuer- und Sozialversicherungsrechts, in *Hörtnagl/Kühbacher/Mayr/Pülzl* (Hrsg) FS Reinhold Beiser (2024), 425.

562 *Waser* in *Aigner/Kofler/Tumpel* (Hrsg), DBA[2] (2019) Art 15 OECD-MA Rz 47.

Die 183-Tage-Klausel stellt eine Bagatellgrenze dar, wonach die Verlagerung der Besteuerungsrechte in den Tätigkeitsstaat bei bloß kurzen Arbeitseinsätzen nicht zum Tragen kommen soll, außer die Löhne und Gehälter werden steuermindernd im Rahmen einer Betriebstätte des Dienstgebers im Quellenstaat berücksichtigt.[563] Die Berechnung der Aufenthaltstage variiert zwischen den DBA[564] und die geltenden DBA können unterschiedliche Durchrechnungszeiträume vorsehen (zB zwölf Monate, das Kalenderjahr).[565] Werden die 183 Tage überschritten,[566] tritt das Besteuerungsrecht des Quellenstaates rückwirkend ein. Die Dauer der Auslandstätigkeit ist zu dokumentieren.

Ist der Dienstnehmer in mehreren Staaten unbeschränkt steuerpflichtig, stellt sich aufgrund des bilateralen Charakters der DBA die Frage, welches DBA heranzuziehen ist. Nach Ansicht der Finanzverwaltung ist bei Vorliegen des Doppelwohnsitzes in zwei Staaten und bei Vorliegen von Einkünften aus einem dritten Staat (Quellenstaat) in einem ersten Schritt die Ansässigkeit nach dem DBA zwischen den beiden Ansässigkeitsstaaten zu prüfen. In einem zweiten Schritt ist sodann das DBA des festgestellten Ansässigkeitsstaates mit dem Quellenstaat heranzuziehen.

Beispiel

Erbringt ein in Österreich ansässiger Dienstnehmer für einen österreichischen Dienstgeber ohne Betriebstätte im Staat B an 95 Tagen im Jahr Arbeitsleistungen in Staat B und begründet der Dienstnehmer für die Erfüllung seiner Tätigkeit in Staat C einen Zweitwohnsitz, ist anhand des zwischen Österreich und Staat C abgeschlossenen DBA die Ansässigkeit festzustellen. In einem weiteren Schritt sind anhand des DBA zwischen Österreich als Hauptansässigkeitsstaat und Staat B die Besteuerungsrechte und die Entlastung von der Doppelbesteuerung festzustellen. Demnach sind aufgrund der Nichtanwendbarkeit der 183-Tage-Regelung die Einkünfte aus nichtselbständiger Arbeit, die auf die Tätigkeit in Staat B entfallen, in Staat B als Tätigkeitsstaat zu besteuern. Österreich ist zur Freistellung unter Progressionsvorbehalt verpflichtet.

Werden auch in anderen Staaten Arbeitsleistungen erbracht (zB Staat D), ist anhand des DBA zwischen Österreich als Ansässigkeitsstaat mit Staat D festzustellen, ob die Bezüge aufgrund der Anwendbarkeit der 183-Tage-Regelung in Österreich steuerpflichtig sind. Ist das nicht der Fall (zB wegen eines die 183 Tage überschreitenden Aufenthaltes in Staat D oder Tragung der Vergütung durch eine Betriebstätte in Staat D) sind die Bezüge in Staat D steuerpflichtig.

---

563 Vgl zB *Waser* in *Aigner/Kofler/Tumpel*, Art 15 OECD-MA Rz 4.

564 Je nach anwendbaren DBA ist als Durchrechnungszeitraum ein Zeitraum von zwölf Monaten, ein Steuerjahr oder ein Kalenderjahr heranzuziehen. Die Dauer der faktischen Arbeitsausübung im Durchrechnungszeitraum ist nicht entscheidend. Es kommt darauf an, ob der Dienstnehmer an mehr als 183 Tagen innerhalb des Durchrechnungszeitraumes im Quellenstaat anwesend war und während der einzelnen Anwesenheitszeiträume der Dienstnehmer einer nichtselbständigen Tätigkeit nachgegangen ist. Zu Anwesenheitstagen zählen auch Samstage, Sonntage, Feiertage, Krankheitstage (außer wenn sie der Abreise des Steuerpflichtigen entgegenstanden) etc. Volle Tage außerhalb des Quellenstaates zählen nicht. Vgl zB *Waser* in *Aigner/Kofler/Tumpel*, Art 15 OECD-MA Rz 7 ff.

565 *Haas*, Die klassische Entsendung, SWK 2024, 815.

566 Auch eine Anwesenheit von weniger als einem Tag zählt als Anwesenheitstag. Daher ist es möglich, dass ein Dienstnehmer für Zwecke der Berechnung der Aufenthaltstage im Quellen- und Ansässigkeitstaat auf mehr als 365 Tage kommt. Für die 183-Tage-Klausel sind dabei nur die Anwesenheitstage im Quellenstaat relevant.

Hat Österreich mit dem anderen Staat kein DBA abgeschlossen und unterliegen die Dienstnehmer mit ihren Einkünften der Abgabenhoheit mehrerer Staaten, können nur unilaterale Maßnahmen Abhilfe gegen eine allfällige Doppelbesteuerung schaffen. In Österreich sind § 48 BAO und die dazu ergangene VO betreffend die Vermeidung von Doppelbesteuerungen einschlägig.[567] Die Erlassung von Begünstigungsbescheiden aufgrund von § 48 Abs 5 BAO liegt stets im Ermessen der Behörde. Es besteht somit kein Rechtsanspruch auf eine unilaterale Entlastung. Die Behörde kann eine Doppelbesteuerung durch Anrechnung oder Freistellung der im Ausland gezahlten Steuern bewirken.[568]

4.5.2.2. Sonstige ertragsteuerrechtliche Verpflichtungen des Dienstgebers

Der internationale Personaleinsatz ist idR im Rahmen des Ertragsteuerrechts mit Obliegenheiten des Dienstgebers verbunden. Hierunter fallen insb Melde- oder Lohnsteuerabzugsverpflichtungen, auf welche die Ausführungen in diesem Kapitel beschränkt werden.

Ein im Inland ansässiger Dienstgeber oder ein ausländischer Dienstgeber, der eine Betriebstätte iSd § 81 EStG im Inland hat, ist iZm in Österreich steuerpflichtigen Dienstehmern zum Lohnsteuerabzug verpflichtet.[569]

Als Betriebstätte wird durch § 81 EStG jede vom Arbeitgeber im Inland für die Dauer von mehr als einem Monat betriebene feste örtliche Anlage oder Einrichtung, wenn sie der Ausübung der durch den Dienstnehmer ausgeführten Tätigkeit dient, definiert. Sie weicht vom Betriebstättenkonzept des § 29 BAO insofern ab, als die Schwelle für ihr Vorliegen noch niedriger angesetzt ist. Sie liegt bereits dann vor, wenn der Dienstgeber im Inland für die Dauer von mehr als einem Monat eine entsprechende Präsenz hat. Die beispielhafte Aufzählung von Betriebstättentatbeständen in § 29 Abs 2 BAO gilt entsprechend. Zu beachten ist, dass ein Lohnsteuerabzug nur dann erfolgen muss, wenn keine abzugsteuerpflichtigen Bezüge iSd § 99 Abs 1 Z 5 EStG[570] vorliegen.

Das Recht auf Veranlagung durch den Dienstnehmer wird durch den Lohnsteuerabzug nicht eingeschränkt.[571]

Dienstgeber müssen nach § 76 EStG ein Lohnkonto führen und den Dienstnehmern einen Lohnzettel übermitteln. Der Dienstgeber hat somit die Pflichten gem §§ 76 bis 79, § 84 und § 87 EStG zu beachten.

567 *Haas*, Die Workation, SWK 2024, 468.
568 *Unger*, Auslandsbeziehung – § 48 BAO (Stand 27.1.2024, Lexis Briefings in lexis360.at).
569 Siehe dazu § 47 EStG.
570 Dh bei Einkünften aus im Inland ausgeübter kaufmännischer oder technischer Beratung und bei Einkünften aus der Gestellung von Arbeitskräften zur inländischen Arbeitsausübung.
571 Auf diesem Weg hat der Steuerpflichtige die Möglichkeit, Sonderausgaben oder Werbungskosten steuermindernd zu berücksichtigen. Außergewöhnliche Belastungen können durch beschränkt Steuerpflichtige nicht geltend gemacht werden.

Hat der Dienstgeber keine inländische Betriebstätte, kann er die Lohnsteuer auch freiwillig einbehalten und abführen. In diesem Fall ist er gleichermaßen zur Führung eines Lohnkontos sowie zur Übermittlung des Lohnzettels verpflichtet.

Selbst wenn weder eine inländische Betriebstätte besteht noch die freiwillige Option genutzt wird, muss der Dienstgeber dennoch § 47 Abs 1 lit c und § 84a EStG beachten. Diese regeln die Verpflichtung des Dienstgebers zur Übermittlung einer Lohnbescheinigung iZm Dienstnehmern, die länger als sechs Monate im Kalenderjahr den Mittelpunkt ihrer Tätigkeit in Österreich haben.

Unterliegt der Dienstnehmer mit seinem Arbeitslohn (teilweise) nicht der österreichischen Steuerpflicht, kann der Dienstgeber eine Entlastung der im Ausland ansässigen Dienstnehmer vom österreichischen Lohnsteuerabzug vornehmen, sofern die Voraussetzungen der DBA-Entlastungsverordnung[572] erfüllt sind.

Der ausländische DBA-Vertragsstaat hat auf dem Vordruck ZS-QU1 zu bescheinigen, dass der Dienstnehmer in seinem Territorium ansässig ist.[573] Die Bescheinigung ist innerhalb eines Zeitraumes von einem Jahr vor oder einem Jahr nach dem Zeitpunkt der Abzugsverpflichtung einzuholen. Zu beachten ist jedoch, dass eine vom ausländischen Staat ausgestellte Ansässigkeitsbescheinigung nur ein Indiz darstellt. Die österreichische Finanzverwaltung kann daher von dieser abgehen (wenn zB der Mittelpunkt der Lebensinteressen in Österreich liegt).

4.5.3. Ertragsteuerrechtliche Aspekte der grenzüberschreitenden Home-Office-Arbeit

4.5.3.1. Vorbemerkung

Die Ausführungen in diesem Kapitel beschränken sich auf die ertragsteuerrechtlichen Aspekte der Home-Office-Tätigkeit eines klassischen Dienstnehmers,[574] der grenzüberschreitend auf Basis eines Dienstvertrages mit einem Dienstgeber sowohl im Home Office als auch im Staat des Dienstgebers tätig wird.[575] Dabei soll sowohl auf Inbound-[576] als auch auf Outbound[577]-Fallkonstellationen eingegangen werden. Zu beachten ist, dass iZm der Home-Office-Tätigkeit zahlreiche steuerliche Begünstigungen bestehen (zB Telearbeitspauschale[578], Differenzwerbungskosten für Telearbeit[579]), auf die in diesem Kapitel nicht näher eingegangen wird.[580]

572 Verordnung des Bundesministers für Finanzen betreffend die Entlastung von der Abzugsbesteuerung auf Grund von Doppelbesteuerungsabkommen (DBA-Entlastungsverordnung), BGBl III 2005/92 idF BGBl II 2022/318.
573 Der Vordruck muss dem Dienstgeber im Original vorliegen.
574 Keine Geschäftsführerbefugnis oder Tätigkeit im öffentlichen Dienst etc.
575 Es besteht somit eine Vereinbarung über die Erbringung der Arbeit im Home Office.
576 Der Dienstnehmer ist für einen ausländischen Dienstgeber aus dem inländischen Home Office tätig.
577 Der Dienstnehmer ist für einen inländischen Dienstgeber aus dem ausländischen Home Office tätig.
578 § 26 Z 9 lit a EStG; LStR 2002 Rz 766h bis 766j.
579 § 16 Abs 1 Z 7a lit b EStG; LStR 2002 Rz 277h und 277i.
580 Siehe dazu ausführlicher *Bleyer*, Home-Office im Steuerrecht (Stand 14.6.2024, Lexis Briefings in lexis360.at).

4.5.3.2. Ertragsteuerrechtliche Betriebstätte des Dienstgebers bei grenzüberschreitender Home-Office-Arbeit

Die Tätigkeit des Dienstnehmers im Home Office kann für den ausländischen Dienstgeber eine ertragsteuerliche Betriebstätte im Inland begründen. Wenn die Tätigkeit keine bloße Hilfstätigkeit darstellt, ist nach der Ansicht der Finanzverwaltung die Schwelle für die Begründung einer Betriebstätte als niedrig einzustufen.[581]

Besondere Bedeutung kommt dabei der im Home Office verrichteten Arbeit zu. Ein Home Office muss dauerhaft zur Ausübung einer betrieblichen Tätigkeit des Dienstgebers genutzt werden. Die bloß sporadische oder gelegentliche Nutzung des Home Office eines Dienstnehmers genügt für die Begründung einer Betriebstätte idR nicht. Dies ergibt sich aus den Tatbestandsvoraussetzungen des Art 5 OECD-MA, deren Erfüllung für den innerstaatlichen Besteuerungsanspruch erforderlich ist.

Nach den Verrechnungspreisrichtlinien[582] (**VPR**) ist typischerweise noch von einer bloß gelegentlichen Nutzung auszugehen, wenn die im Home Office ausgeübten Tätigkeiten weniger als 25 % der Gesamtarbeitszeit des Dienstnehmers ausmachen (zB ein Tag pro Woche). Eine Tätigkeit von über 50 % im Home Office gilt hingegen nicht mehr als gelegentlich.[583] Nach der EAS 3445 kann bei Nutzung des Home Office an zwei Tagen pro Woche von keiner bloß gelegentlichen Nutzung ausgegangen werden.[584]

Ein weiteres Kriterium stellt die Verfügungsmacht des Dienstgebers über das „Home Office" dar. Eine Bedeutung kommt dabei dem Vorliegen eines Arbeitsplatzes beim Dienstgeber zu. Liegt ein solcher nicht vor, stellt dies ein Indiz dar, dass der Dienstgeber vom Dienstnehmer die Erbringung der Arbeitsleistung im Home Office verlangt. Nach den VPR ist ein solches Verlangen, das eine faktische Verfügungsmacht des Dienstgebers über das Home Office des Dienstnehmers begründet, wesentlich. Eine Verfügungsmacht wäre demnach „*grundsätzlich zu verneinen, wenn der Arbeitgeber vom Mitarbeiter die Tätigkeit im Homeoffice nicht verlangt, indem er dem Mitarbeiter einen Arbeitsplatz zur ständigen Benutzung zur Verfügung stellt und dieser auch tatsächlich genutzt wird* (OECD-MK Art 5 Rz 18 f)".[585]

581 Siehe zB EAS 3415 vom 27.6.2019: Werden im Home-Office in der Wohnung des Arbeitnehmers im Wesentlichen ein vom Arbeitgeber zur Verfügung gestellter Laptop und ein Mobiltelefon zur Arbeitsausübung genutzt, so kann darin bereits eine „*feste örtliche Anlage oder Einrichtung*" bestehen und damit eine inländische Betriebsstätte begründet werden.

582 Siehe Rz 262 VPR 2025.

583 So zB EAS 3415 vom 27.6.2019.

584 EAS 3445 vom 7.7.2023.

585 EAS 3445 vom 7.7.2023; Rz 262 VPR 2025 mit Verweis auf Art 5 Rz 18 f OECD-MK 2017.

Beispiel

Ein ausländischer Dienstgeber stellt einen Dienstnehmer ein, welcher 95 % der Arbeitszeit im Home Office in Österreich verbringt. Die übrigen 5 % werden im Ausland verrichtet. Wird Home Office vereinbart und stellt der Dienstgeber keinen Arbeitsplatz zur Verfügung, ist der Ansicht der Finanzverwaltung folgend das Risiko nach der Begründung einer ertragsteuerrechtlichen Betriebstätte durch die Tätigkeit im Home Office sehr hoch, die zur beschränkten Steuerpflicht des Dienstgebers in Österreich führen würde.

Ob tatsächlich von einer Verfügungsmacht des Dienstgebers über das Home Office ausgegangen werden kann, wird kontrovers beurteilt.[586]

Zu beachten ist jedoch, dass Privatwohnungen von Dienstnehmern, die nach außen hin zB als Stützpunkt der Auftragserfüllung oder inländische Adresse für Service- und Reparaturbetreuung dienen, als offizielle Anlaufstelle des Unternehmens deklariert oder für (persönliche) Kundenbesprechungen und ähnliche berufliche Termine verwendet werden, unabhängig von der darin verbrachten Arbeitszeit des Dienstnehmers eine Betriebstätte begründen, sofern in der Wohnung nicht bloß vorbereitende oder Hilfstätigkeiten ausgeübt werden.[587] Auch die Geltendmachung von Aufwendungen oder Ausgaben iZm der Nutzung des österreichischen Wohnsitzes durch den Dienstnehmer spricht nach Ansicht der Finanzverwaltung für das Vorliegen einer Betriebstätte.[588]

4.5.3.3. Persönliche Steuerpflicht des Dienstnehmers bei grenzüberschreitender Home-Office-Arbeit

Wie einleitend in Pkt 4.5.2.1. ausgeführt, weist Art 15 Abs 1 OECD-MA das Besteuerungsrecht über die Einkünfte dem Ansässigkeitsstaat zu. Der Quellenstaat kann jedoch jene Einkünfte besteuern, die auf im Tätigkeitsstaat verrichtete Arbeit entfallen.

Erbringt der inländische Dienstnehmer seine Arbeitsleistung im Home Office in Österreich, unterliegt er in Österreich der unbeschränkten Steuerpflicht. Österreich ist somit sowohl Ansässigkeitsstaat als auch (teilweise) Tätigkeitsstaat. Erbringt der Dienstnehmer auch im Ansässigkeitsstaat des Dienstgebers einen Teil der Arbeitsleistung, besteht in diesem Umfang ein Besteuerungsrecht des ausländischen Staates, wobei Österreich die Verpflichtung zur Vermeidung der Doppelbesteuerung iSd Art 23 OECD-MA zukommt.

Eine berufliche Anwesenheit im Dienstgeberstaat entzieht somit dem Ansässigkeitsstaat des Dienstnehmers Besteuerungsrechte. Die 183-Tage-Regelung kommt wegen Ansässigkeit des Dienstgebers im Tätigkeitsstaat nicht zum Tragen.

586 Vgl zB *Ullmann*, SWI-Jahrestagung: Begründet ein Home Office eine Betriebsstätte? SWI 2020, 119; *Reiner/Reiner* in *Hörtnagl/Kühbacher/Mayr/Pülzl* 436.

587 Rz 262 VPR 2025.

588 Vgl EAS 3415 vom 27.6.2019.

Werden Arbeitsleistungen in einem dritten Staat erbracht, gelten diese in Beziehung zwischen dem Dienstgeberstaat und dem Ansässigkeitsstaat als im Ansässigkeitsstaat verbrachte Arbeitstage.

Zu beachten ist, dass Österreich mit mehreren Nachbarstaaten besondere Regelungen zur persönlichen Besteuerung von Grenzgängern vereinbart hat, welche sich auf die Besteuerungsbefugnis von im Home Office tätigen Dienstnehmern auswirken.

Beispiel

Nach Art 15 Abs 6 DBA-Deutschland besteht ein Besteuerungsrecht des Ansässigkeitsstaats des Grenzgängers, wenn der Dienstnehmer seinen Hauptwohnsitz und Arbeitsplatz in einer 30-Kilometer-Zone beiderseits der Grenze hat und dort üblicherweise tätig wird. Werden 45 oder mehr Tage außerhalb dieser Zone Dienste geleistet, kommen allerdings die Regeln der Art 15 Abs 1 und 2 OECD-MA zur Anwendung. Im Home Office gearbeitete Tage gelten seit 1.1.2024 nicht mehr als schädlich, sodass die Eigenschaft des Dienstnehmers als Grenzgänger auch bei häufigerer Arbeit im Home Office erhalten bleibt; vergleichbare Regelungen bestehen auch in DBA-Italien (Art 15 Abs 4 DBA-Italien), DBA-Liechtenstein (Art 15 Abs 4 DBA-Liechtenstein) etc.

4.5.3.4. Sonstige ertragsteuerrechtliche Verpflichtungen des Dienstgebers bei grenzüberschreitender Home-Office-Arbeit

Die Verpflichtung zum Lohnsteuerabzug ist gem § 47 EStG an das Vorliegen einer Betriebstätte iSd § 81 EStG geknüpft. Hat ein ausländischer Dienstgeber eine Betriebstätte in Österreich, besteht für die betroffenen Dienstnehmer die Verpflichtung zum Lohnsteuerabzug.

Dies trifft auch auf die im Inland im Home Office arbeitenden Dienstnehmer zu, sofern das Home Office eine Betriebstätte iSd § 81 EStG iVm § 29 BAO begründet.[589]

Besteht im Inland keine Betriebstätte, besteht für den Dienstgeber gem § 47 Abs 1 lit b EStG die Möglichkeit, freiwillig die Einkommensteuer durch Abzug vom Arbeitslohn zu erheben. Wenn die Abfuhr der Lohnsteuer erfolgt, sind die Einkünfte wie lohnsteuerpflichtige Einkünfte zu behandeln und der Dienstgeber hat die Pflichten gem §§ 76 bis 79, § 84 und § 87 EStG wahrzunehmen.

Macht der Dienstgeber vom freiwilligen Lohnsteuerabzug keinen Gebrauch, hat er dem Finanzamt eine Lohnbescheinigung gem § 84a EStG zu übermitteln, sofern der Dienstnehmer den Mittelpunkt der Tätigkeit für mehr als sechs Monate im Kalenderjahr in Österreich hat.

Für inländische Dienstgeber richtet sich die Verpflichtung des Lohnsteuerabzuges bei Dienstnehmern, die Ihre Arbeit im Home Office im Inland erbringen, ebenfalls nach § 47 EStG.[590] Ist der Dienstnehmer im Ausland im Home Office tätig, richtet sich eine allfällige Lohnsteuerabzugsverpflichtung nach dem ausländischen Recht des Tätigkeitsstaates.

589 Siehe zB EAS 3415.

590 Vgl *Bleyer*, Home-Office im Steuerrecht (Stand 14.6.2024, Lexis Briefings in lexis360.at).

4.5.4. Ertragsteuerrechtliche Aspekte der Entsendung iZm Remote Work und Workation

4.5.4.1. Vorbemerkung

„Entsendung“ ist kein aus dem Steuerrecht stammender oder im Steuerrecht definierter Begriff. Eine Entsendung liegt generell vor, wenn ein Dienstnehmer, der gewöhnlich in einem Staat (Entsendestaat) tätig ist, vorübergehend auf Wunsch seines Dienstgebers im Ausland arbeitet und anschließend in den Entsendestaat zurückkehrt. Kennzeichnend für die Entsendung sind der gewöhnliche Arbeitsort im Entsendestaat, die temporäre Auslandstätigkeit und die Rückkehr nach deren Ende.[591]

Für steuerliche Zwecke ist primär zwischen einer Aktivleistung und einer Passivleistung zu unterscheiden. Bei der Entsendung zur Erbringung einer Aktivleistung entsendet der Dienstgeber einen Dienstnehmer ins Ausland, ohne dass dieser in die Betriebsorganisation eines ausländischen Unternehmens eingegliedert wird.[592] Anders im Falle der Erbringung einer Passivleistung, im Rahmen welcher der Dienstnehmer im aufnehmenden Unternehmen in seine Betriebsorganisation eingegliedert wird. Dem aufnehmenden Unternehmen wird eine „Verfügungsgewalt“ eingeräumt, die überlassene Arbeitskraft nach eigenen Bedürfnissen und Notwendigkeiten in seinem Geschäftsbetrieb einzusetzen. Ob eine Aktiv- oder Passivleistung vorliegt, ist eine Sachverhaltsfrage, die nur unter Berücksichtigung des Gesamtbilds der maßgeblichen Umstände des Einzelfalls beurteilt werden kann.

Beispiel aus dem EAS 3375[593]

Eine ausländische Muttergesellschaft in Form einer GmbH erbringt Dienstleistungen im Bereich der Unternehmensberatung (Entwicklung, Vertrieb und Implementierung von IT-Lösungen). Sie gründet zum Aufbau des österreichischen Teilmarkts eine österreichische Tochtergesellschaft, welche im Wesentlichen die durch ihre Muttergesellschaft entwickelten Dienstleistungsprodukte am österreichischen Markt vertreiben soll.

Es werden ausländische Arbeitnehmer von der ausländischen Muttergesellschaft an ihre österreichische Tochtergesellschaft für einen 183 Tage nicht überschreitenden Zeitraum überlassen.

Für die Lösung dieses Beispiels ist die Feststellung maßgeblich, ob ein Fall einer echten Arbeitskräfteüberlassung vorliegt, also eine reine „Passivleistung“ oder „Aktivleistung“ der ausländischen Muttergesellschaft vorliegt.

---

591 Vgl *Sabara/David*, Entsendung – Besteuerungsregelungen (Stand 13.7.2024, Lexis Briefings in lexis 360.at).

592 ZB die Entsendung iZm der Abwicklung von Werklieferverträgen und Werkleistungs- bzw Dienstleistungsverträgen. So ist bspw von einer Aktivleistung auszugehen, wenn eine österreichische Muttergesellschaft Mitarbeiter zwecks Überwachung ihrer Aktivitäten zu einer ausländischen Tochtergesellschaft entsendet, ohne dass diese Dienstnehmer vor Ort den Weisungen der Führungskräfte der Tochtergesellschaft unterliegen. Siehe dazu *Bendlinger,* Rz 5.

593 Siehe EAS 3375 vom 31.10.2016; siehe zur Abgrenzung zwischen Aktiv- und Passivleistung auch BFG 11.5.2021; RV/2100768/2017.

Eine Aktivleistung wird angenommen, wenn die Entsendung von Arbeitskräften im Interesse der ausländischen Muttergesellschaft erfolgt (so zB Beratungsleistungen,[594] Schulungsleistungen,[595] Überwachungsleistungen und andere Assistenzleistungen durch das entsendende Unternehmen).[596] Als wohl wesentlichstes Indiz für das Vorliegen einer Aktivleistung gilt, wenn die entsandten Dienstnehmer den unternehmerischen Weisungen und der Aufsicht des entsendenden Unternehmens (im obigen Beispiel der ausländischen Muttergesellschaft) unterliegen.

Eine Arbeitskräfteüberlassung dient hingegen nicht der Erbringung einer Aktivleistung durch die entsendende Gesellschaft, sondern stellt lediglich eine Zurverfügungstellung der Arbeitskräfte dar.

Daneben ist auch zu beachten, dass der Einsatz von Dienstnehmern in mehreren Unternehmen unterschiedlich ausgestaltet werden kann. Dabei kann das ursprüngliche Dienstverhältnis ruhend gestellt, beendet oder auch fortgeführt werden.

4.5.4.2. Ertragsteuerrechtliche Betriebstätte des Dienstgebers bei grenzüberschreitender Entsendung

Die grenzüberschreitende Entsendung eines Dienstgebers kann zur Annahme einer Betriebstätte der entsendenden Gesellschaft durch den aufnehmenden Staat (= Ansässigkeitsstaat der Gesellschaft, wo der Dienstnehmer eingesetzt wird) führen. Für die Begründung einer Präsenz des Dienstgebers können bereits die durch die aufnehmende Gesellschaft zur Verfügung gestellten Räumlichkeiten genügen.

> **Beispiel**
> Die ausländische Muttergesellschaft entsendet einen Dienstnehmer in eine österreichische Tochtergesellschaft. Der Dienstnehmer soll die Geschäftsführung der Tochtergesellschaft übernehmen.

Die Prüfung, ob die Entsendung zur Begründung einer Betriebstätte führt, hat anhand der allgemeinen Kriterien für die Begründung einer Betriebstätte zu er-

---

594 Siehe dazu Beispiel b des Anhangs 1 des Erlasses BMF 12.6.2014, BMF-010221/0362-VI/8/2014: *Die in Staat C ansässige Gesellschaft Cco ist Muttergesellschaft eines internationalen Konzerns, dem u.a. die in Staat D ansässige Dco angehört. Cco hat eine weltweite Marketingstrategie für die Produkte des Konzerns entwickelt. Cco entsendet für vier Monate einen Dienstnehmer an den Hauptsitz von Dco, der Dco in Bezug auf ihre Marketingstrategie beraten und sicherstellen soll, dass Dco's Kommunikationsabteilung die von Cco entwickelte Strategie versteht und diese im Einklang mit der weltweiten Marketingstrategie auch umsetzt. Wie in Beispiel a) sind die vom Dienstnehmer erbrachten Leistungen auch hier Teil der aktiven Geschäftstätigkeit der Cco, sodass Cco auch hier für Zwecke der Anwendung von Art. 15 Abs. 2 als* Dienstgeberin *anzusehen ist.*

595 Siehe dazu Beispiel a des Anhangs 1 des Erlasses BMF 12.6.2014, BMF-010221/0362-VI/8/2014: *Die in Staat A ansässige Gesellschaft Aco schließt mit der in B ansässigen Bco einen Vertrag über Personalschulung ab. Aco ist eine auf Softwareschulung spezialisierte Gesellschaft. Aco entsendet kurzfristig einen in A ansässigen Dienstnehmer zur Durchführung von Personalschulungen an Bco. Da die von diesem Dienstnehmer für Bco erbrachten Leistungen einen integralen Teil der aktiven Geschäftstätigkeit von Aco darstellen, ist Aco auch für Zwecke der Anwendung von Art. 15 Abs 2 als* Dienstgeberin *anzusehen.*

596 Vgl zB EAS 3375 vom 31.10.2016.

folgen,[597] wobei der tatsächlichen Arbeitsabwicklung im Einzelfall eine große Bedeutung zukommen wird. Jedenfalls kann nur eine Aktivleistung eine Betriebstätte des entsendenden Dienstgebers im Staat des aufnehmenden Beschäftigers begründen; eine reine Arbeitskräfteüberlassung genügt für die Begründung einer Betriebstätte nicht.

Wird hingegen die Tätigkeit während der Überlassung im Home Office im Ausland erbracht, kann in diesem Staat eine Betriebstätte des Dienstgebers begründet werden.

Beispiel

Die inländische Muttergesellschaft entsendet einen Dienstnehmer in eine ausländische Tochtergesellschaft. Der Dienstnehmer erbringt die Tätigkeit im Home Office in Österreich.

Während – wie später ausführlicher dargelegt wird – die abkommensrechtliche Dienstgebereigenschaft beim Beschäftiger liegt und folglich die Prüfung, ob das Home Office in Österreich eine Betriebstätte nach österreichischem Recht begründen kann, nach den in Pkt 4.5.2.2. dargelegten Grundsätzen erfolgt, verbleibt für Zwecke des § 29 BAO die Dienstgebereigenschaft im Falle der Arbeitskräfteüberlassung beim Überlasser (inländische Muttergesellschaft). Die Betriebstättenbegründung für Zwecke des österreichischen innerstaatlichen Steuerrechts hingegen knüpft nicht an die Dienstgebereigenschaft, sondern an die Zurechnung der erbrachten Tätigkeit zum ausländischen Steuersubjekt an. Daher erfolgt auch die Begründung der Home-Office-Betriebstätte des ausländischen Beschäftigers nach denselben Grundsätzen, wie wenn der ausländische Beschäftiger der „originäre" Dienstgeber des überlassenen Dienstnehmers wäre.

4.5.4.3. Persönliche Steuerpflicht des Dienstnehmers bei grenzüberschreitender Entsendung

Ein inländischer Dienstnehmer unterliegt kraft unbeschränkter Steuerpflicht mit den Einkünften aus nichtselbständiger Arbeit der Besteuerung in Österreich. Die Besteuerung beschränkt steuerpflichtiger Dienstnehmer erfolgt nur im Umfang des § 98 Abs 1 Z 4 EStG, welcher entweder eine Ausübung oder Verwertung im Inland voraussetzt.

Ausgeübt wird eine Tätigkeit nach § 98 Abs 1 Z 4 EStG (und nach Abkommensrecht) an dem Ort, an dem der Dienstnehmer bei dieser Tätigkeit tatsächlich anwesend ist. Unerheblich ist im Allgemeinen die Ansässigkeit des Dienstgebers. Eine wichtige Ausnahme besteht für Geschäftsführer und Vorstände von Kapitalgesellschaften im DBA mit Deutschland, weil dessen Art 16 Abs 2 das Besteuerungsrecht dem Ansässigkeitsstaat der Kapitalgesellschaft zuweist, und zwar unabhängig davon, wo die Tätigkeit ausgeübt wird.[598]

597 Siehe dazu die Ausführungen unter Pkt 4.5.2.

598 EStR 2000 Rz 7955.

Die Besteuerung von Einkünften aus nichtselbständiger Arbeit erfolgt bei Vorliegen eines DBA idR im Tätigkeitsstaat, weil Art 15 Abs 1 OECD-MA dem Tätigkeitsstaat das Besteuerungsrecht zuweist. Der Tätigkeitsstaat hat jedoch nach Art 15 Abs 2 OECD-MA kein Besteuerungsrecht, wenn sich der Steuerpflichtige im Tätigkeitsstaat insgesamt nicht länger als 183 Tage aufhält, es sei denn, die Vergütungen werden von einer im Tätigkeitsstaat befindlichen Betriebstätte des Dienstgebers getragen oder die Vergütungen werden von einem Dienstgeber oder für einen Dienstgeber gezahlt, der im Tätigkeitsstaat ansässig ist.[599]

Für Grenzgänger sehen einige DBA[600] vor, dass Einkünfte aus nichtselbständiger Arbeit grundsätzlich im Ansässigkeitsstaat besteuert werden – und zwar unabhängig davon, ob die Tätigkeit im anderen Vertragsstaat ausgeübt wird.

Der Verwertungstatbestand erfasst hingegen nicht nur Tätigkeiten des Dienstnehmers im Inland, sondern auch im Ausland. Nach den publizierten Ansichten der Finanzverwaltung in den EAS[601] ist der Verwertungstatbestand weit auszulegen.

Nach den EStR wird eine Verwertung nichtselbständiger Arbeit im Inland vermutet, wenn ein inländischer Dienstgeber Arbeitslohn ins Ausland leistet, wobei auch der Erfolg der Tätigkeit unmittelbar der inländischen Volkswirtschaft zu dienen bestimmt sein muss.[602]

Der Verwertungstatbestand kann selbst dann erfüllt sein, wenn kein Vertragsverhältnis besteht und die Tätigkeit hauptsächlich im Ausland erbracht wird.

Beispiel

Der Geschäftsführer einer ausländischen Holdinggesellschaft wird zum Geschäftsführer der österreichischen Tochtergesellschaft bestellt. Ein Dienstverhältnis zur österreichischen Tochtergesellschaft wird nicht begründet (keine Anstellung durch die österreichische Tochtergesellschaft). Der Geschäftsführer erbringt seine Tätigkeit überwiegend vom Ausland aus. Die Tätigkeit des Geschäftsführers begründet eine beschränkte Steuerpflicht in Österreich aufgrund des Verwertungstatbestandes des § 98 Abs 1 Z 4 EStG, wenn die Tätigkeit unmittelbar der inländischen Volkswirtschaft zu dienen bestimmt ist.[603]

Ob Österreich das Besteuerungsrecht an den Einkünften, die den Verwertungstatbestand des § 98 Abs 1 Z 4 EStG erfüllen, ausüben kann, ist anhand des mit dem jeweiligen Staat anwendbaren DBA zu prüfen. Die Zuweisung des Besteuerungsrechts an den Einkünften des Dienstnehmers an Österreich ist nach den Kriterien des Art 15 OECD-MA zu prüfen. Wenn kein DBA vorliegt,[604] werden unilaterale Maßnahmen zur Vermeidung der Doppelbesteuerung notwendig (siehe Pkt 4.5.2.1.).

599 Vgl EStR 2000 Rz 7956.
600 ZB DBA mit Deutschland, Italien, Liechtenstein.
601 Siehe zB EAS 1237 von 16.3.1998.
602 Vgl EStR 2000 Rz 7958 mV auf VwGH 20.10.1982, 81/13/0083.
603 Siehe dazu ausführlicher *Bendlinger*, Rz 115 ff.
604 ZB im Verhältnis zu Argentinien.

Während die Feststellung des Tätigkeitsortes des Art 15 Abs 1 OECD-MA idR unproblematisch sein wird, kann die Anwendbarkeit der 183-Tage-Klausel eine Herausforderung darstellen. Dies ist insb im Falle der Arbeitskräfteüberlassung relevant, weil hier unterschiedliche Ansichten bestehen können, ob der Überlasser oder der Beschäftiger als Dienstgeber für die Zwecke des Art 15 Abs 2 OECD-MA zu qualifizieren ist.[605] Wird der Überlasser als Dienstgeber eingestuft und ist der Dienstnehmer im Staat des Überlassers ansässig, nimmt die 183-Tage-Regel dem Staat des Gestellungsnehmers bei der kurzfristigen Auslandsentsendung das Besteuerungsrecht (Besteuerung durch Ansässigkeitsstaat des Dienstnehmers). Ist hingegen der Beschäftiger der Dienstgeber iSd Art 15 Abs 2 lit b DBA, dann steht dem Staat des Gestellungsnehmers (dem Quellenstaat) das Besteuerungsrecht zu, wenn in diesem Staat – was idR der Fall ist – der überlassene Dienstnehmer zum Einsatz kommt.

Eine Definition des Arbeitgeberbegriffes enthält das OECD-MA nicht. Der Verwaltungsgerichtshof hat im Erkenntnis VwGH 22.4.2013, 2009/13/0031 entschieden, dass der Begriff „Arbeitgeber“ in der 183-Tage-Klausel im Sinne eines „wirtschaftlichen Arbeitgebers“ zu verstehen ist. Das Erkenntnis gilt nur für echte Fälle einer Arbeitskräfteüberlassung (Passivleistungen). Dies führte zur Anpassung der Verwaltungsmeinung.[606] Demnach ist nun bei grenzüberschreitender Arbeitskräfteüberlassung der Beschäftiger als wirtschaftlicher Arbeitgeber für Zwecke des Art 15 Abs 2 lit b und c OECD-MA zu qualifizieren, wenn die gezahlte Vergütung den Gewinn seines Unternehmens geschmälert hat.

Die Finanzverwaltung vertritt bei Überlassungen an einen ausländischen Beschäftiger demnach die Ansicht, dass die auf die Überlassung des Dienstnehmers ins Ausland entfallenden Einkünfte bei Anwendung von Abkommen, die dem Befreiungssystem folgen, im Ansässigkeitsstaat des Dienstnehmers grundsätzlich auch dann von der Besteuerung – unter Progressionsvorbehalt – freizustellen sind, wenn die Entsendung 183 Tage nicht übersteigt. Die Steuerfreistellung soll jedoch nur dann erfolgen, wenn auch der Tätigkeitsstaat den Beschäftiger als Dienstgeber iSd 183-Tage-Regelung wertet.[607]

Für nach Österreich überlassene Dienstnehmer gelten korrespondierende Regelungen. Das österreichische Besteuerungsrecht wird somit auch bei Arbeitskräfteüberlassungen innerhalb der 183 Tage aufrechterhalten.

605 Unterschiedliche Staaten bejahen oder verneinen die Dienstgebereigenschaft des Arbeitskräftegestellers und vice versa bei der Arbeitskräfteüberlassung.

606 Siehe Erlass des BMF vom 12.6.2014, BMF-010221/0362-VI/8/2014.

607 Vgl Abs 3 des Erlass des BMF vom 12.6.2014, BMF-010221/0362-VI/8/2014; kann eine steuerliche Erfassung im Beschäftigerstaat durch einen Besteuerungsnachweis dokumentiert werden, ist davon auszugehen, dass die genannte Voraussetzung für die Steuerfreistellung auf österreichischer Seite erfüllt ist. Erfolgt hingegen im Beschäftigerstaat keine Besteuerung, liegt die (widerlegbare) Vermutung vor, dass die Voraussetzung für die Steuerfreistellung in Österreich nicht erfüllt ist. Die Vermutung könnte bspw dadurch widerlegt werden, dass die ausländische Steuerverwaltung den Beschäftiger zwar korrespondierend zur österreichischen Einstufung als Dienstgeber im Sinn der 183-Tage-Klausel wertet, dass sich aber in Anwendung des innerstaatlichen Steuerrechtes keine Steuerleistung ergibt.

IVm Deutschland besteht im Art 15 Abs 3 DBA-Deutschland eine Sonderregelung. Überlassene Arbeitskräfte sind nur dann im Tätigkeitsstaat steuerpflichtig, wenn ihr Aufenthalt im Tätigkeitsstaat die 183-Tage-Schwelle überschreitet. Diese soll nur für gewerbliche Überlassungen gelten, während bei der konzerninternen Arbeitskräfteüberlassung auch im Verhältnis zu Deutschland das beschäftigende Konzernunternehmen als Dienstgeber iSd DBA qualifiziert wird, wenn der Beschäftiger dem Überlasser die anfallenden Personalkosten ersetzt.[608]

Ob eine Drittstaatsentsendung dem Ansässigkeitsstaat Besteuerungsrechte entzieht, ist stets in Bezug auf das jeweils anzuwendende DBA zu beurteilen. Dabei gilt, dass die 183 Tage sich auf die Arbeit im Tätigkeitsstaat beziehen, während die Arbeit in sämtlichen anderen Staaten bei der Anwendung des DBA zwischen Ansässigkeitsstaat und Tätigkeitsstaat als Tätigkeit im Ansässigkeitstaat gilt.

Beispiel

Wird ein Dienstnehmer mit Hauptwohnsitz in Österreich aus Staat A von der Muttergesellschaft im Staat A zur Tochtergesellschaft im Staat B entsandt und besteht zu beiden Gesellschaften jeweils ein Dienstverhältnis, dann unterliegen weder die von der Tochtergesellschaft im Staat B noch die von der Muttergesellschaft im Staat A gezahlten Bezüge der Besteuerung in Österreich, sofern die berufliche Tätigkeit für den Dienstgeber im Staat A (Muttergesellschaft) ausschließlich in Staat A und jene für den Dienstgeber im Staat B (Tochtergesellschaft) ausschließlich im Staat B ausgeübt wird.

Arbeitet der Dienstnehmer allerdings von Staat B aus für die Muttergesellschaft, dann ist Staat B – aufgrund des DBA zwischen Österreich als Ansässigkeitsstaat und Staat A – ein Drittstaat und die aliquot auf diese Drittstaatstätigkeit entfallenden Bezüge der Muttergesellschaft sind in Österreich steuerpflichtig.

Solange sich der Dienstnehmer nicht länger als 183 Tage in Staat B aufhält und solange die Muttergesellschaft in Staat A nicht in den Räumen der Tochtergesellschaft eine Betriebstätte hat, in der der Dienstnehmer für die Muttergesellschaft in Staat B arbeitet, würde Staat B durch die 183-Tage-Regelung des DBA zwischen Österreich und Staat B daran gehindert, steuerlich auf die Gehaltsbezüge des Dienstgebers in Staat A zuzugreifen.

Ist der Dienstgeber in einem Staat ansässig, mit dem im DBA nicht das Befreiungs-, sondern das Anrechnungsverfahren vereinbart ist, führen die tageweisen Aufenthalte im Dienstgeberstaat zu einer (aliquoten) Steuerberechtigung des Dienstgeberstaates, entziehen aber dem Ansässigkeitsstaat (des Dienstnehmers) keine Besteuerungsrechte, sondern lösen lediglich eine Steueranrechnungsverpflichtung aus.[609]

608 Vgl BFG 16.8.2016, RV/7104973/2017; siehe ausführlich dazu *Bendlinger*, Rz 281 ff; zu beachten sind auch Konfliktfallkonstellationen, in denen der ausländische Staat die Dienstgebereigenschaft erst nach Ablauf einer bestimmten Frist dem Staat des beschäftigenden Unternehmens zuweist, wodurch Letzterer die Tätigkeit ab dem ersten Tag besteuert, während der Ansässigkeitsstaat die Besteuerung erst ab Ablauf dieser Frist abgibt. Dies ist bspw bei Arbeitskräfteüberlassungen einer deutschen Muttergesellschaft an eine österreichische Konzerngesellschaft der Fall. Eine sich daraus resultierende Doppelbesteuerung kann nur im Wege eines Verständigungsverfahrens bereinigt werden.

609 Vgl zB EAS 105 und EAS 2008; vgl *Loukota/Jirousek/Schmidjell-Dommes/Daurer*, Rz 18 f (Stand 1.5.2023, rdb.at).

4.5.4.4. Sonstige ertragsteuerrechtliche Verpflichtungen des Dienstgebers bei grenzüberschreitender Entsendung

Die Lohnsteuer wird generell nur dann erhoben, wenn der Dienstgeber im Inland eine Betriebstätte nach § 81 EStG hat. Daneben besteht auch die Möglichkeit des freiwilligen Lohnsteuerabzuges.

Im Falle der grenzüberschreitenden Arbeitskräfteüberlassung gilt nach innerstaatlichem Recht der Überlasser als Dienstgeber.[610] Dieser begründet regelmäßig keine Betriebstätte im Inland, weshalb keine Pflicht zur Einbehaltung der Lohnsteuer gem § 47 EStG besteht.

Werden Dienstnehmer zur inländischen Arbeitsausübung überlassen, wird die beschränkte Steuerpflicht nicht nur für den Überlasser gem § 98 Abs 1 Z 3 EStG begründet, sondern auch die Arbeitskräfte werden gem § 98 Abs 1 Z 4 EStG selbst beschränkt steuerpflichtig.[611]

Für Einkünfte gem § 98 Abs 1 Z 3 EStG iVm § 99 Abs 1 Z 5 EStG besteht eine Steuerabzugsverpflichtung iHv 20 %. In diesen Fällen normiert § 98 Abs 1 Z 4 letzter Satz EStG eine Ausnahme der Dienstnehmer von der beschränkten Steuerpflicht nach § 98 Abs 1 Z 4 EStG, um eine Doppelbesteuerung zu vermeiden. Der Abzugsteuer kommt daher eine Sicherstellungsfunktion in Höhe des im Gestellungsentgelt (dh der Zahlung des Beschäftigers an den Überlasser) enthaltenen Lohnanteils zu.

Nach § 1 AKGestVO[612] kann daher pauschal davon ausgegangen werden, dass 70 % des Gestellungsentgelts[613] den Lohnanteil darstellen und die Einbehaltung und die Abfuhr der Abzugsteuer von diesem Anteil die Erfassung der Einkünfte aus nichtselbständiger Arbeit der überlassenen Arbeitskräfte sowie deren Besteuerung sicherstellen. Die restlichen 30 % des Gestellungsentgelts bleiben steuerfrei.

Eine Entlastung von der Abzugsteuer ist möglich, wenn ein freiwilliger Lohnsteuerabzug iSd § 47 Abs 1 lit b EStG durchgeführt wird.[614, 615] Der ausländische Überlasser übernimmt dabei die Haftung nach § 82 EStG.

610 Siehe LStR 2002 Rz 923.

611 Vgl *Ludwig/Varro* in *Doralt/Kirchmayr/Mayr/Zorn*, EStG[24.Lfg] (2024) § 98 Rz 56.

612 Verordnung zur Abzugsteuerentlastung bei Arbeitskräftegestellung, BGBl II 2022/318.

613 Als Reaktion auf die Rsp des VwGH, VwGH 23.4.2021, Ra 2020/13/0089, wurde die AKGestVO mit Wirkung ab 1.9.2022 erlassen.

614 Vgl LStR 2002 Rz 927.

615 Den Dienstgeber treffen nach LStR 2002 Rz 927 bei der freiwilligen Lohnsteuerabfuhr folgende Pflichten: ein Lohnkonto zu führen (§ 76 EStG 1988), eventuelle Aufrollverpflichtungen (§ 77 EStG 1988), die Einbehaltung der Lohnsteuer (§ 78 EStG 1988), die Abfuhr der Lohnsteuer (§ 79 EStG 1988), die Übermittlung eines Lohnzettels (§ 84 EStG 1988) und die Gewährung von Einsicht in Lohnaufzeichnungen (§ 87 EStG 1988).

Erfolgt kein freiwilliger Lohnsteuerabzug, sieht § 3 AKGestVO die Möglichkeit der Entlastung iHv 30 % der Abzugsteuer von 20 % vor, weil ja nur 70 % des Gestellungsentgelts als auf den Lohnanteil entfallend angenommen wird.

Für die Entlastung an der Quelle gelten gem § 3 Abs 1 AKGestVO die §§ 1 bis 6 der DBA-Entlastungsverordnung[616] in der jeweils geltenden Fassung. § 3 Abs 2 AKGestVO sieht dabei unterschiedliche Tatbestandsvoraussetzungen bei der konzerninternen Personenüberlassung[617] und gewerblichen Arbeitskräfteüberlassung[618] vor.

Während bei konzerninternen Personalüberlassungen die Entlastung an der Quelle auch ohne Antragstellung möglich ist, ist in den Fällen der gewerblichen Arbeitskräfteüberlassung eine Entlastung an der Quelle nur antragsgebunden möglich. Ein solcher Befreiungsbescheid kann auf Antrag vom Finanzamt für Großbetriebe erlassen werden, wenn sichergestellt ist, dass keine Umgehungsgestaltung vorliegt. Ist die Erhebung der Steuer auf das Entgelt der überlassenen Dienstnehmer durch den freiwilligen Lohnsteuerabzug sichergestellt und übernimmt der ausländische Überlasser die Pflichten gem § 82 EStG, kann der Einbehalt der gesamten Abzugsteuer unterbleiben. Bei nicht konzerninterner Arbeitskräfteüberlassung bedarf es stets eines Befreiungsbescheides für die Entlastung.

Der Überlasser hat vor Stellung des Antrags elektronisch eine Vorausmeldung beim Finanzamt für Großbetriebe abzugeben. Der Antrag kann ausschließlich durch den mit einer Übermittlungsbestätigung versehenen, unterfertigten und mit der Ansässigkeitsbescheinigung der ausländischen Abgabenverwaltung ergänzten Ausdruckes der Vorausmeldung gestellt werden. Die Inhalte der elektronischen Voranmeldung sind in § 3 Abs 4 AKGestVO geregelt. Die Möglichkeit der Rückerstattung regelt § 4 AKGestVO.

Nach Art 15 Abs 3 DBA-Deutschland bleibt bei kurzfristigen gewerblichen Arbeitskräfteüberlassungen das Besteuerungsrecht an den Einkünften der überlassenen Arbeitskräfte beim Ansässigkeitsstaat. Demnach bedarf es keiner Sicherstellung einer Besteuerung der in der Gestellungsvergütung enthaltenen Lohnanteile. Daher ist weder für die Entlastung an der Quelle noch für die Rückerstattung die Vornahme eines Lohnsteuerabzugs erforderlich. Es soll jedoch ein Nachweis (zB Ansässigkeitsbescheinigung) darüber erbracht werden, dass der betroffene Arbeitslohn aufgrund von Art 15 Abs 3 DBA-Deutschland in Österreich nicht besteuert werden darf.

616 Verordnung des Bundesministers für Finanzen betreffend die Entlastung von der Abzugsbesteuerung auf Grund von Doppelbesteuerungsabkommen – DBA-Entlastungsverordnung, BGBl III 200/592.

617 § 3 Abs 2 Z 1 AKGestVO.

618 § 3 Abs 2 Z 2 AKGestVO.

4.5.5. Ertragsteuerrechtliche Aspekte der grenzüberschreitenden Workation

4.5.5.1. Vorbemerkung

Workation kann aus steuerrechtlicher Sicht Parallelen mit der Tätigkeit im Home Office aufweisen. Während jedoch die Tätigkeit im Home Office idR von einer längeren Dauer geprägt ist, ist der Dienstnehmer im Fall von *Workation* vorübergehend für seinen Dienstgeber im Ausland tätig, und zwar außerhalb seines eigenen Ansässigkeitsstaates und jenes des Dienstgebers.

4.5.5.2. Ertragsteuerrechtliche Betriebstätte des Dienstgebers bei grenzüberschreitender Workation

Ob eine Betriebstätte des Dienstgebers durch die *Workation* begründet werden kann, ist anhand der allgemeinen Grundsätze zu beurteilen. Konkrete Aussagen lassen sich weder dem OECD-MA noch der OECD-MK[619] entnehmen. Besteht mit dem ausländischen Staat kein Doppelbesteuerungsabkommen, ist die Begründung einer Betriebstätte nach § 29 BAO zu prüfen.

Bei der Analyse, ob die *Workation* im Destinationsstaat eine Betriebstätte begründet, schafft meistens das Kriterium der Dauerhaftigkeit Abhilfe. Art 5 OECD-MA verlangt für das Vorliegen einer Betriebstätte die Präsenz der Geschäftseinrichtung über eine zeitliche Dauer von sechs Monaten.[620] Da die *Workation* zumeist vorübergehend und von kurzer Dauer ist, überschreitet diese idR nicht die sechsmonatige Dauer, weshalb schon aus diesem Grund die Begründung einer Betriebstätte nicht anzunehmen sein wird.[621]

Überschreitet die *Workation* eine sechsmonatige Dauer, ist zu prüfen, ob der Dienstgeber eine Verfügungsmacht über die Geschäftseinrichtung im Ausland hat. Werden bspw vom Dienstgeber Räumlichkeiten im Ausland angemietet, welche durch die Mitarbeiter genutzt werden, besteht ein höheres Risiko der Begründung einer Betriebstätte.

Erfolgt die *Workation* auf Initiative des Dienstnehmers und trägt dieser die Kosten der Unterkunft, liegt wohl keine Verfügungsmacht des Dienstgebers vor. Unter Heranziehung der publizierten Ansichten der Finanzverwaltung zu Home Office, kann das Risiko nach der Begründung einer Betriebstätte auch bei einer länger andauernden *Workation* nicht ausgeschlossen werden – dies insb bei Vorliegen einer entsprechenden Vereinbarung mit dem Dienstgeber, welche eine faktische

619 Das ist der von der OECD veröffentlichte Musterkommentar zum OECD-MA, der als Auslegungsbehelf für die einzelnen Kapitel dient.

620 Die Dauer von sechs Monaten gilt sowohl für die Betriebstätte nach dem Grundtatbestand des Art 5 Abs 1 OECD-MA als auch für die Dienstleistungsbetriebstätte.

621 Vgl *Haas*, Die Workation, SWK 2024, 468.

Verfügungsmacht des Dienstgebers über die Räumlichkeiten iSd der Ansicht der Finanzverwaltung im EAS 3445 begründet. Dieses Szenario ist jedoch eher unwahrscheinlich, weil eine *Workation* idR 183 Tage nicht überschreiten wird und der Dienstnehmer seinen Arbeitsplatz beim Dienstgeber auch während der *Workation* idR behalten wird.

4.5.5.3. Persönliche Steuerpflicht des Dienstnehmers bei grenzüberschreitender Workation

Wird die *Workation* in einem Staat ausgeübt, in welchem der Dienstgeber keine physische Präsenz und der Dienstnehmer keinen Wohnsitz oder gewöhnlichen Aufenthalt hat, führt die *Workation* bei Unterschreitung der 183-Tage-Regelung zur Anwendbarkeit des Art 15 Abs 2 OECD-MA. Dadurch erhält der Ansässigkeitsstaat des Dienstnehmers das Recht, die Einkünfte aus dem Dienstverhältnis, welche auf die *Workation* entfallen, zu besteuern.[622]

Ist die 183-Tage-Schwelle erfüllt, haben sowohl der Ansässigkeitsstaat des Dienstnehmers als auch der Destinationsstaat ein Besteuerungsrecht an den Einkünften. Jene Einkünfte, die auf die Tätigkeit im Destinationsstaat entfallen, unterliegen in diesem Staat der Besteuerung.

Liegt kein Doppelbesteuerungsabkommen vor, behält Österreich als Ansässigkeitsstaat des Dienstnehmers und des Dienstgebers aufgrund des Welteinkommensprinzip das Recht, sämtliche Bezüge des Dienstnehmers zu besteuern.[623] Eine allfällige zusätzliche Besteuerung der Einkünfte im Ausland richtet sich nach ausländischem Recht.

4.5.5.4. Sonstige ertragsteuerrechtliche Verpflichtungen des Dienstgebers bei grenzüberschreitender Workation

Ob einen ausländischen Dienstgeber, dessen Dienstnehmer für eine *Workation* nach Österreich reisen, eine Lohnsteuerabzugsverpflichtung trifft, ist anhand der allgemeinen Grundsätze – wie unter Pkt 4.5.5.2. ausführlich dargelegt – zu beurteilen. IdR wird eine *Workation* jedoch schon aufgrund der nur geringen Dauer keine Lohnsteuerbetriebstätte begründen. Aufgrund des vorübergehenden Charakters der *Workation* entsteht für einen ausländischen Dienstgeber meist nicht einmal die Pflicht gem §§ 47 Abs 1 lit c iVm § 84a EStG, da diese einen sechsmonatigen Aufenthalt erfordert.

622 Vgl *Haas*, Die Workation, SWK 2024, 468.
623 Vgl *Unger*, Auslandsbeziehung – § 48 BAO (Stand 27.1.2024, Lexis Briefings in lexis360.at).

Checkliste: Prüfung, ob durch den Auslandseinsatz des Mitarbeiters eine steuerpflichtige Betriebstätte des Arbeitgebers entsteht

Schritt 1: Feststellung der Ansässigkeit des Arbeitgebers und des Staates, in dem die Tätigkeit ausgeübt wird.

→ Identifizierung der Ansässigkeit des Arbeitgebers für nationales Recht und Abkommensrecht sowie des Auslandsbezuges dient der Feststellung des anwendbaren DBA sowie der anwendbaren nationalen Rechtsordnung.

Schritt 2: Identifizierung des Umfanges des Personaleinsatzes im ausländischen Staat. Feststellung, ob eine Aktiv- oder Passivleistung vorliegt. Bei Vorliegen einer Aktivleistung ist festzustellen, ob die Tätigkeit über eine bloße vorbereitende oder eine Hilfstätigkeit iSd Art 5 Abs 4 OECD-MA hinausgeht.

→ Nur eine Aktivleistung, welche über eine vorbereitende oder Hilfstätigkeit hinausgeht, qualifiziert für die Begründung einer Betriebstätte.

Schritt 3: Prüfung des Vorliegens einer festen Geschäftseinrichtung im Tätigkeitsstaat.

Schritt 4: Dient diese der Ausübung einer unternehmerischen Tätigkeit?

Schritt 5: Ist eine gewisse Dauerhaftigkeit gegeben?

Schritt 6: Hat der Dienstgeber Verfügungsmacht über die Geschäftseinrichtung?

→ Bei Vorliegen der Voraussetzungen ist von einer ertragsteuerrechtlichen Betriebstätte aus abkommensrechtlicher Sicht auszugehen. Zu beachten ist, dass manche DBA ein Konzept der Dienstleistungsbetriebstätte kennen, das selbst bei Fehlen einer festen Geschäftseinrichtung eine abkommensrechtliche Betriebstätte begründet.

Schritt 7: Prüfung, ob die Betriebstättenkriterien des § 29 BAO vorliegen, sofern Österreich der Tätigkeitsstaat ist, wo das Risiko nach der Begründung einer ertragsteuerrechtlichen Betriebstätte untersucht wird.

→ Sind die Kriterien des § 29 BAO erfüllt, liegt eine Betriebstätte in Österreich vor.

Schritt 8: Ermittlung des Besteuerungsumfanges und der Art der Vermeidung der Doppelbesteuerung nach den Bestimmungen des anwendbaren DBA. Wenn kein DBA vorliegt, ist die Vermeidung einer allfälligen Doppelbesteuerung nach § 48 BAO zu prüfen.

Checkliste: Persönliche Steuerpflicht des Dienstnehmers

Schritt 1: Feststellung der Ansässigkeit des Dienstnehmers in Österreich?

→ Feststellung, ob für den Dienstnehmer in Österreich die unbeschränkte oder beschränkte Steuerpflicht in Frage kommt.

Schritt 2: Prüfung, ob das Besteuerungsrecht durch ein DBA eingeschränkt wird durch

- Identifizierung des anwendbaren Doppelbesteuerungsabkommens und Ermittlung der Ansässigkeit des Dienstnehmers nach Art 4 des anwendbaren Doppelbesteuerungsabkommens.
- Anwendbarkeit der Allokationsnorm des Art 15 Abs 1 OECD-MA oder der Rückfallsklausel des Art 15 Abs 2 OECD-MA zur Festlegung, ob Österreich das Besteuerungsrecht an den Einkünften des Dienstnehmers zur Gänze, teilweise oder gar nicht entzogen wird.
- Festlegung der anwendbaren Methode zur Vermeidung der Doppelbesteuerung des Art 23 OECD-MA.

Schritt 3: Wenn kein DBA vorliegt, ist die Möglichkeit der Vermeidung der Doppelbesteuerung nach § 48 BAO zu prüfen.

Checkliste: Erhebung der Einkommensteuer/ Verpflichtung des Dienstgebers

Schritt 1: Feststellung des Besteuerungsrechts von Österreich an den Einkünften des Dienstnehmers

→ Dies dient der Festlegung einer möglichen Lohnsteuerabzugsverpflichtung des Dienstgebers oder der Veranlagungspflicht des Dienstnehmers.

Schritt 2: Prüfung, ob eine Lohnsteuerbetriebstätte nach § 81 EStG vorliegt.

→ Festlegung, ob den ausländischen Dienstgeber die Verpflichtung zum Lohnsteuerabzug trifft.

Schritt 3: Liegt keine Lohnsteuerbetriebstätte vor, muss geprüft werden, ob ein freiwilliger Lohnsteuerabzug durch den ausländischen Dienstgeber erfolgen soll; Prüfung, ob eine Pflichtveranlagung durch den Dienstnehmer besteht.

5. Internet, E-Mail und KI in der Arbeitswelt

Alexandra Ciarnau/Benjamin Kraudinger

5.1. Einführung

Apps, E-Mails, Datenräume, digitale Zeitpläne, Chatbots, Gruppenchats und diverse Angebote im Internet und Intranet sind längst keine Tools mehr, die man nur in besonders progressiven oder technikaffinen Unternehmen findet. Diese Technologien gehören mittlerweile vielmehr zum Selbstverständnis unserer modernen Arbeitsgesellschaft und prägen sowohl Unternehmen als auch Mitarbeiter. Kurz gesagt – die Digitalisierung macht vor keinem Lebensbereich halt.[624] Das belegen auch die Statistiken: So nutzten im Jahr 2003 lediglich 20 % der Österreicher das Internet täglich. Eine überschaubare Zahl. Zwanzig Jahre später ist allerdings von dieser Zurückhaltung nichts mehr zu erkennen. Im Jahr 2023 waren mehr als 80 % der Österreicher täglich online. Über 90 % der Personen bis 35 Jahre nutzen das Internet sogar mehrmals täglich.[625] Dieses digitale Selbstbewusstsein findet sich aber nicht nur bei Einzelpersonen.

Über 90 % aller Unternehmen in Österreich mit zehn oder mehr Mitarbeitern verfügen mittlerweile über einen Internetzugang. In vielen Fällen wird wohl eine geregelte Unternehmensführung ohne die Unterstützung dieser Technologie kaum mehr denkbar sein. Diese Notwendigkeit durchdringt das gesamte Unternehmen. So verwenden auch durchschnittlich 65 % der Dienstnehmer das Internet als Arbeitsmittel. In Branchen im Bereich Kommunikation und Information sind es bereits mehr als 98 %.[626]

Es ist somit offensichtlich, dass neue Medien wie das Internet, E-Mail, Social Media und andere Dienste das gesellschaftliche und berufliche Leben spürbar prägen. Allerdings herrscht gerade im Dienstverhältnis noch ein großes Spannungsverhältnis zwischen der produktiven betrieblichen Nutzung dieser Technologien und ihrer privaten Verwendung (zB zur eigenen Informationsbeschaffung, privaten Chats),[627] die bis hin zu „*Cyberloafing*" oder „*Cyberslacking*" reichen kann.[628] Sofern *Cyberloafing* den Interessen des Dienstgebers widerspricht, ist es dem Dienst-

624 *Determann/Hitz*, Die private Nutzung von Internet und E-Mail, ASoK 2019, 53.

625 *STATISTIK AUSTRIA*, Europäische Erhebung über den IKT-Einsatz in Haushalten 2023 abrufbar unter https://www.statistik.at/fileadmin/user_upload/IKTH_2023.pdf (abgefragt am 30.6.2025).

626 *STATISTIK AUSTRIA*, IKT Einsatz in Unternehmen 2023, abrufbar unter https://www.statistik.at/fileadmin/user_upload/IKTU-2023_barr.pdf (abgefragt am 30.6.2025).

627 *Goricnik*, Die Kontrolle der Internet-Nutzung und des E-Mail-Verkehrs am Arbeitsplatz, Dako 2016/4, 7.

628 *Lim/Teo*, Cyberloafing: A review and research agenda, Applied Psychology 2024, 441.

nehmer während der Arbeitszeit untersagt. Gerade aus diesem Grund schließen viele Dienstgeber explizit die private Nutzung des Internets während der Arbeitszeit aus. Erfolgt das nicht oder nicht eindeutig, so ist für den Dienstgeber oftmals unklar, wie weit die private Nutzung einerseits und die Kontrolle der Internetnutzung andererseits zulässig sind. Dieses Kapitel widmet sich daher den komplexen juristischen Herausforderungen, die sich aus der Verwendung von neuen Medien als digitale Betriebsmittel ergeben.

5.2. Das Internet: Ständiger Begleiter in der modernen Arbeitswelt

5.2.1. Nutzung durch den Dienstnehmer

Die schnelle Suche nach einem Begriff über Google, die Hotelbuchung einer Dienstreise über eine Reiseplattform oder die Bestellung für die nächste Firmenfeier auf Amazon – das Internet ist allgegenwärtig und auch aus der heutigen Arbeitsumgebung nicht mehr wegzudenken. Doch das World Wide Web bietet nicht bloß Möglichkeiten für eine effizientere und leichtere Arbeitsgestaltung, sondern birgt auch ernste Risiken in sich.

Wird dem Dienstnehmer ein Internetanschluss etwa über den Firmencomputer zur Verfügung gestellt, dient dieses Betriebsmittel – unabhängig von einer expliziten Zweckwidmung – der Erfüllung der Arbeitspflichten. Aus diesem Umstand ergeben sich allerdings noch keine konkreten Nutzungspflichten oder -verbote. Wird die Nutzung des Internets nicht durch eine BV, den Dienstvertrag oder generelle Weisungen des Dienstgebers beschränkt, so steht es dem Dienstnehmer grundsätzlich frei, den Internetzugang auch für privates Internetsurfen zu verwenden. Der Dienstnehmer hat zwar kein grundsätzliches Recht auf private Nutzung, eine maßvolle Verwendung wird aber in vielen Fällen für den Dienstgeber zumutbar sein.[629]

Diese Möglichkeit zur privaten Nutzung wird aber dort eingeschränkt, wo die Treuepflicht des Dienstnehmers verletzt wird. Obwohl nicht ausdrücklich gesetzlich geregelt, steckt die Treuepflicht den Verhaltensrahmen eines Dienstnehmers bereits ohne zusätzliche Richtlinien oder Weisungen ab. Der Dienstnehmer muss sohin alles unterlassen, was den unternehmerischen Tätigkeitsbereich, dessen Organisationswert und dessen Chancen beeinträchtigt.[630]

629 *Resch*, Arbeitsrechtliche Fragen der Internetnutzung, in *Mayrhofer/Plöckinger* (Hrsg), Aktuelles zum Internet-Recht (2006) 17 (19 f); *Eichmeyer*, Internetsucht am Arbeitsplatz und rechtliche Möglichkeiten des Arbeitgebers, RdW 2009/41, 36; *Heilegger*, Überwachung und Datenschutz im Arbeitsverhältnis, infas 2009, 141; *Goricnik*, Zur Kontrolle der Internet-Nutzung und des E-Mail-Verkehrs am Arbeitsplatz, jusIT 2009/82, 169.

630 OGH 25.5.2022, 8 ObA 26/22i; OGH 24.4.2020, 8 ObA 66/19t; OGH 24.6.2015, 9 ObA 70/15g.

So wird jedenfalls eine solche Nutzung unzulässig sein, die einer ordnungsgemäßen Erfüllung der Arbeitsaufgaben entgegensteht. Abhängig von den konkreten Aufgaben des Dienstnehmers kann dies auch schon bei nur geringfügigen Ablenkungen der Fall sein. Man denke hier an Tätigkeiten mit einer besonders hohen Anforderung an die Aufmerksamkeit des Dienstnehmers – wie etwa die eines Fluglotsen. Unabhängig von der unmittelbaren Beeinträchtigung der Leistung können aber auch andere Interessen des Dienstgebers durch die private Nutzung verletzt werden. Diesem ist nämlich nur die Duldung einer solchen Privatnutzung zuzumuten, die ein angemessenes Ausmaß nicht überschreitet.[631] Dieses angemessene Ausmaß der Privatnutzung folgt dabei einem mehrdimensionalen Ansatz. Zum einen darf die Nutzung nicht dazu führen, dass die Erfüllung der Arbeitspflicht beeinträchtigt wird. Zum anderen dürfen aber auch die – insb technischen – Ressourcen des Dienstgebers nicht in störender Weise belastet, keine Sicherheitsrisiken geschaffen oder erweitert und keine widerrechtlichen Handlungen (zB rassistische Inhalte oder nationalsozialistische Propaganda) unterstützt werden.[632] Eine Interessenabwägung ist nicht notwendig und auch geringfügige Störungen der betrieblichen Infrastruktur können bereits unzulässig sein. Auf einen tatsächlichen Schadenseintritt oder eine Schädigungsabsicht des Dienstnehmers kommt es dabei nicht an.[633]

Unerlaubte Privatnutzung – Beispiele

Führt etwa die übertragungsintensive Privatnutzung eines Dienstnehmers dazu, dass den anderen Mitarbeitern nur mehr eine verringerte Surf-Geschwindigkeit zur Verfügung steht, ist das angemessene Ausmaß jedenfalls überschritten – unabhängig davon, ob die Nutzung den konkreten Dienstnehmer in seiner Aufgabenerfüllung beeinträchtigt. Diese Situation kann sich etwa dann ergeben, wenn der Dienstnehmer eine besonders speicherintensive Datei während seiner Arbeitszeit downloadet. Hier darf auch kein strenger Maßstab an die Duldungspflicht des Dienstgebers angelegt werden, besteht doch gerade kein gesetzliches Recht zur Privatnutzung durch den Dienstnehmer.

Wird für den Download nicht bloß die betriebliche Internetverbindung, sondern auch der betriebliche Computer verwendet, kann auch ohne störende Einwirkung auf den Betrieb eine unzulässige Privatnutzung vorliegen. Der Dienstnehmer setzt damit die Betriebsmittel der Gefahr aus, durch potenzielle Schadsoftware oder Viren beschädigt zu werden. Abseits von schlichten Dateien wie JPEGs oder MPEGs ist daher der Download oder jede andere Manipulation von unbekannten ausführbaren Dateien grundsätzlich zu unterlassen.[634]

Beim Download von Spielen liegt hingegen das Risiko auf der Hand. Neben den Sicherheitsgefahren steht die Vernachlässigung der Arbeitspflicht im Raum. In der Vergangenheit hat der OGH diese begründete Befürchtung bereits als gültigen Entlassungsgrund bestätigt.[635]

631 OLG Wien 7.5.2003, 8 Ra 45/03a.
632 *Thiele*, Internet am Arbeitsplatz Erste arbeitsrechtliche Konfliktfälle, ecolex 2001, 613.
633 OGH 5.11.1997, 9 ObA 315/97g.
634 *Brodil*, Nutzung und Kontrolle von neuen Medien im Arbeitsrecht, ecolex 2001, 853.
635 OGH 5.11.1997, 9 ObA 315/97g.

Kommt es durch die private Nutzung des Internets zu tatsächlichen Schäden des Dienstgebers, so haftet der Dienstnehmer grundsätzlich uneingeschränkt nach vertraglichen und deliktischen Grundsätzen. Der Dienstgeber kann daher einen Schadenersatzanspruch sowohl aus einer Verletzung des Dienstvertrages als auch aus allgemeinen Verhaltenspflichten – wie etwa dem Verbot fremdes Eigentum zu beschädigen – geltend machen.

Eine Mäßigung oder vollständige Erlassung der Schadenersatzpflicht nach den Vorschriften des DHG wird nur in den seltensten Fällen möglich sein.[636] Die Haftungsbeschränkung gem § 2 Abs 1 DHG kommt nämlich nur dann zum Tragen, wenn sich ein Schaden „bei der Erbringung der Dienstleistung" ereignet.

Die „Erbringung der Dienstleistung" ist nach der Rsp ein weites Handlungsfeld. So schadet es etwa nicht, wenn der Dienstgeber in Erfüllung seiner Arbeitspflichten zugleich private Interessen befriedigt – etwa erlaubtes Rauchen in den Pausen, Aufsuchen des WC und die Vornahme gymnastischer Lockerungsübungen. Schäden, die durch solche Handlungen verursacht werden, unterliegen daher weiterhin dem DHG. Dies gilt aber nur, wenn das Verhalten mit der Dienstleistung grundsätzlich ohne weiteres vereinbar und erlaubt ist.[637] Gerade eine Privatnutzung des Internets, die zu Schäden des Dienstgebers führen kann, ist aber bereits als unangemessen zu werten, sind doch dem Dienstnehmer bereits Handlungen wie Downloads untersagt, die bloß zu einem potenziellen Schaden führen können. Erst recht muss dieses Verbot gelten, wenn sich der befürchtete Schaden tatsächlich verwirklicht. Anders kann die Nutzung beurteilt werden, wenn der Dienstgeber die Privatnutzung ausdrücklich erlaubt hat und die schadenskausale Handlung innerhalb des zulässigen Rahmens liegt.

5.2.2. Sperren und Beschränkungen der Internetnutzung

Will der Dienstgeber das Risiko einer ungeregelten privaten Nutzung durch seine Dienstnehmer nicht eingehen, so empfiehlt es sich, die Nutzung des Internets einzuschränken oder zu regulieren. Da es sich bei dem betrieblichen Internetzugang und bei der betrieblichen Hardware um Mittel handelt, die der Dienstgeber zur Leistungserbringung zur Verfügung stellt, ist auch eine einseitige Verwendungseinschränkung dieser Mittel grundsätzlich zulässig.[638] Erst durch diese Fremdbestimmungsmöglichkeit ist der Dienstgeber in der Lage, die Produktions- und Arbeitsvorgänge im Betrieb hinreichend zu organisieren und einen effizienten Betrieb sicherzustellen.[639]

636 *Brodil*, ecolex 2001, 853.

637 OGH 12.7.2006, 9 ObA 34/06z.

638 *Felten*, Kontrolle der Internetnutzung am Arbeitsplatz – Auswirkungen der neueren EGMR-Rechtsprechung, jusIT 2016/43, 93 (94).

639 *Brodil*, Kontrolle und Datenschutz im Arbeitsrecht, ZAS 2009/21, 121.

Praxistipp

Betriebsinhaber können sich zur Regulierung der Arbeitsmittel folgender Maßnahmen bedienen:

- Technische Sperre von Social-Media-Plattformen oder anderen unerwünschten Websites: Als Verfügungsbefugter kann der Dienstgeber diese Maßnahmen oft sehr einfach über seinen Internetdienstanbieter aktivieren und verändern;
- Regelung der Nutzung im Arbeitsvertrag oder in Form von Weisungen; oder
- Regelung der Internetnutzung auf betrieblichen Geräten durch BV gem § 97 Abs 1 Z 6 ArbVG.

Denkbar ist auch eine Regelung der Internetnutzung im anwendbaren KV. In der Praxis machen die Kollektivvertragsparteien von dieser Möglichkeit üblicherweise aber keinen Gebrauch.[640]

Grundsätzlich kann der Dienstgeber durch entsprechende Vorschriften die private Nutzung des Internets auch vollständig untersagen. Die Rsp hat zwar festgelegt, dass ein absolutes Verbot der privaten Nutzung eines betrieblichen Telefons unter besonderen Umständen durchbrochen werden kann.[641] Diese Schlussfolgerung ist allerdings nicht unmittelbar auf die Verwendung des Internets übertragbar. Verbote von Websites, die lediglich der Unterhaltung dienen und über gar keine Kontaktfunktion verfügen, sind umfänglich durchsetzbar. Aber auch Messenger-Dienste und E-Mails bieten keine unmittelbare Kontaktaufnahme, die mit einem Telefonanruf vergleichbar sind.[642] Ausnahmen können allerdings für Dienste wie etwa WhatsApp gelten, die in ihrer Funktion und Verwendung der klassischen Sprachtelefonie besonders nahekommen.

Trotz der grundsätzlichen Möglichkeit eines absoluten Verbots der privaten Internetnutzung ist besonders in Betrieben, die einer Betriebsratspflicht gem § 40 ArbVG unterliegen, ein maßvolles Vorgehen ratsam. Gem § 97 Abs 6 ArbVG kann der Betriebsrat über die zweckentsprechende Benützung von Betriebsmitteln eine BV erzwingen. Dies kann neben der konkreten arbeitsbezogenen Verwendung aber auch die Nutzung für private Zwecke umfassen.[643] Stößt die einseitige Internet-Regelung des Dienstgebers auf grobes Unverständnis der Belegschaft, besteht das Risiko, dass der Betriebsrat diese Maßnahme ablehnt und eine BV mit anderslautenden Bedingungen vor der Schlichtungsstelle anstrengen wird.

Abschließend ist darauf hinzuweisen, dass sich die umfassende Regelungsbefugnis des Dienstgebers auf die unternehmenseigenen Mittel beschränkt. Im Lichte der allgemeinen Treuepflicht des Dienstnehmers ist allerdings auch die Verwendung

640 *Andréewitch*, Die Privatnutzung von Social Networks am Arbeitsplatz, ASoK 2015, 52.
641 *Thiele*, ecolex 2001, 613; OGH 15.6.1982, 4 Ob 65/82.
642 *Felten*, jusIT 2016/43, 93 (94); *Andréewitch*, ASoK 2015, 52.
643 *Felten*, jusIT 2016/43 (95); *Laimer/Mayr*, Rechtsprobleme bei der Internetnutzung am Arbeitsplatz, ecolex 2003, 113.

des eigenen Mobiltelefons zum Zwecke des Internetsurfens auf ein Maß beschränkt, das nicht zu einer Vernachlässigung der arbeitsvertraglichen Pflichten führt.[644]

5.2.3. Kontrolle durch den Dienstgeber

Den Dienstgebern stehen auch Möglichkeiten zur Kontrolle der Beschränkung der privaten Internetnutzung zu. Als Kontrollmaßnahmen gelten dabei alle Erhebungen und Prüfungen von Fakten und deren Vergleich mit einem bestimmten Soll-Zustand.[645]

Die Kontrollunterworfenheit ist ein typischer Bestandteil der persönlichen Abhängigkeit eines echten Dienstnehmers.[646] Daher steht die grundsätzliche Kontrollbefugnis des Dienstgebers außer Frage.[647] Dabei sind jedoch folgende Grenzen zu berücksichtigen:

Datenschutz

Zum einen wird die Überprüfung des Surfverhaltens eines Mitarbeiters regelmäßig die Verarbeitung von personenbezogenen Daten mit sich bringen und damit den Anwendungsbereich der DSGVO eröffnen. Personenbezogene Daten iSd Art 4 Z 1 DSGVO sind dabei alle Informationen, die sich auf eine identifizierte oder identifizierbare natürliche Person beziehen. Gerade im betrieblichen Umfeld kann davon ausgegangen werden, dass der Dienstgeber jedenfalls über die Identität seiner Belegschaft informiert ist. Die Identifizierung des betroffenen Dienstnehmers ist auch notwendig, um überhaupt eine sinnvolle Kontrolle zu ermöglichen. So muss etwa die URL einer aufgerufenen Website auch einem konkreten Mitarbeiter zuordenbar sein, um einen Verstoß gegen das Privatnutzungsverbot festzustellen.

Um das Risiko eines Datenschutzverstoßes zu reduzieren, ist die Kontrolle insb auf eine gültige Rechtsgrundlage zu stützen und der Dienstnehmer ist über Zweck und Umfang der Kontrollmaßnahme entsprechend zu informieren. Als Rechtsgrundlage steht dem Dienstgeber insb Art 6 Abs 1 lit f DSGVO zur Verfügung, denn die Sicherstellung der Einhaltung von betrieblichen Vorschriften stellt regelmäßig ein berechtigtes Interesse des Dienstgebers dar.[648] Dieses Interesse muss aber mit den schutzwürdigen Rechten des betroffenen Dienstnehmers – etwa dem Recht auf Privatsphäre – abgewogen werden. Besonders invasive Kontrollmaßnahmen wie etwa die durchgehende Videoüberwachung eines Dienstnehmers sind daher trotz eines berechtigten Interesses des Dienstgebers rechtswidrig.[649] Der Dienstgeber muss stets die Maßnahme wählen, die den Kontrollzweck mit dem geringsten Eingriff in die Rechte des Betroffenen erfüllt.

644 *Andréewitch*, ASoK 2015, 52.
645 *Reissner* in *Neumayr/Reissner*, ZellKomm³ (2018) § 96 ArbVG Rz 21.
646 *Brodil*, Die Kontrolle der Nutzung neuer Medien im Arbeitsverhältnis, ZAS 2004/28, 156.
647 *Felten*, jusIT 2016/43, 95.
648 *Kastelitz/Hötzendorfer/Tschohl* in *Knyrim*, Der DatKomm^39.Lfg^ (2020) Art 6 DSGVO Rz 54.
649 Ibid Rz 86.

Praxistipp

Eine umfassende Aufzeichnung der Bildschirmaktivität der Mitarbeiter stellt regelmäßig eine überzogene Kontrollmaßnahme dar. In diesem Fall werden weit mehr Informationen gesammelt als notwendig sind, um zu beurteilen, ob das Internet des Dienstgebers auch privat genutzt wird. Werden hingegen bloß Log-Files des Surfverhaltens abgespeichert und nach einer erfolgten Kontrolle gelöscht, ist uE den Rechten des Dienstnehmers Rechnung getragen und ein überwiegendes berechtigtes Interesse des Kontrollverantwortlichen lässt sich gut argumentieren.

Arbeitsverfassungsrecht

Neben den datenschutzrechtlichen Grundlagen[650] sind jedoch für den Dienstgeber auch die Bestimmungen des Arbeitsverfassungsrechts zu beachten. Gem § 96 Abs 1 Z 3 ArbVG sind generelle Kontrollmaßnahmen nur mit der Zustimmung des Betriebsrats möglich, soweit sie die Menschenwürde berühren. Ist im Betrieb kein Betriebsrat eingerichtet, kann die Kontrollmaßnahme gem § 10 AVRAG nur mit Zustimmung jedes Mitarbeiters eingeführt werden.[651]

Der Begriff der Menschenwürde zieht dabei einen Schutzkreis um den Dienstnehmer. Dadurch werden einseitige Maßnahmen verhindert, die etwa in Grund- und Freiheitsrechte des Dienstnehmers eingreifen. Dies schließt insb das Recht auf Privatsphäre ein.[652] Ob die Kontrolle der Internetnutzung der Mitarbeiter die Menschenwürde berührt, hängt daher immer von der konkreten Maßnahme und deren Umfang ab.

Mitbestimmung der Belegschaft bei Kontrollmaßnahmen – Beispiele

Hat der Dienstgeber lediglich die Möglichkeit, die Aktivitätszeiten des Browsers zu überprüfen, ist der Anwendungsbereich der verpflichtenden Mitbestimmung noch nicht eröffnet. In diesem Fall werden ausschließlich Informationen geprüft, die in unmittelbarem Zusammenhang mit der Arbeitsleistung stehen und keine Ausprägung der Persönlichkeit des Dienstnehmers darstellen.

Sind allerdings nicht bloß die Aktivitätszeiten, sondern auch die aufgerufenen Websites für den Betriebsinhaber zugänglich, wird der Kontrollrahmen stark erweitert. In den meisten Fällen wird nämlich schon die URL Rückschlüsse auf Inhalt und Nutzung der Website zulassen. Ob der Betriebsinhaber tatsächlich alle Kontrollfunktionen nutzt, die ihm zur Verfügung stehen, ist hingegen nicht von Bedeutung. Es kommt dabei lediglich auf die objektive Eignung der Maßnahme an, den Mitarbeiter zu kontrollieren.[653]

Aus einer praktischen Perspektive wird daher die überwiegende Anzahl der Kontrollsysteme zur Überwachung der Internetnutzung in den Anwendungsbereich des § 96 Abs 1 Z 3 ArbVG fallen.

650 Vgl Pkt 6.

651 *Reissner* in *Neumayr/Reissner* § 96 ArbVG Rz 19.

652 OGH 20.12.2006, 9 ObA 109/06d.

653 OLG Wien 26.7.2012, 10 Ra 78/12g.

Die Zustimmung der Belegschaft zur Kontrollmaßnahme kann nicht jeden Eingriff in die Menschenwürde rechtfertigen. Wird diese nicht bloß berührt, sondern verletzt, ist die Kontrollmaßnahme in jedem Fall rechtswidrig.[654] Ob diese Schwelle überschritten ist, hängt regelmäßig von der Verhältnismäßigkeit der Maßnahme im Einzelfall ab.[655] Abgeleitet von einer jüngeren Erkenntnis des EGMR[656] sind folgende Schritte bei der Einführung und dem Einsatz von Kontrollmaßnahmen zu berücksichtigen:

1. Prüfung von weniger beeinträchtigenden Formen der Kontrolle;
2. Festlegung des konkreten betrieblichen Interesses an der Überwachung;
3. Ausdrückliche Ankündigung der Kontrollmaßnahme durch den Dienstnehmer vor Inbetriebnahme oder Einsatz;
4. Information über (mögliche) Folgen der Kontrollmaßnahmen auf die Belegschaft;
5. Festlegung von Maßnahmen zum Schutz vor einem unangemessenen Eingriff in die Rechte des Dienstnehmers.

Werden diese Schritte befolgt, kann der Dienstnehmer das Risiko einer unzulässigen Kontrollmaßnahme deutlich reduzieren.

5.3. E-Mails: Die digitale Post und ihre betrieblichen Tücken

Auch wenn das Internet den Zugang zu unzähligen Anwendungen und Funktionen eröffnet – besonders häufig wird es insb für das Senden und Empfangen von E-Mails benutzt.[657]

Eine betriebliche Nutzung von E-Mails wird in den meisten Unternehmen für einen geordneten Geschäftsbetrieb notwendig sein. Abhängig von der konkreten Verwendung ergeben sich für den Dienstgeber aber diverse rechtliche Herausforderungen. Der folgende Teil zeigt daher die Konsequenzen einer Nutzungserlaubnis für private Zwecke auf und informiert über die Grenzen des Einsichtsrechts sowie der Verwertung von E-Mail-Inhalten und dem Schicksal von E-Mails nach Ende der Arbeitsbeziehung.

5.3.1. Berufliche und gemischte E-Mail-Accounts

Wird einem Dienstnehmer eine berufliche E-Mail zur Verfügung gestellt, so sind sowohl der Account selbst als auch die dahinterliegende Infrastruktur (wie etwa die Verbindung zum Internet) als Betriebsmittel einzustufen. Wie diese genutzt werden sollen oder welche Handlungen damit untersagt werden, liegt grundsätz-

654 *Felten/Preiss* in *Gahleitner/Mosler*, Arbeitsverfassungsrecht 3[6] § 96 ArbVG Rz 58.
655 *Felten*, jusIT 2016/43, 95.
656 EGMR 5.9.2017, 61496/08 *Bărbulescu vs Rumänien.*
657 *STATISTIK AUSTRIA*, Europäische Erhebung über den IKT-Einsatz in Haushalten 2023, abrufbar unter https://www.statistik.at/fileadmin/user_upload/IKTH_2023.pdf (abgefragt am 30.6.2025).

lich in der alleinigen Entscheidungshoheit des Dienstgebers.[658] Als Verfügungsberechtigter ist der Dienstgeber daher auch in der Lage, die private Nutzung des E-Mail-Accounts vollständig zu untersagen.[659] Durchbrochen wird dieses Verbot analog zur privaten Internetnutzung nur dort, wo besonders berücksichtigungswürdige Umstände hinzutreten – etwa im Fall einer Kontaktaufnahme bei einem familiären Notfall. Da jedoch eine Kontaktaufnahme in den meisten Fällen wohl rascher und unmittelbarer durch einen Telefonanruf erfolgt, wird die Verbotsschranke in der Praxis auf E-Mails nur selten zur Anwendung kommen.

Insb durch die immer stärkere Verbreitung von Home-Office-Regelungen und mobilem Arbeiten verschwimmen private und berufliche Sphären jedoch zusehends. Vor diesem Hintergrund erscheint ein gänzliches Verbot der privaten Internetnutzung oft wenig zweckmäßig und ungebührlich hart in Anbetracht der beruflichen Lebensrealität.[660] Der Dienstgeber muss hier die Möglichkeit der Belegschaft berücksichtigen, im Konfliktfall gem § 97 Abs 1 Z 6 ArbVG über den Einsatz von Betriebsmitteln auch eine BV bei der Schlichtungsstelle zu erzwingen.

In vielen Fällen wird daher eine Teilerlaubnis zur privaten Nutzung die sinnvollste und praktikabelste Lösung darstellen. In diesem Fall ist es ratsam, die genauen Grenzen dieser Nutzungserlaubnis durch eine Internet- oder E-Mail-*Policy* verständlich an die Belegschaft zu kommunizieren. Die *Policy* kann insb die Nutzung der betrieblichen E-Mail für bestimmte Tätigkeiten untersagen oder zeitliche sowie speicherbezogene Grenzen festlegen. Zu denken ist hier etwa an das Verbot, die betriebliche E-Mail für Online-Foren zu verwenden, da getätigte Aussagen sonst oft ungewollt mit dem Unternehmen in Verbindung gesetzt werden.[661] Für die Form dieser *Policy* gibt es keine bestimmte Vorschrift. Sie kann bereits im Arbeitsvertrag enthalten sein oder etwa den Dienstnehmern als schriftliche Weisung erteilt werden. Von bloß mündlichen Anordnungen und Nutzungsvorschriften ist aber aus Beweisführungsgründen klar abzuraten.[662]

Hat der Dienstgeber die Privatnutzung weder verboten noch ausdrücklich (innerhalb gewisser Grenzen) gestattet, kann der Dienstnehmer die betriebliche E-Mail lediglich für solche privaten Zwecke einsetzen, die nicht mit seinen beruflichen Pflichten im Widerspruch stehen und auch sonst keine unzumutbaren Unannehmlichkeiten für den Dienstgeber bewirken.[663] Dieses Vorgehen birgt aber zahlreiche Risiken. So sind die Grenzen der Zumutbarkeit nicht einheitlich definiert oder vorhersehbar. Der Dienstgeber hat somit kein klares Bild davon, wie weit er die private Nutzung zu dulden hat. Zusätzlich kann die dauerhafte Duldung auch als

658 *Ludvik/Hördinger*, Die Privatnutzung betrieblicher E-Mail-Infrastruktur, GRAU 2022/4, 10.
659 *Goricnik*, Die Kontrolle der Internet-Nutzung und des E-Mail-Verkehrs, in *Grünanger/Goricnik*, Arbeitnehmer-Datenschutz und Mitarbeiterkontrolle^2 Rz 6.6.
660 *Ludvik/Hördinger*, GRAU 2022, 10.
661 *Gerhartl*, Verwendung sozialer Medien, RdW 2018, 366.
662 *Ludvik/Hördinger*, GRAU 2022/4, 10.
663 Hier gelten die Ausführung zur Duldung der Internetnutzung in Pkt 5.2.1. entsprechend.

schlüssige Zustimmung zu einer angemessenen privaten Internetnutzung gedeutet werden. Diese Zustimmung kann somit konkludent Inhalt des Arbeitsvertrages werden, von dem der Dienstgeber auch nicht mehr einseitig abgehen kann.[664]

5.3.2. Einsichtsrechte des Dienstgebers

Stellt der Dienstgeber seinen Mitarbeitern einen betrieblichen E-Mail-Account zur Verfügung, hat er grundsätzlich das Recht, die Nutzung dieses Betriebsmittels auch zu kontrollieren. Hat der Dienstgeber die Nutzung des E-Mail-Accounts für private Zwecke untersagt, braucht er auch nicht damit zu rechnen, dass dieses Verbot von der Belegschaft missachtet wird und kann von rein dienstlichen Inhalten der Nachrichten ausgehen. Dies gilt auch bei gemischten Accounts, wenn die Mitarbeiter angewiesen sind, ihre private Korrespondenz in einen separaten Ordner zu verschieben.[665]

Strichprobenartige Kontrollen sind in diesem Fall auch ohne eine Zustimmung des Betriebsrats nach § 96 Abs 1 Z 3 ArbVG oder der einzelnen Dienstnehmer nach § 10 Abs 1 AVRAG möglich.[666] Diese Zustimmungen werden aber notwendig, wenn die Kontrollen über ein punktuelles Ausmaß hinausgehen und der Dienstgeber die Kommunikation der Belegschaft generell und systematisch überprüft.[667]

Ist dem Dienstnehmer die private Nutzung des E-Mail Accounts ohne zusätzliche Auflagen erlaubt, ist eine rechtssichere Kontrolle der E-Mails komplexer. Aus dem Umstand, dass jede Nachricht im Postfach auch privaten Inhalts sein kann, wird die persönliche Sphäre des Dienstnehmers durch eine Überprüfung deutlich stärker berührt.[668] In diesem Fall sind insb der Zweck und Umfang der Kontrolle zu beachten. Überschießende und ungezielte Maßnahmen wie etwa die automatisierte Aufnahme von Screenshots des Posteingangs werden dabei regelmäßig unzulässig sein.[669]

Wird hingegen ein Mitarbeiter verdächtigt, unternehmensschädigende – oder gar strafrechtlich verbotene – Nachrichten über den betrieblichen E-Mail-Account zu versenden, so kann dieser Dienstnehmer einer Kontrolle nicht pauschal sein Recht auf Privatsphäre entgegenhalten. Vielmehr kommt es hier auf die Art und Weise an, wie die Kontrolle durchgeführt wird. Dem Dienstgeber ist hier zu empfehlen, bestimmte Maßnahmen zu treffen, um den Schutz der Rechte des Betroffenen bei der Kontrolle sicherzustellen. Als eine solche Schutzmaßnahme eignet

664 *Thiele*, jusIT 2014/1, 3; *Ogriseg*, Die private Nutzung betrieblicher Informations- und Kommunikationstechnologien (IKT) durch den Arbeitnehmer – BASICS, in *Resch* (Hrsg), Datennutzung im Betrieb (2015) 85 (92 f).

665 *Ludvik/Hördinger*, GRAU 2022, 10.

666 Ibid.

667 *Gerhartl*, Verwendung von Betriebsmitteln für private Zwecke, ARD 6634/5/2019, 3.

668 *Goricnik* in *Grünanger/Goricnik* Rz 6.29; *Milchrahm*, E-Mail-Korrespondenz auf dem Prüfstand, GRAU 2022/7, 31.

669 *Goricnik* in *Grünanger/Goricnik* Rz 6.30.

sich etwa die Beiziehung von Vertrauenspersonen wie den betrieblichen Datenschutzbeauftragten oder Mitglieder des Betriebsrats.[670] Daneben ist aber auch eine zielgerichtete Suche nach einem bestimmten Stichwort im Postfach denkbar. Dadurch wird die Zahl von Inhalten reduziert, die von einem Menschen tatsächlich gelesen werden und der Eingriff in die Privatsphäre des Betroffenen wird verringert.[671] Die Abfrage von einzelnen Begriffen sollte aufgrund der Rechenschaftspflicht des Dienstnehmers auch möglichst genau protokolliert werden.[672]

Die Abwägung der schutzwürdigen Interessen des betroffenen Mitarbeiters spielt auch eine große Rolle für die datenschutzrechtliche Zulässigkeit der Kontrolle. So stellt die Einsicht in den E-Mail-Account eines Dienstnehmers regelmäßig eine Verarbeitung von personenbezogenen Daten dar – unabhängig davon, ob der konkrete Inhalt privater oder dienstlicher Natur ist. Damit ist auch eine entsprechende Verarbeitungsgrundlage gefordert. Der Dienstgeber wird sich dabei kaum auf die Einwilligung des Dienstnehmers in eine Kontrolle stützen können. Muss der Dienstnehmer nämlich auch nachteilige Folgen aus einer Prüfung befürchten, wird die Einwilligung nicht den Anforderungen an die Freiwilligkeit der Erklärung iSd Art 7 Abs 4 DSGVO gerecht.[673] Für die Kontrolle wird sich der Dienstgeber daher grundsätzlich auf seine berechtigten Interessen iSd Art 6 Abs 1 lit f DSGVO stützen müssen.

Diese Verarbeitungsgrundlage verlangt immer auch eine Abwägung der schutzwürdigen Rechte des Betroffenen gegenüber dem Kontrollinteresse des Dienstgebers. Diese Interessenabwägung kann der Dienstgeber durch die oa Sicherheitsmaßnahmen positiv beeinflussen. Je schwerer auch der Verdacht gegen einen Mitarbeiter auf eine missbräuchliche Verwendung des E-Mail-Accounts wiegt, desto weniger kann sich dieser auf seine Schutzinteressen berufen.

5.3.3. Schicksal des E-Mail-Accounts nach Ende des Dienstverhältnisses

Der Umgang mit den E-Mails der Belegschaft spielt nicht nur während eines aufrechten Dienstverhältnisses eine bedeutende Rolle für ein Unternehmen. Insb beim Austritt eines Mitarbeiters prallen oftmals zwei Interessenslagen aufeinander.

Für den Dienstgeber beinhaltet das E-Mail-Postfach regelmäßig dienstlich veranlasste Korrespondenz zu Vertragsabschlüssen, Kundenkontakten uÄ. Diese Kommunikation steht in unmittelbarem Zusammenhang mit der dienstvertraglich geschuldeten Arbeitsleistung. Der Dienstgeber benötigt die Inhalte dieser Nachrichten, um an bestehende Geschäftskommunikation anzuschließen und

670 *Kotschy/Reimer*, Die Überwachung der Internet-Kommunikation am Arbeitsplatz, ZAS 2004/29, 167.
671 *Milchrahm*, GRAU 2022/7, 31.
672 *Ludvik/Hördinger*, GRAU 2022/4, 10.
673 *Artikel-29-Datenschutzgruppe*, Stellungnahme 2/2017 zur Datenverarbeitung am Arbeitsplatz, 26.

Projekte möglichst friktionslos weiterführen zu können. Der Dienstnehmer hat hingegen – insb bei einer erlaubten Privatnutzung – berechtigt Interesse daran, dass bestimmte Korrespondenz jedenfalls nach seinem Ausscheiden aus dem Arbeitsverhältnis gelöscht wird und dem Dienstgeber nicht mehr zur Verfügung steht.

War der Dienstnehmer verpflichtet, für private Kommunikation ein eigenes Postfach anzulegen, ist dieses Spannungsverhältnis recht rasch gelöst. In diesem Fall hat der Dienstgeber das private Postfach zu löschen und kann auf den betrieblichen Teil des Accounts grundsätzlich unbeschränkt zugreifen. Werden allerdings bei der Durchsicht des beruflichen Postfachs auch Nachrichten festgestellt, die einen privaten Inhalt nahelegen, so darf hier keine weitere Prüfung erfolgen. In diesem Fall ist dem Betriebsinhaber zu empfehlen, mit dem ausgeschiedenen Dienstgeber Kontakt aufzunehmen und sich über das weitere Vorgehen abzustimmen. Möglich wäre etwa die Weiterleitung der privaten E-Mail an eine neue, vom ehemaligen Dienstgeber bestimmte Adresse. Im Zweifel ist die Nachricht zu löschen.

Doch auch bei E-Mail-Accounts, die sowohl beruflich als auch privat genutzt werden, ist eine Kontrolle nach Ende des Dienstverhältnisses nicht ausgeschlossen. Vielmehr ist immer der konkrete Fall zu beurteilen und die Interessen von Dienstnehmer und Dienstgeber sind gegeneinander abzuwägen. Dies ist zum einen iZm dem berechtigten Interesse iSd Art 6 Abs 1 lit f DSGVO von Bedeutung. So wird diese Rechtsnorm regelmäßig die Grundlage des Dienstgebers für die Verarbeitung von personenbezogenen Daten bei der Accountkontrolle darstellen. Aber auch der Schutzbereich des allgemeinen Persönlichkeitsrechts nach § 16 ABGB wird grundsätzlich durch eine Güter- und Interessenabwägung der verschiedenen Parteien bestimmt.[674]

Je eher der Mitarbeiter damit rechnen muss, dass nach seinem Ausscheiden aus dem Unternehmen sein Account auf relevante Inhalte geprüft wird, desto weniger kann er gegen eine solche Kontrolle seine Geheimhaltungsinteressen geltend machen. Dies gilt auch für solche Inhalte, die ursprünglich nicht für die Augen des Dienstgebers bestimmt waren. Werden etwa bei einer Prüfung des E-Mail-Accounts Konversationen entdeckt, die den Dienstgeber diskreditieren oder den fehlenden Arbeitswillen des Mitarbeiters offenlegen, können diese Informationen – bei entsprechender Schwere – auch als Grundlage für eine Entlassung herangezogen werden.[675]

Aus der Perspektive des Dienstgebers ist es ratsam, die mögliche Einsicht in Accounts von ausgeschiedenen Mitarbeitern transparent zu kommunizieren. Dies kann etwa bereits im Arbeitsvertrag erfolgen oder auch durch eine entsprechende Unternehmens-*Policy*. Wie bei jeder Einsichtnahme in Mitarbeiterinformationen sollte auch in diesem Fall eine möglichst schonende Vorgehensweise gewählt

674 *Aicher* in *Rummel/Lukas/Geroldinger*, ABGB^4 (2024) § 16 Rz 11 ff.
675 OGH 28.6.2023, 6 ObA 1/22y.

werden, die eine Kontrolle von Nachrichten ohne jeglichen Arbeitsbezug vermeidet. Allerdings sollte die Prüfung zeitnah nach der Beendigung des Arbeitsverhältnisses erfolgen. So kann etwa eine Kontrolle sechs Monate nach dem entsprechenden Anlassfall die Interessenabwägung zu Ungunsten des Betriebsinhabers beeinflussen und damit eine rechtswidrige Maßnahme darstellen.[676] Eine Zustimmung des Betriebsrats nach § 96 Abs 1 ArbVG oder der einzelnen Mitarbeiter nach § 10 AVRAG ist in diesem Fall aber nicht gefordert. So stellt eine einzelne Prüfung eines E-Mail-Accounts eines ausgeschiedenen Mitarbeiters grundsätzlich keine allgemeine und systematische Kontrolle des Dienstnehmerverhaltens dar.[677]

Neben der Kontrolle der Nachrichten kann aber für den Dienstgeber auch der Umgang mit dem verbleibenden E-Mail-Account selbst kritisch sein, insb, wenn der ehemalige Mitarbeiter etwa mit zahlreichen Kunden in Kontakt war und es nicht möglich ist, alle diese Personen über einen Zuständigkeitswechsel im Unternehmen aufzuklären. In diesem Fall ist damit zu rechnen, dass weiterhin Nachrichten,die potenziell für das Unternehmen von Bedeutung sind, auf den Account des ehemaligen Mitarbeiters eingehen. Eine automatische Weiterleitung der Nachrichten an den Nachfolger wird aber nicht immer zulässig sein. Gerade bei gemischt benutzten Accounts kann es dazu kommen, dass private Nachrichten – die eigentlich ausschließlich für den ehemaligen Mitarbeiter bestimmt waren – für eine unberechtigte dritte Person zugänglich werden. Dies wird regelmäßig einen unzulässigen Eingriff in die Privatsphäre des früheren Dienstnehmers darstellen. Um dieses Risiko zu reduzieren, ist dem Dienstgeber zu empfehlen, statt einer Weiterleitung eine automatisierte Antwort zu aktivieren, wodurch die Absender von eingehenden Nachrichten über den neuen Verantwortlichen und dessen Adresse informiert werden.[678]

5.4. KI: Effizientes Tool oder Gefahr für den Betrieb

Wohl kaum eine Technologie hat in letzter Zeit die Medien so stark dominiert wie Künstliche Intelligenz („KI"). Während der Begriff bereits 1955 vom amerikanischen Informatiker John McCarthy[679] geprägt wurde, hat die breitenwirksame Einführung von generativen KI-Anwendungen – zB „ChatGPT"– zu einem wahren Boom der Technologie geführt. Die Anwendungen sind online für jede Person – und oft kostenlos – zugänglich und liefern auf die Eingaben der Nutzer („Prompts") Ausgaben in Form natürlicher Texte oder Bilder. Die KI-Anwen-

676 DSB 7.12.2022, 2022-0.737.249.
677 Ibid.
678 *Mitschka/Winter*, Das betriebliche E-Mail-Postfach als rechtliche Grauzone, GRAU 2022/6, 23.
679 *McCarthy/Minsky/Rochester/Shannon*, A proposal for the Dartmouth summer research project on artificial intelligence (1955) https://www.aaai.org/ojs/index.php/aimagazine/article/view/1904/1802 (abgefragt am 30.6.2025).

dungen nutzen dafür komplexe probabilistische Modelle, um die wahrscheinlichste Antwort auf die Eingabe vorherzusagen. Die Ergebnisse sind von erstaunlicher Qualität und können von menschlichen Antworten kaum unterschieden werden.[680]

Die österreichischen Unternehmen sind aber noch zögerlich, was den Einsatz dieser neuen Technologie betrifft. So nutzt einer Statistik zufolge lediglich jedes zehnte Unternehmen KI im Geschäftsbetrieb. Größere Betriebe weisen dabei eine stärkere Innovationsaffinität auf. Rund die Hälfte aller Unternehmen mit 250 Mitarbeitern oder mehr setzen bereits KI ein.[681] Der Einsatz von KI hat damit in Großbetrieben in nur einem Jahr um fast 50 % zugenommen.[682] Die Erhebung berücksichtigt dabei auch keine individuelle KI-Verwendung, die ohne das Wissen des Dienstgebers erfolgt. Die Dunkelziffer von Unternehmen, in denen KI in irgendeiner Form in den Arbeitsprozess einfließt, kann daher auch über den ermittelten Studienergebnissen liegen. Hauptgrund für die fehlende Nutzung von KI-Anwendungen im Unternehmen ist fehlendes Fachwissen. Neben dieser technischen Komponente ist auch die juristische Unsicherheit für viele Unternehmen ein Hindernis, neue KI-unterstützte Tools in den Betrieb einzuführen.[683]

Der letzte Teil dieses Kapitels beschäftigt sich daher va mit den rechtlichen Herausforderungen von Künstlicher Intelligenz und bietet eine Richtschnur, um Risiken zu reduzieren und das Potential dieser neuen Technologie für das Unternehmen bestmöglich auszuschöpfen.

5.4.1. Grenzen der erlaubten KI-Nutzung im Betrieb

Auch nach dem Inkrafttreten des AI-Act am 1.8.2024 bleibt die Regulierung von KI eine Querschnittsmaterie. Der AI-Act ersetzt nicht etwa diese bestehenden rechtlichen Anforderungen, sondern führt weitere Compliance-Vorschriften ein – abhängig von der Gefahr, die von der betroffenen KI auf Leben, Gesundheit oder Grundrechte von Personen in der EU ausgeht. Neben dem AI-Act sind insb die Anforderungen des Datenschutz- und Urheberrechts zu beachten. Wird dieser gesetzliche Rahmen berücksichtigt, steht es dem Dienstgeber frei, ein KI-System in den Betrieb einzuführen. Der AI-Act schränkt aber den Umfang der KI-Nutzung durch das Verbot bestimmter KI-Praktiken ein, die ein untragbares Risiko darstellen.[684]

680 *Zankl*, Das Zeitalter Künstlicher Intelligenz hat begonnen, NZ 2023/188, 529.
681 *STATISTIK AUSTRIA* – Erhebung über den IKT Einsatz in Unternehmen 2024 https://www.statistik.at/fileadmin/publications/IKT-Einsatz-in-Unternehmen-2024_barr.pdf (abgefragt am 30.6.2025).
682 *STATISTIK AUSTRIA* – Erhebung über den IKT Einsatz in Unternehmen 2023 https://www.statistik.at/fileadmin/user_upload/IKTU-2023_barr.pdf (abgefragt am 30.6.2025).
683 *STATISTIK AUSTRIA* – Erhebung über den IKT Einsatz in Unternehmen 2024 https://www.statistik.at/fileadmin/publications/IKT-Einsatz-in-Unternehmen-2024_barr.pdf (abgefragt am 30.6.2025).
684 Das Verbot gilt gem Art 113 lit a AI-Act seit 2.2.2025.

5.4.1.1. Der AI-Act: Neue Regulierung für KI

Gem Art 5 AI-Act sind etwa KI-Anwendungen verboten, die dazu dienen, Personen zu manipulieren, für „Social Scoring"eingesetzt werden oder die dafür genutzt werden, am Arbeitsplatz die Emotionen von Personen zu erkennen. Auch die biometrische Echtzeit-Fernidentifizierung ist grundsätzlich nicht zulässig. Von diesem Verbot sind aber solche KI-Systeme ausgenommen, deren einziger Zweck es ist, eine Person zu identifizieren, um ein Gerät und Dienst zu entsperren oder Sicherheitszugang zu Räumlichkeiten zu erhalten.[685]

Beispiel

Eine KI-basierter Fingerabdruckprüfung zum Öffnen von Lagerräumlichkeiten fällt genauso wenig in den Verbotsbereich des AI-Acts wie ein KI-Gesichts-Scan, um das Arbeits-Smartphone zu entsperren. Ein Überwachungssystem, das automatisch die Identität der Mitarbeiter durch Kameras ermittelt, um deren Anwesenheit zu dokumentieren, ist aber unzulässig.

Für KI-Anwendungen, die zwar nicht verboten sind, aber gem Art 6 AI-Act zur Hochrisiko-Klasse gehören, sieht der AI-Act zahlreiche Vorschriften für die Entwicklung und Einfuhr vor. Aber auch ein Unternehmer, der das KI-System bloß zukauft und in eigener Verantwortung verwendet, muss umfangreiche Compliance-Pflichten beachten. Dazu gehört etwa die Durchführung einer Grundrechte-Folgeabschätzung und die Gewährleistung von menschlicher Aufsicht über den Betrieb des KI-Systems.

Verboten sind zum einen KI-Systeme, die als Sicherheitsbestandteil eines unionsrechtlich regulierten Produkts verwendet werden oder selbst ein solches Produkt darstellen. Die einschlägigen EU-Rechtsakte werden in Anhang I des AI-Act angeführt. Davon betroffen sind etwa auch KFZ. Dies kann für den Dienstgeber von besonderer Bedeutung sein, wenn angeschaffte Dienstfahrzeuge über solche KI-Sicherheitsbestandteile verfügen. Daneben können auch KI-Systeme unabhängig von einem Produktbezug in die Hochrisiko-Klasse fallen, wenn sie für einen besonders risikoreichen Zweck nach Anhang III des AI-Acts eingesetzt werden. Für den Betriebsinhaber ist hier insb Anhang III Z 4 relevant. Gem dieser Bestimmung gilt der Einsatz eines KI-Systems zur Bewerberauswahl, für das unternehmensinterne Karrieremanagement oder eine andere Tätigkeit, die Auswirkungen auf das berufliche Fortkommen einer Person hat, als hochriskant. Vor der Einführung dieser besonders regulierten KI-Systeme empfiehlt es sich daher jedenfalls, eine Kosten-Nutzen-Analyse durchzuführen.

Der AI-Act kennt weiters auch besondere KI-Systeme gem Art 50. Dabei handelt es sich um Anwendungen, die synthetische Inhalte produzieren oder mit einer natürlichen Person unmittelbar interagieren. In der Praxis fallen in diese Klasse sämtliche Anwendungen, die zur generativen KI zählen – wie etwa ChatGPT oder Midjourney – sowie alle gängigen Chatbots. Für den Anbieter solch einer Software

685 ErwGr 17 AI-Act.

gelten besondere Transparenzbestimmungen, um deutlich zu machen, dass die Inhalte nicht von einem Menschen stammen und die Interaktion mit einer Maschine stattfindet. Diese Pflichten gelten auch für den Dienstgeber, wenn er die KI-Software selbst entwickelt hat oder entwickeln hat lassen. Es ist dabei unerheblich, ob die Software gegenüber Kunden oder nur betriebsintern eingesetzt wird.

5.4.1.2. Datenschutz: Keine Ausnahme für neue Technologie

Der AI-Act bildet lediglich das Grundgerüst einer rechtmäßigen Verwendung von KI-Tools. Abhängig von der Funktionsweise des KI-Systems im Einzelfall müssen auch andere Bestimmungen vor der Einführung berücksichtigt werden.

Werden von der KI-Anwendung Daten verarbeitet, die sich auf eine identifizierte oder identifizierbare natürliche Person beziehen, kommt das Datenschutzrecht in seinem vollen Umfang zur Anwendung. Dies ist grundsätzlich auch dann der Fall, wenn bloß Mitarbeiterdaten betroffen sind. Gegenüber den Mitarbeitern ist der Dienstgeber Verantwortlicher gem Art 4 Z 7 und muss somit die Grundprinzipien des Datenschutzrechts gem Art 5 DSGVO beachten. Weiters muss eine gültige Rechtsgrundlage gem Art 6 vorliegen und der Dienstgeber muss seinen Informationspflichten gem Art 12 ff DSGVO nachkommen. Die DSGVO enthält keine Ausnahmebestimmung für KI. Daher sind auch KI-Systeme grundsätzlich gleich wie jede andere Softwarelösung zu behandeln, die personenbezogene Daten verarbeitet.

Für KI-Anwendungen besonders relevant ist allerdings Art 22 DSGVO, der grundsätzlich eine automatisierte Entscheidungsfindung verbietet. Diese Regelung kommt zur Anwendung, wenn eine Entscheidung auf einer maschinen-autonomen Verarbeitung beruht und für die betroffene Person rechtliche Wirkung hat oder in ähnlicher Weise erheblich beeinträchtigt.

Der Begriff der „Entscheidung" ist dabei weit zu verstehen. So muss kein Dritter über die betroffene Person urteilen, sondern es reicht aus, wenn das Verarbeitungsergebnis selbst zu einer besonderen Beeinträchtigung führt. Im Einzelfall können daher auch vollautomatisierte Systeme zur Leistungsbeurteilung von (möglichen) Mitarbeitern in den Anwendungsbereich dieser Bestimmung fallen.[686] UE gilt dies besonders für Anwendungen, die etwa vollautomatisiert Bewerbungen aussortieren oder Mitarbeiter für Beförderungen/Kündigungen vorsehen. In diesem Fall ist eine Verarbeitung nur zulässig, wenn die betroffene Person freiwillig einwilligt oder die Verarbeitung vertraglich notwendig ist.

Bei KI-Recruiting-Tools wird aber regelmäßig eine Einwilligung unzulässig sein, wenn die Anwendung auch Voraussetzung für die Bewerbung ist.[687] Der Dienstgeber muss daher auch eine gleichwertige Alternative für Bewerber anbieten, die einen nicht-automatisierten Bewerbungsvorgang bevorzugen. Unter Berücksich-

686 *Haidinger* in *Knyrim*, Der DatKomm$^{64.\,Lfg}$ (2022) Art 22 DSGVO Rz 18/1.
687 Ibid Rz 18/1.

tigung der oft hohen Kosten von solchen KI-Recruiting-Tools ist daher unbedingt vorab zu prüfen, ob bei rechtskonformer Anwendung die Softwarelösung auch zur erhofften Effizienzsteigerung oder Ressourceneinsparung führt. Die Rechtfertigung aufgrund vertraglicher Notwendigkeit ist nur im Ausnahmefall zulässig. Dies kann etwa der Fall sein, wenn ein massiver Bewerberstrom nur mehr mit Hilfe einer KI-Lösung abgewickelt werden kann.[688]

Näheres zur automatisierten Entscheidungsfindung finden Sie im Pkt 6. zum Datenschutz.

5.4.1.3. Urheberrecht: Die Gefahr der KI-Kopie

Während das Datenschutzrecht von besonderer Bedeutung für KI-Systeme ist, die Dienstnehmerdaten verarbeiten, muss das Urheberrecht bei der Einführung von generativen KI-Lösungen jedenfalls berücksichtigt werden. Generative KI bezieht sich auf eine Untergruppe von KI-Techniken, mit denen neue Inhalte wie Text, Bilder oder Musik erstellt werden. Generative KI-Modelle können Muster und Strukturen aus großen Datenbeständen lernen und dieses Wissen nutzen, um auf der Grundlage einer Aufforderung – auch Prompt genannt – Inhalte zu erstellen.

Generative KI-Systeme werden aber meist mit urheberrechtlich geschützten Text-, Bild-, Audio- und/oder Videodaten trainiert, um überhaupt die Fähigkeit zu „erlernen", Outputs zu erzeugen, die einer menschlichen Leistung nahe kommen. Das Lernergebnis wird in sogenannten Parametern gespeichert. Das fertige KI-System beinhaltet daher idR nicht mehr die Trainingsdaten selbst, sondern bezieht alle Informationen für einen Output aus den vorhandenen Parametern.[689] Wissenschaftliche Untersuchungen haben aber belegt, dass bestimmte generative KI-Systeme in der Lage sind, eine Vielzahl ihrer textbasierten Trainingsdaten nahezu wörtlich wiederzugeben.[690]

Auch wenn eine „Kopie der Trainingsdaten" sehr spezifische Prompts benötigt, besteht für den Dienstgeber das Risiko, dass Dienstnehmer zu stark auf das Ergebnis der KI vertrauen. So kann etwa die Werbe- oder Grafikabteilung Werbesujets mit generativer KI entwerfen, die – ungewollt oder gewollt – einem bestimmten Original zum Verwechseln ähnelt. Das KI-Ergebnis kann in diesem Fall eine Vervielfältigung des ursprünglichen Werks gem § 15 oder aber auch eine unzulässige Veränderung gem § 21 UrhG darstellen. Kann der Dienstgeber keine Ausnahmebestimmung – wie etwa die Zitatausnahme gem § 42f – einwenden, stehen dem Urheber des Originals umfangreiche Ansprüche auf Unterlassung, angemessenes Entgelt, Beseitigung, Urteilsveröffentlichung, Rechnungslegung und Auskunft gem §§ 81 ff UrhG zu. Der Urheber kann auch eine einstweilige Verfügung beantragen.

688 *Artikel-29-Datenschutzgruppe*, Automatisierte Entscheidungen im Einzelfall (WP251 rev.01) 23.

689 *Konertz/Schönhof*, Vervielfältigungen und die Text- und Data-Mining-Schranke beim Training von (generativer) Künstlicher Intelligenz, WRP 2024, 289 Rz 24.

690 *Von Welser*, Generative KI und Urheberrechtsschranken, GRUR-Prax 2013, 516 Rz 12.

Die Ansprüche des Urhebers sind dabei verschuldensunabhängig. Die bloße Unwissenheit über die Rechtsverletzung schützt daher weder den Dienstgeber noch die betroffenen Mitarbeiter. Vor der Einführung von generativen KI-Lösungen – insb für außenwirksame Tätigkeiten wie PR und Marketing – empfiehlt sich daher, die Dienstnehmer für die urheberrechtlichen Risiken zu sensibilisieren. Weiters sollte der Dienstgeber durch schriftliche Weisung eine Ähnlichkeits-Prüfpflicht für künstlich generierte Inhalte festlegen. Um das Risiko einer Rechtsverletzung zu minimieren, kann er auch vorschreiben, dass künstlich generierte Inhalte vom verantwortlichen Mitarbeiter immer individualisiert und angepasst werden müssen, bevor sie weiterverwendet werden.

5.4.2. Individuelle Nutzung von KI durch die Dienstnehmer

Künstliche Intelligenz kann aber nicht bloß durch die Entscheidung des Dienstgebers auf den Betrieb Einfluss nehmen. Viele Anwendungen – insb generative KI-Systeme – sind online (zumindest beschränkt) auch in einer kostenfreien Version verfügbar.[691] Für den einzelnen Dienstnehmer ist es daher zumindest faktisch jederzeit möglich, diese Programme selbstbestimmt für die Erbringung seiner Arbeitsleistung zu verwenden. Offen ist allerdings, ob diese „KI-Nutzung in Eigenregie" auch mit den arbeitsrechtlichen Verpflichtungen des Dienstnehmers vereinbar ist.

Aus der arbeitsrechtlichen Treuepflicht lässt sich uE grundsätzlich weder ein ausdrückliches Verbot – noch ein Anspruch auf den selbstbestimmten Einsatz von KI-Tools durch den Dienstnehmer ableiten. So wird das bloße Interesse des Dienstnehmers an Künstlicher Intelligenz nicht pauschal dazu führen, dass der Dienstgeber die Nutzung schrankenlos dulden – oder gar ermöglichen – muss.[692] Andererseits kann das Fehlen einer Stellungnahme des Dienstgebers zur Verwendung von KI-Technologien oder die Nicht-Einführung von einschlägigen Programmen noch nicht als KI-Verbot interpretiert werden. Vielmehr können hier die Ausführungen zur Internetnutzung aus Pkt 5.2. herangezogen werden. Einem Dienstnehmer wird daher – ohne anderslautende Weisung des Dienstgebers – der selbstbestimmte Einsatz von KI-Tools in einem „angemessenen Ausmaß" erlaubt sein.[693]

Die Nutzung darf daher weder mit den Arbeitspflichten des Dienstnehmers unvereinbar sein, noch dürfen für den Dienstgeber durch die Nutzung faktische oder rechtliche Risiken entstehen. Dies würde jedenfalls der arbeitsrechtlichen Treuepflicht widersprechen.

Besonders kritisch ist die Eingabe von personenbezogenen Daten – etwa zur Vorbereitung einer Kunden-E-Mail. Die Übermittlung der Daten an den Anbieter des

691 Siehe etwa https://chatgptfree.ai/ oder https://www.deepl.com/de/translator (abgefragt am 30.6.2025).
692 Vgl *Thiele*, ecolex 2001, 613 mit gleicher Schlussfolgerung für Internet-Nutzung und E-Mail-Kommunikation.
693 Ibid.

KI-Tools und die darauffolgende Verarbeitung fällt regelmäßig in den Anwendungsbereich der DSGVO. Auch wenn der Dienstnehmer hier selbst das Mittel zur Verarbeitung wählt, dient sie doch klar dem Betriebszweck. Der Dienstgeber – den auch die Pflicht trifft, rechtswidrige Verarbeitungshandlungen der Belegschaft zu verhindern – ist daher jedenfalls auch als Verantwortlicher für die Datenverarbeitung durch das KI-Tool zu qualifizieren.[694] Ihn treffen daher genauso die Pflichten der DSGVO – so auch die Pflicht zur Information über die Datenverarbeitung gem Art 12 ff DSGVO.

Eine Information über die KI-Nutzung wird aber meist nicht in den Datenschutzerklärungen des Unternehmens enthalten sein, wenn keine nähere Auseinandersetzung mit dieser Technologie auf Betriebsebene erfolgt ist. Auch eine Folgeverwertung der Eingabedaten zum Training des KI-Modells ist in vielen Gratis-Versionen von generativen KI-Tools vorgesehen.[695] Daneben sind auch einige Anbieter in Drittländern ansässig. Liegt für diese kein Angemessenheitsbeschluss der EU vor, ist eine Übermittlung der Daten nur mit der Einwilligung des Betroffenen oder weiteren Garantien – wie etwa Standardvertragsklauseln („**SCC**") – zulässig. UE ist es daher dem Dienstnehmer grundsätzlich nicht gestattet, mit KI-Tools personenbezogene Daten von Dritten zu verarbeiten.

Neben der datenschutzrechtlichen Schranke kann aber auch die Eingabe von Informationen, die dem Geschäftsgeheimnisschutz nach §§ 26a ff UWG oder einer Geheimhaltungsvereinbarung unterliegen, zu Haftungsrisiken des Unternehmens führen. Der Mitarbeiter wird nämlich in den wenigsten Fällen feststellen können, ob das von ihm gewählte Tool auch den geforderten Sicherheitsanforderungen entspricht. Auch in diesem Fall besteht uE daher nur eine sehr eingeschränkte Zulässigkeit der Verwendung von KI-Tools für den Dienstnehmer.

Schließlich kann sich ein Nutzungsverbot für KI-Tools auch mittelbar aus dem Arbeitsvertrag ergeben. Wird der Dienstnehmer etwa insb für Fähigkeiten angestellt, die in seiner Person liegen – wie es etwa oftmals bei einem Journalisten, Grafiker oder Künstler der Fall ist –, wird der Dienstgeber davon ausgehen können, dass entsprechende Leistungen des Dienstnehmers auch von ihm selbst stammen. Die Auslagerung der Arbeitstätigkeit auf eine KI-Anwendung widerspricht in diesem Fall den arbeitsvertraglich begründeten Pflichten.[696]

Trotz der grundsätzlichen Zulässigkeit der Verwendung von KI-Tools[697] sind die Möglichkeiten ohne Zustimmung des Dienstgebers für einen Dienstnehmer rechtlich stark beschränkt. Dienstgeber sollten aber die Belegschaft über diese Risiken durch Schulungen oder Leitlinien ausreichend sensibilisieren, um proaktiv Rechtssicherheit zu schaffen.

694 *Hödl* in *Knyrim*, Der DatKomm[25. Lfg] (2019) Art 4 DSGVO Rz 86.
695 ZB https://www.deepl.com/de/pro-license?tab=free (abgefragt am 30.6.2025).
696 *Gerhartl*, Der Einsatz künstlicher Intelligenz im Arbeitsrecht, ASoK 2023, 390.
697 *Wilmer*, Rechtsfragen bei ChatGPT & Co., KuR 2023, 233.

5.4.3. Meldepflichten des Dienstnehmers bei der Nutzung von KI

Wie unter Pkt 5.4.2. festgestellt, kann der Dienstnehmer in beschränktem Ausmaß auch ohne besondere betriebliche Regelung KI-Tools als Unterstützung für seine Leistungserbringung einsetzen. Damit ist aber nicht geklärt, ob auch eine Pflicht besteht, den Dienstgeber über diese Nutzung im Anschluss zu informieren oder synthetische Arbeitsergebnisse entsprechend zu kennzeichnen.

Gem Art 50 AI-Act besteht ab 2.8.2026 für Anbieter von bestimmten KI-Systemen – zu denen auch regelmäßig generative KI-Tools zählen – eine gesetzliche Pflicht, künstlich geschaffene Inhalte als solche kenntlich zu machen. Dazu können etwa Wasserzeichen oder digitale Fingerabdrücke eingesetzt werden.[698] Der Dienstnehmer, der bloß ein online verfügbares KI-Tool einsetzt, ist allerdings kein Anbieter iSd AI-Acts, da er das KI-System weder selbst entwickelt hat noch entwickeln hat lassen.

Besteht allerdings ein berechtigtes Interesse des Dienstgebers, über den künstlichen Ursprung der Arbeitsleistung informiert zu werden, so ergibt sich eine Meldepflicht aus der arbeitsrechtlichen Treuepflicht. UE ist dies dann der Fall, wenn die weitere Verwertung des Arbeitsergebnisses durch die künstliche Natur eingeschränkt oder mit besonderen Risiken verbunden ist. Stellt etwa die Werbeabteilung der Geschäftsleitung neue Entwürfe für ein Werbesujet vor, ist es wesentlich zu wissen, ob diese Entwürfe von einer Person oder rein maschinell erzeugt worden sind.

Nach hL besteht für Outputs von generativen KI-Tools grundsätzlich kein Urheberrechtsschutz.[699] Geplante Lizenzvereinbarungen über die betroffenen Sujets würden daher ins Leere laufen, da überhaupt kein ausschließliches Recht besteht, über das eine Vereinbarung getroffen werden könnte.

Ein künstlich generiertes Sujet kann weiters auch eine unrechtmäßige Vervielfältigung oder Veränderung eines bereits bestehenden Werks darstellen. Für den Dienstgeber ist es daher wesentlich, diese mögliche Gefahr zu erkennen und geeignete Maßnahmen – etwa die Prüfung des Sujets auf Ähnlichkeiten – einzuleiten.[700]

Neben dieser aktiven Hinweispflicht des Dienstnehmers ist er auch jedenfalls zu einer wahrheitsgemäßen Aussage verpflichtet, wenn er vom Dienstgeber über die Natur der Arbeitsleistung gefragt wird. Eine falsche Auskunft verletzt klar die arbeitsrechtliche Treuepflicht und kann einen Entlassungsgrund darstellen.[701]

---

698 ErwGr 133 AI-Act.

699 *Bernsteiner* in *Thiele/Burgstaller* (Hrsg), UrhG⁴ (2022) § 1 Rz 22; *Ahlberg* in *Möhring/Nicolini* (Hrsg), UrhG⁴ (2018) § 2 Rn 55; *Kucsko* in *Handig/Hofmarcher/Kucsko* (Hrsg), urheber.recht³ (2023) § 1 UrhG Rz 26; *Tipotsch/Hofmarcher*, KI – Künstlerische Intelligenz? ecolex 2023/50, 101.

700 Siehe auch Pkt 5.4.1.

701 *Körber-Risak*, Arbeitsrecht: Wie viel KI ist im Job erlaubt? Der Standard 2023, https://www.derstandard.at/story/3000000185529/arbeitsrecht-wie-viel-ki-ist-im-job-erlaubt (abgefragt am 30.6.2025).

5.4.4. KI-Policies: Risikoreduktion und Rechtssicherheit

Künstliche Intelligenz bietet zahlreiche Chancen für ein Unternehmen, die potenziellen Risiken sind aber nicht zu vernachlässigen. Dies betrifft nicht nur Unternehmen, die bereits aktiv KI-Lösungen in den Betrieb eingeführt haben oder eine Einführung planen.

Da Mitarbeiter auch ohne das Wissen des Dienstgebers einfach auf Online-KI-Anwendungen zugreifen können, sollte uE jeder Betrieb Regeln festlegen, wie mit dieser neuen Technologie umzugehen ist.

Der Arbeitgeber ist dabei grundsätzlich berechtigt, die Mittel zu bestimmen, mit denen die Arbeitsleistung erbracht wird. Künstliche Intelligenz bildet dabei keine Ausnahme und der Dienstgeber kann festlegen, ob und in welcher Form die Technologie genutzt werden darf.[702] Dabei können etwa bestimme Online-Tools verboten werden oder die Nutzung wird nur bestimmten Abteilungen oder nur für bestimmte Tätigkeiten erlaubt. Der Dienstgeber kann dadurch verhindern, dass Dienstnehmer durch unüberlegte eigene KI-Nutzung für das Unternehmen Risikoquellen schaffen oder vergrößern. Neben dieser Steuerungsfunktion kann eine KI-*Policy* aber auch dafür genutzt werden, ethische Standards festzulegen und eine einheitliche Unternehmensvision für den Einsatz von künstlicher Intelligenz zu prägen.

Die KI-*Policy* kann bereits Teil des Arbeitsvertrags sein oder gemeinsam mit dem Betriebsrat als BV abgeschlossen werden. Der Betriebsrat hat gem § 97 Abs 1 Z 6 ArbVG überdies das Recht, eine BV über die zweckentsprechende Benützung von Betriebseinrichtungen und Betriebsmitteln bei der Schlichtungsstelle zu erzwingen. Dies kann uE auch auf Regelungen zur Benützung von KI zur Arbeitsdurchführung verstanden werden. Der Dienstgeber sollte daher umfangreiche oder besonders einschränkende KI-Verwendungsvorgaben auch mit dem Betriebsrat abstimmen, um das Risiko eines späteren Konflikts mit der Dienstnehmervertretung zu reduzieren.

Das Gesetz kennt keine bestimmten Inhalte einer solchen *Policy*. Es empfiehlt sich allerdings, die folgenden Punkte jedenfalls zu berücksichtigen und bei Bedarf auf die individuellen Besonderheiten des Betriebs anzupassen:

1. Sensibilisierung der Dienstnehmer

Die Wirkung einer KI-*Policy* hängt maßgeblich davon ab, wie sehr sie von den Dienstnehmern mitgetragen wird. In vielen Fällen wird aber das Wissen über Funktionsweise und Gefahren von KI-Anwendungen nicht vorhanden sein. Oft wird ein Dienstnehmer auch nicht in der Lage sein, eine KI-Anwendung von regulärer Software zu unterscheiden. Der Dienstgeber sollte daher bestmöglich

702 *Batista*, ChatGPT versus Arbeitsrecht – Leistungserbringung mithilfe von Sprachmodellen, LTZ 2024, 118; *Felten*, jusIT 2016/43, 93 (94).

ein Grundverständnis von KI bei der Belegschaft schaffen. So können Dienstnehmer auch besser nachvollziehen, warum einige KI-Anwendungen für den Betrieb nicht geeignet oder nur bestimmten Abteilungen vorbehalten sind.

IdZ ist es wichtig, die Belegschaft auch auf die Risiken aufmerksam zu machen, die mit der Verwendung von KI-Anwendungen einhergehen. Compliance mit datenschutz- oder urheberrechtlichen Vorschriften darf nicht zum Alleinanliegen der Unternehmensführung werden, sondern muss vom gesamten Betrieb als gelebte Praxis verstanden werden.

2. KI-Philosophie des Unternehmens

Unabhängig davon, ob eine umfangreiche Implementierung von KI-Lösungen geplant ist oder ein Unternehmen die Verwendung der neuen aktuell Technologie ausschließt – die KI -*Policy* sollte auch klar kommunizieren, welchen Zugang das Unternehmen zu KI in Zukunft pflegen will. So kann eine Roadmap entstehen und für Mitarbeiter wird es dadurch nachvollziehbar, in welche Richtung sich das Unternehmen im Bereich KI entwickeln kann und wird.

Die KI-Philosophie spiegelt auch die ethischen Standards eines Unternehmens wider. So sollten verbotene KI-Praktiken nicht bloß deshalb abgelehnt werden, weil das Gesetz sie untersagt, sondern auch weil sie mit den Überzeugungen des Unternehmens unvereinbar sind.

3.Steuerung von KI-Nutzung

Primär dient die KI-*Policy*, um klarzustellen, welche Anwendungen von den Dienstnehmern zukünftig eingesetzt werden dürfen und sollen. Der Dienstgeber kann etwa eigene KI-Lösungen anschaffen und eine Nutzung von externen Mitteln untersagen. Auch eine Erlaubnis zur Nutzung bestimmter online verfügbarer Gratis-Anwendungen ist denkbar. In diesem Fall sollte der Dienstgeber aber jedenfalls die jeweiligen Anwendungen prüfen, um insb das datenschutzrechtliche Risiko abschätzen zu können. Im Zweifel kann der Dienstgeber mit der KI-*Policy* den Dienstnehmern die Eingabe von personenbezogenen Daten in das KI System untersagen.

In größeren Betrieben kann es auch notwendig sein, die Anwendung von KI-Tools auf bestimmte Bereiche oder Tätigkeiten zu beschränken. Kann etwa die datenschutzrechtliche Compliance einer Anwendung nicht sichergestellt werden, so sollten insb Abteilungen von der Verwendung ausgeschlossen werden, die mit besonders umfangreichen oder sensiblen personenbezogenen Daten nach Art 9 DSGVO arbeiten – zB Departments für Recruiting oder Personal-Management. Unternehmen im Kreativbereich können diese Einschränkungen auch nutzen, um sicherzustellen, dass die Kernleistungen des Betriebs nicht von KI-Technologien beeinflusst und diese bloß für die Verwaltung, Buchhaltung oder andere Organisationstätigkeiten eingesetzt werden.

4. Festlegung von Verantwortlichkeiten

Je granularer die KI-Nutzung geregelt ist, desto mehr Fragen können sich bei den Dienstnehmern ergeben. So kann manchmal unklar sein, ob eine gewisse Tätigkeit noch in den Bereich der erlaubten Anwendungsfelder fällt oder ob auch ein neues Upgrade für eine grundsätzlich zulässige KI-Anwendung genutzt werden kann.

Um hier eine effiziente Kommunikation zu gewährleisten, sollte die KI-*Policy* auch die Verantwortlichkeiten iZm KI klarstellen. Eine Alleinverantwortlichkeit der Geschäftsführung ist uE aber nur bei Betrieben mit einer geringen Zahl an Mitarbeitern sinnvoll. Für größere Unternehmen empfiehlt sich die Auslagerung dieser Verantwortlichkeit an eine bestehende IT-Abteilung oder die Einrichtung einer eigenen KI-Stelle. Besonders wichtige Entscheidungen – wie etwa die Neuanschaffungen von KI-Systemen, die in den Regelungsbereich des AI-Acts fallen – sollten aber jedenfalls der Geschäftsleitung vorbehalten sein.

5. Transparenz über Konsequenzen und Kontrolle

Wie jede Weisung erfüllt die KI-*Policy* ihren Steuerungseffekt auch dadurch, dass ein Dienstnehmer bei einer Verletzung der Vorschriften mit arbeitsrechtlichen Konsequenzen rechnen muss.

Um hier den rechtlichen Voraussetzungen gerecht zu werden, sollten die drohenden Konsequenzen – wie etwa Verwarnung oder Kündigung – transparent in der KI-*Policy* anführt werden. Der Dienstnehmer kann auch leichter die Bedeutung der KI-Regeln abschätzen, wenn er weiß, dass an ein Fehlverhalten bestimmte Folgen geknüpft sind.

Neben der Information über drohende Sanktionen sollte der Dienstgeber auch über aktive oder geplante Kontrollmaßnahmen informieren – insb, wenn diese die Menschenwürde berühren. In diesem Fall ist neben der bloßen Information aber auch die Zustimmung des Betriebsrats gem § 96 Abs 1 Z 3 ArbVG einzuholen. Dies wird etwa dann zutreffen, wenn Browsing-Historien von Mitarbeitern systematisch auf URLs von Online-KI-Anbietern geprüft werden, die von der KI-*Policy* nicht erlaubt sind.[703] Unproblematisch sind uE dagegen Maßnahmen, bei denen etwa die Arbeitsleistungen von Kreativabteilungen von einer bestimmten Scan-Software geprüft werden, um festzustellen, ob das Bild oder der Werbetext künstlichen Ursprungs ist.

703 Näheres zu den rechtlichen Anforderungen von Kontrollmaßnahmen für die Internetnutzung unter Pkt 5.2.3.

6. Mitarbeiterdaten in der Personalverwaltung

Nino Tlapak/Silvia Hanschur

6.1. Einführung

6.1.1. DSGVO und Arbeitsrecht eng verzahnt

Eine der vielen Aufgaben der Personalverwaltung ist der richtige Umgang mit Mitarbeiter- und Bewerberdaten. Unternehmen sollten den damit verbundenen Aufwand sowie insb die dafür erforderliche Awareness nicht unterschätzen: Der Datenschutz genießt als Grundrecht[704] nämlich eine hohe Priorität, umfasst angesichts der Digitalisierung laufend mehr klassische Personalverwaltungstätigkeit und nimmt an Komplexität laufend zu. Auf Unionsebene ist der Schutz von Daten in der Grundrechtecharta verankert[705] und umfangreich geschützt. Zudem fällt er unter Art 8 EMRK, wonach jedermann das Grundrecht auf Achtung des Privat- und Familienlebens hat. Zum Grundrecht auf Datenschutz, den sich aus der DSGVO ergebenden Rechten und Pflichten sowie Art 8 GRC kommen in Österreich noch eine Vielzahl von nationalen Materiengesetzen mit datenschutzrechtlichen Bestimmungen hinzu. Darüber hinaus besteht für Unternehmen auch die Pflicht zur Einhaltung der Verordnungen der Datenschutzbehörde (**DSB**).[706]

Gerade im arbeitsbezogenen Umfeld geht es iZm Datenschutz aber nicht nur um die Vermeidung von potenziellen Reputationsschäden oder hohen Strafen. Vielmehr liegt der Fokus auf einer sauberen Präventivarbeit und der Sicherstellung der internen Datenschutz-Compliance, um etwaige Beschwerden hintanzuhalten. Kaum ein arbeitsrechtlicher Sachverhalt ist in der Praxis losgelöst von datenschutzrechtlichen Fragestellungen zu beurteilen – das beginnt bei der bloßen Erhebung von Bewerberdaten oder automatisierter Zeiterfassung, geht über laufende Monitoringtätigkeiten (wie etwa Videoüberwachung oder Data Leak/Loss Prevention) bis hin zu anlassbezogenen internen Untersuchungsmaßnahmen und die damit verbundenen Einsichtsmöglichkeiten in Daten und Unterlagen. Das Unternehmen als Dienstgeber ist dabei stets in der Rolle des datenschutzrechtlichen Verantwortlichen und unterliegt daher dem Vollanwendungsbereich der DSGVO. Eine klar verständliche Datenschutzerklärung ist daher nur der Anfang bei der Erfüllung der wesentlichen datenschutzrechtlichen Pflichten: Diese umfassen ua die Sicherstellung der rechtskonformen und sicheren Verarbeitung von personenbezogenen Daten, die dafür erforderliche Implementierung von

704 § 1 DSG.

705 Art 8 Abs 1 GRC.

706 *Knoll/Pichler/Tlapak*, Compliance/Datenschutz, in *Kollar/Balog/Martinetz/Pichler*, Das große Handbuch Wirtschaftsrecht (2024) Rz 25.2.

datenschutzkonformen Unternehmensprozessen, regelmäßige Durchführung von Trainings und Schulungen für die Mitarbeiter sowie einen transparenten Umgang mit Anfragen der Belegschaft oder des Betriebsrats. Um die Frage der Zulässigkeit der Datenverarbeitung im beruflichen Kontext zu beantworten, ist ein Grundverständnis über die wesentlichen datenschutzrechtlichen Begrifflichkeiten erforderlich:

6.1.2. Datenschutzrechtliche Begrifflichkeiten

Ein kurzer Überblick über die in der Praxis wichtigsten datenschutzrechtlichen Definitionen:

a. **Personenbezogene Daten:** Gem Art 4 Z 1 DSGVO handelt es sich um alle Informationen, die sich auf eine identifizierte oder identifizierbare natürliche Person beziehen. Das wird in der Praxis bewusst weit verstanden und darunter fällt ua auch eine dynamische IP-Adresse oder Cookie ID.
b. **Sensible Daten:** Bei diesen handelt es sich nach Art 9 DSGVO um besondere Kategorien personenbezogener Daten, aus denen die rassische und ethnische Herkunft, politische Meinung, religiöse oder weltanschauliche Überzeugungen oder die Gewerkschaftszugehörigkeit hervorgehen. Umfasst ist aber auch die Verarbeitung von genetischen Daten, biometrischen Daten zur eindeutigen Identifizierung einer natürlichen Person, Gesundheitsdaten oder Daten zum Sexualleben oder der sexuellen Orientierung. Im beruflichen Kontext sind also va Gesundheitsdaten (zB Krankenstand), Religion und Gewerkschaftszugehörigkeit (zB bei Abfuhr eines Beitrags) relevant. Diese besonders geschützten Daten dürfen nur in den in Abs 2 gelisteten Ausnahmefällen verarbeitet werden (siehe für Details Pkt 6.5.).
c. **Verarbeitung:** Gem Art 4 Z 2 DSGVO ist jeder mit oder ohne Hilfe automatisierter Verfahren ausgeführte Vorgang oder jede solche Vorgangsreihe iZm personenbezogenen Daten eine Datenverarbeitung. Letzteres können etwa das Erheben, das Erfassen, die Organisation, das Ordnen, die Speicherung, die Anpassung oder Veränderung, das Abfragen, die Verwendung, die Übermittlung, Verbreitung oder auch das bloße Löschen und Anonymisieren von personenbezogenen Daten sein.
d. **Zweck**: Dies ist der Grund für die Verarbeitung personenbezogener Daten (zB Administration von Bewerbungen, Personalverwaltung, Zeiterfassung, Talente Management). Ohne Zweck dürfen Verantwortliche keine Daten verarbeiten.
e. **Rechtsgrundlage:** Jede Verarbeitung personenbezogener Daten muss auf einer der in Art 6 Abs 1 DSGVO und, wenn es um sensible Daten geht, auf einer der in Art 9 Abs 2 DSGVO genannten Rechtsgrundlagen basieren. Für den arbeitsrechtlichen Konnex sind gesetzliche Pflichten, Vertragserfüllung, berechtigte Interessen und die Erfüllung sozial- und arbeitsrechtlicher Pflichten (bei sensiblen Daten) die wesentlichen Rechtsgrundlagen. In seltenen Ausnahmefällen

kann dies auch die Einwilligung sein – aufgrund der wirtschaftlichen Abhängigkeit des Dienstnehmers vom Dienstgeber scheitert diese aber oft an der fehlenden Freiwilligkeit.[707]

f. **Pseudonymisierte Daten:** Die Pseudonymisierung von Daten ist nach Art 4 Z 5 DSGVO die Verarbeitung personenbezogener Daten in so einer Weise, dass sie ohne Hinzuziehen zusätzlicher Informationen nicht mehr einer spezifischen Person zugeordnet werden können. Diese zusätzlichen Informationen sind gesondert aufzubewahren und müssen technischen und organisatorischen Maßnahmen unterliegen.[708] Pseudonymisierte Daten sind etwa Personaldaten, die nur mit der Personalnummer verknüpft sind. Für Dritte sind die Daten nicht zuordenbar, für den Dienstgeber stellen sie aber weiterhin personenbezogene Daten dar und unterliegen deshalb dem Vollanwendungsbereich der DSGVO.
g. **Anonyme Daten:** Diese Daten sind nicht von der DSGVO erfasst, da der Personenbezug entweder nie gegeben war (zB anonyme Umfrage) oder nachhaltig zerstört wurde (zB Zerstörung des Schlüssels nach Verschlüsselung). Ob Daten tatsächlich anonym sind, ist nach dem Stand der Technik aller bekannten Mittel zu bewerten.[709] Besondere Vorsicht ist geboten, wenn vermeintlich anonymisierte Daten bei genauerem Blick dann doch re-identifizierbar sind. Dies kann etwa bei Ergebnissen von Umfragen der Fall sein, an denen nur wenige Mitarbeiter teilgenommen haben.[710] Diesfalls handelt es sich um der DSGVO unterliegende pseudonymisierte, nicht aber um anonymisierte Daten.
h. **Datensicherheit:** Verantwortliche und Auftragsverarbeiter müssen ein angemessenes Schutzniveau gewährleisten können. Nach Art 32 DSGVO haben sie unter Berücksichtigung des Stands der Technik, der Implementierungskosten und der Art, des Umfangs, der Umstände und der Zwecke der Verarbeitung sowie der unterschiedlichen Eintrittswahrscheinlichkeit und Schwere des Risikos für die Rechte und Freiheiten natürlicher Personen geeignete technische und organisatorische Maßnahmen zu treffen. Zudem sollten Unternehmen ein Verfahren zur regelmäßigen Überprüfung, Bewertung und Evaluierung der Wirksamkeit der technischen und organisatorischen Maßnahmen zur Gewährleistung der Sicherheit der Verarbeitung einführen (zB Audits oder Penetrationtests). Da bei Verletzungen der Pflichten aus Art 32 DSGVO hohe Strafen[711] drohen, sollte der richtigen Implementierung gerade im Hinblick auf das vermehrte Aufkommen von Cyberattacken besondere Beachtung geschenkt

707 *Jahnel* in *Jahnel,* Kommentar zur Datenschutz-Grundverordnung (2021) Art 4 Z 11 Rz 9.
708 *Hödl* in *Knyrim,* Der DatKomm[25.Lfg] (2019) Art 4 DSGVO Rz 60.
709 *Ibid,* Rz 17 mwN.
710 *Ibid,* Rz 18.
711 Vgl Art 83 Abs 4 lit a DSGVO: Geldbußen von bis zu 10 Mio Euro oder im Falle eines Unternehmens von bis zu 2 % seines gesamten weltweit erzielten Jahresumsatzes des vorangegangenen Geschäftsjahrs. Verhängt wird der höhere Betrag.

werden. Ein Recht von betroffenen Personen auf spezifische Datensicherheitsmaßnahmen besteht allerdings nicht.[712]

i. **(Eigenständiger) Verantwortlicher:** Gem Art 4 Z 7 DSGVO ist dies jeder, der über die Zwecke und Mittel der Verarbeitung von personenbezogenen Daten entscheidet („Herr der Daten"). Er ist für die Einhaltung der Datenschutzbestimmungen verantwortlich. Zu seinen Aufgaben zählt etwa die Gewährleistung der datenschutzkonformen Datenverarbeitung und die Einhaltung der Rechte der betroffenen Personen.[713] In der Praxis ist das arbeitgebende Unternehmen der Verantwortliche. In einer Unternehmensgruppe ist jedes Unternehmen für die Verarbeitung der eigenen personenbezogenen Daten selbst verantwortlich – es gibt kein Konzernprivileg. Dementsprechend ist die Zurverfügungstellung von Mitarbeiterdaten an andere Unternehmen im selben Konzern datenschutzrechtlich wie eine Übermittlung an Dritte zu qualifizieren und bedarf einer eigenen Rechtsgrundlage nach Art 6, 9 und 10 DSGVO.[714]
j. **Gemeinsame Verantwortliche:** Legen zwei oder mehr Verantwortliche gemeinsam die Zwecke der und die Mittel zur Verarbeitung fest, so sind sie gemeinsam Verantwortliche („Joint Controller"). Grundvoraussetzung ist, dass die Verarbeitung ohne die Beteiligung der anderen Partei nicht möglich wäre.[715] Sie sind also untrennbar miteinander verbunden und müssen eine Vereinbarung gem Art 26 DSGVO abschließen, in der sie die wesentlichen Rechte und Pflichten zuordnen.
k. **Auftragsverarbeiter:** Gem Art 4 Z 8 DSGVO ist dies jeder, der personenbezogene Daten im Auftrag des Verantwortlichen verarbeitet. Ein Verantwortlicher kann somit Datenverarbeitungen auslagern; der Auftragsverarbeiter darf diese sodann nur auf Weisung des Verantwortlichen – als dessen verlängerter Arm – vornehmen. Der Umfang der erlaubten Datenverarbeitung ist in einer datenschutzrechtlichen Vereinbarung zur Auftragsverarbeitung nach Art 28 DSGVO zu regeln.[716]
l. **Betroffene Personen:** Gem Art 4 Z 1 DSGVO sind dies natürliche Personen, deren personenbezogene Daten verarbeitet werden (zB Bewerber, Dienstnehmer).

6.2. Verarbeitungsgrundsätze

Art 5 DSGVO normiert die im Folgenden näher dargelegten allgemeinen Grundsätze für die Verarbeitung personenbezogener Daten. Verantwortliche müssen diese zwingend und nachweisbar bei jeder Datenverarbeitung einhalten:

712 DSB 13.9.2018, DSB-D123.070/0005-DSB/2018.
713 *Hödl* in *Knyrim* Art 4 DSGVO Rz 76 ff.
714 *Lindner*, Datenübermittlung innerhalb des Konzerns und ins Ausland in *Körber-Risak/Brodil* (Hrsg), Datenschutz und Arbeitsrecht (2018) 67.
715 *Wyrobek* in *Knyrim*, Der DatKomm[49.Lfg] (2021) Art 26 DSGVO Rz 3.
716 Ibid, Rz 3.

6.2.1. Rechtmäßigkeit, Verarbeitung nach Treu und Glauben, Transparenz (Art 5 Abs 1 lit a DSGVO)

Die DSGVO gibt vor, dass personenbezogene Daten auf rechtmäßige Weise, nach Treu und Glauben und in einer für die betroffene Person nachvollziehbaren Weise verarbeitet werden müssen. Die Datenverarbeitung muss somit unter Einhaltung aller Datenschutzbestimmungen der DSGVO, des DSG und sonstiger materieller Datenschutzbestimmungen erfolgen. Sie muss fair und transparent sein.[717] Dies bedeutet va, dass Verantwortliche betroffene Personen auf leicht zugängliche Weise sowie in klarer und verständlicher Sprache über die Verarbeitung der personenbezogenen Daten informieren müssen. Das geschieht in der Praxis vorwiegend über Datenschutzhinweise (zB für Bewerber, Mitarbeiter, Whistleblowing Hotline).

6.2.2. Zweckbindung (Art 5 Abs 1 lit b DSGVO)

Spätestens zu Beginn der Verarbeitung personenbezogener Daten muss der Verantwortliche einen klaren Zweck für diese definiert haben. Der Zweck muss eindeutig also hinreichend bestimmt sein. Der Grad der Bestimmtheit hängt von der konkreten Datenverarbeitung ab. Daher kann in manchen Fällen bereits eine kurze Zweckbeschreibung ausreichen, andere Fälle erfordern wiederum eine nähere Ausführung. Eine unbestimmte, zu allgemeine Formulierung erfüllt diese Vorgaben daher nicht (zB bloß „Marketingzwecke“, „Forschung“ oder „IT-Sicherheit“).[718] Praktische Bsp zur Darstellung von Zwecken finden sich in den zahlreichen Guidelines der Artikel-29-Datenschutzgruppe (ersetzt durch den Europäischen Datenschutzausschuss).[719]

Fällt der ursprüngliche Zweck weg, ist eine Weiterverarbeitung der personenbezogenen Daten nur gem den Anforderungen des Art 6 Abs 4 DSGVO möglich, sofern sie nicht explizit durch Einwilligung oder Gesetz gedeckt ist. Hat der Verantwortliche die Daten jedoch auf einer anderen Rechtsgrundlage verarbeitet (zB Vertragserfüllung oder berechtigte Interessen), ist zu prüfen, ob der ursprüngliche Zweck mit dem neuen Zweck kompatibel ist und welche Daten dafür wirklich erforderlich sind. Hierbei kommt es – ähnlich der Interessenabwägung nach Art 6 Abs 1 lit f DSGVO – auch stark auf die Erwartungshaltung der Betroffenen an. Nur wenn eine Kompatibilität bejaht werden kann, ist eine zweckändernde Weiterverarbeitung zulässig.[720]

---

717 *Knyrim/Reisinger*, Grundsätze der Datenverarbeitung (Art 5 DSGVO), in RDB Keywords[1] Rz 3 mwN.

718 *Jahnel* in *Jahnel*, Kommentar zur Datenschutz-Grundverordnung (2021) Art 5 Rz 27.

719 *WP29*, Stellungnahme 03/2013 der Artikel-29-Datenschutzgruppe zur Zweckbindung, WP 203 (2013), Anhang 3.

720 Siehe Website der Europäischen Kommission unter https://commission.europa.eu/law/law-topic/data-protection/reform/rules-business-and-organisations/principles-gdpr/purpose-data-processing/can-we-use-data-another-purpose_de (abgefragt am 30.6.2025).

6.2.3. Datenminimierung (Art 5 Abs 1 lit c DSGVO)

Einer der wichtigsten Grundsätze in der Praxis ist die Datenminimierung: Personenbezogene Daten dürfen nur dann überhaupt erst erhoben werden, wenn sie unbedingt für die Zweckerreichung erforderlich sind. Kann der Verantwortliche zB mit einer anonymen Umfrage das Auslangen finden, ist ein Personenbezug nicht erforderlich. Dementsprechend muss die Verarbeitung angemessen und erheblich sein und auf das für den Zweck notwendige Maß beschränkt werden. Die Pseudonymisierung, Anonymisierung oder Aggregation[721] von personenbezogenen Daten stellen jeweils eine übliche Form der Datenminimierung dar.[722]

6.2.4. Richtigkeit (Art 5 Abs 1 lit d DSGVO)

Erhobene und verarbeitete personenbezogene Daten müssen sachlich richtig und erforderlichenfalls auf dem neuesten Stand sein. Der Verantwortliche muss angemessene Maßnahmen treffen, um die Richtigkeit der Daten zu gewährleisten. Werden die Daten im Hinblick auf die Zwecke ihrer Verarbeitung unrichtig, muss der Verantwortliche diese unverzüglich löschen oder berichtigen.

6.2.5. Speicherbegrenzung (Art 5 Abs 1 lit e DSGVO)

Dieser Grundsatz ergänzt die Pflicht zur Datenminimierung: Während es bei der Datenminimierung um die initialen Gedanken rund um die Erhebung der Daten geht, setzt die Speicherbegrenzung an der Dauer der Verarbeitung an: Ist eine Datenverarbeitung nicht mehr erforderlich oder können die einmal erhobenen Daten nach Zweckerreichung gelöscht oder anonymisiert werden, muss dies möglichst rasch erfolgen.[723] Orientierungshilfe bei der Festlegung der Speicherdauer bzw Löschfristen sind oftmals gesetzliche Vorgaben, auch wenn sie nur selten harte Fristen festlegen. In Bezug auf übliche Datenverarbeitungen im dienstlichen Kontext sind die folgenden marktüblich:

- Der Anspruch des Dienstnehmers auf Ausstellung eines Dienstzeugnisses verjährt erst nach 30 Jahren gem § 1479 ABGB – für diesen Zeitraum dürfen die (wenigen) dafür erforderlichen Daten auch aufbewahrt werden.
- Weiters bestehen unternehmerische und steuerrechtliche Pflichten zur Aufbewahrung bestimmter Unterlagen gem § 132 Abs 1 BAO, § 212 UGB, so etwa für Lohnsteuer- und Abgabeunterlagen. Dementsprechend sind die dafür relevanten Dienstvertragsdaten jedenfalls für sieben Jahre nach Ende des Kalenderjahres, in dem das Dienstverhältnis beendet wurde, zu speichern.

721 Bei einer Aggregation werden Daten verschiedener Personen zusammengeführt („aggregierte Daten"). Hierdurch entsteht eine „Datengruppe". Dabei kann es vorkommen, dass ein Personenbezug nicht mehr herstellbar ist, wodurch eine Anonymisierung vorliegt – das ist aber nicht zwingend der Fall (je nach Größe der Personengruppe). Ob die aggregierten Daten daher tatsächlich als anonym gelten, bleibt eine Frage des Einzelfalls.

722 *Hötzendorfer/Tschohl/Kastelitz* in *Knyrim*, Der DatKomm[39.Lfg] (2020) Art 5 DSGVO, Rz 34 ff.

723 *Ibid*, Rz 49 ff.

- Sozialversicherungsbeiträge sollten aufgrund der Feststellungsverjährungsfrist nach § 68 ASVG für drei bzw fünf Jahre gespeichert werden: Grundsätzlich beginnt die dreijährige Frist mit dem Tag der Fälligkeit der Beiträge. Diese Verjährungsfrist verlängert sich jedoch auf fünf Jahre, wenn der Dienstgeber oder eine sonstige meldepflichtige Person keine oder unrichtige Angaben über die bei ihm beschäftigten Personen bzw über deren jeweiliges Entgelt gemacht hat, die er bei gehöriger Sorgfalt als notwendig oder unrichtig hätte erkennen müssen.[724] Im Fall von Arzt- oder Krankenbestätigungen oder Gehaltspfändungen kann eine siebenjährige Speicherung argumentiert werden, zumal diese mit Entgeltfortzahlungsansprüchen und sohin mit der Lohnverrechnung verbunden sind.
- Bei Aufnahmen durch Videoüberwachungskameras wird laut ständiger Rsp prinzipiell eine 72-stündige Speicherfrist als zulässig erachtet. Laut DSB reicht diese Frist meist zur Aufklärung von potenziellen Schäden oder Einbrüchen. Längere Fristen erfordern also besondere, berechtigte Interessen.[725]
- Bewerberdaten sind laut ständiger Rsp nach sieben Monaten zu löschen, wenn es zu keinem Abschluss eines Dienstvertrags kommt oder keine Einwilligung für eine längere Speicherung zur Evidenzhaltung vorliegt. Grund dafür ist, dass potenzielle Ansprüche aus dem GlBG bereits nach sechs Monaten verjähren.[726]

Tipp

Um den Überblick über die gesetzlichen Vorgaben und Aufbewahrungsfristen nicht zu verlieren, hat sich die Erstellung eines Löschkonzepts in der Praxis bewährt. Darin werden idR die einzelnen Datenarten und Löschfristen aufgelistet sowie Regeln für die Löschung festgelegt.

6.2.6. Integrität und Vertraulichkeit (Art 5 Abs 1 lit f DSGVO)

Personenbezogene Daten sind vor unbefugter oder unrechtmäßiger Verarbeitung und vor unbeabsichtigtem Verlust, Zerstörung oder Schädigung durch geeignete technische und organisatorische Maßnahmen zu schützen.[727]

Beispiele

Solche Maßnahmen können etwa technisch eingerichtete Vorgaben für Passwörter, Türsicherungen, Alarmanlagen, Benutzerkonten, IT-Notfallplanung, Richtlinien für die Benutzung der IT, Richtlinien für den Umfang mit Besuchern etc sein.

Dabei soll insb gewährleistet werden, dass nur Befugte Zugang bzw Zugriff auf die Daten haben (auch intern – need-to-know; least privilege).

724 VwGH 7.9.2017, Ra 2014/08/0060, ZAS 2018/8.
725 Vgl DSB 7.12.2023, DSB 2023-0.583.644.
726 DSB 27.8.2018, DSB-D123.085/0003-DSB/2018.
727 *Hötzendorfer/Tschohl/Kastelitz* in *Knyrim* Art 5 DSGVO Rz 54.

6.3. Datenschutzrechtliche Rollenverteilung und wesentliche Pflichten

6.3.1. Allgemein

Bevor die Zulässigkeit einer Datenverarbeitung anhand der involvierten Datenarten und dem Zweck geklärt werden kann, sind die eingangs kurz angesprochenen datenschutzrechtlichen Rollen final zu definieren. Gerade bei Konzern- und damit verbundenen Matrixstrukturen ist das im Beschäftigtenkontext regelmäßig sehr komplex: Werden etwa alle Mitarbeiterdaten eines Konzerns von der Muttergesellschaft verwaltet, so ist diese zugleich eigenständige Verantwortliche für die Daten der eigenen Mitarbeiter und Auftragsverarbeiterin für die Daten der Mitarbeiter der anderen Konzerngesellschaften. Sobald sie jedoch über den konkreten Auftrag hinaus Daten aller Tochtergesellschaften zusammenführt oder Auswertungen auf dieser Basis vornimmt, kann eine Übermittlung oder gar eine gemeinsame Verantwortlichkeit vorliegen. Bei der Rollengestaltung kommt es am Ende auf die faktischen Gegebenheiten an:

6.3.1.1. Eigenständige Verantwortlichkeit

Der unmittelbare Dienstgeber ist Verantwortlicher, wenn es um die Verarbeitung der personenbezogenen Daten eigener Bewerber sowie eigener – auch ehemaliger – Mitarbeiter geht. Durch mannigfache arbeitsrechtliche Grundlagen in Gesetzen, aber auch zur bloßen Erfüllung des Dienstvertrags besteht eine konkrete Pflicht und ein Zweck zur Datenverarbeitung. Die meisten datenschutzrechtlichen Pflichten treffen den unmittelbaren Dienstgeber daher unmittelbar und direkt:

Wesentliche Pflichten des Verantwortlichen sind die Wahrung der Betroffenenrechte und der damit einhergehenden Informationspflichten nach Art 13, 14 DSGVO. Ebenso muss er geeignete technische und organisatorische Maßnahmen treffen, um die Sicherheit der Daten zu gewährleisten. Weiters ist ein Verzeichnis der Verarbeitungstätigkeiten zu führen, das im Wesentlichen alle Datenverarbeitungsprozesse abbildet (so auch die der eigenen Dienstnehmer).

Daneben muss ein Verantwortlicher auch eine Datenschutz-Folgeabschätzung („**DSFA**“) nach Art 35 DSGVO durchführen, was bei besonders sensiblen bzw risikoanfälligen Verarbeitungen sogar geboten ist (zB Whistleblowing, Kontrollmaßnahmen): Dabei handelt es sich um einen Risikobewertungsprozess, anhand dessen eruiert wird, ob neue Technologien verwendet werden oder die Verarbeitung aufgrund ihrer Art, ihres Umfanges, der Umstände und der Zwecke ein hohes Risiko für die Rechte und Freiheiten natürlicher Personen zur Folge haben könnte. Ein hohes Risiko besteht etwa bei systematischer und umfassender Bewertung persönlicher Aspekte (zB Arbeitsleistung) durch automatisierte Verarbeitung, (zB Profiling) oder die umfangreiche Verarbeitung sensibler Daten bzw

Daten mit Strafrechtsbezug. Zur Erleichterung der Evaluierung hat die DSB eine „**white list**“[728] (DSFA nicht erforderlich) und eine „**black list**“[729] (DSFA erforderlich) erstellt. Ausgenommen von der verpflichtenden Durchführung einer DSFA ist etwa die klassische Personalverwaltung (zB Daten betreffend Arbeitszeiten, Qualifikationen oder Krankenstände).

Darüber hinaus unterliegt der Verantwortliche auch Meldepflichten bei Verletzungen des Schutzes personenbezogener Daten („data breach notification“): Nach Art 33 DSGVO muss er die Verletzung innerhalb von 72 Stunden ab Bekanntwerden an die Aufsichtsbehörde[730] melden. Die konkret der Behörde mitzuteilenden Informationen sind in Art 33 Abs 3 DSGVO gelistet. Bei einer Verzögerung muss die Meldung eine Begründung hierfür enthalten. Besteht ein hohes Risiko für die Rechte und Freiheiten natürlicher Personen, muss der Verantwortliche uU auch die betroffenen Personen unverzüglich über die Verletzung informieren. Nähere Informationen hierzu finden sich in Art 34 DSGVO.

Schließlich muss der Verantwortliche einen Datenschutzbeauftragten nach Art 37 ff DSGVO bestellen, wenn die Kerntätigkeit:

- in der Durchführung von Verarbeitungsvorgängen besteht, die aufgrund ihrer Art, ihres Umfangs und/oder ihrer Zwecke eine umfangreiche regelmäßige und systematische Überwachung von betroffenen Personen erforderlich machen, oder
- in der umfangreichen Verarbeitung sensibler Daten oder von personenbezogenen Daten mit Strafrechtsbezug besteht.

Der Datenschutzbeauftragte hat Berichts-, Beratungs-, Kontroll- und Kooperationsaufgaben. Er ist etwa für die Überwachung und Umsetzung der Datenschutz-Compliance im Unternehmen verantwortlich, damit die datenschutzrechtlichen Bestimmungen eingehalten werden.[731]

Sofern Daten an einen anderen Empfänger übermittelt werden, ist auch dessen Rolle einzuordnen. Wenn der Empfänger selbst Verantwortlicher ist, muss er die vorgenannten Pflichten unabhängig vom Übermittler erfüllen und ist eine gesonderte Rechtsgrundlage nach Art 6, 9 und 10 DSGVO erforderlich. Klassische eigenständige Verantwortliche im Beschäftigtenkonnex sind hierbei etwa Arbeitsinspektorat, Arbeitsmediziner, Betriebsrat[732], Gerichte, Behörden oder auch Ver-

728 Siehe Verordnung der DSB über die Ausnahmen von der Datenschutz-Folgenabschätzung (DSFA-AV), BGBl II 2018/108.

729 Siehe Verordnung der DSB über Verarbeitungsvorgänge, für die eine Datenschutz-Folgenabschätzung durchzuführen ist (DSFA-V), BGBl II 2018/278.

730 In Österreich ist dies die Österreichische Datenschutzbehörde, Barichgasse 40–42, 1030 Wien, dsb@dsb.gv.at, +43 1 52 152-0.

731 Vgl Art 39 DSGVO; zu näheren Auslegungen der Aufgaben siehe *Artikel-29-Datenschutzgruppe*, Leitlinien in Bezug auf Datenschutzbeauftragte („DSB“).

732 Siehe BVwG 31.3.2025, W287 2246105-1/54E.

sicherungen. Ebenso werden Personalvermittler regelmäßig als eigenständige Verantwortliche gewertet.

6.3.1.2. Gemeinsame Verantwortlichkeit

Wie bereits dargelegt, besteht eine gemeinsame Verantwortlichkeit, wenn mehrere Beteiligte die Zwecke und Mittel einer Verarbeitung festlegen. Das liegt im Beschäftigtenumfeld nur selten vor und scheitert in der Praxis auch in Konzernstrukturen oftmals am fehlenden berechtigten Interesse. Eingeschränkte gemeinsame Verarbeitungen können zB für eine konzernweite Kontakt- und Termindatenbank, Whistleblowing-Hotlines (in engen Grenzen) oder auch für einheitliche Schulungs- und Weiterbildungsmaßnahmen zulässig sein. Dann haben die gemeinsam Verantwortlichen in einer Vereinbarung gem Art 26 DSGVO ihre jeweiligen Zuständigkeiten und Verpflichtungen gegenüber den betroffenen Personen festzulegen. Der wesentliche Inhalt dieser Vereinbarung ist sodann den betroffenen Personen zur Verfügung zu stellen, idR über eine Ergänzung in den Datenschutzhinweisen. Zudem muss jeder der gemeinsam Verantwortlichen dafür Sorge tragen, dass die Datenverarbeitung auf einer Rechtsgrundlage und im Rahmen der festgelegten Zwecke basiert.[733]

Keine gemeinsame Verantwortlichkeit liegt jedenfalls dann vor, wenn Unternehmen Daten auf Basis gesetzlicher Pflichten mit Behörden oder Gerichten austauschen (zB Gehaltsdaten an die Steuerbehörde). Hier fehlt es an gemeinsam festgelegten Zwecken und Mitteln – die Abgrenzung wird aufgrund der bewusst weiten Auslegung durch den EuGH jedoch zunehmend schwieriger.[734]

6.3.1.3. Auftragsverarbeitung

Jeder Verantwortliche kann Teile der von ihm initiierten Verarbeitungsschritte oder auch ganze Verarbeitungstätigkeiten an einen Auftragsverarbeiter auslagern, der die Daten in seinem Auftrag für seine Zwecke verarbeitet. Das ist zB gerade beim Einsatz von IT-Lösungen regelmäßig der Fall (zB Auslagerung in die Cloud oder Zugriffsmöglichkeiten für einen IT-Experten im Rahmen von Wartung oder Support). Dabei ist die bloße theoretische, technische Zugriffsmöglichkeit eines Dritten bereits ausreichend. Die Beziehung zwischen Verantwortlichem und Auftragsverarbeiter ist sodann in einer Vereinbarung über eine Auftragsverarbeitung nach Art 28 DSGVO zu regeln. Darin werden die Bindung an den Verantwortlichen, Gegenstand und Dauer der Verarbeitung, Art und Zweck der Verarbeitung, die Art der personenbezogenen Daten, die Kategorien

733 Siehe EDSA, Leitlinien 07/2020 zu den Begriffen „Verantwortlicher" und „Auftragsverarbeiter" in der DSGVO, Version 2.0 vom 7.7.2021, Rz 161 ff; abrufbar in deutscher Sprache unter https://www.edpb.europa.eu/our-work-tools/our-documents/guidelines/guidelines-072020-concepts-controller-and-processor-gdpr_de (abgefragt am 30.6.2025).

734 Ibid Rz 70.

der betroffenen Personen und die Pflichten und Rechte des Verantwortlichen definiert (zB Hinzuziehen von Sub-Auftragsverarbeitern, Überbindung der Verschwiegenheitspflicht, Zurückgabe bzw Löschung von Daten, Führung eines Verarbeitungsverzeichnisses, Einhaltung aller technischen und organisatorischen Sicherheitsstandards, Unterstützung bei Behörden- und Betroffenenanfragen, Aufbewahrungsfristen).[735]

Auftragsverarbeiter iZm Personalverwaltung sind in der Praxis regelmäßig Bilanzbuchhalter, Buchhalter, Lohnbüro, Personalverrechner für andere Unternehmen oder Lohnverrechnung durch Tochter- oder Mutterunternehmen. Führt eine andere Konzerngesellschaft das Bewerbermanagement für das ausschreibende Unternehmen durch, kann ebenfalls eine Auftragsverarbeitung vorliegen. Dies hängt aber von der konkreten Ausgestaltung in der Praxis ab: Sobald eine Art der gemeinsamen Nutzung dieser Daten erfolgt und/oder andere Konzerngesellschaften (Teil-)Entscheidungen treffen, liegt üblicherweise bereits eine gemeinsame Verantwortlichkeit vor.

6.4. Exkurs: Empfänger außerhalb der EU bzw des EWR

Für die Übermittlung von Daten an Empfänger in Drittländern – also Länder außerhalb der EU und des EWR – ist nach Art 44 ff, 49 DSGVO eine zusätzliche Grundlage notwendig. Vereinfacht geht es dabei stets darum, die Daten von EU-Bürgern auch im Ausland nach denselben Grundsätzen zu schützen. Dabei gibt es, je nach Sitzstaat des Empfängers, unterschiedliche Lösungsvarianten:

6.4.1. Angemessenheitsbeschluss (Art 45 DSGVO)

Die Europäische Kommission kann beschließen, dass ein Drittland oder auch nur ein Gebiet oder Sektor dieses Landes ein angemessenes Schutzniveau hat. Die Übermittlung von Daten in dieses Land ist sodann ohne weitere Maßnahmen möglich (Gleichstellung mit dem EWR).[736] Die Kommission überwacht die Drittländer sodann laufend und fasst alle vier Jahre einen neuen Angemessenheitsbeschluss, sofern die Bedingungen, die zu dessen Erlass geführt haben, noch eingehalten werden.[737] Derzeit bestehen Angemessenheitsbeschlüsse für Andorra, Argentinien, Faröer-Inseln, Guernsey, Isle of Man, Israel, Japan (nur in Bezug auf den Privatsektor), Jersey, Kanada (nur in Bezug auf den Privatsektor), Neuseeland, Schweiz, Südkorea, Uruguay, das Vereinigte Königreich (UK) und die USA (nur in Bezug auf US-Unternehmen und Organisationen, die am EU-US Data Privacy Framework [EU-US DPF] teilnehmen).

735 *Bogendorfer* in *Knyrim,* Der DatKomm[65.Lfg] (2022) Art 28 DSGVO Rz 68 ff.
736 *Knyrim/Gerhalter* in *Knyrim,* Der DatKomm[67.Lfg] (2023) Art 45 DSGVO Rz 45.
737 Ibid, Rz 13.

6.4.2. Geeignete Garantien (Art 46 ff DSGVO)

Liegt kein Angemessenheitsbeschluss vor, so kann der Verantwortliche Daten in ein Drittland auch unter Vorsehung anderer geeigneter Garantien übermitteln. Den betroffenen Personen müssen laut Art 46 DSGVO aber im Gegenzug durchsetzbare Rechte und wirksame Rechtsbehelfe zur Verfügung stehen. Geeignete Garantien können Binding Corporate Rules nach Art 47 DSGVO, also genehmigte, verbindliche interne Datenschutzvorschriften, sein. Dies ermöglicht va multinationalen Konzernen die datenschutzkonforme Übertragung von personenbezogenen Daten an Konzernunternehmen in unsicheren Drittländern, wird aber in der Praxis aufgrund des Aufwands und der Kosten nur selten genutzt. Viel häufiger ist der Einsatz von Standarddatenschutzklauseln.

6.4.3. Standardvertragsklauseln (Art 46 Abs 2 lit c DSGVO)

Dabei handelt es sich um Vertragsmuster, mit denen der Datenexporteur die europäischen Datenschutzstandards vertraglich dem Datenimporteur auferlegt. Die Europäische Kommission hat die aktuell geltenden *Standard Contractual Clauses* (SCC) am 4.6.2021 verabschiedet. Sie sind modular aufgebaut und können dadurch verschiedene Konstellationen abbilden;[738]

Modul 1: Die Datenübermittlung erfolgt von einem Verantwortlichen in der EU an einen Verantwortlichen in einem Drittland („C2C").

Modul 2: Die Datenübermittlung erfolgt von einem Verantwortlichen in der EU an einen Auftragsverarbeiter in einem Drittland („C2P").

Modul 3: Die Datenübermittlung erfolgt von einem Auftragsverarbeiter in der EU an einen (Unter-)Auftragsverarbeiter in einem Drittland („P2P").

Modul 4: Die Datenübermittlung erfolgt von einem Auftragsverarbeiter in der EU an einen Verantwortlichen in einem Drittland („P2C").

6.4.4. Supplementary Measures und Transfer Impact Assessment

Schließen die Parteien SCC ab, so müssen sie zusätzlich prüfen, ob weitere Maßnahmen – „supplementary measures" – erforderlich sind, die einen effektiven Rechtsschutz der betroffenen Personen ermöglichen. Diese sind sodann mit den spezifischen Risiken des Drittlandes, in dem der Empfänger seinen Unternehmenssitz hat, in einem umfangreichen Transfer Impact Assessment („TIA") abzuwägen. Dies ist eine Risikoeinschätzung der Datenübermittlung, die bewertet, ob die Daten im Drittland angemessen geschützt sind:[739]

738 Die aktuellen Module können hier abgerufen werden: https://commission.europa.eu/publications/standard-contractual-clauses-international-transfers_de (abgefragt am 30.6.2025).

739 *Knoll/Pichler/Tlapak* in *Kollar/Balog/Martinetz/Pichler* Rz 25.65.

Schritt 1: Rechtsgrundlage der Übermittlung: Besteht ein Angemessenheitsbeschluss oder ist auf andere Garantien (zB SCC) zurückzugreifen?

Schritt 2: Abschluss eines Data Sharing Agreements und, sofern erforderlich, einer Vereinbarung der Standardvertragsklauseln sowie einer Vereinbarung über supplementary measures (zB Screensharing nur nach Freigabe, BYOK-Verschlüsselungen).

Schritt 3: Abwicklung von Transfer Impact Assessment pro Verarbeitungsvorgang (zB eines für die Übermittlung von Kundendaten und eines von Mitarbeiterdaten).

Schritt 4: Abwicklung von Transfer Impact Assessment pro datenverarbeitendes Unternehmen (also auch Auftragsverarbeiter).

Schritt 5: Beurteilung der Zulässigkeit der Datenübermittlung auf Grundlage des Ergebnisses der Transfer Impact Analysis.

Schritt 6: Regelmäßige und anlassbezogene Aktualisierung und Evaluierung des Transfer Impact Assessment.

6.4.5. Ausnahmefälle (Art 49 DSGVO)

Ohne Vorliegen eines Angemessenheitsbeschlusses oder geeigneter Garantien ist eine Datenübermittlung an einen Empfänger in einem Drittland nur in den in Art 49 DSGVO gelisteten Ausnahmefällen zulässig. Dies etwa bei Vorliegen einer ausdrücklichen Einwilligung der betroffenen Person, nachdem diese über das mögliche Risiko derartiger Übermittlungen aufgeklärt wurde.[740] Im Beschäftigungsumfeld hat dieser Fall – idR mangels Freiwilligkeit der Einwilligung – nur geringe praktische Relevanz. Denkbar ist es im Falle einer Übernahme im Rahmen eines Asset Deals durch einen Käufer im Drittland.

6.5. Datenverarbeitungen im digitalisierten Beschäftigungskonnex

6.5.1. Prüfung der Zulässigkeit von Datenverarbeitungen

Auf Basis der dargestellten Definitionen und Grundvoraussetzungen ist nun konkret für die jeweiligen Verarbeitungstätigkeiten im Beschäftigtenkontext zu prüfen, ob diese zulässig sind und daher eine der in Art 6, 9 und 10 DSGVO festgelegten Rechtsgrundlagen greift. Auf Basis langjähriger praktischer Erfahrungswerte sind nachstehend die einzelnen Rechtsgrundlagen sogleich den wesentlichen Verarbeitungstätigkeiten zugeordnet – sowohl hinsichtlich Bewerber als auch Mitarbeiter.

740 *Knyrim/Gerhalter* in *Knyrim*, Der DatKomm[68.Lfg] (2023) Art 49 DSGVO Rz 16.

6.5.2. Zwecke und Rechtsgrundlagen bei Bewerberdaten

6.5.2.1. Einwilligung (Art 6 Abs 1 lit a DSGVO)

Die Einwilligung ist eine von mehreren Rechtsgrundlagen und unterliegt strengen Anforderungen: Eine wirksame Einwilligung liegt nur dann vor, wenn die betroffene Person sie freiwillig für den bestimmten Fall, in informierter Weise und unmissverständlich erteilt hat (Art 4 Z 11 DSGVO). Zudem erfordert die Einwilligung eine vorab erteilte, umfassende Information zur Verarbeitungstätigkeit samt Speicherdauer sowie einen Hinweis auf die jederzeitige, grundlose Widerrufsmöglichkeit.[741, 742] Eine Formvorschrift besteht zwar nicht, aber iSd Nachweispflicht empfiehlt sich die Einholung einer schriftlichen Einwilligung oder die nachweisbare Verwendung von Checkboxen in digitalen Systemen.[743] Außerdem darf gem dem Koppelungsverbot des Art 7 Abs 4 DSGVO die Erfüllung eines Vertrags nicht von der Einwilligung in eine Datenverarbeitung abhängig gemacht werden, die für den Vertrag nicht zwingend notwendig ist.[744] Die Einwilligungserklärung darf daher keinesfalls im Dienstvertrag oder anderen verpflichtenden Dokumenten eingebettet sein, da sie stets freiwillig – iSv optional – erteilt werden muss. Vorangekreuzte Kästchen oder Ähnliches sind daher ebenfalls nicht zulässig.

Dienstgeber sollten auf die Rechtsgrundlage der Einwilligung nur in seltenen Fällen zurückgreifen. Im Beschäftigungskontext wird das Kriterium der Freiwilligkeit aufgrund der wirtschaftlichen Abhängigkeit des Bewerbers oder Dienstnehmers besonders kritisch betrachtet. Hier braucht es eine echte Alternative für die betroffene Person. Zudem kann die betroffene Person jederzeit ihre Einwilligung widerrufen (siehe Pkt 6.6.1.8.).[745] Das Unternehmen darf die Daten sodann nicht mehr für den betreffenden Zweck verarbeiten.

Unternehmen sollten eine freiwillige Einwilligung von Bewerbern nur in seltenen Anlassfällen einholen. Dies ist zB dann geboten, wenn sie Bewerber nach Ablehnung weiterhin in Evidenz (zB in einer Bewerberdatenbank) halten möchten, um sie für zukünftige Stellen beachten und kontaktieren zu können. Abseits davon sollten Dienstgeber Einwilligungen nur dann einholen, wenn die Daten nicht nur von der konkret stellenausschreibenden Gesellschaft, sondern auch von anderen Konzerngesellschaften zur Berücksichtigung für dortige offene Stellen weitergeleitet werden sollen.

6.5.2.2. Vertragserfüllung (Art 6 Abs 1 lit b DSGVO)

Eine Datenverarbeitung kann zulässig sein, wenn sie zur Vertragserfüllung oder für vorvertragliche Maßnahmen durchgeführt wird. Letzteres trifft gerade auf

741 *Kastelitz/Hötzendorfer/Tschohl* in *Knyrim,* Der DatKomm[39.Lfg] (2020) Art 6 DSGVO Rz 24 ff.
742 *Ibid,* Rz 29.
743 *Ibid,* Rz 32.
744 *Ibid,* Rz 24/2.
745 *Kastelitz/Hötzendorfer/Tschohl* in *Knyrim* Art 6 DSGVO Rz 24/1.

Bewerber idR zu: Die Verarbeitung von (nicht sensiblen) Bewerberdaten kann daher zum Großteil zur Erfüllung (vor-)vertraglicher Pflichten notwendig sein (zB Name, Geburtsdatum, Adresse, Positionswunsch, Lebenslauf und sonstige mit der Bewerbung erhaltene Informationen). Etwaige *Background Checks* oder die Einholung von Strafregisterauszügen sind auf eine andere Rechtsgrundlage zu stützen und nur eingeschränkt möglich (siehe sogleich bei rechtlichen Pflichten und berechtigten Interessen).

Im Fall von sensiblen Daten ist nach Art 9 Abs 2 lit b DSGVO das Vorliegen einer getrennten Rechtsgrundlage in einem Materiengesetz erforderlich, sofern keine Einwilligung nach Art 9 Abs 2 lit a DSGVO eingeholt wurde. Es kommt daher in der Praxis auf den Beruf und Tätigkeitsbereich an, ob zB Informationen zu Vorerkrankungen oder Allergien erhoben werden müssen (und damit erhoben werden dürfen) oder nicht. Ganz allgemein gilt: Wenn arbeitsrechtlich Fragen an Bewerber unzulässig sind – wie zB nach einer bestehenden Schwangerschaft – ist die damit verbundene Datenerhebung ebenfalls unzulässig.

6.5.2.3. Erfüllung einer rechtlichen Verpflichtung (Art 6 Abs 1 lit c DSGVO)

Als Dienstgeber unterliegen Unternehmen gesetzlichen Verpflichtungen nach dem GlBG. Eine Datenverarbeitung zur Erfüllung dieser rechtlichen Pflichten kann auf Art 6 Abs 1 lit c DSGVO gestützt werden – das betrifft va die Aufbewahrung von Bewerberdaten und angefertigten Gesprächsprotokollen für bis zu sieben Monate nach Ablehnung der Bewerbung. Abseits davon können auch andere gesetzliche Pflichten greifen:

So darf etwa die Verarbeitung von strafrechtlich relevanten Daten (zB Strafregisterauszug) nach Art 6 Abs 1 lit c DSGVO iVm Art 10 und § 4 Abs 3 Z 1 DSG nur auf Grundlage einer ausdrücklichen gesetzlichen Ermächtigung oder Verpflichtung erfolgen (zB im StrafregisterG, Finanzmarkt-GeldwäscheG oder im FinStrG). Dies umfasst etwa den öffentlichen Bereich (zB § 40 B-KJHG 2023), staatliche Sicherheitsdienste (zB Polizei, Bundesheer), Vorstand oder Geschäftsführung im Finanzbereich (zB Versicherungen, Banken), Berufe rund um die Betreuung von Kindern und Jugendlichen (zB Lehrer), Geldwäsche und private Sicherheitsdienste.[746] Besteht keine solche Verpflichtung, können in Einzelfällen berechtigte Interessen greifen.

6.5.2.4. Berechtigte Interessen (Art 6 Abs 1 lit f DSGVO)

Die Verarbeitung von Bewerberdaten aufgrund berechtigter Interessen ist etwa zur Verteidigung von Unternehmen gegen Rechtsansprüche (zB Diskriminierungsklagen), die gegen sie geltend gemacht werden, sowie zur Geltendmachung und Durchsetzung eigener Rechtsansprüche möglich. Demnach ist eine Verarbeitung rechtmäßig, wenn sie zur Wahrung der berechtigten Interessen des Verantwort-

746 *Knoll/Pichler/Tlapak* in *Kollar/Balog/Martinetz/Pichler* Rz 25.142.

lichen oder eines Dritten erforderlich ist. Eine Verarbeitung kann daher nicht wahllos auf berechtigte Interessen gestützt werden und diese sind auch kein Ersatz, wenn eine bisherige Rechtsgrundlage wegfällt. Vielmehr kommt es auf eine konkrete Interessenabwägung im Einzelfall an.

Checkliste: Berechtigte Interessen

Der EuGH hat ein Prüfschema entwickelt, das auch von der DSB und dem OGH berücksichtigt wird. So müssen drei kumulative Voraussetzungen vorliegen:[747]

1. Vorliegen eines berechtigten Interesses, das vom Verantwortlichen oder von dem bzw den Dritten wahrgenommen wird: Dazu zählen neben den rechtlichen auch die tatsächlichen, wirtschaftlichen oder ideellen Interessen. Auch Rechte eines Dritten können die Verarbeitung rechtfertigen, wie zB eines Vertragspartners oder einer Konzerngesellschaft.[748]
2. Erforderlichkeit der Verarbeitung der personenbezogenen Daten zur Verwirklichung des berechtigten Interesses (iSv gelindestes Mittel zur Zweckerreichung).
3. Interessenabwägung: Die Grundrechte und Grundfreiheiten der betroffenen Person sind festzustellen und sodann gegen die Interessen des Verantwortlichen abzuwägen. Je wichtiger die Interessen von Letzterem sind, desto invasivere Eingriffe sind möglich. Hilfreich bei der Abwägung kann die Frage sein, ob die betroffene Person die Verarbeitung üblicherweise erwarten kann.[749] Die Abwägung muss vor der ersten Verarbeitung erfolgen (also meist vor erstmaligem Erfassen von Daten).

Daneben empfiehlt die Artikel 29-Datenschutzgruppe (der Vorläufer des Europäischen Datenschutzausschusses) folgende Prüfschritte:[750]

1. Evaluierung, welche Rechtsgrundlage nach Art 6 DSGVO potenziell anwendbar sein könnte.
2. Einstufung eines Interesses als „berechtigt“ oder „nicht berechtigt“.
3. Evaluierung, ob die Verarbeitung zum Erreichen des verfolgten Interesses erforderlich ist.
4. Herstellung eines vorläufigen Gleichgewichts durch Abschätzung dessen, ob die Grundrechte oder Interessen der betroffenen Personen wichtiger sind als das Interesse des für die Verarbeitung Verantwortlichen.
5. Herstellung eines letztendlichen Gleichgewichts der Interessen durch Berücksichtigung zusätzlicher Schutzmaßnahmen.
6. Nachweis der Einhaltung und Sicherstellung von Transparenz.
7. Einschätzung der Folgen, wenn die betroffene Person ihr Widerspruchsrecht wahrnimmt.

747 *Jahnel* in *Jahnel*, Kommentar zur Datenschutz-Grundverordnung (2021) Art 6 Rz 66 ff.
748 Ibid, Rz 73 ff.
749 Ibid, Rz 78 f.
750 *Artikel 29-Datenschutzgruppe*, Stellungnahme 06/2014 zum Begriff des berechtigten Interesses des für die Verarbeitung Verantwortlichen gemäß Artikel 7 der Richtlinie 95/46/EG; 844/14/EN WP 217.

Umgelegt auf Bewerber heißt das in der Praxis: Überall dort, wo gesetzliche Regelungen keine Datenerhebung erfordern und deren Verarbeitung auch nicht zwingend für die Erfüllung vorvertraglicher Verpflichtungen erforderlich ist, kann deren Erhebung nach der erforderlichen Interessenabwägung ebenfalls in engen Grenzen zulässig sein: Die Verarbeitung strafrechtlich relevanter Daten kann sich zB idR dann auf berechtigte Interessen nach Art 6 Abs 1 lit f iVm Art 10 DSGVO und § 4 Abs 3 Z 2 DSG stützen, wenn Dienstgeber sensible Positionen besetzen, die eine besondere Vertrauenswürdigkeit erfordern (zB Wachdienst, Mitarbeiter mit Verantwortung über Finanzen).[751] Daraus ergibt sich, dass Strafregisterauszüge regelmäßig nur von Mitarbeitern (i) in einer hohen Position (wie zB Geschäftsführer) oder (ii) in einer besonderen Vertrauensposition (wie zB Sicherheitspersonal) eingeholt werden dürfen. Hier gibt es keine genauen Vorgaben, aber aufgrund des strengeren Schutzes von strafrechtlich relevanten Daten muss eine detailliertere Interessenabwägung durchgeführt und dokumentiert werden (zB in einer DSFA).

6.5.3. Zwecke und Rechtsgrundlagen bei Mitarbeiterdaten

Wie unter Pkt 6.1.2. dargelegt, erfordert jede Verarbeitung personenbezogener Daten eine Rechtsgrundlage nach Art 6, 9 und/oder 10 DSGVO. Die in der Praxis wesentlichsten Zwecke bei der Verarbeitung von Mitarbeiterdaten lassen sich wie folgt den Rechtsgrundlagen zuordnen:

6.5.3.1. Einwilligung (Art 6 Abs 1 lit a DSGVO)

Wie bereits erläutert, ist die Einholung einer freiwilligen und nur dann gültigen Einwilligung von Dienstnehmern in der Praxis nur in seltenen Ausnahmefällen möglich. Wenn die Voraussetzungen erfüllt sind, ist die Einwilligung jedenfalls separat und nachweislich einzuholen. In folgenden Fällen hat sich die Einwilligung als praktikabel und sinnvoll bewährt:

- Freiwillige Mitarbeiterumfragen zur Erhebung von sensiblen Daten wie rassische und ethnische Herkunft, politische Meinung, Religion, sexuelle Orientierung und/oder Gesundheitsdaten zum Zwecke der Evaluierung von Diversität, Gleichberechtigung und Inklusion. In den seltensten Fällen ist dies personenbezogen erforderlich und sollte daher idR überhaupt anonym erfolgen (und bedarf sodann mangels Identifizierbarkeit auch keiner Einwilligung).
- Die externe Veröffentlichung von Fotos, auf denen der betroffene Mitarbeiter deutlich zu sehen ist bzw im Vordergrund steht, zum Zwecke des öffentlichen Auftritts. Sollen Mitarbeiterdaten zu Marketing- und Werbezwecken verarbeitet werden, ist dies auf Grundlage einer freiwilligen Einwilligung – idR kombiniert mit einer Rechteeinräumung – durchaus möglich. Da die betroffene Person diese jedoch jederzeit widerrufen kann, ist der Abschluss eines vom Dienstvertrag separaten Vertrags oftmals eine sinnvolle Alternative, dies va bei kosten-

751 *Kastelitz/Hötzendorfer/Tschohl* in *Knyrim*, Der DatKomm[41. Lfg] (2020) Art 10 DSGVO Rz 27.

intensiven und/oder langfristigen Marketingmaßnahmen (wie zB Promotionvideos). Die Rechtsgrundlage Vertragserfüllung wird aber regelmäßig nur dann greifen, wenn der Mitarbeiter für die zivilrechtliche Rechteeinräumung ein angemessenes Entgelt erhält.
- Freiwillige Aufnahme in einen konzernweiten Talente-Pool zur Berücksichtigung bei offenen Stellen in anderen Konzerngesellschaften.
- Einführung von Zutrittssystemen, die auf biometrische Daten abstellen (zB Fingerprint oder Handvenenscanner). Mangels gesetzlicher Grundlage ist für die Erfassung der dafür erforderlichen sensiblen Daten jedenfalls eine freiwillige Einwilligung erforderlich. Das bedeutet daher auch, dass eine alternative Zutrittsmöglichkeit für Mitarbeiter bestehen muss, die ihre Einwilligung in die Erfassung biometrischer Daten nicht erteilen wollen oder eine solche später widerrufen.

Nicht zu verwechseln, sondern klar abzugrenzen ist die datenschutzrechtliche Einwilligung von den Zustimmungsbefugnissen nach § 10 AVRAG: Kontrollmaßnahmen und technische Systeme zur Kontrolle der Dienstnehmer, die die Menschenwürde berühren, sind datenschutzrechtlich – mangels Freiwilligkeit dieser Maßnahmen – keinesfalls auf eine Einwilligung zu stützen. Andernfalls könnten einzelne Mitarbeiter von vornherein eine Erfassung ablehnen oder sie später – im Worst Case kurz vor einem gezielten Verstoß – widerrufen. In solchen Fällen bedarf es aber einer arbeitsrechtlichen Zustimmung: Besteht ein Betriebsrat, so muss der Dienstgeber gem § 96 Abs 1 Z 3 ArbVG dessen Zustimmung einholen und eine BV abschließen (zB bei Videoüberwachung, Data Leak Prevention). Gibt es keinen Betriebsrat, bedarf es der arbeitsrechtlichen Einzelzustimmung der Mitarbeiter nach § 10 AVRAG. Diese unterliegt nicht dem strengen datenschutzrechtlichen Freiwilligkeitserfordernis und kann somit sogar zeitlich beschränkt unter Ausschluss eines Widerrufsrechts eingeholt werden (bei datenschutzrechtlichen Einwilligungen undenkbar).

6.5.3.2. Vertragserfüllung (Art 6 Abs 1 lit b DSGVO)

Überall dort, wo die Datenerfassung zwingend für die Erfüllung des Dienstvertrags erforderlich ist, darf diese auch auf Basis des Art 6 Abs 1 lit b DSGVO erfolgen, wie insb:

- zum Zwecke der Vorbereitung, Durchführung, Änderung und Beendigung sowie des Abschlusses des Dienstvertrags;
- zum Zwecke der Lohn-, Gehalts- und Entgeltabrechnung oder Prämienzahlung (wozu auch Leistungsdaten erforderlich sein können);
- zum Zwecke der internen Organisation, wie etwa im Intranet, Mitarbeiter-Telefonbuch oder zur internen Planung von An- und Abwesenheiten;
- bei der Nutzung des IT-Systems durch den Mitarbeiter, sofern für ihre Aufgabenerfüllung notwendig (zB (Video-)Telefonie, E-Maildienst oder Zeiterfassungstool).

6.5.3.3. Erfüllung einer rechtlichen Verpflichtung (Art 6 Abs 1 lit c DSGVO)

Dienstgeber haben aufgrund von einer Vielzahl von für Dienstnehmer geltenden Gesetzen, Verordnungen und Kollektivverträgen umfangreiche arbeits- und sozialrechtliche Pflichten einzuhalten. Die dafür zwingend notwendige Datenverarbeitung kann auf Grundlage der Erfüllung der rechtlichen Verpflichtungen erfolgen.

Beispiele

Typische Bsp hierfür sind etwa die Datenverarbeitung

- zur Erfüllung steuer- und unternehmensrechtlicher Aufbewahrungspflichten;
- zum Zwecke der Lohn-, Gehalts- und Entgeltabrechnung;
- zur Zahlung von Sozialversicherungsbeiträgen;
- zur Erfüllung von Aufzeichnungs-, Informations- und Meldepflichten, soweit erforderlich;
- zur Bekanntgabe von Gesundheitsinformationen an die Krankenkasse, Erfassung der Schwerbehinderung wegen Zusatzurlaub, Ermittlung der Schwerbehindertenabgabe, Erfassung einer Schwangerschaft oder eines Krankenstands. Hier greift neben Art 6 DSGVO noch zusätzlich Art 9 Abs 2 lit b DSGVO;
- zum Zwecke der Arbeitszeitaufzeichnung und Einhaltung der gesetzlichen Urlaubsansprüche.

6.5.3.4. Berechtigte Interessen (Art 6 Abs 1 lit f DSGVO)

Gibt es weder gesetzlich noch vertraglich notwendige Datenverarbeitungen, werden diese regelmäßig anhand einer Interessenabwägung auf Basis berechtigter Interessen durchgeführt. Wie eingangs erläutert, kommt es dabei ua auch auf die Erwartungshaltung der betroffenen Dienstnehmer an. Es ist daher besonders wichtig, dass solche Datenverarbeitungen in den Datenschutzhinweisen für Mitarbeiter im Detail erläutert werden.

Berechtigte Interessen können – sofern notwendig und verhältnismäßig – folgende sein:

- Direktwerbung – dies kann sowohl die Verwendung von Mitarbeiterdaten für Werbezwecke (zB Veröffentlichung von Statements zur Rufsteigerung und Generierung von Bewerbungen) als auch die Kontaktaufnahme mit Mitarbeitern zur Bewerbung eigener Waren und Dienstleistungen (sofern postalisch, da für elektronische Nachrichten § 174 TKG greift)[752] sein;
- Übermittlung von Daten im Konzern für eingeschränkte interne Verwaltungszwecke, einschließlich Mitarbeiterdaten;[753]
- Sicherstellung der IT-Sicherheit[754], aber auch von Leib und Leben;
- Zugriffsmanagement samt Logfiles;

752 ErwGr 47 DSGVO.
753 ErwGr 48 DSGVO.
754 ErwGr 49 DSGVO.

- Zutrittsmanagement (sofern es ohne biometrische Daten erfolgt);
- GPS-Ortung von Dienstfahrzeugen (nur während der Dienstzeit), sofern sie erforderlich ist (zB zur Sicherstellung von Kühlketten);[755]
- Videoüberwachung aus Sicherheits- oder Verwaltungsgründen;[756]
- Aufklärung/Verfolgung/Anzeige strafrechtlich relevanter Sachverhalte inklusive Bedrohung[757] samt Durchsetzung von Rechtsansprüchen;
- Data Leak/Loss Prevention, sofern sichergestellt ist, dass davon keine privaten Inhalte umfasst sind;
- Interne Organisation, Führung eines betriebsinternen Outlook-Kalenders, sofern ausschließlich berufliche Termine bzw An-/Abwesenheiten ersichtlich sind;
- Übermittlung der Daten zur Lohnverrechnung an externe Dienstleister/Tochter- oder Mutterunternehmen;
- Weiterbildungsmaßnahmen für Mitarbeiter oder Mitarbeitergespräche selbst. Bei Letzteren wird aber die Speicherung der Information(en), dass bspw weitere Kinder gewünscht sind oder man in einer politischen Partei bzw Religionsgemeinschaft engagiert ist, zur Erreichung des Zwecks regelmäßig nicht erforderlich sein – falls doch, bedarf es dafür aber mangels gesetzlicher Pflicht einer Einwilligung (da berechtigte Interessen nach Art 9 Abs 2 DSGVO bei sensiblen Daten nicht greifen);
- Abbildung auf der Unternehmenswebsite, sofern für den Tätigkeitsbereich relevant (zB Kundenbetreuer, Außendienstmitarbeiter). Die dabei verarbeiteten Daten wie Name, Position, Telefonnummer, E-Mail-Adresse etc kann auf Grundlage der berechtigten Interessen auf einem angemessenen Außenauftritt und der Möglichkeit für Externe zur Kontaktaufnahme basieren;
- Darstellung von Fotos von internen Veranstaltungen (zB Weihnachtsfeier) im Intranet, sofern die Personen dabei nicht in einer herabsetzenden Situation abgebildet werden;
- Internal Investigations/E-Mail Screening. Der Zugriff auf Daten auf Firmengeräten, wie etwa geschäftlichen E-Mails, ist nur in begründeten (Verdachts-) Fällen auf Compliance-Verstöße sowie im Falle der Nichterreichbarkeit, etwa wegen Urlaub, Krankheit oder Ausscheiden aus dem Dienstverhältnis,[758] zulässig, sofern erforderlich und verhältnismäßig. Bei konkret erhärtetem Verdacht auf schwere Straftaten können diese auch (forensisch) unter Zuhilfenahme konkreter Suchwörter untersucht und ausgewertet werden. Bei solchen Zugriffen dürfen keine privaten Daten verarbeitet werden. Daher ist im Unternehmen bereits vorab zu regeln, ob und unter welchen Rahmenbedingungen eine private Nutzung der betrieblichen IT überhaupt erfolgen darf (zB Verschieben aller privaten Inhalte in einen Ordner „Privat“). Im Idealfall wird die private Nutzung der betrieblichen IT untersagt.

755 OGH 22.1.2020, 9 ObA 120/19s.
756 DSB 19.10.2022, GZ: 2022-0.360.359.
757 ErwGr 50 DSGVO.
758 OGH 28.6.2023, 6 ObA 1/22y.

6.6. Sicherstellung der Erfüllung der Betroffenenrechte

6.6.1. Allgemeine Grundsätze nach Art 12 ff DSGVO

Den betroffenen Personen kommen nach der DSGVO diverse Rechte zu – von Auskunft über Berichtigungen bis zu Löschung –, um nicht nur informiert zu sein, sondern insb auch um etwaige weiterführende Rechte geltend machen zu können. Der richtige und va auch fristgerechte Umgang mit solchen Betroffenenanfragen ist eine der wichtigsten Aufgaben des Verantwortlichen. Hintergrund ist, dass der Großteil der von der DSB geführten Verfahren auf Beschwerden von betroffenen Personen beruht, die entweder keine Antwort erhalten haben oder deren Anfragen nicht fristgerecht oder nicht vollständig erfüllt wurden. Erfahrungsgemäß kommt es zudem häufig aus emotionalen Gründen zu Beschwerden von ehemaligen Bewerbern oder Mitarbeitern, insb dann, wenn es um interne Kontrollmaßnahmen, Verwarnungen oder gar Kündigungen oder Entlassungen geht. Dies ist ua auf die gestiegene Awareness im Allgemeinen, aber auch insb auf das fehlende (Kosten-) Risiko bei Datenschutzverfahren für betroffene Personen zurückzuführen. Vielfach werden auch anonyme Beschwerden oder Anzeigen durch Betriebsratsmitglieder dafür verwendet, vermutete Missstände aufzuzeigen oder Druck auf die Unternehmensleitung aufzubauen.

Betroffenenanfragen sind binnen einem Monat ab Eingang zu bearbeiten, wobei der betroffenen Person kein bestimmter Kanal für die Anfragen vorgegeben werden darf. Die Frist kann in Ausnahmefällen um zwei weitere Monate verlängert werden. Dies muss jedoch aufgrund zahlreicher und komplexer Anfragen erforderlich sein. Der Antragsteller ist sodann über den Grund für die Verzögerung sowie die Möglichkeit einer Beschwerde an die Aufsichtsbehörde zu informieren.[759] Umso wichtiger ist es daher, dass Unternehmen sich präventiv auf Anfragen vorbereiten – das beginnt bei der inhaltlichen Auseinandersetzung mit den Ansprüchen nach Art 12 ff DSGVO samt Erstellung von Mustern und geht bis zur regelmäßigen internen Sensibilisierung von Mitarbeitern durch Schulungen und Leitfäden. Andernfalls läuft der Dienstgeber Gefahr, die einmonatige Antwortfrist nicht einhalten zu können – etwa, weil eine Betroffenenanfrage nicht als solche erkannt oder intern zu spät an die zuständige Stelle weitergeleitet wird. Die vorherige Festlegung der Zuständigkeiten und Berichtslinien ist daher unumgänglich.

6.6.1.1. Recht auf Information (Art 13 und 14 DSGVO) – Datenschutzhinweise

Unternehmen sind verpflichtet, den Mitarbeitern und Bewerbern proaktiv – also ohne Aufforderung, sondern vielmehr vor der ersten Datenerhebung – folgende Informationen in präziser, transparenter, verständlicher und leicht zugänglicher Form sowie in einer klaren und einfachen Sprache zur Verfügung zu stellen:

759 *Illibauer* in *Knyrim*, Der DatKomm[77.Lfg] (2024) Art 12 DSGVO Rz 88.

1. Datenkategorien, Zwecke und Rechtsgrundlagen der Verarbeitung,
2. Name und Kontaktdaten des Verantwortlichen sowie eines etwaigen Datenschutzbeauftragten,
3. Empfänger der personenbezogenen Daten, ihre Rolle und etwaige zusätzlich verfolgte Zwecke,
4. Dauer der Speicherung oder die Kriterien deren Festlegung,
5. Belehrung über sämtliche Betroffenenrechte.

Die Zurverfügungstellung kann laut Art 12 DSGVO schriftlich oder in anderer Form (zB elektronisch) erfolgen. In der Praxis haben sich Datenschutzhinweise etabliert,[760] die im Beschäftigtenkontext entweder per E-Mail (bei Bewerbern) oder sonst als Beilage im Personalakt bzw Veröffentlichung im Intranet zur Verfügung gestellt werden. Nach erstmaliger Erstellung sind diese sodann bei etwaigen Änderungen bestehender Verarbeitungstätigkeiten sowie insb bei Hinzutreten neuer Verarbeitungen regelmäßig zu adaptieren, damit sie aktuell bleiben.

6.6.1.2. Recht auf Auskunft (Art 15 DSGVO)

In der Praxis sind Unternehmen mit Anfragen zur Datenauskunft – meist von ehemaligen Mitarbeitern – am häufigsten konfrontiert. Das Auskunftsrecht soll betroffenen Personen ermöglichen, die Richtigkeit der sie betreffenden personenbezogenen Daten sowie die Rechtmäßigkeit der Verarbeitung zu überprüfen.[761] Zu beauskunften sind dabei sämtliche Informationen nach Art 13 und 14 DSGVO sowie die konkreten personenbezogenen Daten, etwa in Form einer Liste oder Kopie. Dabei ist zu beachten, dass im Beschäftigtenkonnex zahlreiche personenbezogene Daten anfallen – von den klassischen Stamm-, Leistungs- und Gehaltsdaten über berufliche E-Mails bis hin zu technischen Logfiles und Zugriffsberechtigungen. Der EuGH hat zwar bereits entschieden, dass neben dem Recht auf Auskunft nach Art 15 DSGVO kein eigenständiges Recht auf Erhalt einer Datenkopie besteht. Kopien sind aber dennoch dann zur Verfügung zu stellen, wenn sie unerlässlich sind, um der betroffenen Person die wirksame Ausübung der ihr durch diese VO verliehenen Rechte zu ermöglichen. Vereinfacht: Wenn die betroffene Person die Rechtmäßigkeit der beauskunfteten Datenverarbeitung ohne Kopie der Unterlagen nicht sinnvoll prüfen kann (zB weil es unverständlich ist), dann sind die Unterlagen (zB Dokumente, E-Mails) punktuell zusätzlich herauszugeben.[762] Sind Daten unstrukturiert und nicht leicht zuordenbar, wird die Auskunft mit erheblichem Ressourcenaufwand verbunden sein, insb bei langjährigen Dienstverhältnissen. Das unterstreicht die Wichtigkeit eines sinnvollen Löschkonzepts im Unternehmen. Andernfalls sind nämlich auch gespeicherte Daten herauszugeben, die schon längst gelöscht werden hätten sollen. Daten in so einem Fall nur zu löschen, um eine Negativauskunft erteilen zu können, ist naheliegenderweise unzulässig.[763]

760 DSB 1.8.2023, 2023-0.544.853 (D124.1093).
761 VwGH 3.8.2023, Ro 2020/04/0015 RS 4.
762 EuGH, 4.5.2023, C-471/21.
763 *Knoll/Pichler/Tlapak* in *Kollar/Balog/Martinetz/Pichler* Rz 25.120.

Der Dienstgeber kann nur im Falle unbegründeter oder exzessiver Anträge die Auskunft verweigern – das wird in der Praxis jedoch zur Stärkung der effektiven Betroffenenrechte bewusst sehr eng ausgelegt und kommt nur in den seltensten Ausnahmefällen zur Anwendung.[764] Keine Pflicht zur Herausgabe besteht auch bei Daten Dritter, geschützten Geschäfts- und Betriebsgeheimnissen, Rechten des geistigen Eigentums (zB Urheberrechte) oder Informationen, die dem Unternehmen nachweisbar schaden könnten (zB Beweismittel in einem laufenden Verfahren).[765] Die Abgrenzung ist im Einzelfall jedoch schwierig und führt regelmäßig zu einem erhöhten Aufwand für Abwägung und Schwärzungen.

6.6.1.3. Recht auf Berichtigung (Art 16 DSGVO)

Betroffene Personen können vom Verantwortlichen die Berichtigung und/oder Vervollständigung sie betreffender unrichtiger personenbezogener Daten verlangen. In der Praxis wird dieses Recht – abseits der Anpassung des zugeordneten Geschlechts – kaum in Anspruch genommen. Hintergrund ist wohl auch, dass Unternehmen ein ureigenes Interesse an der Richtigkeit ihrer Daten haben.[766] Sofern es dennoch zu einem Antrag kommt, sind die Daten richtigzustellen und auch die Empfänger der betroffenen Daten zu informieren („Mitteilungspflicht"), sofern sich dies nicht als unmöglich erweist oder mit einem unverhältnismäßig hohen Aufwand verbunden ist.

6.6.1.4. Recht auf Löschung („Recht auf Vergessenwerden"; Art 17 DSGVO)

Neben dem Recht auf Auskunft kommt in der Praxis auch dem Recht auf Löschung große Bedeutung zu, wiederum va dann, wenn ein Bewerber abgelehnt oder ein Dienstverhältnis beendet wird. IdZ ist eine saubere Umsetzung eines Löschkonzepts bedeutend. So wurden nämlich im Idealfall nicht mehr benötigte Daten bereits gelöscht und werden nur jene gespeichert, für die es eine Rechtsgrundlage gibt (zB unternehmens- und steuerrechtliche Aufbewahrungspflichten, siehe Pkt 6.2.5.). Solange eine solche Rechtsgrundlage besteht, sind die Daten nicht zu löschen, auch nicht auf Antrag der betroffenen Person. Nicht zu vergessen ist aber, der betroffenen Person auch in so einem Fall innerhalb der einmonatigen Frist eine Negativauskunft mit Begründung für das Ausbleiben der Löschung zur Verfügung zu stellen.

Sofern eine Löschung erfolgen muss – meist, weil die Verarbeitung auf Basis berechtigter Interessen oder einer Einwilligung erfolgt ist –, kann der Verantwortliche die Daten entweder nachhaltig löschen oder alternativ irreversibel anonymisieren.[767] Zu guter Letzt trifft den Verantwortlichen auch idZ die Mitteilungspflicht an den Empfänger der betroffenen Daten gem Art 19 DSGVO.

764 Vgl https://dsgvo-gesetz.de/themen/auskunftsrecht-der-betroffenen-person/ (abgefragt am 30.6.2025).
765 *Haidinger* in *Knyrim*, Der DatKomm[79.Lfg] (2024) Art 15 DSGVO Rz 48/4 ff.
766 *Knoll/Pichler/Tlapak* in *Kollar/Balog/Martinetz/Pichler* Rz 25.121.
767 DSB 5.12.2018, DSB-D123.270/0009-DSB/2018.

6.6.1.5. Recht auf Einschränkung der Verarbeitung (Art 18 DSGVO)

Die betroffene Person kann verlangen, dass ihre personenbezogenen Daten für die weitere Verarbeitung eingeschränkt, also für bestimmte Zwecke nicht mehr verwendet werden. So kann etwa verlangt werden, dass die Daten weiterhin für die Vertragserfüllung, aber nicht mehr für Werbezwecke gespeichert werden. Relevant wird dieses Recht in der Praxis regelmäßig erst iZm Verfahren vor der DSB, in deren Rahmen die zugrundeliegende Zulässigkeit geklärt wird. Sollte es zu einer Aufforderung auf Einschränkung der Verarbeitung kommen, ist die Inaktivsetzung der Daten für den betroffenen Zweck im Produktivsystem oder eine vergleichbar einschränkende Maßnahme sinnvoll.[768]

6.6.1.6. Recht auf Datenportabilität (Art 20 DSGVO)

Die betroffene Person hat das Recht, die sie betreffenden personenbezogenen Daten, die sie einem Verantwortlichen bereitgestellt hat, in einem strukturierten, gängigen und maschinenlesbaren Format zu erhalten oder zu verlangen, dass diese einem anderen Verantwortlichen übermitteln werden, sofern (i) die Verarbeitung auf einer Einwilligung oder auf einem Vertrag beruht und (ii) die Verarbeitung mit Hilfe automatisierter Verfahren erfolgt.[769] In der Praxis wird dieses Recht im Beschäftigtenkonnex kaum schlagend. In seltenen Fällen kommt es vor, dass Bewerber um die Zurverfügungstellung ihrer Bewerbung oder ähnlicher Dokumente anfragen.

6.6.1.7. Widerspruchsrecht (Art 21 DSGVO)

Dieses Recht wird in der Praxis häufig mit dem Recht auf Löschung verwechselt bzw vermischt, obwohl es einen anderen Hintergrund hat: Ein absolutes und nicht zu begründendes Widerspruchsrecht besteht nur gegen eine Verarbeitung von personenbezogenen Daten zu Direktmarketingzwecken. In allen anderen Fällen setzt es Gründe voraus, die sich aus der besonderen Situation der betroffenen Person ergeben. Selbst dann muss der Verantwortliche dem Widerspruch aber nicht nachkommen, wenn er zwingende schutzwürdige Gründe für die Verarbeitung nachweisen kann, die die Interessen, Rechte und Freiheiten der betroffenen Person überwiegen.

Abseits davon sieht auch Art 22 DSGVO ein Recht auf Widerspruch vor, um zu verhindern, dass Unternehmen ausschließlich automatisierte Entscheidungen treffen. Dies hat im Personalwesen etwa Auswirkungen auf die stetig zunehmende Verwendung von künstlicher Intelligenz.

---

768 *Knoll/Pichler/Tlapak* in *Kollar/Balog/Martinetz/Pichler* Rz 25.121.

769 *Artikel-29-Datenschutzgruppe*, Leitlinien zum Recht auf Datenübertragbarkeit (WP242 rev.01) S 10.

6.6.1.8. Widerrufsrecht (Art 7 Abs 3 DSGVO)

Betroffene Personen haben nach Art 7 Abs 3 DSGVO das Recht, ihre Einwilligung jederzeit ohne Angabe von Gründen für die Zukunft zu widerrufen. Der Widerruf darf daher auch nicht mit Kosten verbunden oder an eine bestimmte Form geknüpft sein. Vielmehr muss er so einfach wie die Erteilung der Einwilligung selbst sein (zB ein Klick für eine Einwilligung, daher auch nur ein Klick für den Widerruf).[770] Nach einem Widerruf sind die Daten zu löschen – ein Fallback von einer Einwilligung auf berechtigte Interessen oder andere Rechtsgrundlagen ist bewusst nicht vorgesehen.[771]

6.6.2. Umgang mit Betroffenenanfragen in der Praxis

Um Betroffenenanfragen rasch und ressourcensparend bearbeiten zu können, sollten Unternehmen bereits auf etablierte Muster zurückgreifen können. Diese erleichtern eine effiziente Abwicklung der Betroffenenanfragen und können bereits vorab so gestaltet sein, dass sie alle Eventualitäten abdecken.[772] Gerade, weil eine Kanalisierung nicht zulässig ist – sondern jeder Zugang beim Unternehmen die Frist bereits auslöst –, ist die Festlegung der internen Zuständigkeiten und Berichtslinien umso wichtiger. Zudem ist erforderlich, dass die Mitarbeiter ausreichend und laufend sensibilisiert werden. Dafür hat sich ein Leitfaden zum richtigen Umgang mit Betroffenenrechten bewährt.[773] Andernfalls ist das Risiko hoch, dass Anfragen unbearbeitet bleiben und in der Folge Beschwerden an die DSB ergehen.[774]

Nach Eingang der Betroffenenanfrage ist diese den intern Verantwortlichen zuzuordnen, die zunächst die Identität des Antragstellers zu überprüfen haben. Informationen dürfen nämlich nur an tatsächlich betroffene Personen erteilt werden. Daher sollten vor Erteilung der Informationen die E-Mail-Adresse oder andere erhaltene Informationen mit der Datenbank abgeglichen werden.[775] Nur bei begründetem Zweifel an der Identität des Antragstellers (zB weil die Auskunftsanfrage über eine unbekannte office@muster.at gesendet wurde) darf eine Ausweiskopie als Identitätsnachweis gefordert werden.[776] In einem nächsten Schritt muss der Verantwortliche dem Antragsteller den Eingang seiner Anfrage bestätigen und sodann intern die Erhebung der notwendigen Informationen veranlassen.

Spätestens einen Monat nach Eingang ist dem Antragsteller seine Anfrage zu beantworten oder ihm mitzuteilen, wieso sie nicht erfüllt werden kann (zB Negativauskunft). Die Beantwortung muss zudem immer den Hinweis auf das Recht einer

770 *Artikel-29-Datenschutzgruppe*, Leitlinien in Bezug auf die Einwilligung (WP259 rev.01) S 25 f.
771 *Jahnel* in *Jahnel*, Kommentar zur Datenschutz-Grundverordnung (2021) Art 7 Rz 22.
772 *Knoll/Pichler/Tlapak* in *Kollar/Balog/Martinetz/Pichler* Rz 25.129.
773 *Illibauer* in *Knyrim* Art 12 DSGVO Rz 91/1.
774 *Knoll/Pichler/Tlapak* in *Kollar/Balog/Martinetz/Pichler* Rz 25.126.
775 Ibid, Rz 25.127.
776 *Illibauer* in *Knyrim* Art 12 DSGVO Rz 77.

Beschwerde bei der Aufsichtsbehörde beinhalten.[777] Gar keine oder eine unzureichende Beantwortung an den Antragsteller innerhalb der Frist erhöht das Risiko eines Beschwerdeverfahrens. Dementsprechend sollte die ursprüngliche Anfrage samt Beantwortung und Kommunikation dokumentiert und für maximal 18 Monate aufbewahrt werden.

Ist eine Betroffenenanfrage übersehen oder nicht fristgerecht beantwortet worden, kommt es in der Praxis häufig zu Beschwerden der Antragsteller an die DSB. Diese kann das Verfahren sodann nach § 24 Abs 6 DSG einstellen, sofern der Verantwortliche noch während dem laufenden Verfahren die Rechtsverletzung nachträglich durch Entsprechung des Betroffenenersuchen beseitigt. Kommt ein Unternehmen Betroffenenanfragen wiederholt nicht nach, kann die DSB dies zum Anlass nehmen, ein Prüfverfahren von Amts wegen oder ein Verwaltungsstrafverfahren einzuleiten. So oder so wird das allerdings weder bei der DSB noch bei den betroffenen Personen einen guten Eindruck hinterlassen.

6.7. DSGVO-Checklisten

Die folgenden Prüfschritte haben sich in der Praxis bewährt und helfen, eine erste Indikation zur datenschutzrechtlichen Einordnung von Datenverarbeitung zu treffen:

Checkliste: Allgemeine DSGVO-Compliance

1. Liegen personenbezogene Daten vor?
   Ja: Vollanwendungsbereich der DSGVO (auch wenn Daten pseudonymisiert oder verschlüsselt sind).
   Nein: Die DSGVO findet keine Anwendung.
2. Welche Rolle nimmt das Unternehmen bei der Verarbeitung ein?
   - Eigenständig Verantwortlicher? – Prüfung der Rechtsgrundlage erforderlich.
   - Gemeinsam Verantwortlicher mit einem anderen Unternehmen? – Prüfung der Rechtsgrundlage erforderlich samt Abschluss einer Vereinbarung nach Art 26 DSGVO.
   - Auftragsverarbeiter? – Vereinbarung nach Art 28 DSGVO notwendig.
3. Wurden Zweck und Rechtsgrundlage gem Art 6, 9 und 10 DSGVO für die Datenverarbeitung bereits festgelegt?
   Ja: Evaluieren, ob dies noch aktuell ist, und im Verarbeitungsverzeichnis sowie den Datenschutzhinweisen dokumentieren.
   Nein: Zweck und Rechtsgrundlage festlegen und Zulässigkeit prüfen.
4. Erfüllen die Datenverarbeitungsvorgänge die Grundsätze der Art 5 und 32 ff DSGVO?

777 Vgl Art 12 Abs 4 DSGVO.

Ja: Laufend re-evaluieren.
Nein: Datenverarbeitung einstellen oder rasch an die Grundsätze anpassen.

5. Besteht eine interne Datenschutz-Compliance (zB Löschkonzept, Datenschutzfolgeabschätzungen, Verarbeitungsverzeichnisse sowie von Leitfäden zum Umgang mit Daten)?
   Ja: Laufend re-evaluieren.
   Nein: Die fehlenden Maßnahmen rasch einführen/nachholen.
6. Werden betroffene Personen hinreichend über die Verarbeitung ihrer Daten informiert? Wird mit Betroffenenanfragen richtig umgegangen?
   Ja: Laufend re-evaluieren und Mitarbeiter schulen (Awareness!).
   Nein: Die fehlenden Datenschutzhinweise, Leitlinien und Muster für Betroffenenanfragen rasch erstellen und ausrollen.

Checkliste: Erforderlichkeit einer Datenschutz-Folgenabschätzung

1. Erfolgt eine systematische und umfassende Bewertung persönlicher Aspekte natürlicher Personen, die sich auf automatisierte Verarbeitung einschließlich Profiling gründet und die ihrerseits als Grundlage für Entscheidungen dient, die Rechtswirkung gegenüber natürlichen Personen entfalten oder diese in ähnlich erheblicher Weise beeinträchtigen?
   Ja: DSFA erforderlich.
   Nein: Dokumentieren, dass und warum keine DSFA erforderlich ist.
2. Werden in umfangreicher Art und Weise sensible Daten oder Daten über strafrechtliche Verurteilungen und Straftaten verarbeitet?
   Ja: DSFA erforderlich.
   Nein: Dokumentieren, dass und warum keine DSFA erforderlich ist.
3. Erfolgt bei der Datenverarbeitung eine systematische umfangreiche Überwachung öffentlich zugänglicher Bereiche (zB Videoüberwachungen)?
   Ja: DSFA erforderlich.
   Nein: Dokumentieren, dass und warum keine DSFA erforderlich ist.
4. Wird die Verarbeitungstätigkeit in der „black list“ der DSB angeführt, wodurch eine Datenschutz-Folgenabschätzung zwingend durchzuführen ist?
   Ja: DSFA erforderlich.
   Nein: Dokumentieren, dass und warum keine DSFA erforderlich ist.

Checkliste: Zulässigkeit einer Datenübermittlung ins Ausland[778]

1. Erfolgt eine Übermittlung von personenbezogenen Daten an (gemeinsame oder weitere) Verantwortliche oder Auftragsverarbeiter?
   Ja: Prüfung, ob zugrundeliegende Vereinbarung nach Art 26 oder Art 28 DSGVO abgeschlossen wurde.
   Nein: Keine weitere Prüfung erforderlich.

778 Vgl https://www.wko.at/datenschutz/eu-dsgvo-pruefschema-internationaler-datenverkehr (abgefragt am 30.6.2025).

2. Erfolgt eine Übermittlung an oder Zugriff durch Empfänger mit Sitz innerhalb des EWR?
   Ja: Keine weiteren Maßnahmen erforderlich.
   Nein: Prüfung des Orts der Datenverarbeitung sowie -speicherung.
3. Besteht für das Drittland ein Angemessenheitsbeschluss?
   Ja: Keine weiteren Maßnahmen erforderlich.
   Nein: Evaluierung der erforderlichen, geeigneten Garantien.
4. Liegt einer der Ausnahmefälle nach Art 49 Abs 1 DSGVO vor (zB Einwilligung)?
   Ja: Keine weiteren Maßnahmen erforderlich.
   Nein: Evaluierung der erforderlichen, geeigneten Garantien.
5. Bestehen bereits geeignete Garantien (zB Binding Corporate Rules, Standarddatenschutzklauseln)?
   Ja: Übermittlung zulässig, sofern ein geeignetes Datenschutzniveau garantiert ist.
   Nein: Geeignete Garantien sicherstellen oder Übermittlung unterlassen/einstellen.
6. Wurden supplementary measures vereinbart und ein Transfer Impact Assessment durchgeführt?
   Ja: Übermittlung zulässig.
   Nein: Geeignete Garantien sicherstellen oder Übermittlung unterlassen/einstellen.

Checkliste: Umgang mit Betroffenenanfragen

1. Vorbereitung von Musterantworten.
2. Sicherstellung der internen Kanalisierung der Betroffenenanfragen durch laufende Schulungen.
3. Identifizierung des Antragstellers und der konkreten Anfrage (zB Löschbegehren, Widerspruch, Auskunftsbegehren).
4. Rasche Bestätigung des Eingangs der Betroffenenanfrage (ggf Ersuchen um Identitätsnachweis und/oder Konkretisierung der Anfrage, sofern begründete Zweifel bestehen).
5. Einleitung der erforderlichen internen Erhebung zur Beantwortung (zB Weiterleitung an zuständige Abteilung zur Bearbeitung, Abstimmung mit Legal/IT).
6. Beantwortung der Betroffenenanfrage nach spätestens einem Monat nach Eingang.
7. Dokumentation der Anfrage samt fristgerechter Beantwortung und Aufbewahrung für maximal 18 Monate.

7. Der Betrieb im digitalen Zeitalter

Lisa Kulmer/Julia Strass

7.1. Einführung

Die Befugnisse der Dienstnehmer sind für eine effiziente Zusammenarbeit im betrieblichen Alltag essenziell. Gerade für Unternehmen ist es in der Praxis wichtig, die gesetzlichen Rahmenbedingungen zu kennen, um (oft unnötige) Konflikte zu vermeiden und eine rechtssichere Gestaltung der Arbeitsbeziehungen zu garantieren. Die gesetzlichen Mitwirkungsrechte gelten nämlich ausschließlich für jene Unternehmen, die dem II. Teil des ArbVG unterliegen. In diesem Zusammenhang sind zwei Begriffe zentral: (i) der Betriebsbegriff des § 34 ArbVG und (ii) der Arbeitnehmerbegriff des § 36 ArbVG. Ohne einen Betrieb mit mindestens fünf Arbeitnehmern kann weder ein Betriebsrat gewählt werden, noch kommt die Belegschaft in den Genuss der gesetzlichen Mitwirkungsbefugnisse.

Bedingt durch die mit der zunehmenden Digitalisierung verbundenen Änderungen bereitet der Betriebsbegriff in der Praxis zunehmend Schwierigkeiten, denn der Betriebsbegriff des § 34 ArbVG hatte ursprünglich eine Arbeitsstätte vor Augen, in der Arbeitnehmer regelmäßig an einem festen Standort tätig werden. Durch den technologischen Wandel können immer mehr Arbeitnehmer von unterschiedlichsten Orten, sei es im In- oder Ausland, zuhause oder an einem Standort des Unternehmens, arbeiten. Mit Möglichkeiten wie Online-Besprechungen oder dem Bearbeiten von Dokumenten in Cloud-Systemen ist eine Anwesenheit des Arbeitnehmers am Standort oft schlicht nicht mehr notwendig.

7.2. Betriebsbegriff

Ein Betrieb ist gem § 34 ArbVG jede Arbeitsstätte, die eine organisatorische Einheit bildet. Innerhalb dieser organisatorischen Einheit verfolgt eine natürliche oder eine juristische Person den Zweck, mit Betriebsmitteln die Erzielung bestimmter Arbeitsergebnisse zu verfolgen, ohne Rücksicht darauf, ob Erwerbsabsicht besteht oder nicht. Der Betrieb kommt in der Einheit (i) **des Betriebsinhabers**, (ii) **des Betriebszwecks** sowie (iii) der **Betriebsorganisation zum Ausdruck**, wird aber auch durch Betriebsmittel und eine gewisse Dauerhaftigkeit geprägt.[779]

Dazu im Einzelnen:

- Der Betrieb stellt eine **organisatorische Einheit** dar, wenn er ein Mindestmaß an Selbstständigkeit aufweist. Der Betrieb muss insb in technischer Hinsicht derart autonom sein, dass Arbeitsvorgänge von anderen Betriebsvorgängen

779 *Windisch-Graetz* in *Neumayr/Reissner* (Hrsg), Zellkomm[3] (2018) § 34 ArbVG, Rz 4 ff.

abgeschlossen, also unabhängig, sind. Nicht schädlich ist es, wenn Personalangelegenheiten, kaufmännische oder wirtschaftliche Agenden in einer Zentrale bearbeitet werden.[780] Ausschlaggebend ist, dass ein abgeschlossenes Arbeitsverfahren vorliegt, das Arbeitsergebnis für sich alleine bestehen kann und dass in der Arbeitsstätte nicht bloß Hilfs- oder Ergänzungstätigkeiten ausgeübt werden.[781] Bei Zweifeln, ob eine organisatorische Einheit vorliegt, kann auf die räumliche Entfernung abgestellt werden. Ist die Arbeitsstätte weit von der Zentrale entfernt, liegt eher ein Betrieb vor.[782]

- **Betriebsinhaber** ist, wer über die Arbeitsstätte verfügen und Ansprechpartner für einen etwaigen Betriebsrat sein kann. Der Betriebsinhaber muss dabei weder der arbeitsvertragliche Dienstgeber sein, noch spielt es eine Rolle, ob Letzterer Eigentümer der Betriebsmittel ist. Ausschlaggebend ist, dass er bestimmen kann, welche Betriebsmittel eingesetzt werden, um ein Arbeitsergebnis zu erlangen.[783] Verfügt eine Zweigniederlassung zwar über verschiedene Abteilungen mit je einem Abteilungsleiter, aber über keinen übergeordneten Leiter der gesamten Zweigniederlassung, so gibt es keinen Betriebsinhaber und es liegt somit auch kein Betrieb vor.[784]
- **Betriebsmittel** können sowohl materiell (zB Maschinen) als auch immateriell (zB Patente) sein. Betriebsmittel müssen eingesetzt werden, um das Arbeitsergebnis zu produzieren. Sie müssen dem Betrieb zugeordnet sein und der Betriebsinhaber muss über sie verfügen können. In welchem Rechtsverhältnis die Betriebsmittel zum Betrieb stehen (zB Miete, Eigentum, Pacht) ist irrelevant.
- Der Betrieb muss einen **Betriebszweck** verfolgen, wobei verschiedene Betriebe eines Unternehmens denselben Zweck verfolgen (zB Filialen) oder eigenständigen Aufgabenstellungen nachgehen (zB Produktion von Waren oder Erbringung von Dienstleistungen) können. Nicht relevant ist, ob eine kaufmännische oder unternehmerische Absicht besteht.
- Der Betrieb muss außerdem **auf Dauer angelegt** sein, sodass die Belegschaftsvertretung sinnvoll ihren Aufgaben nachgehen kann. Es gibt zwar keine eindeutigen Vorgaben zum konkret geforderten Zeitraum, eine Dauer von vier Jahren ist nach der Rsp aber jedenfalls nicht notwendig. Aufgrund der fehlenden Dauerhaftigkeit ist zB eine Baustelle idR nicht als Betrieb anzusehen.[785]
- Zusätzlich müssen in der Arbeitsstätte auch **Arbeitnehmer** beschäftigt werden, die bestimmte Arbeitsergebnisse erzielen.[786]

780 *Windisch-Graetz* in *Neumayr/Reissner*³ § 34 ArbVG, Rz 6 ff; OGH 22.7.2014, 9 ObA 51/14m.
781 OGH 28.11.2007, 9 ObA 147/07v.
782 *Windisch-Graetz* in *Neumayr/Reissner*³ § 34 ArbVG, Rz 13; OGH 8 ObA 219/97g = DRdA 1999/7, 49 (*Wachter*).
783 *Windisch-Graetz* in *Neumayr/Reissner*³ § 34 ArbVG, Rz 14 ff.
784 OGH 22.7.2014, 9 ObA 51/14m.
785 *Strasser* in *Jabornegg/Strasser/Resch* (Hrsg), ArbVG § 34 Rz 6.
786 EA Wien 1.3.1978; V re 217/77, Arb 9670.

Sind nicht alle der oben genannten Kriterien erfüllt, ist die Arbeitsstätte nicht als Betrieb, sondern als unselbstständige Arbeitsstätte zu qualifizieren, die einem anderen Betrieb zugeordnet wird. Insb im Fall von Filialen oder Zweigniederlassungen ist stets zu prüfen, ob die obigen Kriterien erfüllt sind und daher von einem eigenständigen Betrieb ausgegangen werden kann.[787]

Für ein vollständiges Verständnis der Thematik ist zu beachten, dass sich der Betriebsbegriff gem § 34 ArbVG vom Betriebsbegriff der **Massenentlassungsrichtlinie**[788] sowie jenem der **Betriebsübergangsrichtlinie**[789] unterscheidet:

Im Zuge der Umsetzung der Massenentlassungsrichtlinie führte der österreichische Gesetzgeber § 45a AMFG ein, der das Frühwarnsystem regelt. Demnach haben Betriebe das Arbeitsmarktservice zu verständigen, wenn sie das Arbeitsverhältnis von einer bestimmten, gesetzlich festgelegten Anzahl an Dienstnehmern auflösen möchten. Die Bedeutung des Begriffs „Betrieb" ist für Zwecke des Frühwarnsystems anhand der Massenentlassungsrichtlinie auszulegen, die auf eine **örtliche Beschäftigungseinheit** abstellt. Anders als der Betrieb gem § 34 ArbVG ist diese örtliche Beschäftigungseinheit wesentlich weiter zu verstehen und umfasst neben Filialen und Zweigniederlassungen zB auch Baustellen, sofern sie eine gewisse Bestandsdauer haben.[790]

Ähnlich verhält es sich mit dem Betriebsbegriff der Betriebsübergangsrichtlinie: Mit deren Umsetzung trat § 3 AVRAG in Kraft, der den Betriebsübergang regelt. Als Betrieb iSd § 3 AVRAG ist eine wirtschaftliche Einheit zu verstehen, die eine organisierte Gesamtheit von Personen und Sachen zur auf Dauer angelegten Ausübung einer wirtschaftlichen Tätigkeit mit eigener Zielsetzung darstellt.[791] Auch dieser Begriff ist weiter als jener des § 34 ArbVG.

Von den arbeitsrechtlichen Betriebsbegriffen sind außerdem auch die einschlägigen steuerrechtlichen Begriffe zu unterscheiden (zB steuerliche Betriebstätte).[792]

7.2.1. Betriebsbegriff und virtuelle Arbeitsräume

Die zunehmende Digitalisierung der Arbeitswelt stellt das klassische Verständnis des Betriebsbegriffs vor neue Herausforderungen. Es häufen sich Szenarien, in denen Dienstnehmer nicht innerhalb einer physisch greifbaren betrieblichen Organisation, sondern über digitale Kanäle koordiniert, zusammenarbeiten – insb auch im internationalen Kontext.

787 *Tomandl* in *Brameshuber/Tomandl* (Hrsg), Arbeitsverfassungsgesetz[17.Lfg] (2023) § 34 ArbVG Rz 20 f.
788 Richtlinie 98/59/EG des Rates vom 20. Juli 1998 zur Angleichung der Rechtsvorschriften der Mitgliedstaaten über Massenentlassungen.
789 Richtlinie 2001/23/EG des Rates vom 12. März 2001 zur Angleichung der Rechtsvorschriften der Mitgliedstaaten über die Wahrung von Ansprüchen der Arbeitnehmer beim Übergang von Unternehmen, Betrieben oder Unternehmens- oder Betriebsteilen.
790 *Greiner*, Die Massenkündigung nach § 45a AMFG, DRdA 2024, 77.
791 EuGH 18.3.1986, Rs C-24/85, *Spijkers*, Slg 1986, 1119; OGH 21.10.1999, 8 ObA 143/98g.
792 Vgl § 81 EStG.

Es stellt sich idZ die Frage, ob auch ein virtueller Raum als Betrieb angesehen werden kann. Nach der Lit[793] spricht aufgrund des Zwecks der Betriebsverfassung vieles für das Vorliegen eines Betriebs, auch wenn kein physisches Betriebsgebäude, sondern bloß ein virtueller Raum vorhanden ist. Die Betriebsverfassung dient nämlich primär dazu, den Arbeitnehmern Mitbestimmungsrechte zu gewähren und sie in organisatorische Angelegenheiten einzubinden. Vor diesem Hintergrund könnte auch ein virtueller Raum, der eine einheitliche Leitung und Organisation aufweist, als Betrieb qualifiziert werden. Wesentlich ist, dass die **Strukturen eine effektive Mitbestimmung ermöglichen** – unabhängig davon, ob die Zusammenarbeit physisch oder digital erfolgt. Der Gesetzestext selbst enthält jedoch keine ausdrückliche Grundlage für eine solche Auslegung des Betriebsbegriffs. Auch höchstgerichtliche Rsp zur Frage, ob und unter welchen Bedingungen rein digitale Arbeitsräume als Betrieb iSd ArbVG gelten, liegt bislang nicht vor.

Diese Fragestellung könnte insb in der Plattformarbeit an Bedeutung gewinnen: Tätigkeiten wie Nachhilfeunterricht, Reinigungsdienste, Fahrdienste oder Lieferdienste werden zunehmend über digitale Plattformen organisiert. Über Apps werden zB Anfragen oder Schichten zugeteilt, Leistungen überwacht oder Fahrten koordiniert. Der persönliche Kontakt zwischen Führungskräften und Arbeitnehmern fehlt dabei häufig zur Gänze.[794] In der Praxis stellt sich die Frage nach dem Vorliegen eines virtuellen Betriebs derzeit kaum, weil Plattformarbeiter idR selbständig tätig sind. Es gilt abzuwarten, ob dies so bleibt und wie die Gerichte künftig mit dieser Konstellation umgehen werden.

Unternehmen, die auf rein digitale Arbeitsformen setzen, sollten ihre Strukturen und Prozesse von Beginn an gezielt gestalten: Entscheidend für das Vorliegen eines Betriebs ist, ob eine organisatorische Einheit mit einheitlicher Leitung besteht, die tatsächlich Mitbestimmungsrechte ermöglichen könnte. Ist dies der Fall, könnte uE selbst dann ein Betrieb iSd § 34 ArbVG vorliegen, wenn die jeweilige Einheit über keine physische Präsenz (in Österreich) verfügt.

7.3. Arbeitnehmerbegriff

Die betriebsverfassungsrechtlichen Mitwirkungsrechte gelten für alle Arbeitnehmer iSd § 36 ArbVG. Das sind *alle im Rahmen eines Betriebs beschäftigten Personen einschließlich Lehrlinge und Heimarbeiter*. Der Arbeitnehmer gem § 36 ArbVG ist eine Person, die im Rahmen des Betriebs des Dienstgebers Leistungen auf dessen Rechnung und Risiko erbringt. Er ist fremdbestimmt, in die Betriebsorganisation eingegliedert und der Autorität des Dienstgebers unterworfen.[795]

793 *Auer-Mayer*, Digitalisierung und Betriebsverfassung, DRdA 2022, 139.
794 *Gruber-Risak*, Disloziertes Arbeiten und Betriebsbegriff, DRdA 2024, 424.
795 *Windisch-Graetz* in *Neumayr/Reissner*, ZellKomm[3] (2018) § 36 ArbVG Rz 2 f.

7.3.1. Zuordnung von Arbeitnehmern zum Betrieb

„Im Rahmen des Betriebs" bedeutet, dass zwischen der Tätigkeit der Person und dem Betrieb eine so enge Beziehung besteht, dass sie als Teil der betrieblichen Organisation angesehen werden kann.[796] Dieses Kriterium ist besonders bei Beschäftigten außerhalb der Betriebsstätte – etwa im Ausland oder am Telearbeitsplatz – von Bedeutung und kritisch zu prüfen. Dank moderner Kommunikations- und Informationstechnologien ist es heute möglich, auch über große Distanzen hinweg in betriebliche Abläufe eingebunden zu sein. Wenn Arbeitnehmer regelmäßig digital mit dem Betrieb kommunizieren, Anweisungen erhalten, Leistungen erbringen und ihre Arbeitsergebnisse kontrolliert werden, kann auch bei räumlicher Trennung eine ausreichende betriebliche Eingliederung vorliegen.[797]

Beispiel aus der Rechtsprechung: Personalleiterin in Telearbeit

Die Rsp des OGH stellt dabei auf den **Grad der Einbindung in die betriebliche Organisation** ab. So wurde etwa im Fall einer Personalleiterin eines Softwareunternehmens im Vereinigten Königreich, die ausschließlich von ihrem Telearbeitsplatz in Wien arbeitete, eine Zugehörigkeit zu einem österreichischen Betrieb verneint. Zwar leitete sie ein Team von über 60 Personen, doch keiner der ihr direkt unterstellten Mitarbeiter war in Österreich tätig – die organisatorische Anbindung an den österreichischen Betrieb fehlte damit.[798]

7.3.2. Ausnahmen vom Arbeitnehmerbegriff

Keine Arbeitnehmer iSd § 36 ArbVG sind insb:

- freie Dienstnehmer,
- Organmitglieder von juristischen Personen, wie etwa Geschäftsführer einer GmbH oder
- leitende Angestellte, sofern sie maßgeblichen Einfluss auf die Führung des Unternehmens haben.

Leitende Angestellte übernehmen typischerweise Aufgaben, die sie in einen potenziellen Interessenkonflikt mit der Belegschaft bringen können. Sie stehen in enger Verbindung zur Unternehmensleitung und üben regelmäßig Dienstgeberfunktionen aus – etwa Entscheidungen über die Einstellung und Beendigung von Arbeitsverhältnissen, die Mitwirkung an Gehalts- und Beförderungsentscheidungen, die Ausübung des Direktionsrechts sowie die Verantwortung für die Einhaltung der Betriebsdisziplin.[799]

Nach der Rsp des OGH ist insb die weisungsfreie Ausübung von Personalbefugnissen (*„hire and fire"*) ein zentrales Indiz für die Stellung als leitender Angestellter. Dabei ist es nicht entscheidend, ob die formale Unterschriftsbefugnis bei der

796 RS0107424.

797 *Felten*, „Mobile" Arbeit – eine arbeitsrechtliche Annäherung, DRdA 2022, 159.

798 OGH 22.1.2020, 9 Ob A 89/19g; *Niksova*, Anwendung des österreichischen allgemeinen Kündigungsschutzes bei im Ausland gelegenem Betrieb? – Eine Auseinandersetzung mit kollisionsrechtlichen Fragen und Art 30 Grundrechtecharta, JAS 2020, 311.

799 *Tomandl* in *Brameshuber/Tomandl* (Hrsg), Arbeitsverfassungsgesetz[17. Lfg] (2023) § 36 ArbVG Rz 19 ff.

Geschäftsführung liegt – maßgeblich ist, ob die betreffende Person in ihrem Bereich tatsächliche Personalentscheidungen trifft.[800]

7.4. Internationale Dimensionen des Arbeitsverfassungsrechts

Sind Arbeitnehmer, die einem österreichischen Betrieb zugehören, im Ausland tätig, stellt sich die Frage, ob das österreichische Betriebsverfassungsrecht auf sie anwendbar ist. Entsprechend der höchstgerichtlichen Rsp ist der II. Teil des ArbVG aufgrund des **Territorialitätsprinzips** ausschließlich auf Betriebe in Österreich anwendbar (siehe Pkt 7.7.4.1.2.).[801] Das auf den Dienstvertrag anwendbare Arbeitsrecht ist hierbei nicht einschlägig.

7.4.1. Anwendbarkeit des ArbVG auf im Ausland tätige Arbeitnehmer?

Die Ausstrahlungswirkung der Betriebsverfassung bedeutet, dass das österreichische Betriebsverfassungsrecht auch für Arbeitnehmer gilt, die einem österreichischen Betrieb zugeordnet sind, ihre Arbeit jedoch im Ausland verrichten.

Nach der Rsp des OGH ist das österreichische Betriebsverfassungsrecht für einen im Ausland tätigen Arbeitnehmer nur anwendbar, wenn er tatsächlich dem österreichischen Betrieb und nicht einem ausländischen Betrieb zugehört. Entscheidend ist, ob er trotz räumlicher Distanz weiterhin als Teil der betrieblichen Organisation betrachtet werden kann.[802]

Zunächst muss geprüft werden, ob der Arbeitnehmer dem österreichischen Betrieb zugeordnet ist. Dies ist der Fall, wenn sein Vorgesetzter im österreichischen Betrieb ansässig ist, er von diesem Weisungen erhält und er seiner Kontrolle unterliegt.

Besonders schwierig ist diese Zuordnung in internationalen Konzernen, wenn der Arbeitnehmer an mehrere Vorgesetzte in unterschiedlichen Ländern berichtet und Arbeitgeberbefugnisse auf verschiedene Personen und Betriebe aufgeteilt sind (siehe Pkt 7.5.).[803]

Beispiel

1997 befasste sich der OGH mit der Betriebszugehörigkeit von vier im Ausland tätigen Arbeitnehmern und stellte dabei insb auf das Kriterium der regelmäßigen Kommunikation mit dem österreichischen Betrieb ab. Die betroffenen Mitarbeiter arbeiteten von ihren jeweiligen Wohnsitzen in verschiedenen Regionen Europas und Nordafrikas aus, hatten in Österreich jedoch keinen eigenen physischen Arbeitsplatz. Dennoch mussten sie regelmäßig Bericht erstatten, erhielten Umsatzziele vom Betrieb und nahmen drei Mal jährlich an verpflichtenden Verkaufstreffen in Wien teil.

800 RS0050979.
801 OGH 31.5.2023, 9 ObA 26/23y.
802 OGH 9 ObA 123/2016b = DRdA 2018/14 (*Niksova*).
803 OGH 9 ObA 26/2023y = DRdA 2024/19 (*Gruber-Risak/Lutz*).

IdZ klagten die Arbeitnehmer auf Einbehaltung und Abführung der Betriebsumlage, die ihnen nur bei Qualifikation als Arbeitnehmer iSd § 36 ArbVG zugestanden wäre. Der OGH bejahte die Betriebszugehörigkeit trotz der räumlichen Distanz, weil er in der engen und kontinuierlichen Kommunikation mit dem österreichischen Betrieb eine ausreichende organisatorische Eingliederung sah.

In der Entscheidung selbst wurde auch bereits berücksichtigt, dass moderne Kommunikationsmittel (Stichwort: Digitalisierung) eine solche Zuordnung bedeutend leichter machen, als dies in der Vergangenheit ohne Internet, E-Mail und andere digitale Technologien möglich gewesen wäre. Dadurch kamen im Ausland tätige Mitarbeiter durch die Ausstrahlung in den „Genuss" der Anwendung des österreichischen Betriebsverfassungsrechts.[804]

7.4.2. Anwendung von fremdem Betriebsverfassungsrecht auf in Österreich tätige Arbeitnehmer

Unter Einstrahlung der Betriebsverfassung versteht man den umgekehrten Fall – also die Anwendung einer ausländischen Betriebsverfassung auf Arbeitnehmer, die in Österreich tätig sind. Aus österreichischer Sicht ist das grundsätzlich denkbar, richtet sich im Einzelfall aber nach der jeweiligen ausländischen Rechtsordnung.

Beispiel

2011 hatte der OGH etwa die Frage zu klären, ob das deutsche Betriebsverfassungsrecht auf einen österreichischen Verkaufsleiter anwendbar war. Dieser war der einzige in Österreich tätige Arbeitnehmer eines deutschen Unternehmens. Er hatte seine Kündigung angefochten, weil das betriebsverfassungsrechtliche Verfahren nicht eingehalten worden sei. Er berief sich dabei auf § 102 dBetrVG, der eine Anhörung des Betriebsrats vor einer Kündigung vorschreibt.

Wäre seine Klage erfolgreich gewesen, hätte dies eine Einstrahlung des deutschen Betriebsverfassungsrechts nach Österreich bedeutet. Da das deutsche Betriebsverfassungsrecht jedoch keine Ausstrahlungswirkung entfaltet, wurde auch die entsprechende Einstrahlung abgelehnt.[805]

7.5. Exkurs: Matrixorganisationen

In klassischen Unternehmensstrukturen folgen Arbeitsabläufe einer klaren Hierarchie: Der Betrieb bildet dabei eine organisatorische Einheit, die einer bestimmten Funktion oder Aufgabe dient und von einem Betriebsinhaber geleitet wird. Mitarbeitende berichten an direkte Vorgesetzte, die wiederum der nächsthöheren Führungsebene unterstellt sind.

Matrixorganisationen weichen von diesem hierarchischen Prinzip ab. Mitarbeitende haben nicht nur eine Führungskraft, sondern berichten an mehrere Vorgesetzte (*Matrixmanager*), die oft unterschiedlichen Abteilungen und Hierarchieebenen angehören.[806] Diese Struktur kann sowohl innerhalb eines Betriebs als

804 OGH 26.3.1997, 9 ObA 88/97z.

805 OGH 16.9.2011, 9 ObA 65/11s.

806 *Wolf*, Anpassungsbedarf des Betriebsbegriffs für Matrixorganisationen? ZAS 2024/15; *Vinzenz*, Arbeitsrechtliche Qualifikation und Behandlung von Matrixstrukturen, ZAS 2022/2.

auch innerhalb eines Unternehmens oder sogar konzernübergreifend bestehen.[807] Dadurch entstehen besondere Herausforderungen, insb bei der Beantwortung der folgenden beiden Fragen:

- Wann kann in einer Matrixorganisation von **mehr als nur einem einheitlichen Betrieb** ausgegangen werden?
  und
- **Welchem Betrieb** werden die Matrixmitarbeitenden **zugeordnet**, wenn die Matrixorganisation mehrere Betriebe kennt?

7.5.1. Ein oder mehrere Betriebe?

Die Antwort auf diese Frage hängt grundsätzlich davon ab, ob eine **rein gesellschaftsinterne** oder eine **konzernübergreifende** Matrixorganisation besteht.

Da in einer gesellschaftsinternen Matrix die Leitungskompetenz zentral gebündelt ist, fehlt den einzelnen Standorten der Gesellschaft idR die notwendige Selbstständigkeit, um als Betrieb qualifiziert zu werden. Daher werden diese Standorte häufig als **unselbstständige Betriebsteile** betrachtet, in denen auch kein eigenständiger Betriebsrat gewählt werden kann. Bei einer solchen Matrix besteht meist ein **einheitlicher Betrieb**.[808]

Die Grundsätze der gesellschaftsinternen Matrix gelten prinzipiell auch bei konzernübergreifenden Matrixorganisationen. Hier spielt der Begriff des Betriebsinhabers allerdings eine besonders wichtige Rolle, weil auch mehrere rechtlich eigenständige Gesellschaften nebeneinander als Betriebsinhaber auftreten können. Zwar können mehrere Konzerngesellschaften gemeinsam einen Betrieb führen. In der Praxis wird im Zweifelsfall jedoch jede Gesellschaft als eigenständiger Betriebsinhaber betrachtet. Selbst wenn die Leitung und Personalverwaltung zentral durch die Konzernmutter erfolgen, besitzen die einzelnen Gesellschaften idR ausreichende Weisungsbefugnisse, um als eigenständige Betriebsinhaber zu gelten. Dies hat zur Konsequenz, dass der Konzern idR nicht aus einem (sehr) großen Betrieb besteht, sondern aus **mehreren einzelnen Betrieben**.[809]

Beispiel

Die arbeitsrechtliche Behandlung von Matrixorganisationen war bereits mehrfach Gegenstand höchstgerichtlicher Entscheidungen:

So entschied der OGH etwa, dass die einzelnen Märkte eines Lebensmittelkonzerns, die jeweils von eigenen Gesellschaften betrieben wurden, als eigenständige Betriebe gelten. Obwohl die Märkte einen gemeinsamen wirtschaftlichen Zweck verfolgten und die Konzernmutter wesentliche Leitungsaufgaben, einschließlich der Personalverwaltung, übernahm, qualifizierte der OGH die Märkte nicht als einen Gesamtbetrieb.[810]

---

807 *Vinzenz*, ZAS 2022/2; *Kietaibl*, Betriebsgrenze und Belegschaftszugehörigkeit in Matrixorganisationen, GRAU 2021/5.
808 *Kietaibl*, GRAU 2021/5.
809 *Kietaibl*, GRAU 2021/5.
810 OGH 17.3.1994, 8 Ob A 224/94; *Kietaibl*, GRAU 2021/5.

In einem ähnlichen Fall übertrug eine Handelskette ihre Handels- und Produktionsbetriebe auf Tochtergesellschaften, während die Konzernmutter weiterhin die Leitung einschließlich der Personalverwaltung übernahm. Auch hier entschied der OGH, dass der Konzern nicht als gemeinsamer Betrieb oder Eigenbetrieb der Muttergesellschaft qualifiziert werden kann, sondern die einzelnen Gesellschaften vielmehr eigenständige Betriebe darstellen.[811]

7.5.2. Zuordnung von Arbeitnehmern in einer Matrixorganisation

Wenn Arbeitnehmer daher, wie dies in Matrixorganisationen häufig der Fall ist, in mehreren Betrieben tätig sind, bleibt offen, welchem dieser Betriebe sie aus betriebsverfassungsrechtlicher Sicht zuzuordnen sind. Dabei ist es nicht zwingend erforderlich, dass ein direktes Arbeitsverhältnis mit dem jeweiligen Betriebsinhaber besteht (gerade, wenn einer Gesellschaft mehrere Betriebe zuzuordnen sind, sagt die Stellung als Partei des Arbeitsvertrags nichts über die Zugehörigkeit zu einem Betrieb aus). Vielmehr entsteht durch die betriebsübergreifende Tätigkeit – unabhängig davon, ob mehrere Arbeitsverträge bestehen oder nicht – eine **doppelte Belegschaftszugehörigkeit**.

Um diese doppelte Zugehörigkeit im Einzelfall zu beurteilen, werden die Grundsätze der Rsp des OGH zur Arbeitskräfteüberlassung angewendet. Nach diesen muss stets im Einzelfall geprüft werden, welcher Betriebsrat für die Mitbestimmung zuständig ist. Maßgeblich sind dabei der **Zweck des jeweiligen Mitwirkungsrechts** und die **Nähe des Betriebsrats** zur konkreten Situation:

- **Kündigungsschutz und personalbezogene Maßnahmen:** Zuständig ist idR der Betriebsrat der Gesellschaft, mit welcher der Arbeitsvertrag besteht.
- **Arbeitsplatzgestaltung und betriebsbezogene Fragen:** Hier ist der Betriebsrat der Gesellschaft zuständig, in deren Betrieb der Mitarbeiter tatsächlich tätig ist.

Wie überlassene Arbeitskräfte behalten Matrix-Beschäftigte außerdem ihre betriebsverfassungsrechtliche Zugehörigkeit zum Betrieb ihres vertraglichen Arbeitgebers. Dadurch bleiben sie auch dann Arbeitnehmer (iSd § 36 ArbVG) ihres Stamm-Betriebes, wenn sie an einem anderen Standort oder für eine andere Gesellschaft innerhalb des Konzerns tätig sind.[812]

7.6. Digitalisierung und betriebliche Interessenvertretung

7.6.1. Die Betriebsversammlung im virtuellen Raum

Die Betriebsversammlung ist das zentrale Belegschaftsorgan der Arbeitnehmer. Gem § 42 ArbVG ist sie für verschiedenste Aufgaben zuständig – von der Wahl des Wahlvorstandes über die Behandlung von Berichten des Betriebsrats bis hin zur möglichen Abberufung des Betriebsrats. Sie muss mindestens einmal pro

811 OGH 26.1.1995, 8 Ob A 338/94; *Kietaibl*, GRAU 2021/5.
812 *Kietaibl*, GRAU 2021/5.

Kalenderhalbjahr als ordentliche Versammlung stattfinden. Zusätzlich kann eine außerordentliche Betriebsversammlung einberufen werden, wenn dies von einem Drittel der stimmberechtigten Arbeitnehmer oder einem Drittel der Betriebsratsmitglieder verlangt wird.

Bis zur COVID-19-Pandemie wurde die Betriebsversammlung als **physische Zusammenkunft** selbstverständlich angesehen. In der Lit wird mittlerweile diskutiert, ob Betriebsversammlungen auch virtuell abgehalten werden können, etwa über Microsoft Teams oder ähnliche Plattformen. Das ArbVG geht jedoch grundsätzlich von einer physischen Versammlung aus (§ 47 Abs 2 ArbVG: *„Betriebs-(Gruppen-, Betriebshaupt)versammlung kann im Betrieb oder außerhalb desselben stattfinden. Findet die Versammlung innerhalb des Betriebes statt, hat der Betriebsinhaber nach Tunlichkeit die erforderlichen Räumlichkeiten zur Verfügung zu stellen*“).[813]

Teile der Lit bringen überzeugende Argumente für die Möglichkeit einer virtuellen Betriebsversammlung vor. Der zentrale Zweck der Belegschaftsvertretung ist der Schutz der Arbeitnehmerinteressen. Allerdings wirft eine virtuelle Betriebsversammlung auch praktische Probleme auf. Insb könnte es für Dienstnehmer schwierig sein, an einer Videokonferenz teilzunehmen, wenn ihnen die notwendige technische Infrastruktur fehlt. Zwar ist der Dienstgeber laut Gesetz verpflichtet, einen „Raum“ für die Betriebsversammlung bereitzustellen, jedoch lässt sich daraus nicht ableiten, dass er auch technische Ausstattung wie Laptops oder andere Endgeräte zur Verfügung stellen muss. Eine Videokonferenz als Betriebsversammlung müsste jedenfalls auch sicherstellen, dass sie nicht öffentlich ist, wie es § 48 ArbVG vorschreibt. Dies könnte durch Zugangsbeschränkungen und Identitätsprüfungen gewährleistet werden. In Deutschland sind virtuelle Betriebsversammlungen unzulässig, weil nicht sichergestellt werden kann, dass keine unbefugten Personen daran teilnehmen.[814]

Damit eine Videokonferenz den österreichischen Anforderungen entspricht, müsste sie zudem anonyme Abstimmungen[815] ermöglichen und gewährleisten, dass alle Teilnehmer sowohl gesehen und gehört werden als auch aktiv kommunizieren können. Nur so ließe sich das für eine gültige Betriebsversammlung erforderliche Präsenzquorum erfüllen.[816]

Hinweis

Aus aktueller Sicht ist nicht davon auszugehen, dass auch eine virtuelle Betriebsversammlung den Anforderungen des ArbVG entspricht. Ob Gerichte dies künftig anders sehen werden, bleibt abzuwarten. Bis dahin sollten Betriebsversammlungen aus Gründen der Rechtssicherheit weiterhin in physischer Form abgehalten werden.

813 *Auer-Mayer*, DRdA 2022, 139.
814 *Auer-Mayer*, DRdA 2022, 139.
815 § 49 ArbVG, § 5 BRGO.
816 *Auer-Mayer*, DRdA 2022, 139.

7.6.2. Betriebsratswahl durch E-Voting?

Im Rahmen der Betriebsratswahl wählen die im Betrieb beschäftigten Arbeitnehmer die Mitglieder des Betriebsrats. Ähnlich wie in der Bundesverfassung gibt es dabei gesetzlich verankerte Wahlgrundsätze, deren Missachtung gem § 60 ArbVG zur Nichtigkeit der Wahl führen kann.[817] Dazu gehören neben der gleichen und unmittelbaren Verhältniswahl insb das persönliche und geheime Wahlrecht.[818]

Angesichts der klaren gesetzlichen Vorgaben ist E-Voting derzeit **ausgeschlossen**. Die hA lehnt diese Möglichkeit insb wegen der hohen Manipulationsanfälligkeit sowie technischer und rechtlicher Sicherheitsprobleme ab. Kann ein Arbeitnehmer seine Stimme aus wichtigen Gründen wie Karenz oder Urlaub nicht persönlich abgeben, ermöglicht § 56 Abs 3 ArbVG eine Briefwahl. Allerdings stellt E-Voting auch in diesem Fall keine Alternative dar, weil es im Gesetz bislang nicht vorgesehen ist.[819]

Hinweis

Solange das ArbVG nicht ausdrücklich die Möglichkeit vorsieht, die Mitglieder des Betriebsrats per E-Voting zu wählen, ist von einer solchen Vorgehensweise abzuraten. Eine digitale Stimmabgabe könnte zur Nichtigkeit der Betriebsratswahl führen und erhebliche rechtliche Unsicherheiten mit sich bringen.[820]

7.6.3. Virtuelle Betriebsratssitzungen und Beschlussfassungen

Betriebsratssitzungen gem § 67 ArbVG sind ein zentrales Instrument für Beratung, Berichterstattung und Entscheidungsfindung innerhalb des Betriebsrats.[821] IdR finden sie monatlich als ordentliche Sitzungen statt. Zusätzlich können sie bei aktuellem Bedarf einberufen werden, um auf dringende Themen zu reagieren.[822] Ähnlich wie Betriebsversammlungen sind auch Betriebsratssitzungen nicht öffentlich.[823]

Teile der Lit sprechen sich dafür aus, dass Betriebsratssitzungen auch virtuell abgehalten werden können. Dabei stellen sich ähnliche rechtliche Fragen wie bei virtuellen Betriebsversammlungen. Ein wesentlicher Unterschied besteht jedoch in der Verpflichtung des Betriebsinhabers gem § 72 ArbVG, dem Betriebsrat geeignete Räumlichkeiten für seine Tätigkeit bereitzustellen. Darüber hinaus muss der Betriebsinhaber die notwendigen Sachmittel zur Verfügung stellen, wozu auch die technische Ausstattung wie PCs oder Telefone gehören kann.[824] Ebenso kann

817 *Schrank*, Wahlgrundsätze, Wahlberechtigung und Anfechtung der Betriebsratswahl, in Arbeitsrecht und Sozialversicherungsrecht[95.Lfg] (2025) Rz 40.
818 *Löschnigg* in *Jabornegg/Resch*, ArbVG § 56 Rz 14 ff (Stand 1.11.2017, rdb.at).
819 *Auer-Mayer* DRdA 2022, 139; *Löschnigg* in *Jabornegg/Resch* § 56 Rz 35 (Stand 1.11.2017, rdb.at) mwN.
820 *Löschnigg* in *Jabornegg/Resch* § 56 Rz 35 (Stand 1.11.2017, rdb.at).
821 *Neumayr* in *Strasser/Jabornegg/Resch*, ArbVG § 67 Rz 1 (Stand 1.12.2006, rdb.at).
822 *Kallab* in *Neumayr/Reissner*, ZellKomm[3] (2018) § 67 ArbVG Rz 9.
823 § 67 Abs 4 ArbVG.
824 *Neumayr* in *Strasser/Jabornegg/Resch*, ArbVG § 72 Rz 11 (Stand 1.12.2006, rdb.at).

die Bereitstellung einer stabilen Internetverbindung als notwendige Infrastruktur unter diese Verpflichtung fallen.[825]

Ein weiteres wichtiges Merkmal von Betriebsratssitzungen ist die Möglichkeit der schriftlichen oder fernmündlichen Stimmabgabe. Gem § 68 Abs 4 ArbVG sind solche Abstimmungen ausdrücklich zulässig, sofern kein Mitglied des Betriebsrats widerspricht. Ursprünglich umfasste diese Regelung bspw Umlaufbeschlüsse, SMS oder telefonische Abstimmungen. Aufgrund der klaren gesetzlichen Erlaubnis für Fernabstimmungen spricht vieles dafür, dass auch Abstimmungen per Videokonferenz als zulässig anzusehen sind.[826]

Zusammenfassend lässt sich festhalten, dass bei virtuellen Betriebsratssitzungen – ähnlich wie bei Betriebsversammlungen – zwar Bedenken hinsichtlich der fehlenden Öffentlichkeit bestehen. Virtuelle Beschlussfassungen sind aus unserer Sicht aber zulässig. Dafür sprechen insb die bestehenden Regelungen zur Fernabstimmung sowie die Pflicht des Dienstgebers, geeignete technische Mittel bereitzustellen.

7.6.4. Betriebsrat als datenschutzrechtlicher Verantwortlicher?

Der Betriebsrat ist verpflichtet, die Einhaltung aller arbeitsrechtlichen Vorschriften zu überwachen und bleibt in seiner Tätigkeit unabhängig, auch wenn er Betriebsmittel des Dienstgebers nutzt.[827] Da der Dienstgeber dem Betriebsrat zur Erfüllung dieser Aufgabe personenbezogene Daten übermitteln muss, stellte sich nach In-Arbeitgeber unabhängiger datenschutzrechtlicher Verantwortlicher gilt.[828] Immerhin verfolgt er ja – zumindest teilweise – auch eigene/andere Zwecke als das Unternehmen, das als Dienstgeber fungiert.

Ein datenschutzrechtlicher Verantwortlicher iSd Art 4 Z 7 DSGVO ist allgemein für die Einhaltung der durch die DSGVO auferlegten Schutzbestimmungen bei seiner Verarbeitung personenbezogener Daten verantwortlich.[829] Anfänglich wurde argumentiert, dass der Betriebsrat lediglich als Teil des Betriebsinhabers anzusehen sei. Die DSB entschied jedoch bereits 2019, dass der Betriebsrat aufgrund seiner weitreichenden Einsichtsbefugnisse selbst als eigenständiger datenschutzrechtlicher Verantwortlicher gilt.[830] Dies wurde 2025 erneut vom BVwG 2025 bestätigt.[831]

Daraus folgt, dass der Betriebsrat die Einhaltung der DSGVO sicherstellen und die Rechtmäßigkeit seiner Datenverarbeitung nachweisen muss. Das beginnt beim Ver-

825 *Auer-Mayer*, DRdA 2022, 139.

826 *Mosler*, Digitalisierung und Interessenvertretung im Betrieb in *Faber/Janisch* (Hrsg), Festschrift Peter Mader (2022) 220 f.

827 Vgl § 89 ArbVG.

828 *Thiele/Wagner*, Handelt es sich beim Betriebsrat um einen eigenen datenschutzrechtlichen Verantwortlichen? in Umsetzung der DSGVO in der Personalpraxis[1] (2019).

829 *Hörtnagl-Donner*, Betriebsrat als Teil des Verantwortlichen, ZIIR 2019, 253.

830 DSB 4.12.2019, DSB-D084.1389/0001-DSB/2019.

831 BVwG 31.3.2025, W287 2246105-1/54E.

arbeitungsverzeichnis, der Etablierung geeigneter Datensicherheitsmaßnahmen und geht bis hin zu eigenen Datenschutzhinweisen. Schließlich trifft ihn damit die gesamte Palette an Vorgaben aus der DSGVO. Wichtig ist das va aber auch hinsichtlich etwaiger vom Betriebsrat geforderter Zugriffe oder der Übermittlung von Daten, die das Unternehmen in seiner Rolle als Dienstgeber von den Betroffenen erhoben hat. Hier ist jeweils der genaue Zweck der Datenübermittlung festzulegen und zu prüfen, welche Rechtsgrundlage nach Art 6 und 9 DSGVO hierzu greift. Andernfalls würde eine unzulässige Datenübermittlung oder -zurverfügungstellung einen DSGVO-Verstoß sowohl beim Unternehmen als auch dem Betriebsrat darstellen. Solche Verstöße können nachgelagert schlimmstenfalls zu Schadenersatzansprüchen oder Geldbußen führen. Da der Betriebsrat als Gremium aber keine eigene Rechtspersönlichkeit besitzt, ist die Haftungsfrage weiterhin umstritten. Manche vertreten die Auffassung, dass der Betriebsratsvorsitzende oder die einzelnen Betriebsratsmitglieder persönlich haften könnten.[832] Eine andere Meinung geht davon aus, dass Geldbußen **nur** gegen den Betriebsratsvorsitzenden verhängt werden können.[833]

Hinweis

IdZ stellte sich die Frage, ob der Dienstgeber dem Betriebsrat fortlaufend und ohne konkrete Aufforderung Informationen gem § 89 ArbVG übermitteln darf oder ob dies aus datenschutzrechtlicher Sicht problematisch ist.

Die DSGVO erlaubt eine solche regelmäßige Übermittlung, insb wenn dazu konkretisierende BV bestehen, die den Umfang und Inhalt der weitergegebenen Daten näher festlegen. Der Betriebsinhaber darf daher auf Grundlage von § 89 ArbVG auch ungefragt und laufend Daten an den Betriebsrat übermitteln.[834]

7.6.5. Laptops und Mobiltelefone als Sacherfordernisse des Betriebsrats

Der Betriebsinhaber hat dem Betriebsrat angemessene Räumlichkeiten zur Verfügung zu stellen. Dazu gehört auch die entsprechende Ausstattung, einschließlich Beleuchtung, Heizung, Schreibmaterialien, Telefonanschlüssen und sonstigen Sachmitteln, die zur Wahrnehmung seiner Aufgaben erforderlich sind. Ziel dieser Regelung ist es, dem Betriebsrat eine ordnungsgemäße und effektive Arbeitsweise zu ermöglichen.[835] Die Bereitstellungspflicht des Betriebsinhabers beschränkt sich jedoch nicht nur auf physische Mittel. In größeren Betrieben kann der Betriebsrat zudem verlangen, dass ihm zB vorübergehend eine Schreibkraft als Unterstützung zur Verfügung gestellt wird, sofern der Umfang der Betriebsratstätigkeit dies erfordert.[836]

832 Vgl *Schweiger*, Rechtsschutz und Sanktionen, in *Knyrim*, Praxishandbuch Datenschutzrecht[4] Rz 19.62.
833 Vgl *Salcher*, DSGVO-Geldbußen gegen den Betriebsrat? ecolex 2019, 616.
834 *Goricnik/Winter*, Betriebsverfassungsrechtliche Datenschutz-Compliance am Beispiel der Einsicht des Betriebsrats in Personaldaten, DRdA-infas 2023, 203.
835 § 72 ArbVG.
836 *Lindmayr*, Handbuch der Arbeitsverfassung[8] (2015) § 72 Rz 317.

Der Anspruch ist kein starrer, der jedem Betriebsrat im gleichen Umfang zukommt, sondern richtet sich nach den **konkreten Bedürfnissen des jeweiligen Betriebsrats.**[837] Daneben ist freilich auch die wirtschaftliche Leistungsfähigkeit des Betriebsinhabers zu beachten: Unzumutbare Ausgaben muss er nicht tragen. Der Anspruch steht dem Betriebsrat als Kollektivorgan zu, nicht aber den einzelnen Mitgliedern des Betriebsrats. Die Verwaltung und Verteilung der bereitgestellten Mittel liegt in der Verantwortung des Betriebsrats selbst.[838]

Die Bereitstellungspflicht muss mit der technologischen Entwicklung Schritt halten. Das bedeutet, dass sich die Anforderungen an notwendige Sachmittel laufend ändern. Laptops, Mobiltelefone oder vergleichbare digitale Arbeitsmittel sind heute ein selbstverständlicher Bestandteil der Betriebsratsarbeit und müssen bei Bedarf zur Verfügung gestellt werden.[839] Ebenso hat die Rsp bereits vor über einem Jahrzehnt klargestellt, dass ein E-Mail-Account als notwendiges Sachmittel gilt. Dem Betriebsratsmitglied muss daher ein entsprechender Account zur Verfügung stehen. Würde dem Betriebsratsmitglied der Zugang zu seinem Account entzogen werden, wäre seine Handlungsfähigkeit zu sehr eingeschränkt.[840]

Hinweis

Die Bereitstellungspflicht des Betriebsinhabers erstreckt sich nicht nur auf physische Arbeitsmittel, sondern auch auf Software, die für die Tätigkeit des Betriebsrats erforderlich ist. Insb dann, wenn eine bestimmte Software im Betrieb bereits genutzt wird, muss der Betriebsinhaber diese auch dem Betriebsrat zur Verfügung stellen.

Ein typisches Bsp hierfür ist Software für Videokonferenzen, die in vielen Unternehmen zum Standard geworden ist. Genauso wie früher Telefaxgeräte für die Kommunikation des Betriebsrats erforderlich waren und daher bereitgestellt werden mussten,[841] sind heute digitale Kommunikationsmittel wie Microsoft Teams oder vergleichbare Programme notwendig, um eine effektive Betriebsratsarbeit zu gewährleisten.

7.7. Die Befugnisse des Betriebsrats

7.7.1. Einführung

Die Mitwirkungsbefugnisse der Belegschaft finden sich im dritten Hauptstück des II. Teils des ArbVG und lassen sich je nach Sachbereich wie folgt gliedern:

- Mitwirkung in **sozialen Angelegenheiten** (§§ 94 bis 97 ArbVG),
- Mitwirkung in **personellen Angelegenheiten** (§§ 98 bis 107 ArbVG) und
- Mitwirkung in **wirtschaftlichen Angelegenheiten** (§§ 108 bis 112 ArbVG).

837 OGH 20.8.2008, 9 ObA 89/07i (RS0123845).
838 OGH 9 ObA 124/17a = ARD 6579/9/2017 (*Lindmayr*).
839 OGH 9 ObA 89/07i = ARD 5907/2/2008.
840 OLG Linz 12 Ra 63/12i = ARD 6298/1/2013.
841 ArbVG § 72, ARD 4908/29/1998.

Daneben räumt das Gesetz dem Betriebsrat noch **allgemeine Befugnisse** ein (§§ 89 bis 93 ArbVG). Die einzelnen Befugnisse reichen je nach Intensität von Informations- und Beratungsrechten über Überwachungs- und Interventionsrechte bis hin zur paritätischen Mitentscheidung.

7.7.2. Allgemeine Befugnisse des Betriebsrats

Der Betriebsinhaber ist gem § 91 Abs 1 ArbVG verpflichtet, dem Betriebsrat über alle Angelegenheiten, die die **wirtschaftlichen, sozialen, gesundheitlichen oder kulturellen Interessen der Arbeitnehmer** des Betriebs berühren, Auskunft zu erteilen. Aufgrund dieses breit gefassten Informationsrechts kann der Betriebsrat nahezu alle betrieblichen Themen ansprechen, einschließlich Fragen zu Zukunftsstrategien und Digitalisierungskonzepten.

Neben diesem allgemeinen Fragerecht muss der Betriebsinhaber den Betriebsrat auch vierteljährlich zu Beratungen einladen. Ziel dieser Gespräche ist es, den Betriebsrat frühzeitig über betriebliche Entwicklungen zu informieren, damit dieser angemessen darauf reagieren kann.

Zudem ist der Betriebsinhaber verpflichtet, den Betriebsrat darüber zu informieren, welche personenbezogenen **Arbeitnehmerdaten** er automationsunterstützt aufzeichnet und wie die konkrete Verarbeitung und Übermittlung dieser Daten erfolgt.[842] Der Betriebsinhaber ist verpflichtet, den Betriebsrat darüber zu unterrichten, welche Daten er erfasst, wie diese verarbeitet und weitergegeben werden und auf welcher rechtlichen Grundlage dies geschieht. Zudem müssen dem Betriebsrat auch die dabei verwendete Hard- und Software sowie eingesetzte Programme samt Beschreibung offengelegt werden.

Sobald die Einführung neuer digitaler Technologien geplant ist, bestehen besondere Informations- und Beratungsrechte des Betriebsrats, insb wenn langfristige Änderungen in Arbeitsprozessen, -methoden oder der Organisationsstruktur absehbar sind.

Ein Mitbestimmungsrecht, das durch die Digitalisierung zunehmend an Bedeutung gewinnt, ist das Anhörungs- und Beratungsrecht nach § 92a Abs 1 Z 1 ArbVG. Der Betriebsinhaber ist dabei verpflichtet, den Betriebsrat frühzeitig in die Planung und Einführung neuer Technologien einzubeziehen – insb im Hinblick auf deren Auswirkungen auf Sicherheit und Gesundheit der Arbeitnehmer.

Dabei ist stets die sicherste verfügbare Technologie zu wählen, um einen bestmöglichen Schutz der Dienstnehmer zu gewährleisten.[843]

842 *Auer-Mayer*, DRdA 2022, 139.
843 *Auer-Mayer* in *Gahleitner/Mosler*, Arbeitsverfassungsrecht 3[6] (2020) § 92a Rz 8 ff.

7.7.3. Mitwirkung in sozialen Angelegenheiten

7.7.3.1. Digitalisierung und BV

Die Einführung digitaler Technologien und Maßnahmen kann zu verstärkten Mitwirkungsbefugnissen des Betriebsrats führen, insb im Hinblick auf die Notwendigkeit des Abschlusses einer BV. Je nachdem, welcher Mitbestimmungstatbestand konkret einschlägig ist, können oder müssen BV geschlossen werden.

In der Praxis erscheint es – insb iZm neuen Technologien – oft als der einfachere und schnellere Weg, vorsorglich eine BV mit dem Betriebsrat abzuschließen. Aus rechtlicher Sicht ist davon jedoch abzuraten: Es sollte stets sorgfältig geprüft werden, ob tatsächlich ein Mitbestimmungstatbestand vorliegt und ob die Zustimmung des Betriebsrats überhaupt erforderlich ist. Andernfalls bindet man sich unter Umständen unnötig vertraglich und schafft Regelungen, die später – etwa bei der Einführung eines neuen Systems oder geänderten Prozessen – nur schwer wieder angepasst oder neu verhandelt werden können.

Vor diesem Hintergrund ist es umso wichtiger, die unterschiedlichen BV-Tatbestände zu kennen. Diese lassen sich in folgende vier Kategorien einteilen:

Notwendige, nicht erzwingbare BV § 96 Abs 1 Z 3 ArbVG (§ 10 AVRAG)	Sie regeln die Einführung von • Disziplinarordnungen, • Personalfragebögen, • Kontrollmaßnahmen und technischen Systemen zur Kontrolle der Arbeitnehmer und • spezielle entgeltliche Maßnahmen.[844] Diese Art von BV bedarf zwingend der Zustimmung des Betriebsrats. Die Einführung einer der oben genannten Maßnahmen ohne Zustimmung des Betriebsrats in Form einer BV wäre rechtsunwirksam.[845] In Betrieben ohne Betriebsrat können Kontrollmaßnahmen gem § 10 AVRAG mit Zustimmung der einzelnen Arbeitnehmer eingeführt werden.
Notwendige, erzwingbare BV § 96a Abs 1 ArbVG	Sie regeln die Einführung von Systemen zur • automationsunterstützten Ermittlung, Verarbeitung und Übermittlung von personenbezogenen Daten der Arbeitnehmer sowie • Beurteilung von Arbeitnehmern, sofern mit diesen Daten erhoben werden, die nicht durch die betriebliche Verwendung gerechtfertigt sind. Diese Art von BV bedarf ebenfalls der Zustimmung des Betriebsrats. Kommt es zu keiner Einigung, kann die Zustimmung allerdings durch eine Entscheidung der Schlichtungsstelle ersetzt werden.[846] Ohne Zustimmung des Betriebsrats (oder der Schlichtungsstelle) wäre die Einführung einer dieser Maßnahmen ebenfalls unwirksam.

844 Vgl § 96 ArbVG.

845 *Binder* in *Tomandl* (Hrsg), Arbeitsverfassungsgesetz[11. Lfg] (2013) § 96 ArbVG Rz 1.

846 *Lindmayr*, Handbuch der Arbeitsverfassung[8] (2015) § 96a ArbVG Rz 410.

Freiwillige, erzwingbare BV § 97 Abs 1 Z–6a ArbVG	Sie regeln Maßnahmen wie zB die zweckentsprechende Benützung von Betriebseinrichtungen.[847] Kommt es zu keiner Einigung mit dem Betriebsrat, kann seine Zustimmung durch eine Entscheidung der Schlichtungsstelle ersetzt werden. Im Gegensatz zu den notwendigen BV gem § 96 und § 96a ArbVG können die Maßnahmen auch im Arbeitsvertrag oder durch Weisung geregelt werden. Will der Betriebsrat eine solche einzelvertragliche Regelung verhindern, wird er idR die Schlichtungsstelle anrufen.[848]
Freiwillige, nicht erzwingbare BV § 97 Abs 1 Z 7–27	Sie regeln zB die Festlegung der Rahmenbedingungen für Telearbeit oder Maßnahmen zur menschengerechten Arbeitsgestaltung.[849] Der Betriebsrat kann die Einführung dieser Maßnahmen nicht erzwingen. Die Maßnahmen können daher auch ohne Weiteres durch eine Einzelvereinbarung oder Weisung festgelegt werden.

BV können generell nur über die gesetzlich oder kv normierten Maßnahmen geschlossen werden. Gibt es im Gesetz oder KV keine Grundlage für eine BV, liegt eine **unzulässige freie BV** vor.[850]

7.7.3.1.1. Kontrollmaßnahmen und technische Systeme

Die Einführung neuer Technologien kann zu einer verstärkten Kontrolle von Arbeitnehmern führen und damit den Tatbestand des § 96 Abs 1 Z 3 ArbVG erfüllen. In Betrieben ohne Betriebsrat ist in solchen Fällen § 10 AVRAG einschlägig.

Eine Kontrollmaßnahme oder ein Kontrollsystem sind zustimmungspflichtig, wenn sie objektiv zur Kontrolle von Arbeitnehmern geeignet sind. Die Rsp fasst den Begriff der „Kontrollmaßnahme" sehr weit und erfasst darunter alle vom Betriebsinhaber veranlassten, auf Dauer angelegten Maßnahmen, die eine Überwachung ermöglichen. Dabei ist es unerheblich, ob der Arbeitgeber tatsächlich eine Kontrollabsicht verfolgt; entscheidend ist allein die tatsächliche Möglichkeit der Kontrolle. So beginnt die Zustimmungspflicht einer Maßnahme bereits mit der Ermittlung der Daten – und nicht erst mit deren Auswertung.[851]

Eine Kontrollmaßnahme fällt nur dann unter § 96 Abs 1 Z 3 ArbVG, wenn sie die **Menschenwürde** berührt. Dies ist insb der Fall, wenn sie:

- die Privatsphäre des Arbeitnehmers überwacht (zB durch dauerhafte Videoüberwachung), oder
- eine ständige und belastende Kontrolle erzeugt, die das Arbeitsumfeld negativ beeinflusst.[852]

---

847 Vgl § 97 ArbVG.

848 *Pačić*, Fakultative Betriebsvereinbarungen, in *Mazal/Gruber-Risak* (Hrsg), Das Arbeitsrecht – System und Praxiskommentar[43.Lfg] (2024) Rz 48 ff.

849 Vgl § 97 ArbVG.

850 *Schrank*, „Freie Betriebsvereinbarungen", in Arbeitsrecht und Sozialversicherungsrecht[95.Lfg] (2025) Rz 56.

851 *Lindmayr*, Handbuch der Arbeitsverfassung[8] (2015) § 96 ArbVG Rz 398 ff.

852 *Binder* in *Tomandl*, § 96 ArbVG Rz 58.

Entscheidend ist, dass das Gesetz eine Berührung der Menschenwürde erlaubt, jedoch niemals eine Verletzung. Der Betriebsrat kann einer Berührung der Menschenwürde zustimmen, deren Verletzung wäre jedoch auch mit Zustimmung des Betriebsrats unzulässig.[853]

Die Digitalisierung führt zu einer Vielzahl neuer Überwachungsmöglichkeiten, insb durch Leistungs- und Erfolgskontrollsysteme oder elektronische Chipkarten zur An- und Abwesenheitskontrolle.[854]

Alle Kontrollsysteme, die den Arbeitseinsatz, die Effizienz oder die Arbeitsergebnisse überwachen, sind grundsätzlich Kontrollmaßnahmen. Sie berühren die Menschenwürde jedoch nur dann, wenn sie:

- eine unverhältnismäßige Kontrolldichte erzeugen, oder
- eine psychische Drucksituation schaffen, bspw durch die Veröffentlichung von Leistungsbewertungen, die zur Herabwürdigung von Arbeitnehmern führen können.[855]

Solange eine Kontrollmaßnahme als typisch und erforderlich für das Arbeitsverhältnis angesehen werden kann, ist sie zulässig und bedarf keiner Zustimmung des Betriebsrats. Werden jedoch – zB durch neue digitale Technologien – unangemessen hohe Überwachungsstandards gesetzt, so liegt eine zustimmungspflichtige Maßnahme vor, die der Betriebsrat aktiv mitgestalten kann und muss.

Beispiel Zutrittssystem

Ob ein Zutrittssystem eine zustimmungspflichtige Kontrollmaßnahme darstellt, hängt von der Art der erfassten Daten und der Intensität der Überwachung ab.

Betrifft die Kontrolle lediglich die Anwesenheit, etwa durch eine Zeitstempeleinrichtung zur Überwachung von Arbeits- und Ruhezeiten oder durch einfache Zutrittssysteme, ist die Menschenwürde idR nicht berührt, eine BV ist daher nicht erforderlich.[856]

Ist das Zutrittssystem hingegen so gestaltet, dass ein arbeitnehmerbezogenes Bewegungsprofil während des gesamten Arbeitstages erstellt werden kann, oder die Zutrittskontrolle zu einer ständigen Überwachung der Arbeitsleistung und Effizienz führt, so handelt es sich um eine Kontrollmaßnahme, die die Menschenwürde berührt. In einem solchen Fall ist daher die Zustimmung des Betriebsrats erforderlich.

Besonders sensibel sind biometrische Zeiterfassungssysteme, wie Fingerabdruckscanner oder ähnliche Verfahren. Diese berühren immer die Menschenwürde, unabhängig davon, ob das Zutrittssystem zusätzlich ein Bewegungsprofil erstellen kann. Entscheidend für die Beurteilung ist nicht allein die abstrakte Kontrolleignung des Systems, sondern dessen konkrete Ausgestaltung und der tatsächliche Einsatz im Betrieb.[857]

---

853 *Lindmayr*, Arbeitsverfassung[8] § 96 ArbVG Rz 398.

854 *Pačić*, Notwendige Betriebsvereinbarungen („zustimmungspflichtige Maßnahmen"), in *Mazal/Gruber-Risak* (Hrsg), Das Arbeitsrecht – System und Praxiskommentar[43.Lfg] (2024).

855 *Jabornegg* in *Strasser/Jabornegg/Resch*, ArbVG § 96 Rz 157 (Stand 1.12.2012, rdb.at).

856 *Binder* in *Tomandl*, § 96 ArbVG Rz 68.

857 OGH 20.12.2006, 9 ObA 109/06d.

Die moderne Überwachungstechnik erlaubt es, Arbeitsräume per Kamera zu überwachen und Live-Bilder bequem über Smartphones abzurufen. Wird ein Arbeitsbereich der Arbeitnehmer auf diese Weise überwacht, so liegt eine zustimmungspflichtige Maßnahme vor. Dabei spielt es keine Rolle, ob die Kameras tatsächlich zu Sicherheitszwecken eingesetzt werden. Ebenso unerheblich ist, ob die Aufnahmen in Echtzeit überwacht werden oder nicht. Maßgeblich ist allein, dass die technische Möglichkeit zur Überwachung besteht, weil dies bereits ausreicht, um die Menschenwürde der Arbeitnehmer zu berühren.[858]

Auch die Kontrolle von digitalen Arbeitsmitteln wie Internetnutzung und E-Mail-Kommunikation ist grundsätzlich geeignet, die Menschenwürde zu berühren. Um ein Vetorecht des Betriebsrats zu vermeiden, muss der Betriebsinhaber sorgfältig prüfen, auf welche Daten er konkret Zugriff hat und inwieweit die Kontrolle für den Betrieb technisch notwendig ist.

Erfasst eine Überwachungssoftware das gesamte Internet-Nutzungsverhalten eines Arbeitnehmers, wird die Menschenwürde jedenfalls berührt. Abhängig von der konkreten Ausgestaltung könnte das sogar eine unzulässige Verletzung der Menschenwürde darstellen, die nicht gerechtfertigt werden kann und generell unzulässig wäre.[859]

7.7.3.1.2. Personaldaten- und Personalbeurteilungssysteme

Ein Personaldatensystem iSd § 96a Abs 1 Z 1 ArbVG liegt vor, wenn ein EDV-gestütztes System zur Ermittlung, Verarbeitung und Übermittlung personenbezogener Daten von Arbeitnehmern genutzt wird, das über allgemeine Informationen zur Person (zB Name, Adresse, Geburtsdatum, Geschlecht) und berufliche Qualifikationen hinausgeht.

Eine Zustimmung des Betriebsrats ist **nicht** erforderlich, wenn diese Daten aufgrund von gesetzlichen, kv oder arbeitsvertraglichen Bestimmungen erfasst und verarbeitet werden müssen (zB Arbeitszeitaufzeichnungen oder Urlaub).

Der Begriff *„automationsunterstützt"* setzt einen Zusammenhang mit EDV-Systemen voraus und erfordert eine Kombination aus Hard- und Software.[860] Dabei ist keine hochmoderne Technologie erforderlich, bereits die Verwendung von Excel-Dateien zur Personaldatenverwaltung kann zB eine BV erforderlich machen.[861]

Bei der Einführung eines automationsunterstützten Personaldatensystems muss aufgrund der vielfältigen technischen Möglichkeiten darauf geachtet werden, dass es nicht – gewissermaßen unbeabsichtigt – zur Einführung einer Kontrollmaßnahme kommt, die die Menschenwürde berührt. In diesem Fall wäre eine nichterzwingbare BV erforderlich.[862]

858 *Lindmayr*, Arbeitsverfassung[8] (2015) § 96 ArbVG Rz 405.
859 *Sacherer*, Internet am Arbeitsplatz als zustimmungspflichtige Kontrollmaßnahme? RdW 2005/714.
860 *Naderhirn* in *Strasser/Jabornegg/Resch*, ArbVG § 96a Rz 7 (Stand 1.12.2012, rdb.at).
861 *Reissner* in *Neumayr/Reissner*, ZellKomm[3] § 96a ArbVG Rz 14.
862 *Naderhirn* in *Strasser/Jabornegg/Resch*, Rz 93.

Beispiel

Ein undurchsichtiges digitales System, das die Zeiterfassung mit der Lohnverrechnung verknüpft, kann die Menschenwürde berühren, wenn Arbeitnehmer nicht nachvollziehen können, wie ihre Daten verarbeitet und ausgewertet werden.[863]

Mit der Digitalisierung entstehen auch immer neue Möglichkeiten zur Bewertung und Beurteilung von Dienstnehmern, die ebenfalls unter § 96a ArbVG fallen. Das Gesetz verlangt für Beurteilungssysteme **keine Automationsunterstützung**, sodass auch analoge Personalfragebögen darunterfallen. Durch technologische Entwicklungen erweitern sich die erfassten Sachverhalte, weil elektronische Beurteilungssysteme denselben Regelungen unterliegen wie klassische Systeme.[864]

In der Lit wird diskutiert, ob ein zusätzlicher Mitbestimmungstatbestand geschaffen werden sollte, der speziell den Einsatz von KI in der Personalverwaltung regelt. Ein solcher Tatbestand könnte dem Betriebsrat ermöglichen, ein Veto gegen den Einsatz von Algorithmen zur automationsunterstützten Personalverwaltung oder bei digitalen Beurteilungssystemen einzulegen. Dies würde den zunehmenden Einfluss von KI auf betriebliche Entscheidungsprozesse stärker regulieren und die Mitbestimmungsrechte des Betriebsrats ausweiten.[865] Aktuell gibt es in Österreich aber kein entsprechendes Vorhaben des Gesetzgebers.

7.7.3.1.3. Benützung von Betriebseinrichtungen und Betriebsmitteln

Durch die Digitalisierung hat auch der Tatbestand rund um Maßnahmen zur zweckentsprechenden Nutzung von Betriebseinrichtungen und Betriebsmitteln (§ 97 Abs 1 Z 6 ArbVG) an Bedeutung gewonnen.[866]

Der Begriff Betriebsmittel ist **weit auszulegen** und umfasst neben Hardware, Werkzeugen und Maschinen auch andere betriebliche Ressourcen, wie zB Arbeitskleidung. Darunter fallen aber auch nicht-physische Mittel, wie insb **Computersoftware.**[867] Sogar KI-Modelle oder der Einsatz von Robotern könnten Gegenstand einer solchen BV sein (falls nicht ohnehin ein strengerer Tatbestand, wie zB die Einführung eines qualifizierten Personaldatensystems gem § 96a Abs 1 Z 1 erfüllt ist).[868]

Da der BV-Tatbestand ausschließlich die Nutzung von Betriebsmitteln und nicht deren Bereitstellung erfasst, fallen zahlreiche Aspekte iZm mobilem Arbeiten nicht unter diese Bestimmung. So ist etwa die grundsätzliche Frage, ob Laptops zur Verfügung gestellt werden, nicht von diesem Mitbestimmungstatbestand umfasst. Für Regelungen rund um mobiles Arbeiten wurde daher ein eigener BV-Tatbestand in § 97 Abs 1 Z 27 ArbVG geschaffen.[869]

---

863 *Lindmayr*, Handbuch der Arbeitsverfassung[8] (2015) § 96a ArbVG Rz 411.
864 *Binder/Mair* in *Tomandl* (Hrsg), Arbeitsverfassungsgesetz[11.Lfg] (2013) § 96a ArbVG.
865 Vgl *Auer-Mayer*, DRdA 2022, 139 (145 f).
866 § 97 Abs 1 Z 6 ArbVG.
867 *Binder* in *Tomandl* (Hrsg), Arbeitsverfassungsgesetz[11.Lfg] (2013) § 97 ArbVG Rz 98.
868 *Pačić*, Fakultative Betriebsvereinbarungen, in *Mazal/Gruber-Risak* (Hrsg), Das Arbeitsrecht – System und Praxiskommentar[43.Lfg] (2024) Rz 68.
869 *Felten*, Home-Office und Arbeitsrecht, DRdA 2020, 511 (513).

7.7.3.2. Rahmenbetriebsvereinbarungen

Digitale Informations- und Kommunikationssysteme (IKT-Systeme) verändern die Arbeitswelt grundlegend. Sie beschleunigen Prozesse, erleichtern die Zusammenarbeit und sind aus dem betrieblichen Alltag längst nicht mehr wegzudenken. Um zu vermeiden, dass bei der Einführung eines jeden neuen Systems erneut eine eigene BV geschlossen werden muss, setzen Unternehmen zunehmend auf Rahmenbetriebsvereinbarungen.[870] Dieses Instrument ist insb auch im deutschen Arbeitsrecht bekannt, wo Rahmenbetriebsvereinbarungen deutlich häufiger eingesetzt werden als in Österreich.

Eine Rahmenbetriebsvereinbarung enthält **allgemeine Regelungen zur Einführung, Nutzung, Änderung und Neuimplementierung** verschiedener IKT-Systeme. Sie kann dabei mehrere betriebsverfassungsrechtliche Mitbestimmungsrechte gleichzeitig umfassen, insb:

- Ermittlung, Verarbeitung und Übermittlung personenbezogener Mitarbeiterdaten gem § 96a Abs 1 Z 1 ArbVG;
- Mitarbeiterbeurteilungssysteme gem § 96a Abs 1 Z 2 ArbVG;
- Kontrollmaßnahmen gem § 96 Abs 1 Z 3 ArbVG;
- Personalfragebögen gem § 96 Abs 1 Z 2 ArbVG; und
- zweckentsprechende Nutzung von Betriebseinrichtungen und Betriebsmitteln gem § 97 Abs 1 Z 6 ArbVG.

Mit einer Rahmenbetriebsvereinbarung schaffen Unternehmen eine einheitliche, zukunftsorientierte Basis für den Einsatz von verschiedensten IKT-Systemen. Sie ermöglichen es, technologische Neuerungen rasch und flexibel einzubinden, ohne für jede einzelne Einführung eine neue Vereinbarung verhandeln zu müssen. Auch in Österreich gewinnt dieses Modell zunehmend an Bedeutung.

7.7.3.3. Mitwirkungsbefugnisse in Angelegenheiten der betrieblichen Berufsausbildung und Schulungen

Der Betriebsrat verfügt in Angelegenheiten der betrieblichen Berufsausbildung und Schulung über verschiedene Mitwirkungsrechte, insb Vorschlags-, Antrags- und Beratungsrechte.[871] Soweit das Gesetz verlangt, dass die Schulungseinrichtung betriebs- oder unternehmenseigen ist, genügt dafür faktische Verfügungsgewalt, dh die Schulungseinrichtung muss sich nicht im Eigentum des Dienstgebers befinden.[872] Mit der zunehmenden Digitalisierung der Arbeitswelt gewinnen Schulungen zur effektiveren Nutzung digitaler Tools immer mehr an Bedeutung. In betrieblichen Schulungseinrichtungen können etwa gezielt Fortbildungen zur Nutzung von KI

870 *Sabara*, zu *Hoene/Kern*, Das Mitbestimmungsrecht des Betriebsrates bei der Einführung von IT-Systemen in Österreich und Deutschland, Dako 2017/6, ARD 6544/23/2017.

871 *Gruber-Risak*, Die Mitwirkungsrechte der Belegschaft, in *Mazal/Gruber-Risak* (Hrsg), Das Arbeitsrecht – System und Praxiskommentar$^{42.\,Lfg}$ (2023) Rz 168.

872 *Auer-Mayer* in *Gahleitner/Mosler*, Arbeitsverfassungsrecht 3^{6} (2020) § 94 ArbVG Rz 30.

angeboten werden. Mitarbeiter lernen dabei zB, KI-Tools sinnvoll auszuwählen, Prompts gezielt einzusetzen und die Ergebnisse kritisch bewerten zu können, um KI effizient in ihre Arbeitsabläufe zu integrieren. Schulungen zu gängigen Softwarelösungen wie Microsoft Excel oder anderen digitalen Anwendungen sind bereits seit Langem fester Bestandteil vieler Weiterbildungsprogramme. Oft sehen auch (Rahmen-)BV zum Einsatz von Software begleitende Schulungen für die Mitarbeiter vor.

7.7.4. Mitwirkung in personellen Angelegenheiten

7.7.4.1. Mitwirkung bei Versetzungen insb an den Telearbeitsplatz und retour

Seit der Corona-Pandemie hat sich das Arbeiten am Telearbeitsplatz für viele Mitarbeiter etabliert und ist mittlerweile ein fester Bestandteil der betrieblichen Realität. Manche Unternehmen sind sogar so weit gegangen, ihren festen (Büro-) Standort komplett aufzugeben und ihre Mitarbeiter dauerhaft in Telearbeit zu beschäftigen. Dies wirft rechtliche Fragen auf, insb in Bezug auf einseitige Gestaltungsmöglichkeiten, die vertragliche Grundlage und mögliche Verschlechterungen der Arbeitsbedingungen.

Grundsätzlich gilt eine Versetzung als jede Einreihung auf einen neuen Arbeitsplatz, die mit einer Änderung der Arbeitsbedingungen verbunden ist, etwa durch Änderung des Arbeitsortes, des Tätigkeitsbereichs oder der Entlohnung.[873]

Ob eine Versetzung an den Telearbeitsplatz oder zurück ins Büro **einseitig angeordnet** werden kann, hängt von der vertraglichen Grundlage ab:

- Ist die Versetzung vom Dienstvertrag gedeckt, kann sie der Dienstgeber einseitig per Weisung anordnen.
- Geht die Versetzung über den Inhalt des Dienstvertrags hinaus, ist die Zustimmung des Dienstnehmers erforderlich, weil eine vertragsändernde Maßnahme vorliegt.[874]

Unabhängig davon muss stets geprüft werden, ob die Versetzung für den Dienstnehmer **zumutbar** ist.[875] Maßgeblich ist eine Interessenabwägung zwischen Dienstnehmer und Dienstgeber. So stellt etwa die Verlagerung eines Betriebsstandorts in eine andere Gemeinde nicht automatisch eine unzumutbare Versetzung dar. Entscheidend sind hier insb die Verkehrsanbindung und das Verhältnis der neuen Anreisezeit zur bisherigen Anreisezeit. Der OGH stellte kürzlich klar, dass bereits die Reduktion von Telearbeits-Tagen eine Verschlechterung der Arbeitsbedingungen darstellen kann.[876]

---

873 *Drs*, Arbeits- und Sozialrecht[7] (2023) 72.

874 *David/Knell/Gruber*, Tätigkeit und Dienstort, in *David/Knell/Gruber* (Hrsg), Dienstvertrag kompakt[2] (2019) 6.

875 Vgl *Gerhartl*, Home-Office aus arbeitsrechtlicher Sicht, ARD 6711/4/2020.

876 OGH 8 ObA 27/2023p = DRdA 2024/29 (*Springer/Trost*).

Auf der betriebsverfassungsrechtlichen Ebene bedarf eine dauerhafte und verschlechternde Versetzung der vorherigen **Zustimmung** des Betriebsrats. Überschreitet eine Versetzung die Dauer von 13 Wochen, so steht dem Betriebsrat jedenfalls ein echtes Informationsrecht und – auf sein Verlangen – ein Beratungsrecht zu. Führt die Versetzung zusätzlich zu einer Verschlechterung, ist die vorherige Zustimmung des Betriebsrats zwingend erforderlich.[877]

Hinweis

Um rechtliche und organisatorische Risiken bei der Anordnung von Telearbeit von vornherein auszuschließen, empfiehlt sich dringend der Abschluss einer schriftlichen Telearbeit-Vereinbarung. Auch das Gesetz verlangt in § 2h Abs 2 AVRAG eine schriftliche Vereinbarung. Der Zweck dieser Regelung liegt jedoch primär in der Beweissicherung. Eine mündliche Vereinbarung wäre zwar grundsätzlich wirksam, doch fehlt es im Streitfall häufig an einem verlässlichen Nachweis.

Eine schriftliche Telearbeit-Vereinbarung schafft Klarheit für beide Seiten und regelt zentrale Aspekte wie Arbeitszeiten[878], Erreichbarkeit, Ausstattung, Datenschutz[879] und insb die Bedingungen der Beendigung des Telearbeit-Arrangements.[880] Sie erhöht damit maßgeblich die Rechts- und Planungssicherheit sowohl für Dienstgeber als auch für Dienstnehmer und beugt potenziellen Konflikten wirksam vor.[881]

7.7.4.1.1. Mitwirkung bei Kündigungen und Entlassungen

Bei Kündigungen verfügt der Betriebsrat über umfassende Mitwirkungsrechte, beginnend beim betriebsverfassungsrechtlichen Vorverfahren: Bevor der Betriebsinhaber eine Kündigung ausspricht, muss er den Betriebsrat mindestens eine Woche vorher über die beabsichtigte Kündigung informieren und dessen Stellungnahme abwarten. Diese Mitteilung erfordert keine besondere Schriftform, muss jedoch eindeutig, bestimmt und verständlich sein. Die Information kann sowohl mündlich als auch per E-Mail erfolgen.[882]

Der Betriebsrat kann der Kündigung entweder (i) widersprechen, (ii) keine Stellungnahme abgeben oder (iii) zustimmen. Hiervon hängt ab, ob der Betriebsinhaber neben dem Arbeitnehmer anfechtungsberechtigt bleibt, aus welchen Gründen der Kündigung widersprochen werden kann, ob ein Sozialvergleich möglich ist und wie lange die Frist für eine Anfechtung beträgt.[883] Abhängig von der Stellungnahme des Betriebsrats sind also folgende Besonderheiten bei Kündigungen zu beachten:

877 *Goricnik* in *Gahleitner/Mosler*, Arbeitsverfassungsrecht 3[6] (2020) § 101 ArbVG Rz 9.
878 Vgl Pkt 2.
879 Vgl Pkt 6.
880 Vgl Pkt 3.
881 *Brodil*, Der Inhalt der Arbeitspflicht, in *Mazal/Gruber-Risak* (Hrsg), Das Arbeitsrecht – System und Praxiskommentar[43.Lfg] (2024) Rz 45.
882 *Schrank*, Kündigung durch den Arbeitgeber, in *Schrank/Lindmayr* (Hrsg), Handbuch Beendigung von Arbeitsverhältnissen (2023) Rz 9.
883 *Trost/Mathy* in *Jabornegg/Resch/Kammler*, ArbVG § 105 Rz 134 ff (Stand 1.10.2024, rdb.at).

	Anfechtungs-berechtigt	Gründe	Frist	Sozial-vergleich
Zustimmung zur Kündigung	Arbeitnehmer	Motivwidrigkeit	Zwei Wochen nach Ausspruch	Nein
Keine Stellung-nahme	Arbeitnehmer	Motivwidrigkeit, Sozialwidrigkeit	Zwei Wochen nach Ausspruch	Nein
Widerspruch zur Kündigung	Betriebsrat, Arbeitnehmer	Motivwidrigkeit, Sozialwidrigkeit	Betriebsrat: eine Woche nach Verständigung, Arbeitnehmer: binnen weiterer zwei Wochen	Ja

Anders als bei Kündigungen kann der Betriebsrat von einer Entlassung auch nach deren Ausspruch verständigt werden. Bei Entlassungen gibt es sohin kein Vorverfahren iSd § 105 ArbVG, sondern „bloß" ein Recht zur Stellungnahme sowie ein Anfechtungsrecht des Betriebsrats.[884]

All diese Rechte bestehen aber nur in betriebsratspflichtigen Betrieben.[885]

7.7.4.1.2. Mitwirkungsrechte bei Kündigung von Arbeitnehmern, die in Österreich für einen ausländischen Betrieb tätig sind

Die fortschreitende Digitalisierung hat zu einem deutlichen Anstieg grenzüberschreitender Beschäftigungsverhältnisse geführt. In der Praxis treten daher zunehmend arbeitsrechtliche Fragestellungen mit internationalem Bezug auf. Aktuell befassen sich die Gerichte vermehrt mit der Frage, ob Arbeitnehmer, die zwar in Österreich sind, aber einem ausländischen Unternehmen – etwa einem deutschen – zugeordnet sind, in den Anwendungsbereich des österreichischen ArbVG fallen. Die rechtliche Beurteilung solcher Konstellationen erfolgt grundsätzlich in zwei aufeinanderfolgenden Schritten.

Zunächst ist zu bestimmen, welche Rechtsordnung auf das **Arbeitsverhältnis** anwendbar ist. In der Jud ist unstrittig, dass sich insb der allgemeine Kündigungsschutz nach dem **Arbeitsvertragsstatut** richtet.[886] Das bedeutet: Wenn auf das Dienstverhältnis – etwa aufgrund einer Rechtswahl – österreichisches Recht[887] anzuwenden ist, kann grundsätzlich auch der österreichische Kündigungsschutz zur Anwendung gelangen.[888]

884 *Gahleitner* in *Gahleitner/Mosler*, Arbeitsverfassungsrecht 3[6] (2020) § 106 ArbVG Rz 4 ff.
885 *Drs*, Arbeits- und Sozialrecht[7] 191.
886 Vgl OGH 25.11.2014, 8 Ob A 34/14d.
887 Vgl Pkt 4.
888 *Niksova*, Anwendung des österreichischen allgemeinen Kündigungsschutzes bei im Ausland gelegenem Betrieb? – Eine Auseinandersetzung mit kollisionsrechtlichen Fragen und Art 30 Grundrechtecharta, JAS 2020, 311.

In einem zweiten Schritt ist zu prüfen, unter welchen Voraussetzungen der II. Teil des ArbVG – also die konkreten österreichischen Bestimmungen zum allgemeinen Kündigungsschutz – überhaupt anwendbar ist. Eine wesentliche Voraussetzung für eine Anfechtung gem § 105 ArbVG ist das Vorliegen eines betriebsratspflichtigen Betriebs. Besteht zwar eine Betriebsratspflicht (weil mehr als fünf Arbeitnehmer beschäftigt werden), es wurde aber kein Betriebsrat errichtet, steht dem Arbeitnehmer nach § 107 ArbVG das Anfechtungsrecht selbst zu. IdZ stellt sich va die Frage, ob der geforderte Betrieb zwingend im Inland gelegen sein muss oder ob auch im Ausland gelegene Betriebe erfasst sein können. Letzteres würde zu systematisch schwer lösbaren Konstellationen führen. Insb wäre es rechtlich wie praktisch kaum vertretbar, von einem ausländischen Unternehmen zu verlangen, allein aufgrund einer theoretischen Betriebsratspflicht nach österreichischem Recht einen Betriebsrat zu wählen.

In der Lit[889] wird daher überwiegend – und überzeugend – die Ansicht vertreten, dass der Betrieb im Inland – also in Österreich – liegen muss. Begründet wird dies damit, dass sich das ArbVG als Bundesgesetz ausschließlich auf das österreichische Staatsgebiet erstreckt. Der OGH hat bereits im Jahr 1995[890] klargestellt, dass für den II. Teil des ArbVG das **Territorialitätsprinzip** gilt. Die Bestimmungen zum allgemeinen Kündigungsschutz – ebenso wie die übrigen Regelungen des II. Teils des ArbVG – sind somit ausschließlich auf inländische Betriebe anwendbar. Diese Rechtsauffassung hat der OGH seither mehrfach bestätigt, zuletzt auch in einer Entscheidung aus dem Jahr 2023.[891]

Hinweis

Derzeit ist ein entsprechendes Verfahren beim OGH anhängig: Die Klägerin – als einzige in Österreich tätige Arbeitnehmerin eines deutschen Arbeitgebers – focht ihre Kündigung nach österreichischem Recht an und berief sich auf das Kündigungsanfechtungsverfahren gem ArbVG. Das OLG Wien wies die Klage mit Verweis auf die dargestellten Grundsätze ab und argumentierte, dass mangels eines österreichischen Betriebs der allgemeine Kündigungsschutz nicht zur Anwendung komme. Gegen dieses Urteil ist aktuell eine Revision der Klägerin beim OGH anhängig.[892]

Es bleibt abzuwarten, ob der OGH auch im Rahmen des allgemeinen Kündigungsschutzes einen in Österreich gelegenen Betrieb als zwingende Voraussetzung ansieht. Sollte dies bestätigt werden, würde ein **im Ausland** gelegener Betrieb – selbst wenn er grundsätzlich die Kriterien gem § 34 ArbVG erfüllt – nicht zur Zulässigkeit einer Kündigungsanfechtung nach österreichischem Recht führen.

Gleichzeitig ist zu berücksichtigten, dass aufgrund des Ausstrahlungsprinzips (vgl Pkt 7.4.1.) auch ein im Ausland tätiger Arbeitnehmer sehr wohl zur Kündigungsanfechtung nach dem ArbVG berechtigt ist, sofern er einem inländischen Betrieb zugeordnet ist.

889 *Niksova*, JAS 2020, 311.
890 OGH 29.3.1995, 9 ObA 12/95.
891 OGH 31.5.2023, 9 ObA 26/23y.
892 OLG Wien 9 Ra 26/24w = ARD 6929/5/2024 (*Sabara*).

7.7.5. Mitwirkung in wirtschaftlichen Angelegenheiten

7.7.5.1. Mitwirkung bei Betriebsänderungen

Die Digitalisierung verändert betriebliche Strukturen und Arbeitsabläufe grundlegend. Damit gewinnen auch die Mitwirkungsrechte des Betriebsrats bei Betriebsänderungen gem § 109 ArbVG deutlich an Bedeutung. Diese greifen bereits in der Planungsphase und sichern dem Betriebsrat umfassende Informations- und Beratungsrechte. Unter bestimmten Voraussetzungen kann zudem ein erzwingbarer Anspruch auf Abschluss eines Sozialplans entstehen, um negative Auswirkungen auf die Belegschaft abzufedern.[893]

Der Betriebsinhaber ist verpflichtet, den Betriebsrat frühzeitig – idealerweise zumindest ein bis zwei Monate vor Umsetzung der geplanten Betriebsänderung – umfassend und und in einer Weise zu informieren, die es dem Betriebsrat ermöglicht, die Auswirkungen eingehend zu prüfen und eine fundierte Stellungnahme abzugeben (§ 109 Abs 1 ArbVG). Der Betriebsrat kann idZ konkrete Vorschläge zur Vermeidung, Milderung oder Beseitigung nachteiliger Folgen einbringen.[894]

Das Gesetz nennt in § 109 Abs 1 ArbVG beispielhaft verschiedene Arten von Betriebsänderungen, wobei diese Aufzählung nicht abschließend ist. Gerade vor dem Hintergrund digitaler Transformationsprozesse treten bestimmte Arten von Betriebsänderungen immer häufiger auf. Dazu zählen insb:[895]

- Z 4: Änderungen der Betriebsanlagen, der Arbeits- und Betriebsorganisation sowie der Filialorganisation;
- Z 5: Einführung neuer Arbeitsmethoden; und
- Z 6: Einführung von Rationalisierungs- und Automatisierungsmaßnahmen von erheblicher Bedeutung.

Da neue Arbeitsmethoden häufig mit Rationalisierungs- und Automatisierungsmaßnahmen einhergehen, kommt es zu Überschneidungen zwischen Z 5 und Z 6.[896] Ein historisches Bsp hierfür ist die Einführung von Maschinenarbeit anstelle von Handarbeit, wodurch eine rationalisierende Wirkung erzielt wurde.[897] Gleiches gilt für die Einführung der Fließbandarbeit oder später der EDV in Unternehmen.[898]

Ob eine Maßnahme unter Z 6 („*von erheblicher Bedeutung*") fällt, hängt va von den personellen Auswirkungen ab. Eine starre Grenze existiert nicht, doch in der

893 *Resch* in *Jabornegg/Resch/Kammler*, ArbVG § 109 Rz 3 (Stand 1.9.2023, rdb.at).
894 *Resch* in *Jabornegg/Resch/Kammler* Rz 31 f (Stand 1.9.2023, rdb.at).
895 *Pallwein-Prettner/Bammer*, Arbeitsrechtliche Aspekte der Digitalisierung, in *Binder Grösswang* (Hrsg), Digital Law^2 (2020) 194.
896 *Resch* in *Jabornegg/Resch/Kammler*, ArbVG § 109 Rz 19 (Stand 1.9.2023, rdb.at).
897 *Schneller* in *Gahleitner/Mosler*, Arbeitsverfassungsrecht 3^6 (2020) § 109 ArbVG Rz 33.
898 *Windisch-Graetz* in *Neumayr/Reissner*, ZellKomm^3 (2018) § 109 ArbVG Rz 13.

Lit wird eine Betroffenheit von etwa **einem Drittel der Belegschaft** als Maßstab herangezogen.[899]

Mit Blick auf moderne Technologien wie KI wird sich künftig zeigen, inwieweit und wo deren Einsatz tatsächlich zur Einführung neuer Arbeitsmethoden oder Rationalisierungsmaßnahmen führt. Es ist jedenfalls davon auszugehen, dass sich die Arbeitsprozesse in vielen Betrieben durch KI grundlegend verändern und dabei auch Maßnahmen von erheblicher Bedeutung umgesetzt werden.

Liegt durch die Digitalisierungsmaßnahme eine Betriebsänderung vor und sind die folgenden Voraussetzungen kumulativ erfüllt, kann eine BV in Form eines Sozialplans erzwungen werden:

- im Betrieb sind **mindestens 20 Arbeitnehmer** beschäftigt;
- die Betriebsänderung trifft **alle oder erhebliche Teile der Arbeitnehmerschaft**; **und**
- die Betroffenen erleiden **wesentliche Nachteile.**

Wesentliche Nachteile können sowohl materieller (wirtschaftlicher) als auch immaterieller Natur sein (zB Verlust des Arbeitsplatzes, gravierende Änderungen der Arbeitszeit, verschlechternde Versetzungen, Einkommensnachteile).

Die Erheblichkeitsschwelle orientiert sich auch hier an keinem fixen Prozentsatz der betroffenen Belegschaft. Vielmehr dient sie der Abgrenzung zu bloßen Einzelmaßnahmen, die nur einzelne Arbeitnehmer betreffen.[900] Generell kann ein Sozialplan nur dann geschlossen werden, wenn die nachteiligen Auswirkungen eine gewisse Intensität erreichen und eine relevante Anzahl an Arbeitnehmern betreffen (etwa ein Drittel). Geringfügige Nachteile oder unerhebliche Fallzahlen begründen hingegen keinen Sozialplananspruch.

Ist ein Sozialplan aufgrund einer Betriebsänderung iSd § 109 ArbVG erzwingbar und legen Betriebsrat und Betriebsinhaber freiwillige Zahlungen für betroffene Arbeitnehmer bei oder nach Beendigung des Dienstverhältnisses fest, so sind diese gem § 67 Abs 8 lit f EStG **steuerbegünstigt**.[901]

Vorsicht

Liegen die Voraussetzungen für den Abschluss eines Sozialplans nicht vor, können die im Sozialplan vereinbarten Zahlungen iZm der Beendigung des Dienstverhältnisses nicht steuerlich begünstigt abgerechnet werden. Erfolgt die Auszahlung dennoch begünstigt, drohen nachträgliche Konsequenzen: Das Finanzamt kann die zu wenig einbehaltene Lohnsteuer samt Säumniszuschlägen nachfordern.

899 *Windisch-Graetz* in *Neumayr/Reissner*³ Rz 14.

900 *Schneller* in *Gahleitner/Mosler* Rz 57.

901 *Kirchmayr/Schaunig* in *Doralt/Kirchmayr/Mayr/Zorn*, EStG²¹ § 67 Rz 146 ff.

7.7.5.2. Mitwirkung im Aufsichtsrat

In AG und manchen GmbH ist ein Aufsichtsrat für die Überwachung der Geschäftsführung einzurichten. Der Betriebsrat kann aus seinem Kreis pro zwei Kapitalvertreter einen Arbeitnehmervertreter in den Aufsichtsrat entsenden (*Drittelparität*). Handelt es sich bei der Anzahl der Kapitalvertreter um eine ungerade Zahl, wird bei den Arbeitnehmervertretern aufgerundet, wodurch sich ein für die Arbeitnehmerschaft günstigeres Verhältnis als das zuvor beschriebene 2:1-Verhältnis ergeben kann.

IZm der Digitalisierung und den daraus resultierenden betrieblichen Veränderungen stehen den entsandten Arbeitnehmervertretern im Aufsichtsrat zwei zentrale Einflussmöglichkeiten zur Verfügung:

- **Berichtsanfragen an den Vorstand:**
  Gem § 95 Abs 2 AktG und § 30j Abs 2 GmbHG können der Vorsitzende des Aufsichtsrates oder zwei Aufsichtsratsmitglieder eine Berichterstattung des Vorstandes zu sämtlichen Angelegenheiten des Unternehmens sowie zu konzerninternen Beziehungen verlangen. Diese Berichtspflicht umfasst auch die Einführung digitaler Technologien, insb wenn damit eine Änderung der Geschäftsfelder oder größere Investitionen verbunden sind. Da jeder Aufsichtsrat mindestens zwei Arbeitnehmervertreter umfasst, können diese unabhängig von den Kapitalvertretern die Vorlage eines Berichts über geplante Digitalisierungsprozesse erwirken.
- **Zustimmungsrechte bei strategischen Entscheidungen:**
  Bestimmte Geschäfte erfordern die Zustimmung des Aufsichtsrates, wie zB die Aufnahme oder Aufgabe von Produktionsarten sowie die Festlegung der allgemeinen Geschäftspolitik (§ 95 Abs 5 Z 7 und Z 8 AktG, § 30j Abs 5 Z 7 und Z 8 GmbHG). Veränderungen von Produktionsarten sind regelmäßig mit umfangreichen organisatorischen Anpassungen und erheblichen finanziellen Auswirkungen verbunden. Auch die Neudefinition strategischer Ziele, einschließlich der Mittelbereitstellung und Budgetzuteilung, zählt zur Geschäftspolitik und bedarf der Zustimmung des Aufsichtsrates. Damit können Arbeitnehmervertreter eine aktive Rolle bei der Ausgestaltung von Digitalisierungsprozessen und strategischen Unternehmensentscheidungen übernehmen.

8. Whistleblowing

Lisa Kulmer/Alexandra Ciarnau

8.1. Das HinweisgeberInnenschutzgesetz im Überblick

Whistleblowing ist ein zunehmend relevantes Thema, das sowohl durch gesetzliche Vorgaben als auch durch gesellschaftliche Entwicklungen an Bedeutung gewinnt. Einerseits spielen rechtliche Vorgaben wie die Richtlinie (EU) 2019/1937 des Europäischen Parlaments und des Rates vom 23.10.2019 zum Schutz von Personen, die Verstöße gegen das Unionsrecht melden („EU-Whistleblowing-Richtlinie“) und deren Umsetzung in Österreich im HinweisgeberInnenschutzgesetz („HSchG“) eine entscheidende Rolle. Anderseits steigt aber auch der allgemeine Anspruch an Transparenz und Integrität in der Gesellschaft. Unternehmen stehen vor der Herausforderung, geeignete Governance- und Compliance-Strukturen zu schaffen, die Hinweisgeber schützen, ohne dabei die Interessen des Unternehmens und der Belegschaft zu vernachlässigen.

8.1.1. Rechtslage vor EU-Whistleblowing-Richtlinie und HSchG

Bislang war der Hinweisgeberschutz in der EU unterschiedlich und uneinheitlich gestaltet. Während bspw im Finanzdienstleistungsbereich konkrete Regelungen anlässlich der Finanzkrise eingeführt wurden, wie die Verpflichtung zur Einführung interner und externer Meldekanäle sowie ein ausdrückliches Verbot von Repressalien,[902] gab es für andere Bereiche keine Vorgaben. Dennoch wurde das aus den USA stammende Konzept der Implementierung von Hinweisgebersystemen in den letzten Jahrzehnten von vielen europäischen Konzernen freiwillig übernommen. Konkrete Mindestvorgaben für den Betrieb solcher Systeme bestanden – abgesehen von den datenschutz- und arbeitsrechtlichen sowie industriespezifischen Regelungen – hierfür bislang nicht. Daher waren derartige Systeme in der Praxis auch unterschiedlich effektiv. Mit der EU-Whistleblowing-Richtlinie wurde ein europaweiter Mindeststandard eingeführt, der in Österreich mit dem HSchG mit 25.2.2023 verspätet umgesetzt wurde.

8.1.2. Key Facts des HSchG

8.1.2.1. Ziele und Regelungszweck

Ziel des HSchG ist die Ermöglichung der wirksamen Aufdeckung, Untersuchung und Verfolgung von Verstößen gegen gesetzliche Vorgaben. Das wird durch die

902 Richtlinie 2013/36/EU des Europäischen Parlaments und des Rates vom 26. Juni 2013 über den Zugang zur Tätigkeit von Kreditinstituten und die Beaufsichtigung von Kreditinstituten und Wertpapierfirmen, zur Änderung der Richtlinie 2002/87/EG und zur Aufhebung der Richtlinien 2006/48/EG und 2006/49/EG (ABl L 176 vom 27.6.2013, S 338); Verordnung (EU) Nr 575/2013 des Europäischen Parlaments und des Rates vom 26. Juni 2013 über Aufsichtsanforderungen an Kreditinstitute und Wertpapierfirmen und zur Änderung der Verordnung (EU) Nr 648/2012 (ABl L 176 vom 27.6.2013, S 1).

verpflichtende Einrichtung von internen Meldesystemen im privaten und öffentlichen Sektor erreicht. Daneben soll ein externer Meldekanal bei einer von den Mitgliedstaaten ausgewählten Behörde geschaffen werden. Damit die tatsächliche Nutzung dieser Kanäle gefördert wird, sind Hinweisgeber umfassend geschützt, wenn:

- sie zum schutzwürdigen Hinweisgeberkreis zählen (vgl Pkt 8.1.2.2.);
- die Meldungen Verstöße gegen Rechtsvorschriften in bestimmten Bereichen betreffen (vgl Pkt 8.1.2.3.); und
- auf Grundlage der tatsächlichen Umstände und verfügbaren Informationen hinreichende Gründe vorliegen, dass der Hinweis wahr ist und in den Geltungsbereich fällt.

8.1.2.2. Schutzwürdige Hinweisgeber

Nach § 2 HSchG (persönlicher Geltungsbereich) sind Personen schutzwürdig, die aufgrund laufender oder früherer beruflicher Verbindungen zu einem Rechtsträger des privaten oder öffentlichen Sektors Informationen über Rechtsverletzungen erhalten haben. Zu diesem Personenkreis zählen folgende Akteure:

- Arbeitnehmer oder Bedienstete des Rechtsträgers oder als an den Rechtsträger überlassene Arbeitskräfte;
- Bewerber, Praktikanten, Volontäre oder sonstige Ausbildende;
- selbständig erwerbstätige Personen;
- Mitglieder eines Verwaltungs-, Leitungs- oder Aufsichtsorgans der Organisation;
- Tätige Personen unter der Aufsicht und Leitung eines Auftragnehmers, eines Subunternehmers oder Lieferanten;
- Anteilseigner.

Teilweise anwendbar ist das HSchG auch für Personen, die Hinweisgeber unterstützen, die im Umkreis des Hinweisgebers von nachteiligen Folgen und Vergeltungsmaßnahmen betroffen sein können (zB Mobbing, finanzielle Nachteile) und juristische Personen, die zur Gänze oder teilweise im Eigentum der Hinweisgeber stehen oder für diesen arbeiten.

Diese Personengruppen genießen Schutz gegen die Offenlegung ihrer Identität und Vergeltungsmaßnahmen. Sofern diese Personen anonym auftreten, genießen sie nach § 6 Abs 3 HSchG zumindest Schutz vor Repressalien, sobald ihre Identität ohne ihr Zutun anderen bekannt wird.

Im Kontext des Arbeitsrechts im digitalen Zeitalter sind insb Arbeitnehmer, Bedienstete, Bewerber, Praktikanten, Volontäre oder sonstige Ausbildungsstellen relevant, weshalb nachfolgend ausschließlich auf diese Personengruppen eingegangen wird.

8.1.2.3. Schutzwürdige Hinweise

Weiters müssen sich die Hinweise grundsätzlich auf Rechtsverletzungen in Unternehmen bzw juristischen Personen des öffentlichen Sektors mit jeweils 50 oder mehr Arbeitnehmern oder Bediensteten beziehen und die Verletzung von Vorschriften in folgenden Bereichen betreffen:

- Öffentliches Auftragswesen;
- Finanzdienstleistungen, Finanzprodukte und Finanzmärkte sowie Verhinderung von Geldwäsche und Terrorismusfinanzierung;
- Produktsicherheit und -konformität;
- Verkehrssicherheit;
- Umweltschutz;
- Strahlenschutz und nukleare Sicherheit;
- Lebensmittel- und Futtermittelsicherheit, Tiergesundheit und Tierschutz;
- öffentliche Gesundheit;
- Verbraucherschutz;
- Schutz der Privatsphäre und personenbezogener Daten sowie Sicherheit von Netz- und Informationssystemen; oder
- Verhinderung und Ahndung von Straftaten nach den §§ 302 bis 309 StGB.

Ohne Rücksicht auf die Arbeitnehmeranzahl sind auch Hinweise in Unternehmen und Organisationen relevant, die in bestimmten Industrien tätig sind und gewisse Leistungen erbringen: Finanzdienstleistungen, Finanzprodukte, Finanzmärkte, Verhinderung von Geldwäsche und Terrorismusfinanzierung, Verkehrssicherheit, Sicherheit von Offshore-Erdöl und Erdgas. Die konkreten Bereiche sind in Anhang 1 Teil B und Anhang II der EU-Whistleblowing-Richtlinie aufgelistet.

Während die EU-Whistleblowing-Richtlinie sich ausschließlich auf Meldungen von Verstößen gegen Unionsrecht bezieht, geht die Formulierung des § 3 HSchG weiter. Da der nationale Gesetzgeber nicht zwischen Verstößen gegen Unionsrecht und Verstößen gegen nationales Recht unterscheidet, lässt die Regelung darauf schließen, dass sämtliche Verstöße in den genannten Bereichen erfasst sein sollen. Auf den Ursprung der verletzten Rechtsvorschrift kommt es daher nicht an. Das macht insofern Sinn, als Hinweisgeber regelmäßig nicht unterscheiden können, ob ein Sachverhalt eine Verletzung von nationalem oder Unionsrecht begründet. Insofern geht das HSchG in diesem Punkt über die EU-Whistleblowing-Richtlinie hinaus.

Allerdings ist ein nachhaltiger Kritikpunkt, dass der Anwendungsbereich des HSchG trotz entsprechender Anregungen im Begutachtungsverfahren nicht weiter ausgedehnt wurde. So sind die in der Praxis höchst relevanten Betrugs-, Untreue- oder Veruntreuungsverdachtsmeldungen nicht von der Aufzählung der §§ 302 bis 309 StGB erfasst. Wenn Whistleblower keinen Schutz für Meldungen praxisnaher Anwendungsfälle genießen, werden solche Vorfälle sehr wahrscheinlich nicht an die Meldestelle herangetragen werden. Damit kann die Geschäftsleitung aber auch potenziellen Haftungsrisiken nicht rechtzeitig begegnen.

Praxistipp

Es ist ratsam, eine freiwillige Ausweitung der erfassten Vergehen im konkreten Unternehmen zu hinterfragen und ggf den Schutzbereich auch auf andere relevante Umstände auszuweiten, wie etwa ergänzende Straftatbestände, Verletzung von internen Compliance-Richtlinien, Code of Conducts oder Branchen-Kodizes.

Das HSchG findet gem § 3 Abs 6 keine Anwendung bei Verschwiegenheitspflichten der gesetzlich geregelten Gesundheitsberufe, Informationen, die von der Verschwiegenheit der Rechtsanwälte, Notare und Wirtschaftstreuhandberufe unterliegen, im Anwendungsbereich der StPO, bei Informationen, die einem Seelsorger einer gesetzlich anerkannten Kirche oder Religionsgesellschaft oder eingetragenen religiösen Bekenntnisgemeinschaft in einem Seelsorgegespräch anvertraut wurden und in bestimmten Vergabeverfahren.

Außerdem gilt das HSchG nur insoweit, als die Anforderungen nicht bereits durch ein anderes Bundesgesetz nach § 4 geregelt sind (zB FM-GwG, BWG).

8.1.2.4. Verpflichtete Einrichtungen

Unternehmen und öffentliche Einrichtungen mit mehr als 50 Beschäftigten müssen interne Meldekanäle und spezifische Meldeverfahren implementieren. Der interne Kanal soll Hinweisgebern zusätzlich zu externen Hotlines zur Verfügung stehen.

Zur Beurteilung, ob die Verpflichtungen des HSchG in einer Organisation umzusetzen sind, kommt es (bis auf die Ausnahmen in den Bereichen des Anhang I Teil B und Anhang II der EU-Whistleblowing-Richtlinie) sohin auf die Arbeitnehmeranzahl an. Dazu zählen alle Dienstnehmer, Bedienstete und überlassene Arbeitskräfte. Keine Arbeitnehmer sind arbeitnehmerähnliche Beschäftigte oder freie Dienstnehmer.

In Unternehmen und juristischen Personen des öffentlichen Sektors mit wechselnder, insb mit saisonal schwankender Anzahl der Beschäftigten (zB Hotels in Skigebieten) ist die Mindestanzahl aufgrund der durchschnittlichen Anzahl der Beschäftigten während des vorangegangenen Kalenderjahres zu ermitteln.

8.1.2.5. Verpflichtungen zu internen Meldesystemen

Das HSchG stellt folgende Verpflichtungen zur Umsetzung interner Meldesysteme auf:

- **Einführung eines Meldekanals:** Meldungen müssen schriftlich (zB per Online-Plattform) oder mündlich (per Telefon oder über Sprachaufzeichnungen) möglich sein. Auf Ersuchen des Hinweisgebers kann die Meldung auch persönlich erfolgen. In der Praxis haben sich Plattformlösungen aufgrund ihrer Skalierbarkeit durchgesetzt.

Der Meldekanal muss technisch und organisatorisch gem Art 25 DSGVO geeignet sein. Zudem sind die in §§ 7, 8, 9 HSchG genannten Anforderungen an die Vertraulichkeit, den Datenschutz, Dokumentation und Aufbewahrung einzuhalten.

- **Einrichtung einer Meldestelle:** Die Meldungen sind bei einer unparteiischen und unvoreingenommenen Person oder Abteilung zu bündeln, die mit notwendigen finanziellen und personellen Mitteln zur Erfüllung der Aufgaben ausgestattet wird. Wer hierfür geeignet ist, hängt von der Unternehmensstruktur ab. Eine Doppelfunktion des Zuständigen ist zulässig, wenn die Unabhängigkeit gewahrt wird. So kann in kleineren Unternehmen zB der Leiter der Compliance- und Personalabteilung, ein Integritätsbeauftragter, der Rechts- oder Datenschutzbeauftrage, ein Finanzvorstand, Auditverantwortlicher oder Vorstandsmitglied nominiert werden.
- **Besondere Anforderungen an die Vertraulichkeit:** Im Rahmen der Bearbeitung von Meldungen ist das „Need-to-know"-Prinzip zum Schutz des Hinweisgebers streng einzuhalten. Das bedeutet, dass nur die Meldestelle und allenfalls von ihr betraute Vertrauenspersonen in die Abwicklung des Falles eingebunden werden. Die Identität der Tippgeber ist daher auch intern geheim zu halten. Das schließt auch die Führungsebene mit ein. Wer der Hinweisgeber ist, darf daher nicht ohne weiteres der Führungsebene offengelegt werden. Das bedeutet aber nicht, dass diese nicht mehr eingebunden werden darf. Gerade über substantielle Verstöße soll die Führungsebene nach den Erläuterungen jedenfalls Kenntnis erlangen.
  Weiters ist die Offenlegung der Identität in Verfahren nur dann zulässig, wenn diese unerlässlich und hinsichtlich der potenziellen Gefährdung der Personen verhältnismäßig ist.
  Die Verletzung der Vertraulichkeitsverpflichtungen wird mit Bußgeldern mit bis zu EUR 20.000 bzw im Wiederholungsfall mit bis zu EUR 40.000 geahndet. Die Meldestelle sollte daher wohl überlegt besetzt werden und entsprechendes Augenmerk sollte auf Vorkehrungen zur Sicherstellung der Vertraulichkeit gelegt werden.
- **Besondere Anforderungen an den Datenschutz**: § 8 HSchG sieht besondere datenschutzrechtliche Pflichten vor. Zu den wesentlichen Eckpunkten zählen folgende:
  Personenbezogene Daten müssen fünf Jahre und darüber hinaus so lange, als dies für ein eingeleitetes Verfahren notwendig ist, aufbewahrt werden. Die Frist wurde zwar nach berechtigter Kritik im Begutachtungsverfahren deutlich verkürzt. Allerdings ist auch die neue Aufbewahrungsfrist weiterhin vergleichsweise lang: So war die Aufbewahrung von Whistleblower-Daten nach der Rechtslage vor Inkrafttreten des HSchG nur für maximal zwei Monate nach Beendigung der Untersuchung bzw des Verfahrens zulässig. Weiters müssen Verarbeitungsvorgänge, wie Änderungen, Abfragen und Übermittlungen protokolliert und für weitere drei Jahre aufbewahrt werden. Personenbezogene

Daten, die für die Bearbeitung eines Hinweises nicht benötigt oder erhoben werden dürfen, sind unverzüglich zu löschen.
Bei der Datenverarbeitung agiert grundsätzlich jede Einrichtung als eigenständige Verantwortliche. Betreiben mehrere Verantwortliche gemeinsam ein Hinweisgebersystem, sind sie als gemeinsame Verantwortliche zu qualifizieren. Sie müssen daher eine Art-26-DSGVO-Vereinbarung abschließen. Das ist für Konzernlösungen relevant. Allerdings kommt es auch hier auf die konkreten Prozesse und den Betrieb an. Werden die Systeme nicht zu gemeinsamen Zwecken verarbeitet, können auch eine Auftragsverarbeitung oder gesonderte Verantwortlichkeiten vorliegen.
Weiters muss das Unternehmen bei Datenverarbeitungen auf Grundlage des HSchG ausdrücklich keine Datenschutz-Folgenabschätzung durchführen. Eröffnet ein Unternehmen die Hotline aber freiwillig auch für andere Verstöße außerhalb des Gesetzes (zB Mobbing, Betrug, Untreue, Verstöße gegen interne Policies) – was iSd Prävention, Risikominimierung und effizienter Nutzung der nun sowieso einzusetzenden Ressourcen Sinn macht – greift diese Ausnahme nicht. Diesfalls ist uE eine Folgenabschätzung notwendig.
Schließlich sind Betroffenenrechte nach der DSGVO zum Schutz der Identität der Hinweisgeber und zur Erreichung der Compliancezwecke teilweise beschränkt. Konkret findet das Recht auf Information, Auskunft, Berichtigung, Löschung, Einschränkung der Verarbeitung, das Widerspruchsrecht nach Art 11 ff DSGVO und das Recht auf Benachrichtigung der Betroffenen über Data Breaches nach Art 34 DSGVO keine Anwendung, wenn der Schutz der Hinweisgeber gefährdet wäre oder mit einer Verhinderung, Unterlaufung oder Verschleppung von Hinweisen oder von Folgemaßnahmen gerechnet wird.

- **Einhaltung des Meldeverfahrens:** Der Erhalt der Meldung ist dem Whistleblower binnen sieben Tagen nach Einlangen zu bestätigen. Offenkundig falsche oder irreführende Hinweise sind zurückzuweisen. Mit sonstigen Hinweisen muss sich die Meldestelle beschäftigen und diese verifizieren. Anschließend sind ordnungsgemäße Folgemaßnahmen zu treffen (zB interne Untersuchungen, Ermittlungen, Einleitung eines Verfahrens durch Selbstanzeige bzw Anzeige, Wiederherstellung des rechtmäßigen Zustands). Spätestens drei Monate nach Eingang der Meldung ist der Whistleblower – soweit möglich und zulässig – über die getroffenen Folgenmaßnahmen zu informieren. Dadurch soll Vertrauen in das Meldesystem aufgebaut werden.
- **Informationspflichten:** Unternehmen und juristische Personen des öffentlichen Sektors müssen den potenziellen Hinweisgebern den Zugang zu klaren Informationen über das interne Meldeverfahren und die Hinweisgebung an externen Stellen ermöglichen. Die externe Meldestelle ist beim Bundesamt zur Korruptionsprävention und Korruptionsbekämpfung eingerichtet. Sofern Meldungen in bestimmten Bereichen auch an die Abschlussprüferaufsicht, Bilanzbuchhaltungsbehörde, Bundeswettbewerbsbehörde, Finanzmarktaufsichts-

behörde, Geldwäschemeldestelle, Notariats- und Rechtsanwaltskammern, Kammer der Steuerberater und Wirtschaftsprüfer oder das Bundesministerium für Inneres einschließlich nachgeordneter Dienststellen eingereicht werden können, sind statt dem Bundesamt zur Korruptionsprävention und Korruptionsbekämpfung diese Stellen zuständig.

Praxistipps

- Hinterfragen Sie bereits bei der Wahl des internen Meldekanals, wie Sie die Anforderungen an die Vertraulichkeit, den Datenschutz und die Dokumentation sowie Aufbewahrung erfüllen können.
- Ernennen Sie eine interne Meldestelle, die objektiv und eigenständig die eingegangenen Meldungen prüfen kann. In der Praxis ungeeignet sind idR HR-Verantwortliche, da das Risiko eines Vorwurfs von Repressalien in diesem Verantwortungskreis höher ist.
- Aktivieren Sie eine automatische Bestätigung über den Erhalt von eingegangenen Meldungen, wenn Sie sich für eine Plattformlösung entscheiden. Dadurch halten Sie jedenfalls die Bestätigungsfrist von sieben Tagen ein und minimieren das Risiko, dass Hinweisgeber ungeduldig werden und vor Ablauf der siebentägigen Frist eine externe Meldestelle oder Medien aufsuchen.
- Fassen Sie die getroffenen Folgemaßnahmen knapp zusammen und beachten Sie dabei, dass Sie keine vertraulichen Informationen, insb die Identität der sonstigen vom Meldevorfall involvierten Personen, direkt oder indirekt offenlegen.
- Berücksichtigen Sie bei der Informationserteilung, dass Sie alle potenziellen Hinweisgeber erreichen müssen. Um individuelle Anschreiben zu vermeiden, nutzen viele den Compliance-Abschnitt auf ihrer Website zur Aufklärung. Ergänzend kann auch eine Aufklärung im Intranet sinnvoll sein.
- Die Darlegung der Voraussetzungen für den Schutz als Hinweisgeber, die erfassten Meldungen des Meldeverfahrens samt Nennung der zuständigen Meldestelle und Fristen, die Konsequenzen bei wissentlich falschen Meldungen und den Zugang zu den externen Meldestellen ist für die Erfüllung der Informationspflichten ausreichend.

8.1.2.6. Sanktionen

Die Behinderung von Hinweisgebern, die Ergreifung von Repressalien, die Verletzung der Vertraulichkeit sowie ein wissentlich falscher oder irreführender Hinweis wird gem § 24 HSchG mit einer Verwaltungsstrafe von bis zu EUR 20.000 (oder EUR 40.000 im Wiederholungsfall) bestraft.

8.2. Einführung eines Meldekanals aus arbeitsrechtlicher Sicht

Aus arbeitsrechtlicher Sicht sind iZm *Whistleblowing* zwei zentrale, grundsätzlich voneinander unabhängige Rechtsbereiche relevant, und zwar:

- die Ebene der **betriebsverfassungsrechtlichen Mitbestimmung**, die die Frage der Mitwirkungsrechte des Betriebsrats betrifft, und zwar sowohl im Vorfeld

der Einführung eines bestimmten Hinweisgebersystems als auch später im Zuge der Bearbeitung eines eingelangten Hinweises; sowie
- die **individualarbeitsrechtliche Komponente**, bei der es um den einzelnen Dienstnehmer und seine Rechte und Pflichten iZm einer Meldung und die daraus möglicherweise resultierenden Konsequenzen geht.

8.2.1. Rechtsgrundlagen: BV, Einzelvereinbarung oder Policy?

Gerade **vor** Einführung eines Meldekanals stellen sich Personalverantwortliche und HR-Manager naturgemäß die Frage, wie *Whistleblowing* rechtlich und organisatorisch zu verankern ist. Zentral ist dabei va die Frage, unter welchen Voraussetzungen eine Betriebs- oder Einzelvereinbarung erforderlich ist und welche Rolle interne Richtlinien spielen.

Diese grundlegenden Fragen werden hier daher eingangs beleuchtet: die Voraussetzungen, die bei der Einführung eines Meldekanals erfüllt sein müssen, sowie die arbeitsrechtlichen Spielräume und Grenzen, die Unternehmen beachten sollten. Ziel ist es, praxistaugliche Antworten zu liefern, die es Personalverantwortlichen ermöglichen, *Whistleblowing* rechtssicher zu gestalten und zugleich die Interessen von Hinweisgebern, Belegschaft und Unternehmen in Einklang zu bringen. Mit einem klaren Verständnis dieser Optionen können Unternehmen nicht nur Compliance-Risiken minimieren, sondern auch eine Unternehmenskultur fördern, die Vertrauen und Offenheit stärkt.

Vorauszuschicken ist idZ, dass sowohl die EU-Whistleblowing-Richtlinie als auch das HSchG unter den eingangs geschilderten Voraussetzungen verlangen, ein internes Hinweisgebersystem einzurichten. Ausdrückliche Bestimmungen zur konkreten Umsetzung – insb zur Frage, ob und in welchem Umfang der Betriebsrat miteinzubeziehen ist – fehlen dabei. Stattdessen wird dazu auf die jeweiligen nationalen Regelungen verwiesen. So lautet es in der EU-Whistleblowing-Richtlinie auszugsweise etwa wie folgt:

Art 3 Abs 4 EU-Whistleblowing-Richtlinie

Diese Richtlinie berührt nicht die nationalen Vorschriften über die Wahrnehmung des Rechts von Arbeitnehmern, ihre Vertreter oder Gewerkschaften zu konsultieren, und über den Schutz vor ungerechtfertigten nachteiligen Maßnahmen aufgrund einer solchen Konsultation sowie über die Autonomie der Sozialpartner und deren Recht, Tarifverträge einzugehen. Dies gilt unbeschadet des durch diese Richtlinie garantierten Schutzniveaus.

Art 8 Abs 1 EU-Whistleblowing-Richtlinie

Die Mitgliedstaaten stellen sicher, dass juristische Personen des privaten und öffentlichen Sektors Kanäle und Verfahren für interne Meldungen und für Folgemaßnahmen einrichten; sofern nach nationalem Recht vorgesehen, nach Rücksprache und im Einvernehmen mit den Sozialpartnern.

8.2.1.1. Betriebsvereinbarung (BV)

Vor Inkrafttreten des HSchG spielte die Frage, ob für die Einführung eines Hinweisgebersystems eine BV erforderlich ist – rein praktisch gesehen – eine untergeordnete Rolle. Die DSB forderte bei der Registrierung von Hinweisgebersystemen nämlich regelmäßig eine BV (ohne sich auf einen bestimmten Betriebsvereinbarungstatbestand des ArbVG festzulegen). In Betrieben ohne Betriebsrat registrierte die DSB derartige Systeme nur bei Vorliegen einer Zustimmung der betroffenen Dienstnehmer im Sinne einer Einzelvereinbarung iSd § 10 Abs 1 AVRAG (was dafür spricht, dass sich die DSB beim Erfordernis einer BV auf § 96 Abs 1 Z 3 ArbVG stützte). Einschlägige arbeitsrechtliche Entscheidungen fehlen bislang.

Mit Einführung des HSchG und der für viele Unternehmen damit einhergehenden gesetzlichen Verpflichtung, ein Hinweisgebersystem einzuführen, hat die Frage der arbeitsrechtlichen Einordnung schlagartig an Relevanz gewonnen. IZm der Einführung eines Meldekanals kommen grundsätzlich **vier verschiedene Betriebsvereinbarungstatbestände** infrage. Sie unterscheiden sich va durch (i) die Intensität der Mitbestimmung und (ii) die Möglichkeiten ihrer Beendigung. Praktisch relevant sind va zwei Tatbestände. Liegen sie vor, ist zur Einführung des Hinweisgebersystems nämlich jedenfalls eine BV abzuschließen:

- Einführung einer Kontrollmaßnahme, die die Menschenwürde berührt, gem § 96 Abs 1 Z 3 ArbVG oder
- Einführung eines qualifizierten Personaldatensystems gem § 96a Abs 1 Z 1 ArbVG.

Die Unterscheidung ist deshalb wichtig, weil für die Einführung einer Kontrollmaßnahme, die die Menschenwürde berührt, jedenfalls die **Zustimmung des Betriebsrats** in Form einer BV notwendig ist. Handelt es sich hingegen „nur" um ein qualifiziertes Personaldatensystem, so könnte die Zustimmung des Betriebsrats auch durch eine Entscheidung der **Schlichtungsstelle** ersetzt werden.

Zur besseren Übersichtlichkeit werden hier aller vier Tatbestände kurz dargestellt:

Tatbestand	Intensität der Mitbestimmung	Beendigung
Kontrollmaßnahmen oder technische Systeme zur Kontrolle der Dienstnehmer, die die Menschenwürde berühren (§ 96 Abs 1 Z 3 ArbVG)	**Notwendige BV** Zustimmung des Betriebsrats jedenfalls erforderlich, kann nicht durch Entscheidung der Schlichtungsstelle ersetzt werden.	Je nach Vereinbarung. Mangels Vereinbarung kann sie von jedem der Vertragspartner jederzeit ohne Einhaltung einer Frist schriftlich gekündigt werden. Bei Wegfall des Betriebsrats (nicht aber nach Ablauf seiner Funktionsperiode) enden notwendige Betriebsvereinbarungen automatisch.

<table>
<tr><th>Tatbestand</th><th>Intensität der Mitbestimmung</th><th>Beendigung</th></tr>
<tr><td>Qualifiziertes Personaldatensystem (§ 96a Abs 1 Z 1 ArbVG)</td><td>Notwendig erzwingbare BV
Zustimmung des Betriebsrats erforderlich, kann aber durch Entscheidung der Schlichtungsstelle ersetzt werden.</td><td rowspan="2">Können nach dem Gesetz nicht gekündigt werden. Strittig ist, ob eine Vereinbarung von Kündigungsregelungen durch Dienstgeber und Betriebsrat zulässig ist.
Möglich ist jedenfalls die Vereinbarung einer Befristung oder einvernehmliche Auflösung.</td></tr>
<tr><td>Allgemeine Ordnungsvorschriften im Betrieb (§ 97 Abs 1 Z 1 ArbVG)</td><td>Freiwillig erzwingbare BV
Zustimmung nicht notwendig, Regelung durch Weisung des Dienstgebers oder Einzelvereinbarung ist ebenfalls möglich. Wenn es zu keiner Einigung kommt, kann aber jede Partei die Schlichtungsstelle anrufen.</td></tr>
<tr><td>Betriebliches Beschwerdewesen (§ 97 Abs 1 Z 20 ArbVG)</td><td>Freiwillige BV
Kommt es zu keiner Einigung zwischen Dienstgeber und Betriebsrat, ist die Regelung durch Weisung des Dienstgebers oder Einzelvereinbarung möglich.</td><td>Mangels abweichender Vereinbarung kann die unbefristet abgeschlossene freiwillige BV unter Einhaltung einer dreimonatigen Kündigungsfrist zum Monatsletzten schriftlich gekündigt werden.</td></tr>
</table>

Dazu im Einzelnen:

8.2.1.1.1. Kontrollmaßnahme oder technisches System, das die Menschenwürde berührt

Wird ein *Whistleblowing*-System eingeführt, so kann es sich dabei um eine Kontrollmaßnahme handeln, die die Menschenwürde berührt – ausschlaggebend ist die **konkrete Ausgestaltung.**[903]

In der Lit wird sowohl das Vorliegen einer Kontrollmaßnahme und eines Kontrollsystems als auch das Berühren der Menschenwürde mit diversen Argumenten abgelehnt.[904]

Nach hL genügt für das Vorliegen einer Kontrollmaßnahme grundsätzlich die objektive Kontrolleignung. Diese wird idR aber bei den meisten *Whistleblowing*-Systemen nicht vorliegen, da zB eine *Whistleblowing*-Hotline schon aufgrund ihres Ad-hoc-Charakters und dem Fehlen der für die Kontrolleignung notwendigen Regelmäßigkeit nicht zur Kontrolle geeignet ist.[905]

903 Vgl etwa *Kovács*, Whistleblowing – Anwendungsbereich und die betriebsverfassungsrechtliche Grundlage für den internen Meldekanal, DRdA 2022, 463 (469); *Mazal*, Whistleblowing – kollektivarbeitsrechtliche Aspekte, ecolex 2009, 1033.

904 Vgl dazu etwa *Kovács*, DRdA 2022, 463 (469); *Greiner/Schedle*, Briefkästen sind keine Kontrollmaßnahmen! ARD 6889/4/2024.

905 *Greiner/Schedle*, ARD 6889/4/2024.

Wenn das Vorliegen einer Kontrollmaßnahme jedoch bejaht wird, ist die Berührung der Menschenwürde zu prüfen. Hier muss zunächst die konkrete Einwirkung der Kontrollmaßnahme auf den Dienstnehmer eruiert werden. Des Weiteren muss eine Interessenabwägung zwischen den (Kontroll-)Interessen des Dienstgebers und den Persönlichkeitsrechten des Dienstnehmers erfolgen. Kommt es etwa aufgrund einer Meldung zu Überprüfungen von E-Mail-Accounts, wird die Privatsphäre und damit auch die Menschenwürde meist berührt sein.[906]

Gemeinsam ist den Meinungen zur Zustimmungs-Notwendigkeit, dass eine Kontrollmaßnahme, die die Menschenwürde berührt, dann **nicht** vorliegt, wenn lediglich die **Mindestanforderungen** der EU-Whistleblowing-Richtlinie und des HSchG umgesetzt werden.[907]

Anderes ist aber insb dann der Fall, wenn Unternehmen

- ihre **Mitarbeiter verpflichten, Meldungen zu erstatten** (wobei es ausreichend ist, dass bei den Mitarbeitern der Eindruck erweckt wird, sie müssten sich gegenseitig beobachten, jeden Verdacht melden und sohin ein „Spitzelwesen" entsteht); und/oder
- den **Katalog an Unrechtmäßigkeiten, die gemeldet werden können, sehr weit (und ungenau)** definieren.[908]

Vor diesem Hintergrund sind jedenfalls auch einzelvertragliche Verpflichtungen von Dienstnehmern, bestimmte Vorfälle melden zu müssen, oder vergleichbare Bestimmungen in BV und internen Richtlinien kritisch zu sehen.

Im betriebsratslosen Betrieb ist für solche Maßnahmen eine Einzelvereinbarung mit jedem Dienstnehmer erforderlich (§ 10 AVRAG).

8.2.1.1.2. Qualifiziertes Personaldatensystem

Wird das Vorliegen einer Kontrollmaßnahme, die die Menschenwürde berührt, im konkreten Fall verneint, so sind im nächsten Schritt die Voraussetzungen eines qualifizierten Personaldatensystems gem § 96a Abs 1 Z 1 ArbVG zu prüfen. Ein solches liegt immer dann vor, wenn personenbezogene Daten der Dienstnehmer, die über die Ermittlung von allgemeinen Angaben zur Person und fachlichen Voraussetzungen hinausgehen, automationsunterstützt durch ein System ermittelt, verarbeitet oder übermittelt werden. Während in der Praxis zunächst va *Whistleblowing-Hotlines* dominierten, haben sich in den letzten Jahren vermehrt

906 *Kovács*, DRdA 2022, 463 (469 ff).

907 *Greiner*, Interne Hinweisgebersysteme als mitbestimmungspflichtige Personaldatensysteme? ASoK 2024, 308 (309).

908 Vgl etwa *Kovács*, DRdA 2022, 463 (469). *Reissner* geht demgegenüber davon aus, dass ein Hinweisgebersystem als Kontrollsystem iSd Art 96 Abs 1 Z 3 ArbVG zu qualifizieren ist. Auch *Achitz/Fritsch/Haslinger/Müller* haben – noch vor Inkrafttreten des HSchG, jedoch ausdrücklich in Hinblick auf die nach dem BWG schon damals gesetzlich geforderten Hinweisgebersystemen – ausgeführt, dass „derartige Meldestellen jedenfalls mitbestimmungspflichtig" sind, vgl *Achitz/Fritsch/Haslinger/Müller*, Leitfaden Betriebsvereinbarungen[2] 228.

Cloud-Lösungen etabliert. Beide Alternativen verarbeiten idR personenbezogene Daten der Dienstnehmer, sodass der Tatbestand grundsätzlich erfüllt sein wird (außer der Dienstgeber entscheidet sich für eine Umsetzung des HSchG in Form eines „Beschwerde-Briefkastens", was zwar grundsätzlich möglich wäre, in der Praxis aber äußerst selten ist – nicht zuletzt, weil so auch die zeitlichen Vorgaben für eine Rückmeldung an Hinweisgeber nur schwer eingehalten werden können).

Ein Personaldatensystem erfordert allerdings dann keine BV, wenn die Verwendung der personenbezogenen Daten der Dienstnehmer nicht über die Erfüllung von Verpflichtungen hinausgeht, die sich aus Gesetz, KV oder dem Arbeitsvertrag ergeben. Werden also zB nur die gesetzlich vorgeschriebenen Arbeitszeitaufzeichnungen automationsunterstützt geführt, dann ist dafür keine BV erforderlich. Genau diese Ausnahme kann auch im Fall eines Hinweisgebersystems vorliegen, wenn es nicht über die Vorgaben des HSchG hinausgeht, sondern nur den gesetzlich geforderten „Mindeststandard" umsetzt.

Anmerkung

Letztlich führt diese Ansicht dazu, dass Unternehmen im Zweifel eher einem Hinweisgebersystem den Vorzug geben werden, das **nicht** über die Vorgaben des HSchG hinausgeht, was dem durch das HSchG bezweckten Ziel nach mehr Transparenz und Integrität im Ergebnis gerade zuwiderläuft. Sowohl eine erste höchstgerichtliche Entscheidung als auch die für 2026 vorgesehene Evaluierung des HSchG sind daher mit Spannung zu erwarten.

Der Tatbestand eines qualifizierten Personaldatensystems wird daher zumindest in Organisationen, die:

- nicht gesetzlich dazu verpflichtet sind, ein internes Hinweisgebersystem einzurichten, oder
- in der Ausgestaltung über die gesetzlichen Anforderungen hinausgehen,

erfüllt. Daher wird eine **BV notwendig** sein.

Kommt es zwischen Dienstgeber und Betriebsrat zu keiner Einigung, so steht es beiden Seiten offen, die Schlichtungsstelle anzurufen. Sie wird beim örtlich zuständigen Arbeits- und Sozialgericht *ad hoc* errichtet. Ihre Entscheidung gilt als BV, als Rechtsmittel kann dagegen Beschwerde an das BVwG erhoben werden. So wird zumindest verhindert, dass die Einführung eines Hinweisgebersystems an der mangelnden Zustimmung des Betriebsrats scheitert.

8.2.1.1.3. Allgemeine Ordnungsvorschriften

Allgemeine Ordnungsvorschriften, die das Verhalten der Dienstnehmer im Betrieb regeln, kann der Dienstgeber grundsätzlich einseitig durch Weisung oder zB im Rahmen interner Richtlinien umsetzen. Der Betriebsrat hat jedoch (wie auch der

Dienstgeber) das Recht, den Abschluss einer BV zu verlangen. Kommt es zwischen Betriebsrat und Dienstgeber zu keiner einvernehmlichen Einigung, kann die Schlichtungsstelle angerufen werden. Der Anwendungsbereich dieser Regelung ist sehr weit gefasst und umfasst daher auch die Festlegung von Verhaltensnormen iZm der Einführung eines Hinweisgebersystems.

8.2.1.1.4. Betriebliches Beschwerdewesen

Im Bereich des betrieblichen Beschwerdewesens steht es dem Betriebsrat und dem Dienstgeber grundsätzlich frei, eine BV abzuschließen. Sollte jedoch keine Einigung erzielt werden, kann der Dienstgeber die gewünschten Maßnahmen entweder durch Einzelvereinbarungen mit den Dienstnehmern oder durch eine einseitige Anordnung umsetzen. Da die anderen möglichen Betriebsvereinbarungstatbestände stärkere Mitwirkungsrechte des Betriebsrats vorsehen, hat diese Bestimmung in der Praxis kaum Relevanz.

8.2.1.1.5. Zwischenergebnis

Welcher Betriebsvereinbarungstatbestand konkret in Frage kommt, hängt nach der hA von der **konkreten Ausgestaltung des jeweiligen Hinweisgebersystems** ab. Auffallend ist, dass seit Inkrafttreten der EU-Whistleblowing-Richtlinie und insb des HSchG zunehmend die Auffassung vertreten wird, dass eine BV dann nicht erforderlich sei, wenn das konkrete Meldesystem ausschließlich die Anforderungen des HSchG erfüllt und keinen darüberhinausgehenden Anwendungsbereich vorsieht.

Lässt das Hinweisgebersystem Meldungen also nur in den vom HSchG zwingend vorgeschriebenen Rechtsbereichen zu, handle es sich weder um ein Kontrollsystem, das die Menschenwürde berührt, noch um ein qualifiziertes Personaldatensystem, weil die Datenverwendung in Erfüllung der Pflicht des Dienstgebers erfolgt, ein Meldesystem einzuführen.

Aus praktischer Sicht ist dieser Ansatz nachvollziehbar, er vermeidet auch eine andernfalls drohende Pattsituation: Einerseits besteht für den Dienstgeber die Pflicht, ein Hinweisgebersystem einzuführen, anderseits könnte der Betriebsrat die notwendige Zustimmung verweigern.

Falls der Abschluss einer BV aus internen Gründen nicht gewünscht oder realistischerweise nicht umsetzbar ist, sollte bei der Einführung eines Hinweisgebersystems besonders darauf geachtet werden, dass

- der Katalog der möglichen Meldethemen exakt den Vorgaben des HSchG entspricht und keine zusätzlichen Themenbereiche wie etwa ein allgemeiner Punkt „Sonstiges“ aufgenommen werden; und
- in Vereinbarungen mit den Dienstnehmern, internen Richtlinien oder der sonstigen Kommunikation nicht von einer Verpflichtung zur Meldung von Verdachtsfällen gesprochen wird.

Trotzdem kann der Betriebsrat auf Grundlage von § 97 Abs 1 Z 1 ArbVG (Allgemeine Ordnungsvorschriften) den Abschluss einer BV erzwingen. Bis zu einer Entscheidung durch die Schlichtungsstelle kann der Dienstgeber das Hinweisgebersystem aber immerhin vorübergehend durch Weisung oder eine interne Richtlinie einseitig einführen.

8.2.1.2. Einzelvereinbarung

Die Einzelvereinbarung stellt in der Praxis oft die größte Hürde für Unternehmen dar, weil der Dienstgeber auf die Zustimmung jedes einzelnen Dienstnehmers angewiesen ist, was gerade in Unternehmen mit vielen Mitarbeitern zu erheblichen Herausforderungen führt. Eine Einzelvereinbarung ist gem § 10 Abs 1 AVRAG grundsätzlich nur dann erforderlich, wenn im betriebsratslosen Betrieb ein Hinweisgebersystem eingeführt werden soll, das als Kontrollmaßnahme, die die Menschenwürde berührt, zu qualifizieren ist (vgl Pkt 7.7.3.1.1.).

Tipp

Eine Einzelvereinbarung sollte zumindest **befristet** geschlossen werden. Andernfalls kann sie der Dienstnehmer jederzeit und ohne Fristsetzung kündigen.

8.2.1.3. Policy

Ist weder eine BV noch eine Einzelvereinbarung gesetzlich notwendig, so bietet es sich für Dienstgeber idR an, die wichtigsten Regelungen und Abläufe in einer *Policy* festzuhalten, um Klarheit und Verbindlichkeit zu schaffen.

8.2.2. Üblicher Inhalt von BV/Policy

Vorauszuschicken ist, dass es Dienstgeber (und Betriebsrat) grundsätzlich freisteht, wie sie den Inhalt einer BV oder *Policy* rund um die Einführung eines Hinweisgebersystems gestalten wollen. Weder das HSchG noch die EU-Whistleblowing-Richtlinie enthalten hier spezifische Vorgaben. Den Dienstgeber treffen allerdings bestimmte Informationspflichten. Hier hat es sich in der Praxis als zweckmäßig erwiesen, diesen Pflichten bereits durch Aufnahme in eine BV oder *Policy* zu entsprechen.

Checkliste: Inhalt einer BV/Policy

Üblicherweise finden sich in der Praxis folgende Regelungen:

- Zweck;
- erfasster Personenkreis;
- sachlicher Geltungsbereich;
- Darstellung des Systems;

- Beschreibung des Meldeverfahrens;
- Zugriffsrechte;
- interne und externe Meldestelle;
- Schutz für Hinweisgeber, insb Vertraulichkeit;
- Verbot der bewussten Falschbezichtigung; und
- Inkrafttreten.

8.2.3. Individualarbeitsrechtliche Komponente

In Bezug auf den einzelnen Dienstnehmer ist zunächst interessant:

- ob und wenn ja, unter welchen Umständen Dienstnehmer verpflichtet sind, bestimmte Vorfälle zu melden;
- welchen Schutz Hinweisgeber genießen; und
- welche Maßnahmen in Bezug auf Dienstnehmer gesetzt werden können, die von einer Meldung betroffen sind.

8.2.3.1. Meldepflicht?

8.2.3.1.1. Allgemeines

Grundsätzlich können Dienstnehmer bereits aufgrund ihrer **Treuepflicht** verpflichtet sein, (i) drohende Schäden oder (ii) Störungen des Arbeitsablaufs, die ihnen bekannt werden und die zu Nachteilen für den Dienstgeber führen könnten, selbstständig anzuzeigen.[909]

Eine solche Informations- und Anzeigepflicht hängt immer von der Position des Dienstnehmers ab und nimmt mit steigender hierarchischer Stellung zu. Insb **Führungskräften** kommt dabei eine Sonderrolle zu, weil ihr Verhalten in bestimmten Fällen rechtlich dem Dienstgeber zugerechnet wird:

Führungskräfte in leitender Position[910] sind verpflichtet, die Fürsorgepflicht des Dienstgebers zu wahren. Erlangen sie Kenntnis von Verstößen – bspw von Vorfällen, die einen Entlassungsgrund darstellen könnten –, so müssen sie geeignete Maßnahmen ergreifen, etwa indem sie die Geschäftsführung informieren. Ihre Kenntnis wird in diesen Fällen rechtlich dem Dienstgeber zugerechnet.[911]

Führungskräfte ohne leitende Position sind hingegen grundsätzlich nicht verpflichtet, den Dienstgeber zu informieren, insb wenn sie – was in der Praxis durchaus häufig der Fall ist – vom betroffenen Dienstnehmer ausdrücklich um Ver-

909 *Kapek/Pfeiffer*, HinweisgeberInnenschutzgesetz – Pflicht zur Meldung und Mitwirkungsbefugnisse des Betriebsrats, ecolex 2024/6.

910 Das Verhalten einer Führungskraft wird dem Dienstgeber zugerechnet, wenn die Führungskraft eine leitende Stellung mit selbstständigem Wirkungsbereich innehat und in verantwortlicher, leitender oder überwachender Funktion Tätigkeiten für die juristische Person ausübt (vgl OGH 3.9.2010, 9 ObA 141/09i; OLG Wien 9.10.2009, 8 Ra 79/09k; ASG Wien 28.1.2009, 35 Cga 131/08b).

911 Vgl OGH 29.4.2014, 9 ObA 43/14k.

schwiegenheit gebeten werden. Ob dennoch eine Weitergabe erforderlich ist, hängt vom Einzelfall ab und richtet sich nach der Art des Vorwurfs und den damit verbundenen Interessen des Dienstgebers.

Generell spielt auch die Schwere der Verdachtsmomente eine wesentliche Rolle: Je stärker die Interessen des Dienstgebers beeinträchtigt werden könnten, desto eher besteht eine entsprechende Meldepflicht. Gleichzeitig muss der Dienstnehmer in solchen Fällen nicht befürchten, gegen Verschwiegenheitspflichten zu verstoßen. So wäre es zB keine Preisgabe von Geschäfts- und Betriebsgeheimnissen, wenn ein Dienstnehmer strafrechtlich relevante Sachverhalte aufdeckt.[912]

Mangels ausdrücklicher gesetzlicher Regelung ist das konkrete Ausmaß der Treuepflicht immer **einzelfallbezogen** zu beurteilen und darf keinesfalls überspannt werden. Weitergehende Meldepflichten könnten zwar durch vertragliche Vereinbarung oder generelle Weisung verankert werden. Inwiefern eine solche Verstärkung in der Praxis gewünscht ist, sollte aber stets kritisch hinterfragt werden: Schließlich kann eine solche Meldepflicht dazu führen, dass das Hinweisgebersystem als Kontrollmaßnahme, die die Menschenwürde berührt, qualifiziert wird – womit zwingend eine BV (oder im betriebsratslosen Betrieb eine Einzelvereinbarung) erforderlich wäre.

8.2.3.1.2. Sonderstellung des Betriebsrats

Im Spannungsfeld zwischen den Interessen von Dienstnehmer und Dienstgeber kommt dem Betriebsrat als zentralem Vertretungsorgan der Belegschaft eine besondere Rolle zu. So kann es sein, dass sich Dienstnehmer, die von Missständen erfahren oder einen bestimmten Verdacht hegen, an ein Betriebsratsmitglied ihres Vertrauens wenden.

Die primäre Aufgabe des Betriebsrats besteht darin, die Interessen der Dienstnehmer zu wahren und zwischen Dienstnehmern und Dienstgebern zu vermitteln. Der Betriebsrat übt selbst aber keine Dienstgeberfunktion aus und hat insb keine Kompetenz, Maßnahmen wie Verwarnungen, Suspendierungen oder Kündigungen selbstständig zu ergreifen.

Gleichzeitig unterliegen Betriebsratsmitglieder im Rahmen ihrer Tätigkeit einer gesetzlichen **Verschwiegenheitspflicht**.[913] Diese bezieht sich dem Gesetzeswortlaut nach auf Informationen, die sie im Zuge der Wahrnehmung ihrer Mitwirkungsrechte erhalten. Nach hA ist dieser Wortlaut jedoch zu eng gefasst: Die Verschwiegenheitspflicht umfasst vielmehr auch Umstände, die der Betriebsrat außerhalb seiner unmittelbaren Vertretungsaufgaben erfährt.[914]

912 *Reichetseder* in *Petsche* (Hrsg), Whistleblowing & Internal Investigations[2] (2023) § 6 HSchG; *Kapek/Pfeiffer*, ecolex 2024/6.

913 § 115 ArbVG, § 35 BRGO.

914 *Mosler* in ZellKomm[3] § 115 ArbVG Rz 49; *Schneller* in *Gahleitner/Mosler*, Arbeitsverfassungsrecht 3[6] § 115 Rz 54; *Resch* in *Jabornegg/Resch/Födermayr*, ArbVG § 115.

Wenn ein Dienstnehmer den Betriebsrat um Vertraulichkeit bittet, darf dieser die Informationen sohin nicht automatisch an den Dienstgeber weiterleiten – es sei denn, es überwiegen Allgemeininteressen, wie etwa die Aufdeckung strafrechtlich relevanter Handlungen. Ob eine Weitergabe in solchen Fällen geboten ist, muss stets durch eine sorgfältige Interessenabwägung im Einzelfall beurteilt werden.

Interessant ist idZ eine kürzlich ergangene Entscheidung des OLG Wien[915], die sich zwar nicht auf einen vom HSchG umfassten Themenbereich, aber auf einen Fall sexueller Belästigung am Arbeitsplatz bezog: Hier hatte der Betriebsrat Informationen zunächst zurückgehalten, weil ihn die betroffene Dienstnehmerin um Verschwiegenheit gebeten hatte. Erst nach ihrer ausdrücklichen Zustimmung leitete der BR die Informationen an die Geschäftsführung weiter. Das OLG Wien beanstandete dieses Vorgehen nicht und bestätigte damit, dass die Verschwiegenheitspflicht des BR eine hohe Bedeutung hat.

8.3. Informations- und Auskunftspflichten

8.3.1. Informationen über die Möglichkeiten und das Verfahren der Hinweisgebung

Der Dienstgeber hat den Dienstnehmern einen **einfachen Zugang zu klaren Informationen** über die Möglichkeit und das Verfahren der Hinweisgebung zur Verfügung zu stellen, und zwar, was sowohl eine Meldung an die interne Stelle als auch an die externe Stelle betrifft (§ 10 HSchG).[916] Obwohl neben der internen Stelle auch die externe Stelle ausdrücklich genannt werden muss, ist es möglich festzuhalten, dass Meldungen vorrangig an die interne Stelle erfolgen sollen. Auch die Rahmenbedingungen – also etwa das Verfahren, die zuständige Meldestelle, die Gewährleistung der Vertraulichkeit, Schutz vor Vergeltungsmaßnahmen etc – sollten dabei einfach und verständlich dargestellt werden. Eine darüberhinausgehende Verpflichtung, auch darüber zu informieren, inwieweit ein Hinweisgeber im Falle einer Veröffentlichung geschützt ist (§ 14 Abs 2 HSchG), besteht nicht.[917]

Wichtig ist, dass die Informationen in einer einfachen, leicht verständlichen Sprache verfasst sind. Ziel sollte es dabei sein, schon die Grundlage für die Einführung des Hinweisgebersystems – also etwa eine entsprechende BV oder interne Richtlinie – entsprechend klar zu formulieren, sodass sie von allen Dienstnehmern verstanden wird. Im besten Fall können die betroffenen Mitarbeiter das jeweilige Dokument im Sinne eines Handbuchs oder Nachschlagewerks bei der täglichen Arbeit verwenden. Ergänzend dazu bieten sich freilich auch Informationsveranstaltungen, Video-Tutorials, Plakate oder FAQs an. Dabei kann es hilfreich sein, *Use Cases* aufzunehmen, um den Mitarbeitern – abhängig vom jeweiligen An-

915 OLG Wien 25.10.2023, 10 Ra 71/23v.
916 Vgl *Schuschnigg*, Das HinweisgeberInnenschutzgesetz (HSchG), in SWK 8/2023, 433.
917 Vgl *Kudrna* in *Kudrna/Schönborn/Kitzenberger/Karpf*, Kurzkommentar HSchG, § 10 Rz 4.

wendungsbereich, der Branche und den für das Unternehmen besonders sensiblen Themen – ein besseres Verständnis dafür zu vermitteln, welche Art von Verstößen über den Meldekanal erfasst werden sollen.

Das Erfordernis, diese Informationen in einer einfachen und verständlichen Sprache bereitzustellen, kann so weit gehen, dass Unternehmen – abhängig von den konkreten Sprachkenntnissen der Dienstnehmer – in Betracht ziehen sollten, diese ggf **auch in anderen Sprachen** anzubieten.

Wie die Informationen zur Verfügung gestellt werden, obliegt jedenfalls **allein dem Dienstgeber**. Obwohl praktisch durchaus sinnvoll, ist der Dienstgeber rein rechtlich auch nicht verpflichtet, die Dienstnehmer laufend zu informieren. Vielmehr genügt es, die Informationen einmalig zur Verfügung zu stellen – eine Maßnahme, die jedoch unbedingt dokumentiert werden sollte. Um sicherzustellen, dass auch neue Dienstnehmer ausreichend informiert sind, sollten diese Informationen im Onboarding-Prozess fest verankert werden. Berücksichtigen Sie bei der Informationserteilung, dass nicht nur Dienstnehmer mögliche Hinweisgeber sein können, sondern auch andere Personen. Die Aufklärung sollte daher auch den erweiterten Personenkreis an geschützten Hinweisgebern erreichen (vgl Pkt 8.1.2.2.).

8.3.2. Informationen an den Hinweisgeber (§§ 13, 17 HSchG)

Spätestens **drei Monate** nach Eingang eines Hinweises muss die interne Stelle dem Hinweisgeber mitteilen:

- welche Folgemaßnahmen sie ergriffen hat oder zu ergreifen beabsichtigt oder
- aus welchen Gründen der Hinweis nicht weiterverfolgt wird.

Dieser Informationspflicht muss der Dienstgeber jedenfalls nachkommen, unabhängig davon, ob der Hinweisgeber dies ausdrücklich verlangt oder nicht. Dabei bestehen weder qualitative noch quantitative Vorgaben für die Art der Information. Eine kurze, allgemein gehaltene Information genügt, wobei gerade datenschutzrechtliche Überlegungen für eine zurückhaltende Berichterstattung sprechen. Nach einer Lehrmeinung kann die Information sogar auf jenes Minimum beschränkt werden, das dem Hinweisgeber ermöglicht, zu beurteilen, ob ein Fall des § 14 HSchG vorliegt. Das betrifft die Frage, ob er berechtigt ist, den Hinweis an eine externe Stelle weiterzugeben (§ 14 Abs 1 HSchG) oder ihn – unter dem Schutz vor Vergeltungsmaßnahmen – öffentlich zu machen (§ 14 Abs 2 HSchG). Ein darüber hinausgehendes, rechtlich schutzwürdiges Informationsinteresse des Hinweisgebers lässt sich nach dieser Auffassung nicht begründen.[918]

Steht dem Hinweisgeber in einem allfälligen Verfahren **Parteistellung** zu, so sind ihm umfangreichere Informationen zu erteilen, wie zB das Aktenzeichen oder eine allfällige Weiterleitung an entsprechende Behörden.[919]

918 Vgl *Kudrna in Schönborn/Kitzenberger/Karpf* § 13 Rz 38.
919 Ibid.

Nur bei externen Hinweisgerbersystemen ist der Hinweisgeber darüber zu informieren, zu welchem Ergebnis die externe Stelle bei Überprüfung der Meldung gekommen ist.[920]

8.3.3. Auskunfts- und Informationsrechte des Betriebsrats

8.3.3.1. Auskunftsrecht des Betriebsrats

Der Dienstgeber ist grundsätzlich verpflichtet, den Betriebsrat über alle Angelegenheiten, die die wirtschaftlichen, sozialen, gesundheitlichen oder kulturellen Interessen der Dienstnehmer berühren, Auskunft zu erteilen (§ 91 Abs 1 ArbVG).

Die vom Gesetzgeber gewählte Formulierung „... *Auskunft zu erteilen*" bedeutet, dass der Dienstgeber nur auf Grund einer entsprechenden **Anfrage des Betriebsrats** eine Auskunft erteilen muss. Dieses Informationsrecht soll es der Belegschaft ermöglichen, auf betriebliche Entwicklungen zu reagieren, diesbezügliche Auswirkungen abzuklären und Vorschläge einzubringen.[921]

Erfolgt eine Einbindung des Betriebsrats nicht ohnehin im Rahmen der Einführung des internen Hinweisgebersystems, weil im konkreten Fall keine BV erforderlich ist, so muss der Dienstgeber den Betriebsrat nur insoweit über die Errichtung des internen Meldekanals und dessen Ausgestaltung informieren, als der Betriebsrat eine entsprechende Auskunft begehrt. Nach dem Gesetz sind auch nur solche Fragen zu beantworten, die die Interessen der Dienstnehmer betreffen. Im Sinne einer konstruktiven Zusammenarbeit kann es in der Praxis dennoch oft ratsam sein, auch darüber hinausgehende Fragen zu beantworten, soweit damit keine schützenswerten Daten offengelegt werden.

8.3.3.2. Informations-, Einsichts- und Kontrollrechte

Neben dem allgemeinen Auskunftsrecht kommt dem Betriebsrat aber auch ein spezielles Informationsrecht zu, und zwar betreffend die **Arten von personenbezogenen Arbeitnehmerdaten**, die der Dienstgeber **automationsunterstützt aufzeichnet** und welche **Verarbeitungen und Übermittlungen** er vorsieht. Dabei handelt es sich um ein echtes Informationsrecht, dh der Dienstgeber muss **von sich aus tätig werden** (vgl § 91 Abs 2 ArbVG). Auf Verlangen ist dem Betriebsrat zudem die Überprüfung der Grundlagen für die Verarbeitung und Übermittlung zu ermöglichen (Einsichts- und Kontrollrecht).

Die Überprüfung bezieht sich nicht nur auf die Grundlagen der Verarbeitung bzw Übermittlung, also den technischen Hintergrund dieser Vorgänge, sondern auch auf die Daten selbst.[922]

920 *Kudrna in Schönborn/Kitzenberger/Karpf* § 17 Rz 29.

921 Vgl etwa *Reissner* in *Neumayr/Reissner*, ZellKomm[3] § 91 ArbVG Rz 8.

922 *Strasser/Jabornegg*, ArbVG[3] (1999) § 91 Anm 14; *Egger*, Telearbeit – ein neues Phänomen der Arbeitswelt, DRdA 1987, 97.

Die in der Praxis gängigsten Meldekanäle, und zwar Cloud-Lösungen oder Hotlines, zeichnen personenbezogene Arbeitnehmerdaten automationsunterstützt auf, sodass das Informationsrecht gem § 91 Abs 2 ArbVG idR greifen und der Betriebsrat vom Dienstgeber proaktiv zu informieren sein wird. Kommt es im Zuge der Einführung eines Meldekanals zu keiner automationsunterstützten Verarbeitung personenbezogener Daten – was in der Praxis die Ausnahme sein wird – wäre eine Information des Betriebsrats generell nur auf sein Verlangen erforderlich.

8.4. Schutz von Hinweisgebern

Das zentrale Element des HSchG ist der Schutz der Hinweisgeber vor **Vergeltungsmaßnahmen**. Maßnahmen, die das Unternehmen in Vergeltung eines berechtigten Hinweises setzt, sind **rechtsunwirksam**.

Auch vor Inkrafttreten der EU-Whistleblowing-Richtlinie und des HSchG waren Hinweisgeber – zumindest unter bestimmten Voraussetzungen – bereits geschützt. Dabei kam insb dem Grundrecht auf Meinungsfreiheit (Art 10 EMRK, Art 11 GRC) und der darauf aufbauenden Rechtsprechung des EGMR eine zentrale Rolle zu. Die idZ entwickelten Grundsätze sind nicht nur für die Vergangenheit von Bedeutung, sondern bleiben auch künftig relevant, weil der Anwendungsbereich des HSchG begrenzt ist. In der Praxis ist zudem davon auszugehen, dass es weiterhin zu Meldungen kommen wird, die nicht vom HSchG erfasst sind – unabhängig davon, ob der jeweilige Dienstgeber solche Meldungen im Rahmen seines Hinweisgebersystems vorgesehen hat oder nicht.

8.4.1. Keine Vergeltungsmaßnahmen

Neben der klassischen Sanktionsmaßnahme einer Kündigung umfassen sowohl die EU-Whistleblowing-Richtlinie als auch das HSchG einen breiten Katalog konkret unzulässiger Vergeltungsmaßnahmen (Art 19 EU-Whistleblowing-Richtlinie, § 20 HSchG). Die genannten Bsp decken sich grundsätzlich, wobei das HSchG bei den – ohnehin nur beispielhaften – Maßnahmen nach den möglichen Rechtsfolgen unterscheidet.

So erwähnt das HSchG zunächst Vergeltungsmaßnahmen, die **rechtsunwirksam** sind (§ 20 Abs 1 HSchG); dazu zählen insb:

- Suspendierung, Kündigung oder vergleichbare Maßnahmen;
- Nichtverlängerung oder vorzeitige Beendigung eines befristeten Arbeitsvertrags;
- Herabstufung oder Versagung einer Beförderung;
- Aufgabenverlagerung, Änderung des Arbeitsortes, Minderung des Entgelts, Änderung der Arbeitszeit;
- Versagung der Teilnahme an Weiterbildungsmaßnahmen;
- negative Leistungsbeurteilung oder Ausstellung eines schlechten Dienstzeugnisses;
- Disziplinarmaßnahme, Rüge oder sonstige Sanktion einschließlich finanzieller Sanktionen;

- vorzeitige Kündigung oder Aufhebung eines Vertrags über Waren oder Dienstleistungen; und
- Entzug einer Lizenz oder einer Genehmigung.

Sodann werden jene Vergeltungsmaßnahmen genannt, bei denen der Dienstgeber zur **Wiederherstellung des rechtmäßigen Zustandes**, zum **Ersatz des Vermögensschadens** sowie zu einer **Entschädigung für die erlittene persönliche Beeinträchtigung** verpflichtet ist (§ 20 Abs 2 HSchG):

1. Nötigung, Einschüchterung, Mobbing oder Ausgrenzung;
2. Diskriminierung, benachteiligende oder ungleiche Behandlung;
3. Nichtumwandlung eines befristeten Arbeitsvertrags in einen unbefristeten Arbeitsvertrag in Fällen, in denen eine Arbeitnehmerin oder ein Arbeitnehmer zu Recht erwarten durfte, einen unbefristeten Arbeitsvertrag angeboten zu bekommen;
4. Schädigung einschließlich Rufschädigung, insb in den sozialen Medien, oder Herbeiführung finanzieller Verluste einschließlich Auftrags- oder Einnahmeverluste;
5. Erfassung der Hinweisgeberin oder des Hinweisgebers auf einer schwarzen Liste auf Basis einer informellen oder formellen sektor- oder branchenspezifischen Vereinbarung mit der Folge, dass die Hinweisgeberin oder der Hinweisgeber sektor- oder branchenweit keine Beschäftigung mehr findet;
6. psychiatrische oder sonstige Zuweisung zu ärztlicher Behandlung.

Viele der genannten Benachteiligungen dürften keine Änderung zur bisherigen Rechtslage darstellen. Nicht zuletzt, weil viele der beispielhaft genannten Vergeltungsmaßnahmen *per se* unzulässig sind – und zwar auch dann, wenn ein Dienstnehmer zuvor keinen berechtigten Hinweis gegeben hat. Das gilt zB für Mobbing, Schädigung oder die Ausstellung eines schlechten Arbeitszeugnisses.

Spannend wird die weitere Entwicklung einerseits im Bereich (i) der Unterlassung von für die **Dienstnehmer vorteilhaften Maßnahmen**, etwa wenn befristete Dienstverhältnisse nicht verlängert, Beförderungen nicht umgesetzt oder Gehaltserhöhungen ausgesetzt werden. Andererseits wird sie auch im Bereich (ii) der **Wahrnehmung des Weisungsrechts** des Dienstgebers, zB bei der Zuweisung einer anderen Tätigkeit, der Änderung des Dienstorts im Rahmen eines vereinbarten Versetzungsvorbehalts (und ohne dass es sich dabei um eine verschlechternde Versetzung handeln würde) oder bei Änderungen der Arbeitszeit interessant. Hier wird es in der Praxis entscheidend darauf ankommen, welche Partei welche Tatsachen darlegen und beweisen muss, um ihre Position durchzusetzen (siehe dazu Pkt 8.4.3.).

8.4.2. Unwahre Meldungen

Whistleblowing steht grundsätzlich im Spannungsfeld zwischen (i) der Treue- oder Verschwiegenheitspflicht des Dienstnehmers einerseits, und (ii) dem Grundrecht auf Meinungsfreiheit (Art 10 EMRK, Art 11 GRC) sowie dem öffentlichen Interesse an der Aufdeckung von Missständen andererseits.

Vor diesem Hintergrund ist es wichtig zu betonen, dass der Schutz des HSchG für Hinweisgeber greift, wenn sie zum Zeitpunkt ihres Hinweises auf Basis der tatsächlichen Umstände und der ihnen verfügbaren Informationen hinreichende Gründe dafür annehmen können, dass:

- die von ihnen gemeldeten **Informationen der Wahrheit entsprechen**; und
- der Hinweis in den **Geltungsbereich des HSchG** fällt (§ 6 HSchG).

Hinweisgeber sind also nur geschützt, wenn sie berechtigte Gründe haben, an die Richtigkeit der Information zu glauben, wobei die Information (i) objektiv auf den verfügbaren Fakten beruhen und (ii) der Hinweisgeber subjektiv von der Korrektheit überzeugt sein muss. Zudem muss die gemeldete Verletzung in den Anwendungsbereich des HSchG fallen. IdZ werden vom Hinweisgeber zwar gewisse Nachforschungen verlangt werden können, umfassende Ermittlungen im Sinne einer „Detektivarbeit" sind vom Hinweisgeber aber nicht zu leisten.[923]

Liegen diese Voraussetzungen vor, unterliegen Hinweisgeber grundsätzlich dem Schutz des HSchG, und zwar auch dann, wenn sich später herausstellen sollte, dass der gemeldete Verstoß des Hinweisgebers nicht zutreffen sollte.

Hinweisgeber können sich nicht auf den Schutz des HSchG berufen, wenn sie **vorsätzlich** eine falsche Meldung erstatten. Hier sind Geldstrafen von bis zu EUR 20.000 (im Wiederholungsfall EUR 40.000) möglich (§ 24 HSchG). Grob fahrlässige Falschmeldungen sind nicht eindeutig geregelt, hier wird im Einzelfall genau zu prüfen sein, ob der Hinweisgeber hinreichende Gründe hatte, anzunehmen dass die gemeldeten Informationen der Wahrheit entsprechen – was bei grober Fahrlässigkeit idR wohl nicht mehr der Fall sein wird.

Tipp

Vor Abgabe einer Meldung sollten Hinweisgeber die ihnen verfügbaren Informationen sorgfältig prüfen und plausibel belegen können. Eine Meldung sollte sodann in erster Linie über den internen Meldekanal erfolgen. Eine externe Meldung ist va dann zulässig, wenn eine interne Bearbeitung nicht möglich, zumutbar oder erfolgversprechend oder sogar bereits gescheitert ist. Die Veröffentlichung eines Hinweises ist nur dann geschützt, wenn der Hinweisgeber

- zuvor eine interne oder externe Meldung erstattet hat, ohne dass innerhalb der festgelegten Fristen von drei und sechs Monaten geeignete Folgemaßnahmen ergriffen wurden;
- berechtigte Gründe hat, bei einer externen Meldung Vergeltungsmaßnahmen zu befürchten oder an der Wirksamkeit einer externen Bearbeitung zu zweifeln (zB durch Beweismittelvernichtung oder Absprachen); oder
- annehmen kann, dass die Rechtsverletzung eine unmittelbare Gefahr für das öffentliche Interesse darstellt (zB in Notsituationen oder bei drohenden irreversiblen Schäden).

923 *Kovács*, Whistleblowing – Institutioneller Schutz und individualarbeitsrechtliche Fragen, JAS 2022, 225 mwN.

8.4.3. Sonderregeln zur Beweislast

In praktischer Hinsicht besonders relevant sind die Sonderregeln rund um die Beweislast in gerichtlichen und behördlichen Verfahren: Üblicherweise hat jede Partei die von ihr behaupteten und für sie günstigen Punkte zu beweisen. Behauptet ein Hinweisgeber, wegen eines Hinweises benachteiligt worden zu sein, so muss er gem § 23 HSchG hingegen **bloß glaubhaft machen**, dass diese Benachteiligung als Vergeltung für den Hinweis erfolgte. Es liegt dann am Dienstgeber **zu beweisen**, dass bei Abwägung aller Umstände eine höhere Wahrscheinlichkeit dafür spricht, dass die Maßnahme aus einem anderen Motiv heraus erfolgte – und dieses andere Motiv glaubhaft zu machen. Mögliche andere Gründe können betrieblicher Natur sein, wie etwa interne Restrukturierungen, eine schlechte wirtschaftliche Lage, oder an der Person oder im Verhalten des Dienstnehmers liegen.

Die EU-Whistleblowing-Richtlinie geht weiter und sieht eine „echte" Beweislastumkehr vor, wonach grundsätzlich vermutet wird, dass eine Benachteiligung als Vergeltung für einen Hinweis erfolgte. Dh, der Hinweisgeber muss nur behaupten, dass er aufgrund eines Hinweises benachteiligt wurde und es liegt sodann am Dienstgeber zu beweisen, dass die Maßnahme auf hinreichend gerechtfertigten Gründen basierte.[924] Es bleibt abzuwarten, ob die Rechtsprechung diesen Widerspruch, ähnlich wie bereits bei § 12 Abs 2 GlBG, im Wege einer richtlinienkonformen Interpretation lösen wird.[925]

Diese speziellen Regelungen zur Beweislast dienen jedenfalls dem Schutz der Hinweisgeber, weil es für sie praktisch kaum möglich sein wird, den Zusammenhang zwischen dem Hinweis und einer späteren Vergeltungsmaßnahme konkret zu belegen. Schließlich wird der Dienstgeber in den seltensten Fällen offen mit Sanktionen auf einen Hinweis reagieren, sondern vielmehr andere Gründe/Motive in den Vordergrund stellen.[926]

Tipp

Für Dienstgeber ist es wichtig, sämtliche Schritte und insb auch das Verhalten und die Leistungen der Mitarbeiter umfassend zu dokumentieren, um im Streitfall vor Gericht den Nachweis führen zu können, dass eine bestimmte Maßnahme nicht als Vergeltung eines Hinweises erfolgte, sondern auf anderen Gründen beruhte.

Besonders herausfordernd ist das in jenen Fällen, in denen für den Dienstgeber – zumindest bisher –keine rechtliche Notwendigkeit zur Begründung einer Maßnahme bestand, also zB bei der Auflösung eines Dienstverhältnisses während des Probemonats.

924 *Korenjak* in *Bleckmann/Knaipp/Korenjak*, HinweisgeberInnenschutzgesetz § 23 Rz 5.

925 Vgl dazu auch *Korenjak* in *Bleckmann/Knaipp/Korenjak*, § 23 Rz 8; *Gahleitner/Höfer*, Arbeitsrechtliche Aspekte von Hinweisgebersystemen, in *Ruhmannseder* (Hrsg), Interne Untersuchungen (2024) Rz 3.12.

926 Vgl dazu *Stella*, Whistleblowing-Richtlinie und HinweisgeberInnenschutzgesetz, in *Hofbauer/Heid/Beham* (Hrsg), Handbuch Vergabe-Compliance (2024) Rz 52.

8.4.4. Abstimmung mit dem Betriebsrat?

Wie einleitend erwähnt, enthält das HSchG keine eigenen Mitwirkungsbefugnisse des Betriebsrats. Diese ergeben sich ausschließlich aus nationalem Recht und bestehen primär bei der Einführung eines Hinweisgebersystems. IdZ kann eine BV erforderlich sein, außerdem bestehen allgemeine Auskunfts- und Informations-, Einsichts- sowie Kontrollrechte des Betriebsrats (siehe dazu Pkt 8.3.).

Im internen Verfahren nach Abgabe eines Hinweises hat der Betriebsrat grundsätzlich keine besonderen Mitwirkungsrechte. Vielmehr sind die Vertraulichkeit, Verschwiegenheitspflicht und der Schutz der Identität gem § 7 HSchG grundsätzlich auch gegenüber dem Betriebsrat zu wahren. Soweit kein gesetzliches Einsichtsrecht in die Daten einzelner Dienstnehmer besteht, ist eine solche Einsicht daher nur mit Zustimmung des jeweiligen Mitarbeiters zulässig.

Ob und in welchem Umfang der Betriebsrat in die weiteren Schritte nach Abgabe eines Hinweises eingebunden werden muss, hängt von den konkreten Maßnahmen des Dienstgebers ab. Zu denken ist dabei insb an die Mitwirkungsrechte bei Kündigungen und Versetzungen (vgl Pkt 7.7.4.).

Ganz allgemein kann der Betriebsrat im Rahmen des ihm zukommenden Interventionsrechts die Beseitigung von Missständen verlangen, die die Interessen der Dienstnehmer beeinträchtigen, und Vorschläge zur Verbesserung menschengerechter Arbeitsbedingungen unterbreiten (§ 90 ArbVG).

8.5. Schutz von Hinweisgebern außerhalb des HSchG

8.5.1. Allgemeines

Da das HSchG nur einen eingeschränkten Schutz bietet, der sich auf spezifische, im Gesetz definierte Materien konzentriert, ist in der Praxis zunächst zu überlegen, ob das jeweilige Hinweisgebersystem auch darüber hinausgehende Meldungen ermöglichen soll und welche Regelungen für derartige Meldungen ggf gelten sollen. Innerhalb seines Anwendungsbereichs stellt das HSchG jedenfalls einen **Mindeststandard** dar, vorstellbar sind aber über diesen Schutz hinausgehende Systeme.[927]

Mangels entsprechender Regelungen können sich Hinweisgeber, die Missstände in Materien außerhalb des HSchG melden, grundsätzlich nicht auf die Schutzbestimmungen des HSchG berufen. Insb arbeitsrechtliche Verstöße sind gerade nicht vom Geltungsbereich des HSchG umfasst. Möchte ein Dienstnehmer daher zB Verstöße iZm Mobbing oder sexueller Belästigung am Arbeitsplatz melden, so genießt er grundsätzlich keinen besonderen Schutz als Hinweisgeber. Anderes

927 *Kühteubl/Komarek*, DOS & DON'TS bei über die Anforderungen des HSchG hinausgehenden Hinweisgebersystemen, ecolex 2024/5.

würde nur gelten, wenn das Hinweisgebersystem über die Anforderungen des HSchG hinausgeht.[928]

In einem ersten Schritt ist daher stets zu prüfen, ob eine bestimmte Meldung in den sachlichen Anwendungsbereich des HSchG und des konkreten Hinweisgebersystems fällt (es sei denn, die jeweilige Organisation lässt jegliche Art von Meldungen zu und erstreckt den Schutz des HSchG entsprechend).

Selbst wenn eine konkrete Hinweisgebung nicht dem HSchG unterliegt, können Vergeltungsmaßnahmen – wie bisher – auf Basis von Art 10 EMRK angefochten werden. Auch eine mögliche Sittenwidrigkeit und – im Falle einer Kündigung – zusätzlich eine Anfechtung aufgrund von Motivwidrigkeit stehen im Raum.

Neben dem HSchG regelt das UWG die wettbewerbsrechtliche Behandlung von Geschäftsgeheimnissen und normiert in § 26d Abs 3 Z 2 lit b UWG eine eigene Ausnahme für Whistleblowing, die – wie auch das HSchG – auf eine EU-Richtlinie zurückgeht. Diese erlaubt die Aufdeckung rechtswidriger Handlungen. Das Verhältnis dieser Bestimmung zu jenen des HSchG wird aufgrund ihres ähnlichen Regelungsgehalts in der Lehre diskutiert.[929]

8.5.2. Ausgewählte Praxisfälle

Die Rechtsprechung des Europäischen Gerichtshofs für Menschenrechte (EGMR) hat in mehreren Entscheidungen den Schutz von Hinweisgebern gestärkt, wobei Artikel 10 EMRK (Meinungsfreiheit) eine zentrale Rolle spielt. Eine wegweisende Entscheidung betraf den Fall *Heinisch gegen Deutschland:*[930] Eine Altenpflegerin hatte Missstände bei ihrem Arbeitgeber öffentlich gemacht. Der EGMR entschied, dass die daraufhin erfolgte Kündigung unverhältnismäßig war und dass Whistleblowing durch die Meinungsfreiheit geschützt sei. Dabei entwickelte der EGMR folgende Prüfkriterien, die bei der Beurteilung von Whistleblowing-Fällen heranzuziehen sind, darunter:

- das öffentliche Interesse an den offengelegten Informationen,
- die Authentizität und Verlässlichkeit der Informationen,
- die Möglichkeit, die Missstände zunächst intern zu melden,
- mögliche Schäden für den Arbeitgeber,
- die Motive des Hinweisgebers und
- die Schwere und Konsequenzen der verhängten Sanktionen.

Auch im Fall *Halet gegen Luxemburg*[931] hat der EGMR aufgrund von Bedenken iZm der Meinungsfreiheit zugunsten eines Whistleblowers entschieden. *Halet*, ein

928 *Hitz/Kaindl/Roberts*, Ausgewählte arbeitsrechtliche Praxisfragen zum HinweisgeberInnenschutzgesetz, ARD 6846/6/2023.
929 Vgl *Hofmarcher*, Whistleblowing – das verpfiffene Geschäftsgeheimnis, ecolex 2024/3.
930 EGMR 21.7.2011 Nr 28274/08, *Heinisch gegen Deutschland.*
931 EGMR 14.2.2023 Nr 21884/18, *Halet gegen Luxemburg.*

ehemaliger Dienstnehmer einer großen Wirtschaftsprüfungsgesellschaft hat im Zuge des „LuxLeaks"-Skandals heikle Daten seines früheren Dienstgebers veröffentlicht und wurde deswegen vor einem nationalen Gericht zu einer Geldstrafe verurteilt. Der EGMR hat in diesem Fall entschieden, dass das öffentliche Interesse an diesen Informationen sowie *Halets* Meinungsfreiheit gegenüber den schutzwürdigen Interessen des ehemaligen Dienstgebers überwiegen und sprach *Halet Schadenersatz zu.*

Anders entschied der EGMR im Fall *Gawlik gegen Liechtenstein.*[932] Hier bestätigte das Gericht die Rechtmäßigkeit der Entlassung eines Whistleblowers. Der ehemalige Chefarzt eines Krankenhauses hatte den Verdacht einer schweren Straftat seines Vorgesetzten direkt bei der Staatsanwaltschaft angezeigt, ohne zuvor sorgfältig zu prüfen, ob die Informationen zutreffend und zuverlässig waren. Der EGMR stellte fest, dass ein solches Vorgehen nicht von Art 10 EMRK geschützt sei.

Diese Entscheidungen verdeutlichen, dass der Schutz von Hinweisgebern außerhalb des HSchG zwar eine komplexe Abwägung erfordert, bei der insb die Verhältnismäßigkeit von Maßnahmen und das öffentliche Interesse im Mittelpunkt stehen – auch hier stehen Dienstnehmern aber durchaus wirkungsvolle Rechtsbehelfe zur Verfügung.

8.6. Arbeitsrechtliche (Abhilfe-)Maßnahmen

Erfährt der Dienstgeber im Zuge einer Hinweisgebung von möglichen Rechtsverletzungen, einem sonstigen (auch nur möglichen) Fehlverhalten oder anderen Missständen in seinem Unternehmen, so stehen grundsätzlich immer auch arbeitsrechtliche Konsequenzen gegenüber den in diese Vorgänge involvierten Dienstnehmern im Raum.

Abhängig von den konkreten Umständen des Einzelfalls, also insb der Art der konkreten Vorwürfe und deren Intensität, stehen dem Dienstgeber unterschiedliche Maßnahmen zur Verfügung. Sie reichen von einer im ersten Schritt möglicherweise erforderlichen Sachverhaltsaufklärung, über Abmahnungen, Weisungen oder Versetzungen bis hin zur Kündigung oder gar einer Entlassung als *ultima ratio.*[933] Dabei obliegt es **allein dem Dienstgeber**, zu entscheiden, welche dieser ihm grundsätzlich offenstehenden arbeitsrechtlichen Konsequenzen er im konkreten Fall wählt. Möglich ist auch eine Kombination verschiedener Maßnahmen. Die Wahl sollte jedenfalls situationsangepasst und ggf erst nach entsprechender Rechtsberatung erfolgen. Es gibt keine gesetzlichen Verpflichtungen, bestimmte Maßnahmen zu setzen. Umso sorgfältiger hat der Dienstgeber abzuwägen, welche Konsequenzen im Einzelfall sinnvoll sind.

932 Urteil vom 16.2.2021, Beschwerde-Nr 23922/19.
933 Vgl OGH 9 ObA 15/01y, ecolex 2001/286; 9 ObA 13/10t, ecolex 2011, 28.

Tipp

Wichtig ist, dass der Dienstgeber dabei stets entschlossen vermittelt, Rechtsverletzungen jeglicher Art unter keinen Umständen zu tolerieren und notfalls alle zur Verfügung stehenden arbeitsrechtlichen Mittel auszuschöpfen – gleichzeitig aber auch an der Aufarbeitung der konkreten Vorwürfe interessiert ist und keine „Vorverurteilung“ duldet. In der Praxis ist es oft hilfreich, zu Gesprächen einen Mediator, Supervisor oder auch rechtliche Berater beizuziehen. Erweisen sich die Vorwürfe als berechtigt, sollte der Dienstgeber den Beschuldigten auf sein Verhalten ansprechen und (zumindest) das sofortige Unterlassen fordern, sofern nicht weitergehende arbeitsrechtliche Maßnahmen geboten sind.

Zu den dem Dienstgeber zur Verfügung stehenden Maßnahmen im Einzelnen:

- **Sachverhaltsaufklärung:** Liegen dem Dienstgeber noch nicht genügend Informationen über die konkret im Raum stehenden Vorwürfe vor, ist der Sachverhalt also noch nicht ausreichend klar, so kann zunächst eine (interne) Aufklärung des Sachverhalts geboten sein. Dafür können sich – abhängig von den konkreten Umständen – Gespräche mit anderen, betroffenen Dienstnehmern und/oder Führungskräften, Einsicht in Unterlagen oder der Zugriff auf IT-Systeme eignen.
- **Verwarnung:** Im Fall von vertrags- oder weisungswidrigem Verhalten eines Dienstnehmers kann der Dienstgeber mit einer Verwarnung reagieren. Eine Verwarnung ist zukunftsgerichtet und hat **keinen Sanktionscharakter**. Verwarnungen müssen grundsätzlich nicht schriftlich erfolgen. Zu Beweiszwecken ist aber freilich zu empfehlen, eine Verwarnung schriftlich festzuhalten und dabei sowohl den Sachverhalt als auch die arbeitsrechtlichen Konsequenzen bei weiterem Fehlverhalten genau zu dokumentieren.
- **Disziplinarmaßnahmen:** Im Gegensatz zu Verwarnungen sind Disziplinarmaßnahmen Maßnahmen des Dienstgebers, die das Ziel haben, die betriebliche Ordnung aufrechtzuerhalten oder diese wiederherzustellen. Disziplinarmaßnahmen sind bspw Entgeltkürzungen oder Geldstrafen. Der Dienstgeber darf eine Disziplinarmaßnahme im Einzelfall nur verhängen, wenn sie in einem KV oder in einer BV vorgesehen ist. Die Verhängung einer Disziplinarmaßnahme bedarf, sofern darüber nicht eine mit Zustimmung des Betriebsrats eingerichtete Stelle entscheidet (zB eine durch KV eingerichtete Disziplinarkommission), der **Zustimmung des Betriebsrats**. In der Praxis sind solche Disziplinarmaßnahmen daher überaus selten.
- **Versetzung/Umorganisation:** Neben Gesprächen kann die Versetzung eines Dienstnehmers erfolgversprechend sein, um ihn zB in einen Bereich zu versetzen, in dem vergleichbare Risiken ausgeschlossen oder zumindest deutlich reduziert sind. Auch die Umorganisation eines Teams oder einer oder mehrerer Abteilung(en) kann sinnvoll sein, um zB die Zusammenarbeit zwischen konfliktbelasteten Personen zu vermeiden oder gänzlich einzustellen (indem etwa die Diensteinteilung geändert wird).

- **Dienstfreistellung (Suspendierung):** Gibt es Verdachtsmomente, dass ein Dienstnehmer einen Entlassungsgrund verwirklicht hat, ist der Sachverhalt aber noch nicht ausreichend klar, so bietet sich idR eine Dienstfreistellung (oder Suspendierung) an. Damit bringt der Dienstgeber zum Ausdruck, dass die Weiterbeschäftigung des Mitarbeiters – zumindest vorläufig, bis der Sachverhalt vollständig aufgeklärt ist – unzumutbar ist. So kann sich der Dienstgeber in aller Regel das Entlassungsrecht sichern.[934]
- **Kündigung:** Kündigungen bedürfen rein rechtlich keiner Begründung. Es sind lediglich die gesetzlichen, kv oder vertraglichen Fristen und Termine einzuhalten. Der Dienstgeber muss einen allfälligen Betriebsrat – bei sonstiger Rechtsunwirksamkeit – aber vor jeder Kündigung entsprechend informieren.
- **Entlassung:** Das ist die vorzeitige Beendigung des Dienstverhältnisses aus wichtigem Grund. Sie beendet das Dienstverhältnis sofort mit Zugang der Entlassungserklärung. Die Entlassung ist nur dann berechtigt, wenn der Dienstnehmer einen Entlassungsgrund gesetzt hat (bei Angestellten kommen hier zB Untreue oder Vertrauensunwürdigkeit in Betracht; bei Arbeitern beharrliche Pflichtverletzung, ein Diebstahl, eine Veruntreuung oder eine sonstige strafbare Handlung, die ihn des Vertrauens des Dienstgebers unwürdig erscheinen lässt). Außerdem muss der Dienstgeber eine Entlassung stets unverzüglich, dh ohne schuldhaftes Zögern, aussprechen.[935] Ist der Sachverhalt noch nicht endgültig geklärt, ist eine Dienstfreistellung (siehe oben) zu empfehlen.

8.7. Mögliche Vereinbarungen mit dem Whistleblowing-Officer

Die Funktion eines eigenen *Whistleblowing-Officers* ist weder im HSchG noch der EU-Whistleblowing-Richtlinie ausdrücklich vorgesehen. Dennoch kann es – je nach Unternehmensgröße, bestehenden Abteilungen und den etablierten Prozessen – sinnvoll sein, eine konkrete Person mit dieser Aufgabe zu betrauen. In einem solchen Fall sollten individuelle Regelungen geprüft werden, die entweder im Dienstvertrag oder in einer gesonderten Zusatzvereinbarung ergänzt werden können. Solche Bestimmungen können dazu beitragen, die Aufgaben und Verantwortlichkeiten des *Whistleblowing-Officers klar zu definieren und so den internen Hinweisgeberschutz zu stärken.*

Zu möglichen Vereinbarungen zählen insb folgende Punkte:

- **Zustimmungserklärung:** explizite Zustimmung des *Whistleblowing-Officers* zur Übernahme dieser Funktion, was va relevant ist, wenn es sich um einen bestehenden Mitarbeiter handelt, dessen Funktionen und Aufgaben sich verändern und erweitert werden.

934 *Grillberger/Warter* in *Löschnigg/Melzer*, Angestelltengesetz^2 § 25 Rz 42.
935 StRsp OGH 18.12.1950, 4 Ob 88/50.

- **Vergütung:** Klarstellung, ob für die Übernahme der Funktion eine zusätzliche Vergütung gebühren soll oder nicht; falls eine gesonderte Abgeltung erfolgt: Festlegung der Höhe und ausdrückliche Bindung an die Funktion.
- **Verschwiegenheitsverpflichtung:** Aufgrund der besonderen Sensibilität der Position und der möglicherweise offengelegten Informationen sollte jedenfalls eine strenge Verschwiegenheitspflicht, die explizit auch gegenüber Kollegen im Unternehmen gilt, in die Vereinbarung aufgenommen werden (Schärfung des Bewusstseins!).
- **Beendigung:** Die Dauer der Tätigkeit sollte klar geregelt werden, wobei zB auch eine Befristung möglich ist. Zudem sollte festgelegt werden, ob im Fall einer Beendigung das Dienstverhältnis mit einer anderen Tätigkeit fortgesetzt werden soll oder eine generelle Beendigung gewünscht ist.

Abhängig von den konkreten Bedürfnissen des jeweiligen Unternehmens können weitere individuelle Regelungen zweckmäßig sein.

8.8. Praxistipps für einen hohen Compliance-Standard

Hinweisgeber genießen grundsätzlich einen weitreichenden Schutz. Das ist auch zweckmäßig, weil sie einen wesentlichen Beitrag zur Aufdeckung von Missständen und zur Einhaltung von Rechtsvorschriften sowie internen Standards leisten. Um eine konstruktive Unternehmenskultur zu fördern und gleichzeitig einen potenziellen Missbrauch zu vermeiden, sollten Unternehmen folgende Maßnahmen ergreifen:

- **Kultur der Offenheit und Transparenz etablieren:** Eine gelebte Kultur der Offenheit und Transparenz ist entscheidend, um die Akzeptanz und Wichtigkeit von Hinweisgebern im Unternehmen zu stärken. Führungskräfte sollten als Vorbilder agieren, indem sie den offenen Umgang mit Anliegen und Kritik aktiv fördern.
- **Bewusstsein schaffen und Schulungen durchführen:** Die Bedeutung von Hinweisgebern und internen Meldesystemen sollte in der gesamten Organisation klar kommuniziert werden. Workshops oder Schulungen können dazu beitragen, die Akzeptanz zu erhöhen und die notwendigen Prozesse verständlich zu machen.
- **Interne Meldesysteme stärken:** Unternehmen sollten interne Meldekanäle hervorheben und sicherstellen, dass diese leicht zugänglich, verlässlich und vertrauenswürdig sind. Hinweisgeber müssen darauf vertrauen können, dass ihre Meldungen ernst genommen werden und vertraulich behandelt werden.
- **Schutz und respektvoller Umgang mit Hinweisgebern gewährleisten:** Es ist essenziell, den Schutz von Hinweisgebern sicherzustellen, um Repressalien und Diskriminierung auszuschließen. Ein respektvoller Umgang fördert nicht nur das Vertrauen, sondern motiviert auch dazu, berechtigte Hinweise ohne Angst vor negativen Konsequenzen zu geben.

- **Missbrauch effektiv managen:** Um potenziellen Missbrauch zu verhindern, sollte im Unternehmen klar über die Konsequenzen wissentlich falscher Meldungen aufgeklärt werden. Solche Handlungen können gem § 111 StGB (üble Nachrede) oder § 297 StGB (Verleumdung) strafrechtlich verfolgt werden.
- **Umfassende Dokumentation sicherstellen:** Eine lückenlose Leistungs- und Verhaltensdokumentation aller Angestellten ist essenziell, um im Zweifelsfall nachweisen zu können, dass Entscheidungen wie Sanktionen oder unterlassene Begünstigungen nicht auf der Hinweisgabe basieren. Dies gilt besonders bei Probezeitangestellten und befristet Beschäftigten, deren Arbeitsverhältnisse bisher oft weniger genau dokumentiert werden. Arbeitszeitverstöße, Ermahnungen, Abmahnungen und vergleichbare Vorfälle sollten ebenso penibel erfasst werden, um mögliche Konflikte und Missverständnisse zu vermeiden.

Durch die Kombination dieser Maßnahmen können Unternehmen ein ausgewogenes und vertrauenswürdiges System schaffen, das sowohl den Schutz von Hinweisgebern als auch den Umgang mit potenziellem Missbrauch sicherstellt.

Stichwortverzeichnis